通用财经类系列

电子商务概论

（第二版）

主　编　杨天翔

U0361335

复旦大学 出版社

内 容 提 要

本书是"通用财经类"系列中的一本。全书系统地介绍了电子商务的整体框架及相关应用,吸收了国内外同类教材的优点和当今理论界的成熟观点,强调理论与实践的结合,深入浅出,体系清晰完整,适合教学的安排是本书编写的追求,并配备多种练习,适应开放式教学的需求。

本书主要内容有电子商务概述、电子商务技术基础、电子商务结算、电子商务安全、电子商务的法律环境、面向个人的电子商务、面向企业的电子商务、企业间电子商务以及网络营销等。

本书可以作为高等院校电子商务、信息管理、工商管理、市场营销、国际贸易、财务管理、金融等专业本科学生的专业课程教材,也可作为相关领域高级管理人员的参考学习用书或培训教材。

目　　录

第一章　电子商务概述

随着因特网的兴起,电子商务在短短的 10 年间已经对传统的商业社会产生了根本性的影响,改变了整个社会的活动规则,进而影响了全社会的各个领域,引发了一系列重大的变革。电子商务不仅影响了传统商品贸易的环境,也对商品的生产管理和流通产生了影响,更重要的是电子商务正在改变人们的生活模式。大力发展电子商务,对于我国贯彻以信息化带动工业化的方针,实现跨越式发展,增强国家竞争力,具有十分重要的战略意义。

第一节　电子商务的概念与发展

当网络社会发展到一定程度,其商业价值不可避免地会影响传统的商业社会,电子商务正是在这样的环境下的发展的产物。当网络社区发展到一定程度,就产生了巨大的商业价值,商业社会向因特网领域的进军是顺理成章的结果。电子商务的产生是现代商业社会发展到一定高度的产物,同时又对传统社会经济产生了重大影响。

一、电子商务的概念
(一) 电子商务的概念
1. 国际上对电子商务的定义

在国际上,电子商务的定义非常宽泛,曾经广泛使用过两个名称:E-Commerce 和 E-Business。有人从沟通与技术观点出发定义电子商务,有人则从商业观点定位,也有人以服务观点进行概述。一种观点认为 E-Commerce 是商业伙伴之间发生的电子交易行为;认为 E-Business 是企业之间发生的所有电子交流和交易的管道。另一种观点认为两者没有明显区别,这两个名称可以互换。IMB 是 E-Business 的积极倡导者,认为"E-Business 是使用因特网技术进行的关键业务流程转型"。

美国政府在《全球电子商务纲要》中描述电子商务时指出,"电子商务是指通过因特网进行的各项商务活动,包括广告、交易、支付、服务等活动,全球电子商务将会涉及全球"。

1997 年 11 月 6 日至 7 日在法国巴黎举行的国际商会世界电子商务会议对此定义是:"电子商务(Electronic Commerce)是指对整个贸易活动实现电子化。"

欧洲议会关于电子商务的定义是:"电子商务是通过电子方式进行的商务活动。它通过电子方式处理和传递数据,包括文本、声音和图像。它涉及许多方面的活动,包括货物电子贸易和服务、在线数据传递、电子资金划拨、电子证券交易、电子货运单证、商业拍卖、合作设计和工程、在线资料、公共产品获得。它包括了产品(如消费品、专门设备)和服务(如信息服务、金融和法律服务)、传统活动(如健身、体育)和新型活动(如虚拟购物、虚拟训练)。"

世界贸易组织(WTO)在电子商务专题报告中指出,电子商务就是通过电信网络进行的生产、营销、销售和流通活动,不仅指基于因特网的交易,而且指所有利用电子信息技术来解决问题、降低成本、增加价值和创造商机的商务活动,包括通过网络实现从原材料查询、采购、产品展示、订购到出品、储运以及电子支付等一系列的贸易活动。

美国学者瑞维·卡拉科塔(Ravi Kalakota)和安德鲁·B·温斯顿(Andrew B. Winston)在他们的专著《电子商务的前沿》中提出:"广义地讲,电子商务是一种现代商业方法。这种方法通过改善产品和服务质量、提高服务传递速度,满足政府组织、厂商和消费者的降低成本的需求。这一概念也用于通过计算机网络寻找信息以支持决策。一般地讲,今天的电子商务通过计算机网络将买方和卖方的信息、产品和服务器联系起来,而未来的电子商务者通过构成信息高速公路的无数计算机网络中的某一条通道将买方和卖方联系起来。"

美国的加里·施奈德(Gary P. Schneider)在《电子商务》(Electronic Commerce)第四版中主张采取广义的电子商务定义,认为电子商务是使用诸如因特网和 WWW 等电子数据传输进行商务活动。

对于电子商务所涉及的相关概念,美国的哈特曼等在《网络就绪——电子商务时代的成功策略》一书中认为,电子商务中存在着不同的发展层次,即有不同的术语需要加以区别:电子经济(Electronic Economy),一种虚拟的领域,在其中可以进行实际的商务运作,创造价值并进行价值交换,可进行交易以及具有成熟的一对一的关系;电子贸易(Electronic Trade),电子商务的一个具体形式,注重于使用网络作为交换媒体的单个商业交易,包括商家之间以及商家和客户之间的交易;电子商务(Electronic Commerce),通过因特网行为进行商业关系转换,无论是商家和商家间的关系,商家内部关系,甚至是客户和客户间的关系。电子商务不仅仅是在网上卖东西,其实是一个企业内部提高效率、速度、改革并创造新价值的新的驱动途径。

总的来说,目前国际上比较倾向于使用 Electronic Commerce 或 E-Commerce 来称呼电子商务,而对 E-Commerce 与 E-Business,越来越多的人认为并不需要专门进行区别。

2. 国内对电子商务的定义

著名电子商务专家李琪教授在《中国电子商务》一书中认为:客观上存在着两类依据内在要素不同而对电子商务的定义。第一,广义的电子商务定义,是指电子工具在电子商务活动中的应用。电子工具包括从初级的电报、电话到 NII(National Information Infrastructure)、GII(Global Information Infrastructure)和因特网等工具。现代商务活动是从商品(包括实物与非实物、商品与商品化的生产要素等等)的需求活动到商品的合理、合法的消费除去典型的生产过程后的所有活动;第二,狭义的电子商务定义,是指在技术、经济高度发达的现代社会里,掌握信息技术商务规则的人,系统化运用电子工具,高效率、低成本地从事以商品交换为中心的各种活动的全过程。第一个定义可以简称为电子商务化,第二个定义可以简称为电子商务系统。对于第一类定义,人们比较容易接受,因为在许多领域有类似的定义,譬如会计电算化、金融电子化等等,它们强调的是原始人工系统的电子化武装、改造过程,一个由初级到高级、由局部到整体的过程。而第二类定义则突出了它的前提、中心、重点、目的和标准,指出它应达到的水平和效果,它对电子商务的内涵规定得更严格,同时体现了电子商务时代要求。它从系统的观点出发,强调人在系统中的中心地位,将环境与人、人与工具、人与劳动对象联系起来,用系统的目标、系统的组成来定义电子商务,从而使它具有生产力定义的性质。

李鼎在《电子商务基础》一书中也提出电子商务的认识有广义和狭义之分。狭义的电子商务也称为电子贸易(E-Commerce),主要是借助计算机网络进行网上交易活动。广义的电子商务(E-Business)则包括电子交易在内的通过 Internet 进行的各种商务活动,这些商务活动不仅仅局限于企业之间,也包含企业内部、个人和企业之间发生的一切商务活动。

上海市电子商务安全证书管理中心给电子商务下的定义是:"电子商务是指采用数字化电子方式进行商务数据交换和开展商务业务活动。电子商务(EC)主要包括利用电子数据交换(EDI)、电子邮件(E-mail)、电子资金转账(EFT)及 Internet 的主要技术在个人间、企业间和国家间进行无纸化的业务信息的交换。"

北京君思电子商务研究发展中心则认为:"电子商务的内容包含两个方面,一是电子方式,二是商贸活动。电子商务指的是利用简单、快捷、低成本的电子通讯方式,买卖双方不谋面地进行各种商贸活动。"

可以得到这样的归纳：电子商务可以分成狭义和广义的概念。狭义的电子商务是指各种具有商务活动能力的实体(生产企业、商贸企业、金融机构、政府机构、个人消费者)利用网络和现代信息技术进行的各类商务活动。这个过程包括了信息的查询、询价谈判、价格磋商、电子合同订立、电子支付与认证、发货配送、货物接受、售后服务、购买评估等一系列活动，整个过程完全借助于电子工具，是无纸化的操作。广义的电子商务不仅包括企业间的商务活动，还包括企业内部的商务活动，涵盖了企业的采购、生产、管理、财务、营销等各个方面，通过网络化的过程，实现企业内部的信息共享，并且通过供应链对企业的上下游合作伙伴进行整合，促进企业的业务流程的重组，形成协同化的作业，提高经营效率，降低运行成本，增强企业竞争力。

(二) 电子商务的内涵

1. 电子商务的前提

电子商务的目标是商务，而电子商务的前提应该是电子信息技术，具体应该是指现代信息技术，包括计算机技术、数据库技术、网络技术尤其是因特网技术。电子商务与传统商务活动的最主要区别就在于电子商务利用了现代信息技术来完成商务活动，而传统商务活动是依赖于人与人之间的直接交流来实现商务活动的。

2. 电子商务的核心

电子商务的核心应该是人。电子商务虽然采用电子工具进行商务活动，但是围绕着商品交易活动以及各种关系利益所组成的社会系统的中心还是人。现代社会的人掌握了电子信息技术，使其应用于商务活动，这个商务活动是为人服务的，也是由人来掌握和控制的。电子商务活动需要大量复合型的人才，既掌握现代商务理论知识、又掌握现代信息技术，才能使电子商务更好地为社会服务。

3. 电子商务的基础

电子商务的基础是信息化应用，也就是电子工具的应用。电子商务活动使用的是现代信息技术，尤其是网络技术。现代信息技术在应用领域表现为各种为企业经营活动、交易活动服务的各种信息化工具,如 ERP、MRP、CRM、SCM、EDI、电子支付与结算、商品配送、售后服务等信息管理系统,及其应用的渠道如因特网、局域网、外联网、广域网等。

4. 电子商务的对象

电子商务的对象应该是指从事电子商务活动的客观实体,包括企业(生产商和中间商,可以概括为 Business)、客户(个人和机构客户,概括为 Customer)以及政府(Government),它们是电子商务的实际参与者。

作为电子商务的研究对象,则包括电子商务活动的全部流程和构成要素,以及这些内容相互之间的关系。具体包括电子商务的作用对象、电子商务媒介、电子商务流程以及电子商务过程中的信息流、资金流、物流和商流。

(三)电子商务的内容

尽管各种定义的涵盖范围有所区别,不过核心内容基本一致。简单地说,电子商务就是在网络上通过数字过程发生的商务活动。从交易角度看,电子商务可以基于因特网[包括内联网(Intranet)和外联网(Extranet)]等通信网络来进行,主要包括商品的查询、采购、展示、订货以及电子支付等一系列的交易行为,以及资金的电子转拨、股票的电子交易、网上拍卖、协同设计、远程联机服务以及网络市场调查等服务贸易活动。其主要内容和典型服务功能见表1.1 所示。

表 1.1　电子商务的主要内容和典型服务功能

阶　段	主　要　内　容	典型服务功能
交易前	卖方发布产品的有关信息,买方寻找适合自己商品的交易机会;买卖双方通过网络交换信息,比较价格和交易条件,并了解对方国家、地区的有关贸易政策。	网上广告宣传服务;网上咨询服务。

续 表

阶 段	主 要 内 容	典型服务功能
交易中	主要指签订合同,进行交易的过程。本过程涉及面很广,如与金融机构、运输部门、税务机关、海关等方面进行电子单证的交换和实现电子支付等。	网上交易洽谈服务;网上产品订购服务;网上货币支付服务;交易活动管理服务。
交易后	当交易双方完成各种交易手续之后,商品交付快递部门投送,或直接通过电子化方式传送信息产品或提供服务,并向用户提供方便、实时、优质的售后服务等。	网上信息商品传递及查询服务;用户意见征询服务;商品操作指导及管理服务。

资料来源:上海市电子商务安全证书管理中心有限公司

为便于更好地理解电子商务的定义,一些研究者也把其主要内容分成三个相互关联的部分(见表1.2所示)。

表1.2 电子商务的内容

组成部分	描 述
基础设施	这一部分包括计算机和网络的软、硬件以及相关的人力服务。
电子商业管理	生产、消费者和管理方面的活动。举例来说,包括获取原料,组织生产,处理与供应商和存储商之间的相互关系。
电子商务	这是消费者和企业发生关系的部分,通常是通过网络进行的购买活动。如果交易是在网上完成的,那么尽管产品是通过非网络方式投递的,也应该称作网上交易。

二、电子商务在全球的发展

(一) 电子商务的发展

从技术发展的角度看,早期人们所探讨的电子商务主要是以电子数据交换(Electronic Data Interchange;EDI)来完成的。EDI在

1960 年代末期产生于美国航运业。当时的贸易商们在使用计算机处理各类商务文件的时候发现,由人工输入到一台计算机中的数据 70％是来源于另一台计算机输出的文件,由于过多的人为因素,影响了数据的准确性和工作效率的提高,人们开始尝试在贸易伙伴之间的计算机上使数据能够自动交换,EDI 应运而生。早在 1960 年代,人们就开始了用电报报文发送商务文件的工作;1970 年代人们又普遍采用方便、快捷的传真机来替代电报,但是由于传真文件是通过纸面打印来传递和管理信息的,不能将信息直接转入到信息系统中,因此人们开始采用 EDI 作为企业间电子商务的应用技术,这也就是电子商务的雏形。由于 EDI 大大减少了纸张票据,因此,人们也形象地称之为"无纸贸易"或"无纸交易"。1990 年代之前的大多数 EDI 都不通过因特网,而是通过租用的电信线路在专用网络上实现,这类专用的网络被称为 VAN（Value-Added Network,增值网）,这样做的目的主要是考虑到安全问题。但随着因特网安全性的日益提高,作为一个费用更低、覆盖面更广、服务更好的系统,已表现出替代 VAN 而成为 EDI 的硬件载体的趋势。随着因特网技术的日益成熟,电子商务真正的发展是建立在因特网技术上的（见表 1.3 所示）。

表 1.3　世界网络用户和人口统计资料

地　区	人口数（2007 年估计数）	占世界总人口比例（%）	网络用户（最近数字）	网络用户占人口比例（%）	网络用户占世界用户比例（%）	网络用户增长率（%）2000—2007
非　洲除中东外	941 249 130	14.2	44 361 940	4.7	3.4	882.7
亚　洲除中东外	3 733 783 474	56.5	510 478 743	13.7	38.7	346.6
欧　洲	801 821 187	12.1	348 125 847	43.4	26.4	231.2
中　东	192 755 045	2.9	33 510 500	17.4	2.5	920.2

续 表

地 区	人口数（2007 年估计数）	占世界总人口比例（%）	网络用户（最近数字）	网络用户占人口比例（%）	网络用户占世界用户比例（%）	网络用户增长率（%）2000—2007
北 美	334 659 631	5.1	238 015 529	71.1	18.0	120.2
拉美/加勒比	569 133 474	8.6	126 203 714	22.2	9.6	598.5
大洋洲	33 569 718	0.5	19 175 836	57.1	1.5	151.6
世界合计	6 606 971 659	100.0	1 319 872 109	20.0	100.0	265.6

资料来源：www.internetworldstats.com

1992 年,欧洲确定了因特网的第一个超文本语言环境 World Wide Web(简称万维网或 WWW)。超文本语言 HTML 拥有独立的平台,隐藏在 WWW 节点之后,制作和使用相对简单,保证了传输信息在因特网的每台计算机上运行无阻。1995 年,美国国家超级计算机中心发表了第一个图形界面的 Web 浏览器,从而推动了因特网的普及。世界范围的因特网用户快速增长(见表 1.4 所示),由于各个预测机构采用的方法不同,出发点也有差异,因此预测结果有很大的差异。

表 1.4 世界上网络用户比例最高的国家和地区

国 家/地 区	因特网用户比例（%）	宽带用户比例（%）
荷 兰	88.40	33.30
挪 威	87.50	29.80
爱尔兰	86.30	30.30
瑞 典	76.70	28.50

续　表

国 家 / 地 区	因特网用户比例(%)	宽带用户比例(%)
澳大利亚	75.90	22.40
新西兰	74.90	16.00
葡萄牙	73.80	14.80
卢森堡	73.20	22.70
美　国	71.40	21.90
马尔维纳斯群岛	69.40	0.00
丹　麦	69.20	34.30
瑞　士	69.20	30.90
法罗群岛	68.30	20.30
中国香港	68.20	25.10
日　本	68.00	21.10
加拿大	67.80	25.10
中国台湾	67.40	19.60
韩　国	67.10	28.30
英　国	66.40	23.80
格陵兰	66.30	0.00
新加坡	66.30	21.80
百慕大	65.00	36.50

国 家 / 地 区	因特网用户比例(%)	宽带用户比例(%)
德 国	64.60	21.20
斯洛文尼亚	63.70	15.20
芬 兰	62.30	28.80
列支敦士登	61.80	28.10
巴巴多斯	59.80	11.90
摩纳哥	59.80	28.10
爱沙尼亚	57.00	19.20

资料来源：http://www.internetworldstats.com/list2.htm

（二）电子商务发展的阶段

从发展的时间角度看电子商务的阶段，可以分成1995—2000年和2001年以后的两个阶段。

1. 电子商务发展的第一阶段（E-Commerce I）

电子商务发展的第一阶段是指1995—2000年，电子商务飞速增长的时期。这一阶段，人们开始意识到蓬勃兴起的高科技（尤其是计算机网络技术、通信技术等）中所蕴涵的巨大的盈利潜力。因此，通过新兴技术获取巨大利润，快速占领市场成为此时电子商务发展的巨大推动力。此时的电子商务发展具有三个特点：

（1）实验性。出于对巨额利润的狂热追求，人们开始不断尝试和研究新的网络技术、电子通信技术，此时技术上的推陈出新，更新换代表现得非常明显。同时，打破原来计算机通信技术只能为政府和部分企业内部服务的惯例，将新兴的网络技术广泛用于大众信息传播成为时代发展的趋势。电子邮件、网上购物等成为时尚，人们也开始深入研究如何利用电子商务这一新的商业模式更好地为企业获取利润,为社会降低成本,积累财富。因此,这个时期无论是在技术上,还是在管理上都处于探索和实验阶段。

(2) 资本迅速积累。由于看到了电子商务发展的巨大潜力,大批的投资者都将资本投入到 IT 行业中,出现了资本迅速大量积累的现象。仅以美国为例,1995—2000 年,注入电子商务相关服务中的资本高达 1 250 亿美金,创美国融资历史上的最高纪录。

(3) 竞争激烈。大批的网络公司如雨后春笋般兴起,IT 行业在此时被很多人认为是利润最丰厚,回报率最高的行业,硅谷的年轻 IT 精英一夜暴富的传奇一直在世界上传播。但伴随着市场竞争者数量的急剧增加,大批技术力量薄弱、经营不善的公司在昙花一现之后,成为市场的被淘汰者。残酷竞争的结果不仅是弱小者的倒下,也是真正的强者的崛起。Amazon. com、eBay. com 等实力雄厚的公司,凭借其强大的资本、技术基础以及先进的管理理念打败并收购了其竞争对手,发展成为网络服务业的领军企业。此时各种与电子商务发展相关的法律、法规和条文还非常不健全,这就使政府、法院等机构在处理网络服务纠纷时显得无能为力。同时,股票价格的飞速上涨,整个网络服务行业的过快发展形成了大量的"网络泡沫",直接威胁着企业的生存和行业的发展。正如经济发展规律所预言的那样,在经历了繁荣发展和高速增长的时期后,整个电子商务必然会进入一个相对理性、成熟发展的时期。

2. 电子商务发展的第二阶段(E-Commerce II)

经历了最初的发展热潮后,网络服务行业的发展速度开始逐渐放慢,市场竞争的优胜劣汰也粉碎了一个个网络神话,迫使整个市场开始逐渐降温。2000 年美国纳斯达克指数的大幅度下滑标志着飞速增长的第一阶段的结束,也促使电子商务发展进入了重新评估电子商务公司及其股票价格的理智发展阶段。一般认为,第二阶段始于 2001 年(见表 1.5 所示)。

表 1.5 电子商务发展的两个阶段的对比

特　　　点	电子商务发展的第一阶段	电子商务发展的第二阶段
发展动力	技术驱动力为主	商业驱动力为主
发展重点	强调收入增长	强调利润增长
融资方式	风险投资	传统投资
市场有序程度	缺乏相应的法律规范,市场处于管理混乱的状态	法律法规相继出台,管理走向有序化
经营策略	单一的网上经营策略	网上虚拟经营和网下有实体经营相结合

(三) 全球电子商务的规模

从 1992 年起,一直排斥在因特网之外的商业贸易活动正式进入这个王国,因此而使电子商务成为因特网应用的最大热点。尽管《财富》500 强企业中 90% 以上都有了自己的因特网主页,但是只有 56% 通过公共网站提供服务,37% 具有网上交易的能力,5% 的企业在通过电子商务赚取利润。诸如 Dell、Cisco、Microsoft 等,他们已经把因特网作为企业战略的组成部分了。由于调查和预测的角度关系,有关电子商务的交易额的具体数字在不同的预测者方面有所出入(见表 1.6 所示)。

表 1.6 企业与消费者、企业间电子商务交易额(亿美元)

年　　　份	企业与消费者电子商务交易额(B2C)	企业间电子商务(B2B)
2007	2 400	68 000
2006	1 900	53 000
2005	1 500	41 000

年　　份	企业与消费者电子商务交易额 （B2C）	企业间电子商务 （B2B）
2004	1 300	28 000
2003	1 000	16 000
2002	800	9 000
2001	700	7 300
2000	500	6 000
1999	250	5 500
1998	100	5 200
1997	50	4 900
1996	<10	4 600

摘自加里·P·施耐德：《电子商务》(第六版)，机械工业出版社，2006 年 5 月，第 8—9 页。

推动网络经济高速发展的内在动力，是信息技术快速发展，以及它所导致的生产与服务成本的下降和产品经济向服务经济的转型。信息技术进步对经济的实质性影响，可以通过"摩尔定律"、"梅特卡夫法则"和"雅虎法则"进行描述。"摩尔定律"揭示了半导体和计算机工业作为信息产业内部的发动机，以指数形式实现持续变革的作用。与之惊人相似的是，20 世纪 90 年代以来，因特网不仅呈现了这种异乎寻常的指数增长趋势，而且爆炸性地向经济和社会各个领域进行广泛的渗透和扩张。接入因特网的计算机数目越多，它对经济和社会的影响就越大。换句话说就是，计算机网络的价值等于其节点数目的平方。这就是著名的"梅特卡夫法则"，它揭示了因特网的价值随着用户数量的增长而呈算术级数(多项式)增长或二次方程式的增长的规则。"摩尔定律"已经为实践所证明,"梅特卡夫法则"也有精确的理论证明。继"摩尔定律"、"梅特卡夫法则"之后,新经济中又冒出了"雅虎法则"。"雅虎法则"是指"只要雅虎继续控制着挑战所有历史先例和逻辑的价格/收入比,因特网将继续是投放金钱的巨大场所"。"雅虎法则"揭示了金钱(财富流量)与信息名义价格和货币收入之比之间的内在关系。

第二节　电子商务的发展特征

与传统的商业流通模式相比,电子商务以其效率高,成本低,操作便利等特点获得了越来越多企业和消费者的青睐。同时,电子商务可分为不同的系统,并具有相应的功能。

一、电子商务的基本特征

(一) 电子商务减少了人力、物力、财力,降低了成本

电子商务将传统的商务流程电子化、数字化,以电子流代替了实物流,可以大量减少人力、物力、财力,降低成本。

戴尔电脑(Dell)每日的在线销售额超过 1 800 万美元,利润比其他同类企业高出 30%;《华尔街日报》(*Wall Street Journal*)推出网络版,锁定年轻读者,不仅开发了 85% 的新订户,而原先的印刷版订户仍持续增长;思科在过去几年里每年节省了 5 亿 5 000 万美元以上的客服费用,在线销售占全年营业额的 60% 以上;美国国家半导体公司(National Semiconductor)未花一分钱在广告和邮购信函上,而是通过网站向目标客户群提供所需信息,每月吸引了 50 万人次的设计工程师,相当于直接与 1/3 的目标市场进行沟通并建立关系。

(二) 电子商务突破了时间和空间的限制

电子商务使得交易活动可以在没有时间、地域限制的虚拟市场里进行,大大提高了效率,也改变了传统商业活动的模式。

亚马逊(Amazon. com)建立了一个广泛的全球性市场,向顾客

出售包括图书、CD、鲜花在内的各种商品,无论顾客在什么地方,交易的程序是完全一样的,无论是什么时间,交易活动都可以进行,真正的 365/7/24 服务。

(三) 电子商务改变了传统的商品流通模式

电子商务减少了中间环节,使得生产者和消费者的直接交易(One-to-One)成为可能,在一定程度上改变了整个社会经济运行的方式。比尔·盖茨在其著作《未来时速》中对因特网时代的营销关系进行了阐述:

● 因特网把买方和卖方直接联系起来,向他们提供更多关于对方的信息,从而有助于实现"无摩擦的资本主义"。

● 由于因特网降低了交易处理代价,中间商将会消失或演变为新价值增加者。

● 只有屈指可数的几家商行能成功实现最低价,所以大多数商家将需要采取包含顾客服务的策略。

● 如果你使用服务策略,那么就用数字信息工具武装您的知识型员工,以便和客户联系及管理这些联系。

(四) 电子商务为企业创造了更多的贸易机会

电子商务所具有的开放性和全球性的特点,为企业创造了更多的贸易机会。企业可以以相近的成本进入全球电子化市场,使得中小企业有可能拥有和大企业一样的信息资源,提高了中小企业的竞争能力。

(五) 电子商务将影响社会经济的布局和结构

电子商务一方面破除了时空的壁垒;另一方面又提供了丰富的信息资源,为各种社会经济要素的重新组合提供了更多的可能,这将影响到社会的经济布局和结构。

二、电子商务的系统功能与构成

(一) 电子商务的系统功能

电子商务涉及企业的所有商务活动,从电子商务的交互范围分为企业内、企业间以及企业与消费者之间三者商务类型,而企业内部电子商务活动以企业内联网(Intranet)为网络计算环境,并结合企业基础管理信息系统,支持企业内部数据管理、企业组织及雇员之间的协同工作与信息交流,增进企业内信息的流动速度。企业间电子商务以企业外联网(Extranet)为网络计算环境,由企业的合作伙伴利用因特网技术将关键的商务处理过程连接在一起,形成虚拟企业。通过这种网络企业与其合作伙伴可以共享产品与原材料信息,可以使得企业间合作研究与开发,共同提高自己的产品质量,降低成本,使得合作伙伴同时具有较好的竞争优势。企业与消费者之间的电子商务则是利用因特网为网络计算环境,发布产品信息,了解消费者需求,树立企业形象,实现企业与消费者之间的直接交流(见表 1.7 所示)。

表 1.7　各种电子商务系统的功能和作用

企业内部电子商务系统	企业间电子商务系统	企业与消费者电子商务系统
系统功能: 　企业基础数据处理 　支持决策 　协同工作 　信息资源共享	系统功能: 　共享数据 　协同工作 　支持企业间商贸活动 　新闻 　休闲娱乐	系统功能: 　提供本企业产品信息 　共享外部信息资源 　用户信息反馈 　支持商贸活动 　支持售后服务
系统作用: 　改善企业内部信息服务质量 　提高工作效率 　增强企业内部信息沟通 　提高快速反应能力	系统作用: 　直接获取信息 　直接提供信息服务 　提高数据的准确性 　降低成本 　提高效率 　改进质量	系统作用: 　塑造企业形象 　对外信息服务 　外部信息获取 　直接与消费者交流 　降低成本 　提高效率 　改进质量

(二) 电子商务系统功能分类

按目标的不同,可将电子商务系统功能概括为"3C",即内容管理、协同处理与电子交易三个层次的应用。

1. 内容管理(Content Management)

内容管理即管理网上需要发布的各种信息,其内容主要包括信息的安全渠道和分布、客户信息服务与安全可靠高效的服务,具体包括:

(1) 企业范围内的信息传播。如在企业内部网上发布公司政策、招聘及通知。对于一个公司而言,一旦建立了网上信息,它就会创建一种在因特网上的信息沟通渠道,以便连接雇员、客户、供货方和商业伙伴。

(2) 提供 Web 上的信息发布。Web 站点上的主页(包括静态信息和动态信息)将定期地发布和刷新。

(3) 提供有关品牌宣传及相关的信息。例如有关产品供货、服务和策略等情况的信息。提供了保护及管理关键数据的能力,包括公司财经数据、客户数据、产品信息等。

(4) 提供了存储和利用复杂的多媒体信息的能力。包括照片、录像、录音、工程计划及其他资料。

2. 协同处理(Collaboration)

协同处理指能支持群体人员的协同工作,它提供自动处理业务流程,这样会减少成本和开发周期。共包括四个方面,即邮件与信息共享、写作与发行、人事和内部工作管理与流程、销售自动化。协同处理的具体内容为:

(1) 通信系统。包括电子邮件和信息系统。这常常是一个公司网络应用中的首要内容。

(2) 人力资源管理。包括雇员的自我服务。如查找公司的聘任政策,了解员工情况及项目组织计划。

(3) 企业内部网和企业外部网。将企业内部各组织紧密地联系在一起,并与制造商、供货方及企业伙伴共享信息和进行流水作业。

（4）销售自动化。包括合同管理、合同审定及签署。

3. 交易服务(Commerce)

交易服务即电子方式下的买卖活动,具体包括四个方面的应用:市场与售前服务,主要是通过建立主页、Web站点等手段树立产品的品牌形象;销售活动,如POS机管理、智能目录安全付款等;客户服务,即完成电子订单及售后服务、电子购物和电子货币支付。

电子商务的交易服务过程同普通贸易过程一样,也分为三个阶段:交易前、交易中和交易后。在交易过程中,它涉及信息交换、电子数据交换和电子资金转账(Electronic Fund Transfer;EFT)三个方面的内容。

随着电子商务的发展,全球性的电子商务时代的到来,电子商务必将取代传统的商务方式,它为全球企业、公司之间的信息交流、资源共享等多方面提供现代化的网络通讯技术手段。电子商务开拓了新的市场,并通过电子渠道开辟了新的盈利方式。

第三节　电子商务的类型

根据参与主体、业务过程、支付方式及交易对象等不同的分类标准,可以把电子商务分为不同的类型,每种类型都有其不同特点。

一、按电子商务的参与主体分类

(一) 企业与消费者之间的电子商务

企业与消费者之间的电子商务(Business to Customer/Consumer;B to C或B2C)是消费者利用因特网直接参与经济活动的形式,也是目前最为消费者所熟悉和应用最广泛的形式。它实际上是将现实生活中的实体零售商店搬到了因特网上,使消费者能够在虚拟的网上商店里实现购物。一般来说,销售者建立一个网页,在网页上按门类列出可供商品的目录。消费者访问网页并从中挑选自己中意的商品,然后可以在网上进行支付,所购的商品很快就会被送到。通过网上商店买卖的商品种类繁多,可以是实体化商品,如书籍、服装等;也可以是数字化商品,如新闻、软件等;除此之外,B2C还包括各类服务如网上订票、租车等。

(二) 企业与企业之间的电子商务

企业间电子商务(Business to Business;B to B 或 B2B)方式侧重于企业间的合作与交易,企业可以使用因特网或其他网络为每笔交易寻找最佳贸易合作伙伴,完成从订购到结算的全部交易行为。企业对企业的电子商务成交数额比较大,是电子商务收入的主要来源。

(三) 个人对个人的电子商务

个人对个人的电子商务(Customer/Consumer to Customer/Consumer; C to C 或 C2C),顾客/消费者自己完全介入交易之中,成为交易的主角。网上拍卖是因特网商务应用的一种延伸,最早是消费者注册成为网上社区的成员,然后选择自己想买的东西,并给出自己的报价,当拍卖时间终止时,价高者最终拥有该商品。网上拍卖的发展使一些网站专门收集一些公司的产品在网上进行展示,把买主聚集在一起,网上拍卖成为一个协调买卖双方关系的集合地。在这个"集会"上,买卖双方通过价格协商(竞标),最终达成交易。这种方式除了简便易行、市场公开外,卖方可以通过网上拍卖了解买方的需求特征,从而明确下一步的市场方向。

(四) 政府对企业与个人的电子商务

在信息时代,政府比以往任何生活都要更深地介入企业和个人的事务中,即政府对企业与个人的电子商务(Government to Business/Customer/Consumer/Citizen; G to B/C)。企业必须和政府发生关系,如工商登记、税收、质量检验、海关等一系列的事务,政府在提供这种服务时,传统的惯例是复杂而低效率,现在政府必须更好地为企业服务,采用电子化手段是行之有效的方法,基于网络的电子政务已经成为政府转变角色的方向。另外,政府的采购已经越来越多地转移至网络渠道,这使政府的采购行为更加阳光和经济。个人在生活中或多或少要和政府发生一定的关系,政府的服务同样需要简化,个人将会从政府信息化中享受实惠。

二、按电子商务的业务过程分类

(一) 交易前电子商务

交易前电子商务主要是指买卖双方和参加交易各方在签订贸易合同前的准备活动,包括:

(1) 买方根据自己要买的商品准备购货款,制订购货计划,进行市场调查、分析以及查询,了解卖方国家的贸易政策,反复修改购货计划和进货计划,确定和审批购货计划。然后按计划确定购买商品的种类、数量、规格、价格和交易方式等,尤其要利用因特网来寻找自己满意的商品和商家。

(2) 卖方根据自己所销售的商品发布信息,进行广告宣传以及市场调查和分析,制订销售策略和方法,了解买方的贸易政策,利用网络发布广告,寻找贸易伙伴和交易机会。其他参加交易的各方如中介方、金融机构、海关系统、商检系统、保险公司、税务系统、运输公司等也都为进行电子商务做好相应准备。

(3) 买卖双方对所有交易细节进行谈判,将双方磋商的结果以书面文件和电子文件形式签订电子合同。交易双方可以利用现代电子通信设备和通信方法,经过谈判和磋商,将双方在交易中的权利和义务,对所购买商品的种类、数量、价格、交货地点、交易方式、违约和索赔等合同条款,全部以电子合同作出全面、详细的规定,合同双方可以利用电子数据交换(EDI)进行签约,并通过数字签名来确认合同并生效。

(二) 交易中电子商务

主要是指买卖双方签订合同后到合同开始履行之前办理各种手续的过程。交易中要涉及有关各方,如中介方、金融机构、海关系统、运输公司等等。买卖双方要利用 EDI 与有关各方进行各种电子票据和电子单证的交换,直到办理完将所购商品从卖方开始向买方发货的一切手续为止。

（三）交易后电子商务

从买卖双方办完所有各种手续之后开始，卖方要备货、组货，同时进行报关、保险、取证、发信用证等，将所售商品交付给运输公司包装、起运、发货，买卖双方可以通过电子商务服务器跟踪发出的货物，金融机构也按照合同处理双方收付款、进行结算，出具相应的银行单据等，直到买方收到自己所购商品才完成整个交易过程。索赔是在买卖双方交易过程中出现违约时进行违约处理的工作，受损方要向违约方索赔。

三、按电子商务的支付方式分类

（一）支付系统无安全措施的电子商务

在此模式下用户从商家订货，信用卡信息则通过电话、传真等非网上传送手段进行传输；也可在网上传送信用卡信息，但无安全措施。商家与银行之间使用各自现有的授权来检查网络。

这种方法的特点是风险由商家承担，信用卡信息可以在线传送，但无安全措施。

（二）通过第三方经纪人支付的电子商务

用户在第三方付费系统服务器上开一个账号，用户使用账号付费，交易成本很低，对小额交易很适用。用户在网上经纪人处开账号，网上经纪人持有用户账号和信用卡号，用户用账号从商家订货，商家将用户账号提供给经纪人，经纪人验证商家身份，给用户发送E-mail，要求用户确认购买和支付后，将信用卡信息传给银行，完成支付过程。

（三）电子现金支付的电子商务

用户用现金服务器账号中预先存入的现金来购买电子货币证书，这些电子货币就有了价值，可以在商业领域中进行流通。电子货币的主要优点是匿名性，缺点是需要一个大型的数据库存储用户完成的交易和 E-Cash 序列号以防止重复消费。这种模式适用于小额交易。

（四）支付系统使用简单加密的电子商务

使用这种模式付费时，用户信用卡号码被加密。采用的加密技术有 S—HTTP、SSL 等。这种加密的信息只有业务提供商或第三方付费处理系统能够识别。由于用户进行在线购物时只需一个信用卡号，所以这种付费方式给用户带来方便。这种方式需要一系列的加密、授权、认证及相关信息传送，交易成本较高，所以对小额交易而言是不适用的。

（五）使用 SET 的电子商务

SET 是安全电子交易的简称，它是一个在开放的因特网上实现安全电子交易的协议标准。SET 最初是由 Visa Card 和 Master Card 合作开发完成的，其他合作开发伙伴还包括 GTE、IBM、Microsoft、Netscape、SAIC、Terisa 和 VeriSign 等。

四、按电子商务的交易对象划分

（一）有形商品电子商务

有形商品是指客观存在的实体类商品。这类商品可以通过网络的商品信息发布和网上支付完成信息和资金的在线传输，但由于是有实体存在的商品，而并非肉眼无法看到的服务，因此，有形商品电子商务涉及商品的运输问题，且具有范围广、批量小、运输分散等特点。保质保量、高效快速地完成货物配送是经营有形商品的电子商务企业所面临的重大挑战，如果货物配送不及时，很有可能引起消费者的不满，而导致客源的流失。

（二）无形商品电子商务

无形商品指一般意义上的数字化的商品，例如软件、电子读物、信息服务等。由于这些商品通常是通过网上下载的方式销售，因此可以通过网络将商品直接送到购买者手中。经营无形商品电子商务的企业尽管可以避免货物配送的问题，但由于数字化产品技术含量较高，因此企业有提供产品支持和使用指导的责任。

第四节　电子商务的社会影响

随着电子商务魅力的日渐显露,网络银行、网络营销、网上购物、网络广告等一大批前所未闻的新词汇正在为人们所熟悉和认同,这些词汇同时也从另一个侧面反映了电子商务正在对社会和经济产生的影响。

一、电子商务对市场经济的影响

电子商务对市场经济的影响如同一把双刃剑。一方面,电子商务是完善市场经济体制的重要手段和有效途径。电子商务的出现为供求双方提供了一个网上开放的、平等的市场环境。企业可以通过网上虚拟市场出售自己的产品,并及时跟踪了解产品的销售情况、顾客对产品的喜好、产品的价格变动等重要指标,从而真正了解市场需求,明确产品定位,调整和优化企业的生产结构。对于消费者而言,电子商务带来的利益更是不言自明。网上购物的最大特征是消费者的主导性。由于网络市场的信息(如价格等)对供求双方而言都是公开的,在信息完全的环境下,消费者可以通过仔细比较,真正"货比三家"后,才完成购买。因此,购物意愿掌握在消费者手中,买或不买,买哪种商品都由消费者自行决定;同时消费者还能以一种轻松自由的自我服务方式来完成交易,消费者权利可以在网络购物中充分体现出来。但另一方面,以虚拟交易为主体的电子商务毕竟是一种新兴商务模式,需要整个社会在法律、金融、信息技术等方面的配套一体化发展,否则就会对市场经济的发展带来不良影响。比如,由于社会信用体制的不健全,近些年信用缺失导致的恶性影响,越来越严重地阻碍了我国市场经济的健康发展;再如,相关法律法规的缺乏,使得网络犯罪层出不穷。而这些,都在一定程度上增加了社会成本。

二、电子商务对传统商业模式的影响

(一) 传统商业理论受到冲击

1. 信息时代的商业模式重构

传统的商业交易模式在很大程度上是建立在信息不对称的基础之上的,掌握信息的一方得到了竞争的主动权,从而可以决定价格。在传统商业社会人们对商品的需求又导致了商业模式的均衡。网络经济时代,网络的存在使得所有的人都可以低成本分享充裕的信息,也不会因为信息传递者人数的增加而增加成本,同时网络使得信息的传递与产品实体的转移相分开,这就破坏了传统商业理论的均衡性。由于均衡性的破坏,组成传统企业价值链的成员有不少已经没有存在的必要,新的信息经济使信息与其实物在载体相分离的基础上重新组合成新的商业机构,这就使原先存在的商业模式发生了变化。

2. 传统中介地位的改变

信息时代,电子商务的出现使传统商业价值链上的部分成员发生了变化,有的甚至消失,或者面临着改变商业模式。中介是传统商业模式的一大支柱,是商业渠道发展的关键因素。电子商务时代,新的竞争者通过增加信息的普及性,减少信息的丰裕程度来打击原有的中介,争取了那些对以往的中介者而言利润微薄的及被忽视的顾客,并通过降低成本来获取利润。新的中介也在出现,并且更好地利用了信息优势,现存的中介体系并没有被摧毁,但却重新分配了市场的份额。

3. 信息导航者的出现

由于信息的传递与产品实体的分开使得企业无须再拘泥于两者紧密捆绑在一起时所带来的种种不便,于是就出现了所谓的信息导航者。这些信息导航者引导并帮助人们找到所需的产品信息,但他们自身并不参与产品的运送,甚至也不必成为交易的一方,他们的功能仅在于集中一些人的观点,指出最好的选择,而不对产品的运送承担任何责任。信息导航者可以说是中介在信息时代的一种形式和方

向,Yahoo、Amazon 等新的商业模式在这种情况下纷纷崛起。

(二)市场结构的变迁对商业模式的影响

1. 直接商业模式带来的冲击

信息经济时代的虚拟经济模式对传统的市场结构产生了冲击。在网络环境下,企业经常直接面对最终消费者,最大限度地取消了工业经济时代的中间环节,从直接的中间渠道销售过渡到直接的网络销售,从实体生产到虚拟生产,从货币支付到电子支付,从中间管理制度到知识管理,从依靠硬件到依赖知识,从普通服务到网络增值服务。这种以直接经济为特征的电子商务大大缩短了生产厂家与消费者之间供应链的距离,改变了传统市场的结构,企业可以绕过传统的经销商了解到客户的需求,并把这一需求直接转换为生产指令。这样就减少了中间环节,大幅度地降低了企业的经营管理成本。这种厂家到消费者的模式是一种间接经济到直接经济的变革,是工业经济向信息经济的一种转化。

2. 虚拟经济模式带来的冲击

网络经济时代是虚拟经济的时代,虚拟经营在社会上盛行。网上虚拟商店的开设不需要传统商店开设的店面、装修布置、货架陈列等必要条件,开设成本大幅度降低,为更多的人提供了商业机会。网络又使虚拟经营成为现实,掌握知识产权的企业可以通过网络进行业务外包,从而实现最佳的经济效益。第三方物流的支持使网络交易不再依托传统的实体转移,一个虚拟经济环境改变了传统商业模式的存在。

(三)电子商务模式

电子商务模式就是企业利用信息技术求得长期生存的一种方式,包括对合作伙伴和客户的价值主张,也包括企业的收益模式;也包括对数字信息以及离线状态下的配送技术的利用。电子商务的模式可以从作业层面、业务流程层面和企业层面上进行确立和分类。

1. 作业层面的电子商务模式

低层的活动涉及单项的经营活动,利用因特网或信息技术可以

为企业或个人节省成本。企业或个人可以利用电子商务的效率,降低经营成本。具体包括:

(1) 在线销售:自动化的销售——购买实现了虚拟销售,大大提高了效率;

(2) 订单处理:网络销售的订单可以通过系统的自动处理,并完成全部的交易功能;

(3) 电子邮件处理:电子邮件对营销成本及业务费用的节约所体现的优势非常突出,时效性与强大的数字化信息传输功能也是其特色;

(4) 信息发布:网络对信息的传播使得企业或产品的信息获得了即时、经济的发布渠道。在达到企业目标的同时,网络信息的低成本使传统信息发布手段相形见绌;

(5) 商业智能:利用因特网可以搜集用户的信息并进行自动整理,利用数据库信息可以为企业的营销策略提供全面而完整的数字情报;

(6) 在线广告:企业可以从他人媒体上购买广告信息,如果是企业销售广告,那就是内容赞助,属于更高层面的商务流程;

(7) 在线促销:利用因特网渠道进行商品试销、体验及提供数字促销工具(如电子优惠券)等;

(8) 定价策略:企业可以利用动态定价模式,针对不同客户群制订不同的价格甚至个性化价格。

2. 业务流程层面的电子商务模式

业务流程层面主要是通过改变业务流程达到提高企业经营效率的目标,具体包括:

(1) 客户关系管理:保持和改善企业和客户之间的关系,提高客户对企业和产品的满意度。电子商务环境下企业可以采集到与每一个客户交互的数字信息并进行加工和整合;

(2) 信息管理:指企业的数据库信息、系统构成技术以及将数据转变成有效信息三者进行结合,形成一个有机的整体;

（3）供应链管理：企业建立横向一体化机制，进行业务的分工与协作，协作成员通过信息化纽带加以整合，自动记录流程信息并形成自动报告，使相关环节的协作企业获得信息的共享；

（4）在线社区建设：通过网络把特殊兴趣的客户进行集合，组织社区成员的互动联系，可以创建强大的社会关系网，增强客户之间、客户与企业之间的联系；

（5）会员联盟：这是一种会员合作关系，通过会员自己的网站吸引其成员访问加入链接的商业网站，并在实现销售后获得佣金回报；

（6）数据库营销：通过搜集、分析、传播有关现有客户、预期客户和企业产品的电子信息，目的是提高企业利润；

（7）企业资源计划：即 ERP，是一种后台操作系统，负责处理订单接收、采购、制单和库存控制，使企业优化流程、合理配置资源、降低经营成本；

（8）规模定制：针对每个客户，利用电子商务的信息沟通优势，针对性地提出个性化订制功能，满足个性化的顾客需求，改变了传统企业在未知市场中消费者真正需求的情况下盲目实行规模化生产的局面。

三、电子商务对企业经营管理的影响
（一）电子商务与知识管理

以"知识经济"命名的新经济将会给社会和经济带来极大的震动，人们呼唤着知识经济的来临，知识经济对社会经济形态、经济活动模式和经济运行方式都将产生根本性的影响。未来的知识经济具有这样的特点：一是以知识为基础的产业在整个经济结构中占主要地位；二是与经济有关的因素在经济增长中起主导作用；三是知识对生产力的形成有关键的影响；四是在成本中和知识有关的项目占显著比重。

知识经济的到来为企业的经营发展提出了新的问题，即传统

的企业管理模式能否继续为知识企业服务。毋庸置疑,当然是不可能的。知识经济时代首先要冲击的就是企业的管理模式。管理专家彼得·杜拉克(Peter Drucker)曾经评述过:"企业过去十年成功的方案很有可能是其下个十年毁灭的原因。"知识经济时代的管理理论应该是全新的,长城企业战略研究所的王德禄把知识管理称为"竞争力之源"。前全国人大副委员长成思危认为:"知识管理就是对知识的管理,在知识经济下,只有管理好知识,管理好知识资产,建立好知识生产、流通使用的机制,发挥与知识共存的作用,才能创造更高价值、提高竞争能力。从某种意义上说,知识管理就是从知识具有的基本作用的角度重新审视社会经济生活的各个方面。知识管理的目标是促进知识经济生产和流动,使知识在使用中实现。知识管理涉及知识、人才、组织结构等广泛客体。知识管理是 80 年代以来管理新知识的一部分,包括学习型组织、企业流程重组、供应链管理、基准管理等,构成了知识管理理论的重要组成部分。"

早在 1980 年代,保罗·罗默教授就曾提出了经济增长四要素理论,其核心思想是把知识作为经济增长最重要的要素。现在,企业的价值已不在于拥有多少厂房、设备和产品,而在于知识产权、客户的信赖程度、与商业伙伴合作的能力、电信基础结构,以及雇员的创造潜力和技能等。知识资源已成为企业最重要的战略资源。把企业的知识资源纳入 EBP 管理之中,即把知识的识别、获取、开发、分解、储存、传递、共享等组成一条知识链,并对其进行有效管理。知识管理就是企业对其所拥有的知识资源进行管理的过程。

(二)电子商务对企业业务流程再造的影响

1. 企业的内部管理与外部管理之间关系的调整

在电子商务信息网络媒体手段下,要求企业内外保持良好的互动能力,也即内部管理、内部流程通过上网与外部环境之间的一种互动的能力。电子商务活动可以大大减少采购成本,能够大大地放大可选择的采购对象,作为供应者来说可以放大需求者的对象范围,对供应者和需求者都会产生直接的巨大的冲击和变化。因此无论是作为采购者上网还是作为供应者上网,必须根据电子商务活动信息规律本身的要求来重组内部的流程体系,改变自己内部的管理标准。网络时代消费者需求朝多样化、个性化发展,企业必须提供个性化服务,改变传统的批量生产方式,形成企业内部与外部环境的柔性制造体系。而这要求整个供应链围绕着隐含需求来展开,满足企业的快速反应。

2. 企业流程与外部环境变化相联系、企业运营与整个物流程序的改造相配合

今天,企业运营与过去按照自己的计划按部就班地生产的时代不可同日而语了,企业必须满足市场日益发展的需求变化,因此企业生产的柔性化、敏捷化要求企业有快速反应的机制,整个企业流程也必须满足这种速度。供应链的合作使专业化分工更加深入,同时企业间的协作和信息共享对企业发展提出了更高的要求,社会化的物流支持是这种改造的关键。在电子商务时代,满足供应链需求成为企业发展的根本,联结供应链合作成员的纽带是社会化的物流体系,而企业流程的改造必须能够适应其发展和需要,与之相匹配。

3. 企业内部的流程再造

企业再造是美国咨询管理专家米歇尔·哈默1990年在《哈佛商业评论》上率先提出的概念,1993年,他又与詹姆斯·钱皮合著了《企业再造》一书,标志着这一概念的正式形成。所谓企业再造,是企业为了在成本、质量、服务和速度等衡量绩效的关键因素上取得显著的改善,对企业所从事的业务流程进行根本的重新思考和彻底的重新设计。企业再造以顾客为中心,对业务过程、管理过程的重新认识、再设计都以更有效地满足顾客的需求为出发点。企业再造的核心是对企业的业务流程进行再设计,强调打破部门之间的界限,使业务流程的各个步骤按其自然顺序来进行,将分工过细的职务、工作根

据业务流程的性质重新组合。

（三）电子商务对企业组织结构的影响

企业组织是决定企业管理的基础,现代企业在发展过程中经历了两次大的变化。第一次大的转变是 19 世纪末到 20 世纪初发生的管理权和所有权分离,使管理工作自成体系,奠定了现代企业管理的基础。第二次大的转变是 20 世纪 20 年代初,皮埃尔·杜邦对其家族企业进行了改组,建立了强调权利分散、重视中心业务部门和人事管理、完整的预算和控制体制并明确区分政策制定和具体经营的管理制度。这个制度在几年后被通用汽车公司效仿而得到了推广并且一直沿用至今。现在,在企业信息化的数字时代,传统管理制度赖以生存的基础正在失去,企业内部组织结构及外部环境正在发生着巨大的变化,这足以使企业的管理发生一场革命。

传统的企业管理体制下,企业的管理机构臃肿,管理层次众多,形成特殊的金字塔形结构,企业内部的信息传递路径复杂而遥远。在网络时代,企业的竞争焦点集中于创新能力、反应速度、定制化产品、客户化服务。为此,企业组织管理必须强调组织的灵活性,强调对外部变革的快速反应。因此,企业组织结构的变革朝着扁平化、柔性化、虚拟化以及网络化趋势发展。组织结构的扁平化打破了分工理论指导下产生的金字塔式的层级结构,转变为层次尽量少的流程结构;组织结构的扁平化实现了由职能分工型的组织结构向任务分工型的组织结构转变,将企业内部业务流程和企业间业务流程进行重新设计与整合,彻底地改变组织的活动流程,建立起面向顾客的快速反应组织系统。

1. 企业内部的组织结构变迁

企业内部的组织变迁的主要特征体现在:

（1）企业柔性化组织的创建。组织的柔性化通过构建临时团队,突破部门分工的严格界限,为实现某一特定目标和任务,实现职能的重新组合,以适应经营环境的快速变化,使组织具有更大的弹性,并大大提高组织整体的综合效能。组织的柔性化强调实现集权和分权相结合、稳定性与变化性相统一、灵活性与多样性相协调。组织的虚拟化强调在企业组织内部将其传统的运作方式改为以网络为基础来运作,将原来的有形实物变成了数字信息,在企业组织之间,以信任和契约为基础,突破传统的组织界限,将具有不同功能的多个企业组织通过网络联结起来,形成一种临时合作的组织,以实现一定的目标。

(2) 企业总部收缩。过去跨国公司的总部机构庞大,内部功能设置周全,但是运作效率却不高。现在,各种后勤、服务、保健、法律、财务、文书等工作都可以进行外包,而企业总部作为一个决策机构,只要保有基本的功能即可。

(3) 企业规模适度化。企业并非是愈大愈好,巨无霸企业在运作过程中的弊病已经不是新鲜事了。有人认为在公司销售达到20亿美元时就必须解散,现在销售额为2亿—10亿美元的"小巨人企业"以"冲劲、集中和专一"的特长活跃在世界市场。A&I集团已经把企业分成220个人左右的产业单位,帕尔公司的总裁表示他不喜欢工厂的员工人数超过500名,以确保他们都能得到很好的管理。ABB集团计划将其数千种产品的服务分布在全球50个作业区,每区设一个领导小组独立经营。这种形式被看作改变官僚体制的好方法。

2. 全球市场信息化与企业外部合作结构变迁

信息化的市场趋势使得企业本身要求高度的协同性,企业间的协作手段和效率极大地得到了增强,使得企业间在利益分配方面更加透明。因此,企业竞争中"协同"的偏向越来越明显。

3. 学习型组织成为潮流

在网络经济时代,企业要在社会变革中和市场经济大潮中立于不败之地,成为学习型组织是一个发展趋势。学习型组织是麻省理工学院彼得·圣吉博士1994年在其著作《第五项修炼》中提出的。未来真正出色的企业将是能够设法使企业各阶层人员全心投入,并有能力不断学习,必须比竞争对手学习得更快、更好的企业。人类的工作观由于物质生活的丰富而逐渐改变,从工作是为了达到目的的手段,转变为寻求工作的内在价值。学习型组织即是顺应这个改变,让企业员工体验到工作中生命的意义。通过学习,重新创造自我,重新认识世界,以及人们和世界的关系。在学习型的组织中,组织成员有一个共同的愿景、组织领导人的主要职责是设计组织发展的基本理念并与大家一道学习。组织成员的创造性受到激励,通过保持整个组织学习的能力,及时铲除发展道路上的障碍,不断突破组织成长的极限,从而保持持续发展的态势。

四、电子商务对金融服务的影响

(一)电子商务的发展需要金融电子化、网络化的支持

金融行业承担着推动电子商务发展的重要任务。电子商务的发展需要多元化、多渠道的投融资机制;在线支付体系需要金融行业的支持和服务;信用体系和安全认证体系的建设需要金融行业的配合;金融行业要与电子商务相关企业互相支持、协同发展。网上结算是电子商务的关键环节,也是电子商务得以顺利发展的基础条件,随着电子商务在电子交易环节上的突破,网上银行、电子商务支付系统、电子签名、电子支票、电子现金等服务,将传统的金融业带入一个全新的领域。电子商务一经在金融服务业应用后,就以其省时、便利、信息量大等优点获得了从专业金融机构到普通投资人的青睐,增长迅速。

(二)电子商务为金融企业的发展提供了方向

随着金融业自身竞争的发展,金融业务创新成为金融业生存之本。电子商务加速了金融电子化、网络化的趋势。现在,世界上名列前茅的商业银行已经都发展了网上业务。过去增加业务收入的途径离不开业务的扩展,增加分支机构来发展业务的做法成本过于昂贵。因此,虚拟的网络金融业务打破了传统金融业务扩展的模式,中小银行完全有资格和银行巨头在网络业务上竞争。在中国,招商银行与四大国有商业银行不在一个档次,但是招商银行选择了网络金融业

务为突破,并取得了良好的业绩。

五、电子商务对政府管理的影响

(一)电子政务的概念和特色

1. 电子政务的概念

电子政务是指政府通过自己的网站,展示政府部门的工作职能、发布政策和政务信息、公布公众关心的各种问题,为公众提供高效、全天候在线服务,同时发展政府与社会企业间的合作关系,使其成为解决问题、提供服务的有效工具。政府只承担那些必须要由自己提供的服务,授权非政府组织或企业承担的政府的其他职能,政府只负责检查监督。这有利于促进竞争与创新,提高工作效率。据统计,由于实现政府信息化,1992—1996 年,美国政府的雇员减少了 24 万人,关闭了近 2 000 个办公室,减少开支 1 180 亿美元,不仅节省了大量的人财物,而且提高了政务透明度,堵住了徇私舞弊的渠道。

2. 电子政务的特色

(1)公开性。电子政务最大限度地减少了公务的人工干预,消除公务处理的暗箱操作,避免腐败,使公务受理、审批和处理都能够在统一的平台上进行,公众可以监督其程序,保证了政府的阳光特色。

(2)公平性。网络使公众的信息接受条件趋向公平,政府重视决策的科学化和民主化,减少了信息的垄断性,能够在很大程度上避免腐败的滋生,所产生的对整个社会的经济效益将是无法估量的。

(3)高效性。电子政务直接加快了政府组织结构的变革,使得社会组织将由层级式向网络式转变,政府与社会各单元形成多对多模式。由于网络使高层和基层工作人员直接迅速地沟通,就有可能削减中间管理层次,减少中层管理成本,即信息时代的政府组织结构趋向扁平化。

(4)科学性。电子政务应用先进的信息技术,可以使信息处理的质量达到全新的高水平,为政府科学决策奠定基础。科学决策需要发扬民主,政府上网,信息共享,为专家及各阶层人民群众参政议政和直接与政府沟通创造了条件,有助于发扬民主、集思广益,提高政府决策的有效性。

(5)经济性。计算机网络能够把全国或全地区的行政机关连接在一起办公,电子政务可以达到信息、人力、知识、管理制度等众多资源的共享,政府工作实现无纸化办公,使信息资源得到充分利用,避免重复建设,节约办公经费,降低机构与人员的费用。

(二)电子政务的模式

电子政务的内容非常广泛,国内外也有不同的内容规范,根据国家政府所规划的项目来看,电子政务主要包括这样几个方面:政府间的电子政务、政府对企业的电子政务、政府对公民的电子政务。

1. 政府间电子政务

政府间的电子政务(Government to Government; G to G 或G2G)是上下级政府、不同地方政府、不同政府部门之间的电子政务。

2. 政府对企业电子政务

政府对企业的电子政务(Government to Business; G to B 或G2B)是指政府通过电子网络系统进行电子采购与招标,精简管理业务流程,快捷、迅速地为企业提供各种信息服务。

3. 政府对个人电子政务

政府对个人的电子政务(Government to Customer/Consumer/Citizen; G to C 或 G2C)是指政府通过电子网络系统为个人提供的各种服务。

第五节　中国电子商务的发展

早在1986年,中国人就与因特网有了第一次接触,由于政治原因,一直到1993年才成为因特网的一员。随着因特网骨干网的建成,1996年中国开始了网上的商业活动,而政府也积极推动电子商务的发展,金桥工程的全面展开为电子商务的普及创造了条件,电子政务也得到了迅速发展。

一、中国电子商务的发展现状

(一) 中国因特网应用的发展进程

1. 中国人与因特网的第一次接触

1986 年,北京市计算机应用技术研究所实施的国际联网项目——中国学术网(Chinese Academic Network;CANET)启动,其合作伙伴是德国卡尔斯鲁厄大学(University of Karlsruhe)。1987 年 9 月,CANET 在北京计算机应用技术研究所内正式建成中国第一个因特网电子邮件节点,钱天白教授于 9 月 14 日发出了中国第一封电子邮件:"Across the Great Wall we can reach every corner in the world"(越过长城,走向世界),揭开了中国人使用因特网的序幕。

2. 中国科研网络与国际网络的连接试验

1989 年 5 月,中国研究网(CRN)通过当时邮电部的 X.25 试验网(CNPAC)实现了与德国研究网(DFN)的互联。CRN 提供符合 X.400(MHS)标准的电子邮件、符合 FTAM 标准的文件传送、符合 X.500 标准的目录服务等功能。10 月,国家计委利用世界银行贷款重点学科项目(国内命名为中关村地区教育与科研示范网络,世界银行命名为 National Computing and Networking Facility of China;NCFC)正式立项,11 月启动。

1990 年 11 月 28 日,钱天白教授代表中国正式在 SRI-NIC (Stanford Research Institute's Network Information Center)注册登记了中国的顶级域名 .cn,并且从此开通了使用中国顶级域名 .cn 的国际电子邮件服务,从此中国的网络有了自己的身份标志。

3. 中国与因特网的全面接入

1993 年 3 月 12 日,朱镕基副总理主持会议,提出和部署建设国家公用经济信息通信网(简称金桥工程)。1993 年 4 月,中国科学院计算机网络信息中心召集在京部分网络专家调查了各国的域名体系,提出并确定了中国的域名体系。1994 年 4 月,中美科技合作联委会在美国华盛顿举行,中国科学院副院长胡启恒代表中方向美国国家科学基金会(NSF)重申中国联入因特网的要求,得到认可。4月20日,NCFC工程通过美国Sprint公司联入因特网。从此中国被国际上正式承认为真正拥有全功能因特网的国家。

1994年5月15日,中国科学院高能物理研究所设立了国内第一个Web服务器,推出中国第一套网页。1995年5月,中国电信开始筹建中国公用计算机网络(CHINANET)全国骨干网,并于1996年1月正式建成。

(二) 中国电子商务的发展

1996年2月27日,外经贸部中国国际电子商务中心正式成立。同年,中国大陆第一家网络应用服务商"中国黄页"推出,业务定位于外向型企业的贸易撮合服务,为国内外企业搭建了全新的贸易桥梁;接着中国国际电子商务中心(CIECC)成立。9月中国电子进出口总公司成为中国国际电子商务网的第一个用户。中国银行开通了国内第一家网上银行业务。中国电子商务的序幕正式拉开。

1997年,北京、上海、广州等十余个海关开通了EDI通关业务。中国商品订货系统(CGOS)、中国商品交易中心(CCEC)等大型电子商务项目相继推出。

1998年,纺织品配额招标系统在中国国际电子商务网上投入运行,全国首次实现纺织品配额电子招标。"首都电子商务工程"也全面展开。3月,原对外贸易经济合作部政府网站正式开通,提供外经贸政务信息、外经贸法律法规和国内外贸易的最新动向,为外贸企业开展贸易活动提供服务。7月,原对外贸易经济合作部推动中国商品交易市场网站开通,引导中国企业从网上进入国际市场,被誉为"永不落幕的交易会"。

1999年2月3日,由中国国际电子商务中心承担的"九·五"国家重点科技攻关项目"商业电子信息安全认证系统",通过科技部和国家密码管理委员会的科技成果鉴定。并获得有关管理部门的信息安全产品销售许可,成为国内第一家自主开发、具有完全自主版权的电子商务 CA 安全认证系统,并被成功应用于我国纺织品配额许可证管理系统上。中国国家信息安全测评认证中心(CNISTEC)正式运行。4月在线中国出口商品交易会(在线广交会)正式启动,并且逐年发展。5月18日,网上零售商 8848. net 的出现,标志着中国电子商务开始进入快速发展时期。7月12日,中华网在纳斯达克首发上市,这是在美国纳斯达克第一个上市的中国概念网络公司股。9月6日,中国国际电子商务应用博览会在北京举行。本届博览会由外经贸部和信息产业部主办,是首次由中国政府举办的电子商务应用博览会,也是中国第一次全面推出的电子商务技术与应用成果大型汇报会。9月,招商银行在国内全面启动"一网通"网上银行服务,建立了由网上企业银行、网上个人银行、网上支付、网上证券及网上商城为核心的网络银行服务体系,并经中国人民银行批准首家开展网上个人银行业务,成为国内首先实现全国联通"网上银行"的商业银行。10月,原对外经济贸易合作部建立公共信息服务体系,提供公共信息服务。

1999年还实现了全国加工贸易联网审批管理。

2000年3月30日,中国证监会发布《网上证券委托暂行管理办法》。6月21日,中国电子商务协会正式成立。该协会旨在加强中国与世界各国在电子商务领域的交流与合作,推进电子商务在中国的应用与发展,促进我国经济的全面发展。7月1日,国家计委根据国务院授权指定中国采购与招标网(www. chinabidding. gov. cn)是发布政府招标公告唯一一家网络媒体。7月7日,由国家经贸委、信息产业部指导,中国电信集团公司与国家经贸委经济信息中心共同发起的"企业上网工程"正式启动。

2001年6月1日,被称为中国"电子口岸"的口岸电子执法系统在中国各口岸全面运行。7月9日,中国人民银行颁布《网上银行业务管理暂行办法》。11月20日,中国电子政务应用示范工程通过论证,这标志着中国向电子政府迈出了重要一步。

2004年8月,《中华人民共和国电子签名法》颁布,标志着我国电子商务走上有序发展的正轨,电子商务立法将全面启动。

2005年1月,《国务院办公厅关于加快电子商务发展的若干意见》阐明了发展电子商务对我国国民经济和社会发展的重要作用,提出了加快电子商务发展的指导思想和基本原则,还提出了一系列促进电子商务发展的具体措施。这是我国第一个电子商务政策性文件,为我国电子商务政策法律环境建设增添了一块基石,对电子商务的发展和信息化建设起到了积极的引导和推进作用。

(三) 中国电子商务发展中存在的差距

我国的电子商务虽然发展迅猛,但是水平方面仍然处在低层次,与国外的差距还是非常明显的,主要体现在以下几个方面。

1. 网络技术方面的差距

从电子商务的技术要求看,无论是网络技术与管理、商品信息、上网资费水平、通讯速度、安全和保密条件等方面都存在10—15年的差距,影响了电子商务的推广。

2. 企业信息化普及的差距

我国目前企业信息化有了一定的进展,在15 000家国有大中型企业中,约有10%的企业基本上实现了企业信息化,大约有70%的企业拥有一定的信息手段或者着手向实现企业信息化的方向努力,大约20%的企业只有少量计算机,除了作财务报表、文档处理外很少有其他应用。总数近千万的小企业中大约一半连基本信息化的条件都不具备。相当多的国有企业尚未认识到电子商务能够给他们带来比传统贸易更为有利的机遇,而认为电子商务距离他们比较遥远。培育和开发企业需求,成为在中国发展电子商务的首要问题。

3. 金融服务体系方面的差距

电子商务的进行需要支付与结算的手段,因此需要有高质、高效的金融服务及其电子化的配合。目前我国金融服务的水平和电子化程度不高,网上支付问题很大程度上阻碍了我国电子商务发展的进程。

4. 电子商务政策方面的差距

在国际组织和发达国家政府相继发表了有关电子商务发展的纲

领性文件的全球形势下,我国在电子商务的立法方面的差距正在扩大,制订电子商务发展的长期规划已刻不容缓。有关部门虽然已经着手拟订我国电子商务的政策框架,但这是一项复杂的社会工程,还需要涉及工商管理、海关、商检、保险、财税、银行等众多的部门和不同的地区、不同的国家之间的协调。因而需要有统一的法规、跨地区的强有力的综合协调机构,才能促进我国电子商务的蓬勃发展。

5. 市场机制方面的差距

目前中国的市场机制还有待于成熟,地方保护盛行,市场上假冒伪劣商品屡禁不止,三角债延续多年且时有发生,售后服务缺乏保障,虚假广告层出不穷。在这种情况下,要发展电子商务,必须加速培育市场,创造比较成熟和规范的市场环境与国际接轨,以利于传统商务向电子商务的顺利转变。

6. 人员素质方面的差距

我国绝大部分企业的领导对于因特网仅限于泛泛了解,对于上网的真正益处还有待于认识。由于网上的大部分信息是英文的,对于相当多的企业领导人来说,语言上的障碍成为人们开展电子商务的一个棘手问题。电子商务是一项涉及多部门、多领域、多学科、多技术的系统工程,管理电子商务的人才需要多方面的跨学科背景。目前我国虽然已经有150多所高校设置了电子商务专业,但是在师资配备、培养目标等方面差异极大,培养社会经济发展急需的电子商务人才是当务之急。

(四)中国电子商务发展的瓶颈

目前,中国电子商务发展还存在着各种制约,有关人士指出我国电子商务发展环境中存在若干"瓶颈",这是发展中国电子商务亟待解决的问题。

1. 网络基础设施建设问题

要想实现真正实时的网上交易,要求网络有非常快的响应速度和较高的带宽,这必须由硬件提供对高速网络的支持。而我国由于经济实力和技术等方面的原因,网络的基础设施建设还比较缓慢和滞后,已建成的网络其质量离电子商务的要求相距甚远。另一方面,上网用户少,网络利用率低,致使网络资源大量闲置和浪费,投资效益低,严重制约着网络的进一步发展。同时,与银行、税务等十几个部门的联网尚未实现。

2. 政府的角色定位问题

因特网是一个跨国界的网络,建立在其上的电子商务活动必然也具有同样的特点。如果各个国家按照自己的交易方式运作电子贸易,必然一事无成。所以必须建立一个全球性的标准和规则,以保证电子商务的顺利实施。同时,政府对电子商务活动不应过多地干涉,而应遵循电子商务的国际准则,尽量放权于企业。政府在其中起的作用应是扶持和服务,而不是控制和干预。当然,当交易中出现侵犯知识产权等现象时,政府应有及时、准确的行动。在我国,目前的电子商务应用普及面临的社会环境是:政企不分,信用制度不完整,流通秩序比较混乱,地方利益和部门利益纵横交错而滋生出形形色色的保护主义,面对如此境况,政府如何管理才能化消极因素为积极因素,推进电子商务应用普及,值得反思。

3. 安全问题

安全问题是企业应用电子商务最担心的问题,而如何保障电子商务活动的安全,将一直是电子商务的核心研究领域。作为一个安全的电子商务系统,首先必须具有一个安全、可靠的通信网络,以保证交易信息安全、迅速地传递;其次必须保证数据库服务器绝对安全,防止黑客闯入网络盗取信息。目前,电子签名和认证是网上比较成熟的安全手段,而在我国大多尚处在对 SSL 协议的应用上,在 SET 协议上的应用试验刚刚成功,而要完全实现 SET 协议安全支付,就必须有一个CA 认证中心,而目前在我国 CA 认证权的归属问题尚未确定,在信息安全保密体制上管理权问题、管理制度等问题亟待解决。

4. 网上支付问题

电子商务的核心内容是信息的互相沟通和交流,交易双方通过因特网进行交流,洽谈确认,最后才能发生交易。对于通过电子商务手段完成交易的双方来说,银行等金融机构的介入是必须的,银行所起的作用主要是支持和服务,属于商业行为。目前我国各个国有专业银行网络选用的通信平台不统一,不利于各银行间跨行业务的互联、互通和中央银行的金融监管以及宏观调控政策的实施。另外,各行信用卡标准不一样,不能通用,信用卡网上支付还有很多问题有待解决。

5. 电子商务法律问题

电子商务的跨国界性使电子商务交易活动涉及不同国家,需要一个成熟、统一的法律系统。目前,中国的电子商务法规建设刚刚起步,直接涉及电子商务的仅《中华人民共和国电子签名法》一部,加上与网络有关的法规,不管是数量上还是范围上都不能适应经济形势的发展。

6. 企业计算机应用水平落后、网络意识淡薄

目前我国绝大部分企业正忙于解决吃饭问题,信息部门设在总工程师办公室,大部分企业缺乏计算机,少数企业拥有计算机也主要应用于文字处理和计算,产、供、销、人、财、物等重要资源的管理,大多未实现电子化。信息加工和处理手段落后,信息处理能力仅是世界平均水平的 2.1%,且仍以提供单纯的技术产品信息为主,不擅长动态信息的跟踪和获取。企业对电子商务的需求非常淡薄,政府大力推行的"企业上网工程"没有取得预期的效果。企业的信息化只是在理论界、信息产业界热度很高,而在企业中反响平平,从而造成经营决策的被动局面。

7. 企业管理水平落后、经营方式陈旧

我国许多企业的管理处于主观、随意的经验管理阶段,而管理程序化、科学化是实现电子商务的基本要求。目前的不规范管理,只能使计算机简单模拟原来手工操作流程,从而加大系统实现的难度,增加投资成本,降低电子商务的投资收益率。电子商务的应用也会因公司的不同而五花八门,不仅不能提高工作效率,相反还会降低原来工作效率。同时,几千年来留下的传统的手工作业的商业模式在人们头脑中根深蒂固,要在现阶段改造这样的商业环境,以适应电子商

务产生的新的市场竞争格局,是相当艰巨的。

8. 商家信誉问题

企业间、企业与消费者间进行网络交易并不困难,但建立成熟可靠的消费体系和互相信任的市场运作方式,绝不是一蹴而就的事。当传统的购物方式引发的各种纠纷还在 3·15 消费者权益日频频曝光的环境下,网络用户的信任问题成为关键。由于我国长期以来没有建立社会化的诚信制度,以及法律在交易诚信方面缺乏足够的介入力度,使我国在发展电子商务时面临着信任的现实问题,使我们与国外的差距更加明显和突出。

二、中国电子商务的发展展望

(一) 我国电子商务的发展趋势

根据国内的有关研究显示,今后我国电子商务将呈现以下六个方面的发展态势。

1. 纵深化趋势

由于电子商务的基础设施完善,我国传统企业发展电子商务的深度将进一步拓展,个人参与电子商务也会越来越多。图像通信网、多媒体通信网将建成使用,三网合一潮流势不可挡,高速宽带互联网将扮演越来越重要的角色。

2. 个性化趋势

个性化定制信息需求将会强劲,个性化商品的深度参与成为必然。对所有面对各消费者的电子商务活动来说,提供多样化的服务,是决定成败的关键。

3. 专业化趋势

今后几年内我国上网人口仍将是以中高收入水平的人群为主,面向消费者的直线型网站和专业化网站前景看好。面向行业的专业电子商务平台发展潜力很大。

4. 国际化趋势

我国电子商务企业将随着国际电子商务环境的规范和完善逐步

走向世界。随着我国加入 WTO,国外电子商务企业开拓我国市场的障碍将逐步消除。

5. 区域化趋势

立足国情采取有重点的区域化战略,是有效扩大网上营销规模和效果的必然途径。由于我国南北差异、东西差距等因素,电子商务模式的区域性特征将越来越明显。

6. 融合化趋势

电子商务网站在最初的全面开放后,必然走向新的融合,包括同类兼并、互补性兼并和战略联盟协作等。

(二) 我国电子商务发展趋势预测

1. 网络设施将进一步得到发展

因特网带宽与速度有显著提高,电子商务的基础环境得到满意的改善。

2. 企业信息化的进一步普及推动着信息化建设的深入

随着全球化和世界经济一体化的进程,越来越多的企业参与国际经济合作,对信息化的要求将促使其推进信息化建设。

3. 物流设施进一步得到完善

物流是瓶颈。随着电子商务在我国的进一步推广与应用,物流对电子商务的限制作用日益突出。我国物流发展水平的低下,已经成为电子商务发展的一大瓶颈。未来我国将大量发展现代物流,为电子商务发展解决后顾之忧。

4. 网络金融电子商务为我国的金融业带来新的机遇与挑战

电子金融业务(包括银行业、证券业、保险业、基金业等)可以通过网络来完成整个交易过程。我国的金融业可以以因特网为依托,以物理网络为基础向综合化、全球化、电子化、一体化的全能服务机构的方向发展。作为服务业的前沿,网络业务在将来具有远大的前程。

5. 电子政务与政府信息化有重大进展,政府网上办公将进一步普及

电子政务与政府信息化有重大进展,政府信息资源进一步共享,为广大企业、人民群众提供信息服务,政府机关内部、政府部门之间、政府与企业和民众之间的信息沟通主要利用网络进行,政府工作透明度及效率也将进一步提高。大宗的政府采购项目的招标、签订合同和贸易活动将通过电子商务进行。

6. 电子商务法规进一步完善

发展电子商务要与国际接轨,我国应修改、制订有关电子商务的法规、法律。在未来的几年,我国的电子商务立法进程将加快,电子商务法律体系将得到完善。

(三) 发展我国电子商务的思路

我国是一个发展中国家,与发达国家相比在社会制度、经济体制、技术、管理、消费观念、文化背景方面都有一定的差异。因此不能套用任何一个国家发展电子商务的政策和模式。我们必须结合国情,制订出适合我国发展电子商务的政策和策略,确保发展电子商务的环境和相应的法律规范的逐步完善,促进我国电子商务健康有序地发展。总结各国发展经验,我们应以"市场主导、政府推动"作为指导思想来发展我国电子商务。

1. 市场主导

遵循价值规律,适应供需的变化,通过经济杠杆和竞争机制,有效配置社会资源,实现优胜劣汰。

2. 政府推动

电子商务的发展不能没有政府的参与,离开了政府对电子商务的宏观把握,电子商务的发展必然会陷入某种程度的无序状态。因此,只有充分发挥政府的宏观规划和指导作用,加强政府有关部门之间的相互协调,保障电子商务有关的政策、法规和标准的连续性和一致性,才能引导电子商务的健康发展。

3. 国际合作

立足我国国民经济和社会发展现状,从促进经济结构调整,实现国家经济持续、快速、健康发展的角度出发,积极稳妥地推进电子商务在各领域的应用。同时坚持国际化道路,跟踪国外电子商务的发展动态,汲取它们的经验教训。

电子商务以前所未有的速度创造着新的商务环境,可以相信作为一种全新的管理商业的方法,电子商务将会成为各国经济发展潜在的增长动力,也将会使各国的生产、管理、政府职能和法律制度等产生一系列的巨大变革,这无论对政府、企业还是个人,都将带来新的机遇和挑战。

【阅 读 链 接】

1. 中国电子商务协会　http://www.ec.org.cn/
2. 中国国际电子商务中心中国招商网　http://www.chinainvest.com.cn
3. 因特网世界统计网　http://www.internetworldstats.com
4. 中国电子商务网　http://www.cebn.cn
5. 电子商务研究　http://www.dzsw.org
6. 互联网实验室　http://www.chinalabs.com
7. 中国国际电子商务网　http://www.ec.com.cn
8. 中国电子政务网　http://www.e-gov.org.cn
9. 中国采购与招标网　http://www.chinabidding.gov.cn
10. 中国互联网络信息中心　http://www.cnnic.net.cn

【思 考 题】

1. 电子商务的定义主要反映了哪些思想? 狭义和广义电子商务的区别怎样理解?

2. 电子商务的前提是什么? 什么是电子商务的核心? 电子商务的基础应该是什么? 电子商务的对象是什么?

3. 怎样理解电子商务的内容和典型服务功能?

4. 电子商务是怎样发展的？ 网络技术的发展对电子商务的发展有什么作用？

5. 电子商务可以分为哪几个发展阶段？ 每个阶段有什么特色？

6. 什么是"摩尔定理"？ 什么是"梅特卡夫法则"？"雅虎法则"又揭示了什么？

7. 电子商务的发展特征体现在哪些方面？

8. 电子商务的系统功能是怎样表现的？ 对电子商务系统功能中的协同处理是怎样理解的？

9. 电子商务按照参与主体可以分为哪些类型？

10. 按电子商务的业务过程分类可以怎样分？

11. 按照电子商务支付方式分类的电子商务有几种？

12. 按照电子商务交易对象划分有哪些种类？

13. 电子商务对市场经济有什么影响？

14. 电子商务对传统商业模式有什么影响？

15. 电子商务对企业经营管理有什么影响？

16. 电子商务对金融服务有什么影响？

17. 电子商务对政府管理有什么影响？

18. 中国电子商务发展存在什么问题？ 未来电子商务发展的趋势应该怎样？

【案 例 分 析 题】

1. 1997 年,经原国务院信息化工作领导小组办公室和 CNNIC 工作委员会研究,决定由 CNNIC 联合四个网络单位来实施中国网络发展状况的统计工作。在统计报告发表后,受到各个方面的重视,被国内外用户广泛引用,并不断有用户要求 CNNIC 提供最新的统计报告。为了使这项工作制度化、正规化,从 1998 年起 CNNIC 决定将于每年 1 月和 7 月推出该统计报告,其即时性和权威性已得到了业界的公认。请参阅历次调查的报告,然后对中国网络应用发展情况写 500 字的报告。

2. 网络经济时代的到来,企业如何发展,是一个崭新而迫切的问题。进军电子商务是海尔国际化战略的必由之路,国际化是海尔目前一个重要发展战略。而电子商务是全球经济一体化的产物,通过电子商务手段更进一步增强海尔在家电领域的竞争优势,不靠提高服务费来取得赢利,而是以提高在 B2B 的大量的交易额和 B2C 的个性化需求方面的创新。

2000 年 3 月 10 日,海尔投资成立电子商务有限公司。4 月 18 日海尔电子商务平台开始试运行。通过网络,用户可以在线设计自己的家电,在线销售模式则是国内家电企业中率先尝试的。海尔在开展网络销售的 3 个月里就取得了业绩 10 倍增长的成绩。优化供应链取代本公司的(部分)制造业,变推动销售的模式为拉动销售模式。提高新经济的企业的核心竞争力。海尔电子商务从两个重要的方面促进了新经济的模式运作的变化。一是对 B2B(企业对企业)的电子商务来说,促使外部供应链取代自己的部分制造业务;二是通过 B2B 业务,仅给分供方的成本的降低就提高收益 8%—12%。从 B2C 的电子商务的角度,促进了企业与消费者的继续深化的交流,这种交流全方位提升了企业的品牌价值。

海尔电子商务的最大特点就是个性化,提出了与客户之间是零距离,而此前客户的选择余地是有限的,这对厂家有利,现在一上网,用户要定制自己的产品,这并不是所有企业都能做到的。要做到与客户之间零距离,不能忽视商家的作用。因为商家最了解客户需要什么样的商品,要与客户之间零距离,就要与商家之间零距离,让商家代替客户来定制产品。B2B/C 的模式符合实际情况,也帮企业培养了一大批海尔产品用户的设计师。事实上海尔的每一种个性化的产品的产量都能达到 3 万台以上。这样成本平摊下来,商家和消费者所得到的产品价格的增长是很微小的。

海尔是国内大型企业中第一家引入电子商务业务的公司,率先推出电子商务业务平台。海尔累计投资 1 亿多元建立了自己的 IT

支持平台,为电子商务服务。目前,在集团内部有内部网,有 ERP 的后台支持体系。各种信息系统(比如物料管理系统、分销管理系统、电话中心、C3P 系统等等)的应用也日益深入。海尔以企业内部网络、企业内部信息系统为基础,以因特网(外部网)为窗口,搭建起了真正的电子商务平台。

(1) 海尔的电子商务对传统企业的业务流程进行了哪些方面的改进?

(2) 海尔是如何进行个性化营销的?

(3) 海尔在供应链改造方面有哪些突破?

第二章　电子商务技术基础

早在 20 世纪 60 年代,人们就开始了用电报报文发送商务文件的工作,70 年代又普遍采用方便、快捷的传真机来替代电报,但是由于传真文件是通过纸面打印来传递和管理信息的,不能将信息直接转入到信息系统中,因此人们开始采用 EDI 作为企业间电子商务的应用技术。随着因特网的诞生和发展,电子商务的技术已经突飞猛进,以信息流、资金流和物流合一的商业模式日趋成熟。企业内部、跨国公司管理以及不同企业基于供应链的协同和合作完全依赖于计算机技术和网络技术的发展,电子商务是信息技术发展到一定高度的产物。

第一节　因特网的产生与发展

计算机是 20 世纪最重要的发明,可以与工业革命时代的蒸汽机相媲美。计算机的诞生,使人类社会的发展插上了翅膀,大大地提高了社会生产力水平,几十年内取得的成就超过了过去的几百年、上千年。随着因特网的出现与发展,从根本上改变了人类的传统,从社会生活到经济发展都获得了全新的提升。

一、计算机技术的发展
(一)计算机的出现与发展

20 世纪 20—30 年代,科技工作者已经开始研究计算机的制造技术。二次大战时,德国工程师朱斯第一个尝试把电器元件应用于计算机制造。1943 年 6 月 5 日，美国宾夕法尼亚大学的莫尔学院与陆军军械部正式签订了建造计算机的合同。

1. 第一代计算机

1945 年第一台电子计算机 ENIAC 问世，共使用了 20 000 个电子管来进行运作，体积庞大得占地面积达 170 平方米，重量为 80 吨，功率 150 千瓦，每秒能进行数百次加法运算，在当时已经属于划时代的事件了。

2. 第二代计算机

第二代是晶体管计算机，1959 年由美国菲尔克公司研制成功。以晶体管做逻辑元件，并使用了快速磁芯存储器，使运算速度一下子从每秒几千次提升到几十万次，存储器容量从几千字提高到十万字，体积成倍缩小，成本成倍降低，在计算机领域引发了一场革命。

3. 第三代计算机

1964 年 IBM 公司研制成功 360 型计算机，以集成电路替代晶体管，可靠性更高，功耗更小，体积向微型化跨近，计算机进入了第三代。

4. 第四代计算机

第四代是大规模集成电路计算机，以 1971 年英特尔公司推出的 4004 大规模集成电路芯片为标志，计算机进入微机时代，形成计算机发展史上的又一次革命。1976 年，两个美国青年史蒂夫·沃兹尼亚克(Steve Wozniak)和史蒂夫·乔布斯(Steve Jobs)在简易的车库里装配出了第一台商业化个人计算机(PC)，计算机技术的发展从此分为巨型计算机和微型计算机两个分支。

（二）计算机发展的趋势

作为电子计算机核心技术的微处理器的迅猛发展使个人计算机(PC)的普及成为现实。英特尔的第一个微处理器只有 2 000 粒电晶体，历经 80286、80386、80486，到 Pentium 的 80586 时已能容纳 300 万粒电晶体，而后以主频速度命名的 Pentium II、Pentium III 和 Pentium IV 系列的推出，更是令人目不暇接。早期计算机的运算能力受到动存储(DRAM,即内存)的制约,运算速度较慢。与当初相比,计算机逻辑运算能力已经提高了 10 万倍,第五代的超大规模集成电路和人工智能计算机可能会将速度再提高一万倍,现在需要 10 年能够完成的工作,以后可能只要几个小时。

二、因特网的产生与发展

(一)因特网的起源

1960 年代初期,美国国防部认识到将来的武器需要功能强大的计算机进行协调和控制,雇用了很多顶尖的通信技术专家进行研究,并委托一些著名的大学和研究所参与研究。研究的目的是创造出一种全球性的网络,即使这种网络的一部分被敌人的军事行动或破坏活动所摧毁,整个网络还可以正常运行。这些专家花了大量心血研究各种可以建立独立运行网络的办法,也就是不需要一个中央计算机来控制网络的运行。

1969 年,美国国防部的专家用这种网络思想把四台分别位于加州大学洛杉矶分校、斯坦福国际研究所(SRI International)、加州大学圣巴巴拉分校和犹他大学的计算机连到了一起,建立了最早的包交换网 ARPANet。在接下来的几年里,更多的专家加入了这个网络。他们为网络的建设出谋划策,提高了网络运行的速度和效率。与此同时,其他大学的研究者也在利用同样的技术创建他们自己的网络。

(二)因特网的发展

1. 因特网的概念

因特网(Internet)专指全球最大的、开放的、由众多网络相互连接而成的计算机网络,根据中国国家语言文字工作委员会的定义,在汉语中这种开放的公共联网系统被命名为"因特网",与"互联网"是两个不同的概念。后者对应的英语名称是 internet,泛指一切通过互联的计算机网络,可以是在企业、组织或者机构内部的行为,这与因特网的开放性和公共性是有差异的,应该区别对待,规范使用。

因特网最初的使用仅限于科学研究目的。在建立 ARPANet 的过程中，建立了一种计算机通信协议，被称为 IP 协议（Internet Protocol）。根据该协议，当一台计算机向网上的另一台计算机发送信息时，只需在要发送的信息前面附加一些用于网络传送的控制信息。这个附加控制信息的过程被称为"打包"，就像在日常生活中寄信时要将信件装入信封一样。这样，数据便被分成若干小块，也被叫做"数据包"或"报文"。数据包都有相应的标记，说明自己来自何处，并将发送到什么地方。数据包具有特定的长度，从一台计算机转发给另一台计算机，直到抵达最终的目的地。

1970 年代以后，科学家们一直利用这种网络进行分享数据、合作研究和信息交换。到 1972 年，已有 50 多家大学参与联网，一个研究者写出了一段可以通过网络发送和接收信件的程序，电子邮件就这样诞生了，并迅速得到了广泛的使用。军事、教育和科研领域的网络用户在不断增加。很多新的用户用这项网络技术传输文件和远程登录其他计算机。虽然当时人们已经为网络的使用开发了很多创造性的用途，但网络的使用者仍局限在能够接触到网络的学术和研究领域，直到 1983 年美国所有联网的计算机还只有 562 台。从1979—1989 年，网络的这些新的用途不断地得到改进，用户规模也在不断壮大。随着研究和学术机构对网络所带来的利益的认识不断加深，美国国防部的网络软件得到了更广泛的应用。

2. 因特网的发展

在 1980 年代，随着个人计算机性能的日趋强大、价格的日趋降低和使用的日趋普及，越来越多的企业利用个人计算机来构建自己的网络。虽然这些网络装有电子邮件软件，可以在企业的雇员之间收发信件，但企业还是希望他们的雇员能够与企业网络之外的人进行信息交流。美国国防部的网络和其他大部分相关的学术网络都受美国科学基金会（National Science Foundation；NSF）的资助。由于NSF 禁止商业网络与之互联接入，这些企业只好求助于商业性的电子邮件服务提供商。大公司建立起了自己的网络，租用电信公司的线路把地区分部和公司的总部连在一起。1985 年 NSF 接管了 ARPANet,提供巨额资金建造了全美五大超级计算中心。1989 年, NSF 允许两家商业性的电子邮件服务商 MCI Mail 和 CompuServe 与其建立有限的连接。此后,其他一些机构也开始建立自己的面向全国的计算机广域网。为了使更多人能够共享这个以前只供少数人使用的计算机设施,NSF 建立了基于 IP 协议的计算机通信网络 NSFNet,在全国按照地区划分建立了计算机广域网,并将这些广域网同超级计算中心相连。此后,通过将超级计算中心互联,并架设一条高速数据专线来连接各区域网上主通信节点的计算机,构成了 NSFNet 主干网。这样,当用户的计算机与某个区域网相连后,除了可以使用任意超级计算中心的设施外,还可以同网络上的任意用户进行通信,并可获得大量的数据和信息资源。这标志着因特网的正式形成。

3. 因特网的私有化和普及

1991 年,NSF 进一步放宽了对因特网商业活动的限制,并开始对因特网实施私有化。因特网的私有化工作到 1995 年基本完成, NSF 将因特网的运营交给了一批私营公司。因特网新结构的基础是四个网络访问点(Network Access Points;NAPs),每个 NAP 都由一个独立的公司来运营。太平洋贝尔公司经营旧金山的 NAP, Sprint 公司经营纽约的 NAP, Ameritech 公司经营芝加哥的 NAP, MFS 公司经营首都华盛顿的 NAP。这些网络访问服务商把因特网登录权直接销售给大客户,对小企业的销售则是通过因特网服务商来间接完成的。

实际上,因特网已成为人类信息流通的一种新工具,为人们提供了一个冲破传统地域的新的活动空间。在这个网络空间里,人们利用新的沟通方法相互联系,并逐渐形成新的行为方式、社会规范和思想意识,最终创造出新的网络文化。这是一个新规范逐渐建立、新的行为方式逐渐制度化、新的社会形态逐步形成的复杂过程。这个新的社会形态,就是"信息社会"。因特网与 18 世纪的蒸汽机、19 世纪的电气技术一样,都具有划时代的性质。因特网的应用很快即呈现商业化的趋势,商业性的网址纷纷设立,商业公司通过网址宣传其企业形象、传递商业信息,因特网用户可以通过访问这些网址来获得所需的产品信息,而公司也可通过 E-mail 向网络用户发送产品信息。很快,因特网用户已经可以在网上进行产品订购并且与公司进行更深入的交互式沟通。尽管开始的虚拟社会是非商业性的,而大多数人至今强烈反对在因特网上进行商业活动,但是,因特网的商业趋势是不可阻拦的。

(三) 万维网的兴起

1. 万维网的诞生

1945 年,时任美国科学研究和发展办公室主任的威尼瓦尔·布什(Vannevar Bush)在《大西洋月刊》(*Atlantic Monthly*)上发表了一篇文章,探讨科学家应如何把二战中获得的技术运用于战后的和平建设活动。文章提出了许多生动有趣的想法,涉及如何利用先进的技术来组织和利用信息资源。他推测,工程师最终将建成一种新型的机器,可以将一个人所有的书籍、磁带、信件和研究结果都存储在微型胶卷上,而且带有机械的辅助设施,可以帮助用户迅速灵活地找到资料。20 世纪 60 年代,特德·尼尔逊(Ted Nelson)描述了一种类似的系统,在这个系统中,一个页面的文本可以和其他页面的文本链接到一起。尼尔逊把这种页面连接的系统称为超文本(Hypertext)。1989 年,欧洲粒子物理实验室(CERN)的蒂姆·伯纳斯·李(Tim Berners Lee)和罗伯特·卡里奥(Robert Calliau)开始着手改进实验室的研究档案处理程序。伯纳斯·李开发出了超文本服务器程序代码,并使之适用于因特网,他将设计的超文本链接的 HTML 文件构成的系统称为 World Wide Web(简称万维网或 WWW)。万维网采用的是客户/服务器结构,其作用是整理和储存各种万维网资源,并响应客户端软件的请求,把客户所需的资源传送到 Windows、Windows NT、UNIX 或 Linux 等平台上。

1991 年夏天,万维网正式登陆因特网。它的诞生给全球信息的交流和传播带来了革命性的变化,为人们轻松共享浩瀚的网络资源打开了方便之门。从这一刻起,因特网开始以前所未有的速度飞快发展。几乎与万维网的发明同样意义深远的是,伯纳斯·李决定向全球无偿地提供自己的创新设计。他说"如果我当时要求收费,就不会有今天的万维网,而是会冒出大大小小无数的网络"。1992 年,CERN 将 WWW 发布到公共领域,于是各国开始发展自己的万维网浏览器。

2. 浏览器的出现

1993 年,伊利诺伊大学的马克·安德雷森(Marc Andreessen)领着一群学生写出了 Mosaic 程序,这是第一个可以读取 HTML 文件的程序,它用 HTML 超文本链接在因特网上的任意计算机页面之间实现自由遨游。1994 年,Mosaic 小组同硅图公司(SGI)合作成立了网景公司(Netscape),公司的第一个产品——基于 Mosaic 的网景 Navigator 浏览器,获得了巨大的成功。微软也不甘示弱,随即开发出了 Internet Explorer(IE)浏览器,并与 Windows 操作系统进行了捆绑,在市场上迅速超过了 Navigator。

现在,Web 服务器成为因特网上最大的计算机群,Web 文档之多、链接的网络之广、令人难以想象。可以说,Web 为因特网的普及迈出了开创性的一步,是近年来因特网上取得的最激动人心的成就。

第二节 因特网的构成及应用

一、因特网的结构和功能

(一)因特网的结构原理

因特网采用一种既经济又易于管理的技术在两点之间传输数据,这种模式叫做包交换。在包交换网络中,文件和信息被分解成包,在这些包上用表示信息源和目的地的代码打上电子标记。这些包在网络中从一台计算机传输到另一台计算机,直至到达目的地。目的地的计算机把这些包集中起来,并把每包中的信息重新集合成原先的数据。在包交换中,每个包从源头到目的地的最佳路径是由途经的各个计算机决定的。决定包的路径的计算机通常叫做路由器,确定最佳路径的程序叫做路由算法。包交换是在因特网上进行数据传输的方法,它有很多的优点。其中一个优点是:长数据流可以分解成易于管理的小数据包,小的数据包沿着大量不同的路径进行传输,避免了网络中的交通拥挤。另一个优点是:在数据包到达目的地后,更换受损数据包的成本较低,因为如果一个数据包在传输途中被改变了,只要重新传输这个数据包就可以了。

最早的包交换网 ARPANet 仅连接了几个大学和研究中心。这种实验性的广域网在接下来的几年里逐渐成熟起来,它采用的是网络控制协议(Network Control Protocol；NCP)。协议是一组规则的集合,它规定网络传输数据的格式和顺序,并检查这些数据中的错误。协议规定了数据的发送设备如何表示已经完成信息的发送,以及接收设备如何表示已经收到或未收到信息。

(二) 因特网的功能

因特网提供了多种服务,有电子邮件、WWW 信息检索、文件传输、远程登录、网上新闻、电子公告牌、各种查询服务及电子商务等。

1. 远程通信

实现远程多媒体通信是因特网的一项重要应用。电子邮件 E-mail 是目前最广泛使用的远程通信手段,使人们的交流变得直接、简单又经济。IP 电话是基于网络的又一项重大发明,国际长途电话昂贵的通话费用将成为历史,人与人进行远程通信交流将变得非常容易,"地球村"正在成为现实。

2. 远程信息发布和获取

通过因特网可以发布用户个人的信息,也可以获取网上所有公开的信息,基于因特网有数以万计的数据库,有着丰富的信息资源,其中大多数信息可供查询和利用。

3. 远程信息处理

通过因特网对所获取的数据进行加工,以获得支持管理和决策的信息,实现对企业和部门的管理,并支持实现办公自动化。这样,就极大地延伸了人们的管理范围,提高了管理的实时性和管理水平。

4. 远程会议系统

实时的多媒体通信允许用户之间无延时地进行通信,从而实现支持图像和声音交互的远程会议系统。还可以基于此实现远程教学、远程医疗以及进行网上研讨会等。

5. 电子商务

电子商务是因特网在商业方面的重要应用,电子银行、电子商店、电子图书等都是金融和商务活动在因特网支持下才能得以实现的。人们可以通过因特网进行金融交易、网上购物、网上阅读等。电子商务的扩展概念则包括了通过因特网提高管理效率,实现协调商务。

6. 家庭娱乐服务

人们可以通过因特网来点播电视和电影节目,并实现所谓交互式电影或电视,从而能起到身临其境的效果,这可能会改变未来人们的生活方式。

二、计算机网络的分类

(一) 内联网和外联网

1. 内联网

内联网(Intranet)也叫内部网,是企业使用基于因特网的协议(包括 TCP/IP、FTP、Telnet、HTML 和 WWW 浏览器)建立的低成本企业内部专用网络,用于传播企业信息。因为企业的内部网和因特网是兼容的,企业外部的消费者可以共享内部网的信息。

内联网的成本很低,如果企业的 PC 机已经接入与因特网相连的局域网,内联网基础设施的要求就已经满足了。内联网的基础设施包括一个 TCP/IP 网络、WWW 制作软件、WWW 服务器硬件和软件、WWW 客户机和一台防火墙服务器(防火墙可在专用的企业内部网和外部因特网之间提供安全保障)。此外,由于内联网使用标准的 TCP/IP 协议,这就保证了现在使用因特网的任何企业都能够很容易地建立内联网。

内联网可以节约企业的时间和金钱,不管对于大企业还是小企业,内联网总是传输各种企业内部信息的最佳手段。内联网可处理的其他信息包括人力资源、内联绩效和生产信息、技术报告、企业电话簿、电子邮件、软件手册和政府法规等。内联网还有助于人员培训,可节约培训费用,提高培训的便利性。

内联网最大的利用是实现企业的信息管理,通过信息化的运营,可以在企业实施 MRP II、ERP、BPR 等先进的管理,把企业的每一条信息都纳入有效的管理。

2. 外联网

外联网(Extranet)把企业及其供应商或者其他贸易伙伴联系在一起。一些外联网是从内联网发展而来的,然后通过因特网进行连接。企业管理层将内联网数据向因特网用户开放,以减轻企业雇员的工作负荷。一个著名的例子就是 FedEx(联邦快递),多年来,顾客跟踪 FedEx 包裹的方法一直是拨打联邦快递的免费电话,告诉接线员自己的包裹号码。接线员输入包裹号码后,包裹跟踪信息就会显示在接线员的控制台上,由接线员再告诉顾客。有关包裹的所有信息都属于联邦快递的内部信息。几年前,联邦快递通过网络提供查询服务。联邦快递在网上提供了包裹跟踪服务,以及在线生成空运单据、运输货物登记、联邦快递物资运输服务等。客户可以输入自己的账号和空运单号,然后进入联邦快递的作业系统跟踪货物的运输流程。重要的信息都保存在联邦快递的外部网中。这个系统将客户的订单及仓库数据管理系统与公司的收货、开具发票和包裹跟踪软件集成了起来。

外联网可以利用公共网络、安全(专用)网络或虚拟专用网络(VPN)等网络类型中的任何一种,实现企业间的信息共享。外联网的信息是安全的,可以防止信息泄露给未经授权的拥护。授权用户可以公开地通过外部网连入其他企业的网络。外联网为企业提供了专用的设施,帮助企业协调采购,通过 EDI 交换业务单证,实现彼此之间的交流和沟通。实际上外联网可通过因特网建立起来,但外联网一般是联系业务的独立网络。利用传统的因特网协议(包括TCP/IP),外联网可用因特网实现网间通信。即使是独立于因特网的专用网络也可使用因特网的协议和技术来进行通信(见图 2.1 所示)。

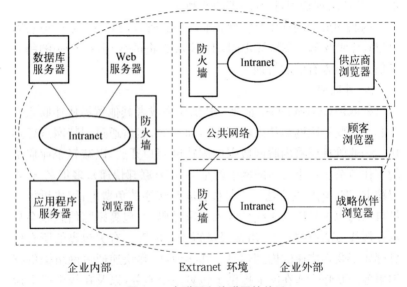

图 2.1　内联网和外联网的关系

(二) 局域网和广域网

计算机网络可能有多种分类方法,根据网络覆盖范围,计算机网络可分为广域网、城域网和局域网三类。

1. 局域网

局域网(Local Area Network;LAN)大都是将一个实验室、一座大楼、一个地理位置集成的企业、校园等有限范围内的各种计算机、终端设备与外部设备互联成网。它是实现资源共享的最经济有效的方法。建立局域网后,所有联网的计算机都可以使用网络上的共享资源,如打印机、硬盘及其他资源。

2. 城域网

城域网(Metropolitan Area Network;MAN)是介于广域网和局域网之间的一种高速网络。其设计目标是要求满足几十公里范围内多个局域网互联的需求,以实现政府间、企业间大量的数据(包括语音、图形和视频多种信息)传输的需要。

3. 广域网

广域网(Wide Area Network;WAN)又称远程网,其地理范围从几十公里到几千公里,目前已形成国际性远程网络,如因特网。建立广域网需要复杂的设备和很大的投资。广域网通信一般通过公共通信线路,使用分组交换技术。

三、网络协议与网络通信

(一) 网络协议层次模型

由于计算机网络中各台主机的类型和规格可能不同,每台主机的操作系统也不一样,为了保证计算机网络能够正常运行,就必须有一套网络中各个节点共同遵守的规程,这就是网络协议。它是一组关于数据传输、输入、输出格式和控制的规约,通过这些规约可以在物理线路的基础上,构成逻辑上的链接,实现在网络中计算机、终端以及其他设备之间直接进行数据交换。

鉴于网络节点的功能有多层,网络协议也采用对应的层次结构。1978 年,国际标准化组织(ISO)提出了著名的开放系统互联参考模型 OSI,将网络中的通信管理程序和其他程序分开,并按照数据在网络中传输的过程将通信管理程序分成七个层次的模块,自下而上依次为物理层、数据链路层、网络层、传输层、会话层、表示层和应用层。其中,每个层都有相对独立的明确功能,而每一层的功能都依赖于它的下一层提供的服务,并为上一层提供必要的服务,相邻两层之间通过界面接口进行通信。模型的一到四层是面向数据传输的,而五到七层则是面向应用的。最下面的物理层直接负责物理线路的传输，最上面的应用层直接面向用户(见图 2.2 所示)。

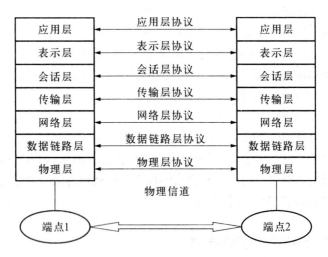

图 2.2　参考模型的分层协议及通信模型

(二) TCP/IP 协议

TCP/IP(Transmission Control Protocol/Internet Protocol)协议是指因特网各子网之间相互遵守的网络通信协议,泛指所有与因特网有关的网络协议簇。具体包括 TCP 与 IP 这两个协议,其中 TCP 协议称为传输控制协议,IP 协议称为网际协议。TCP/IP 协议簇还包括了诸如 DNS、FTP、Telnet 等协议。TCP/IP 协议采用分组交换通信方式。在分组交换网络中,两台计算机之间要交换的数据不是作为一个整体进行传输,而划分成大小相同的许多数据组;每个数据组被放在一个"电子信封"中,称作"信息包",或简称"包"。各个包的发送次序和收讫顺序不一定相同,但接收方会进行整理,以确保收到的数据在总体上与发送的数据完全一致。这种通信方式类似于"单页邮局"模式。假设邮局规定每封信只能用一页纸,写长信的人就必须为每页信纸编号然后接续在一起成为一页,然后放入相应的信封中;收信人收到若干封信件之后,必须首先进行整理,将每一页信件按照编号恢复次序,之后才可阅读。由于 TCP/IP 协议是由非专利性质的协议组成,并且这些协议不隶属于任何一家公司,只要愿意,任何人都可以使用这些技术,得到了绝大多数厂商的支持,从而成为一个成熟的工业标准协议,并且被各种各样的网络所支持,最终发展成异种网之间较为完美的互联协议。

TCP/IP 协议不是单个的协议,而是一个分层的协议组,或称协议栈,它不同于 OSI 协议栈,自下而上分为四层。

1. 物理层

又叫网络接口层,该层使 TCP/IP 实现与其他的网络协议如 FDDI、Ethenet、Appletalk、ATM、X.25 或令牌环的通信。物理层的主要任务是接收网络层发来的数据包,并发送到指定网络;接收网络上来的数据包,向网络层提交。

2. 网络层

又叫互联层,该层的通信协议统一为 IP,网络上每台主机都有一个独一无二的 32 位地址。工作原理是接收传输层来的 TCP 包,并在包头加上接受端主机地址,形成 IP 包,使之能够方便地传递到目的地址;另外,若接收物理层传来的地址为本地的包,就除去包头,将分组送到传输层,否则转发该数据包。

3. 数据传输层

该层常用的两个协议是传输控制协议(TCP)和用户数据报文协议(UDP)。主要作用是接收应用层来的数据报文,将其分成若干段,每段称为报文组,并为每个报文分组添加包头,形成 TCP 包;另外,还接收网络层来的分组,进行校验,出错则要求重发,否则则按序号拼装分组形成报文,交由应用层处理。

4. 进程/应用层

该层是最终用户的应用软件在各个因特网主机之间进行通信所使用的协议,负责将数据传给传输层或接收传输层送来的数据。它包括许多协议,如 Telnet、FTP、SMTP、Gopher、HTTP 等。

(三) IP 地址与域名系统

1. IP 地址

根据 TCP/IP 协议,规范了网络上的所有通信设备尤其是一个主机与另一个主机之间的数据往来格式以及传送方式。为了使连入因特网的计算机主机在通信时能够相互识别,因特网中的每一台主机都分配有一个唯一的 32 位地址,称为 IP 地址。IP 地址由 4 个二进制数组成,每个数可以取值范围为 0—255,各数间用".分开。如 192.168.202.99 的形式,可以看作 192.168.202 和 99 两个部分,前者是网络标志,其后可加一个值为 0 的段,合成网络地址。因此,192.168.202.0 是网络地址,192.168.202.99 是主机标志,代表该主机是 192.168.202.0 的第 99 号主机。

(1) A 类网。第一段取值范围为 1—126 时,表示主机所在网络为大型网,即 A 类网。A 类网地址的前 8 位为网络地址,后 24 位为主机地址,且网络标志的第一位二进制数值必须为"0"。A 类地址允许有 $2^7-2=126$ 个网段(0 不可用,127 保留),每个网络允许有 $2^{24}-2=16\,777\,214$ 台主机(全 0 地址为网络地址,全 1 为广播地址,一般不分配给主机)。A 类地址的有效范围是 1.0.0.0—126.0.0.0 (0.0.0.0 和 127.0.0.0 为保留位置)。

(2) B 类网。前 16 位为网络地址,后 16 位为主机地址,且网络标志前两位二进制数值必须为"10",数字范围从 128—191。B 类网适用于节点比较多的网络,其地址允许有 $2^{14}-2=16\,382$ 个网段,允许有 $2^{16}-2=65\,534$ 台主机。B 类网络地址范围是 128.0.0.0—191.255.255.255。

(3) C 类网。该类地址适用于节点较少的网络,如校园网、局域网。前 24 位为网络地址,后 8 位为主机地址,且网络标志的前三位二进制数值必须为"110",第一段数字范围为 192—223。该类地址允许有 $2^{21}=2\,097\,152$ 个网段,每个网络允许有 $2^8-2=254$ 台主机。地址范围是 192.0.0.0—223.255.255.255。

(4) D 类网。地址的第一个字节从"1110"开始,第一段数字范围为 224—239,网络地址范围为 224.0.0.0—239.255.255.255,用于多点广播。这是一个保留地址,并不指向特定的网络。

(5) E 类网。第一个字节以"11110"开始,第一段数字范围为 240—255,网络地址范围为 240.0.0.0—255.255.255.254,保留 255.255.255.255 用于广播。该类地址也是保留地址,仅作为因特网实验和开发之用。

IP 地址还可以按照用途及安全级别的不同分为公用 IP 地址和私有 IP 地址,私有 IP 地址不可以在公用网络上使用。公用 IP 地址由三家非盈利机构分配,美国因特网号码注册中心(ARIN)负责北美、南美、加勒比地区和非洲撒哈拉地区;欧洲 IP 注册中心(RIPE)负责欧洲、中东和非洲其他地区;亚太地区网络信息中心(APNIC)负责亚太地区。目前 IP 地址使用的协议为第四版即 IPv4,大约可以表达 40 多亿个地址(2^{32} = 4 294 967 296),但是由于早期的 IP 地址分配中的不合理,有大约一半不是被占用就是不可用。IP 地址已经无法适应未来 IT 事业的发展需求了,1997 年又提出了 IPv6,使用 128 位地址,地址量达到 2^{128},应该可以应付发展需求了。

对于各类 IP 地址,都可以用一个叫子网掩码的 32 位二进制数字来和 IP 地址的 32 位数进行位的运算,就可以把 IP 地址中的网络标志和主机标志分离出来。子网掩码中为 1 的位可以分离出网络标志,为 0 的位可以分离出主机标志。有了子网掩码,TCP/IP 可以判断一台主机是在本地机上还是在远程网络中。子网掩码也可以把主机标志部分拿出来若干位来作为子网地址,从而把一个大网分为若干小网,IP 地址中原来的网络号和子网地址合起来构成新的网络号。

2. URL

因特网上存储特定信息的地方称作站点。个人或单位的 Web 页或 Web 页的集合通常被称为 Web 站点;可以下载文件的地方叫做 FTP 站点。因特网上的每一个站点都有一个地址,叫做 URL

(Uniform Resource Locator)。因特网的所有地址都遵循相同结构。典型的 URL 如 http://finance. sina. com. cn/g/20080319/03404638582. shtml。

(1) 协议部分。URL 格式的第一部分(://之前的部分),指的是协议,或者表示信息类型以及信息是如何传输的。前缀 http 是最常见的协议,还有 ftp 是指文件传输协议(file transfer protocol)、news 是指 Usenet 等。

(2) 主机名。URL 的第二部分,完全限定的地址可以只包括根级域名,如 ibm. com 或 msn. com,或者可以包括处于主机域的计算机名。机器名放置在根级主机名前,可包括多个词,每个词之间用圆点隔开,如 www. justforfun. offhours 是在 myschool. edu 域中的一个服务器的机器名,表示为 www. justforfun. offhours. myschool. edu。一般网站的主页表示可能仅显示根级域名,但继续访问则会涉及不同的机器名组成的域名。

(3) 路径或路径名。路径名与主机名用一个斜杠分开,可以包括斜杠,用来表示目录的等级结构,利用它来找到请求资源。当未指定路径名时,通常将显示所连接服务器的顶级目录。路径名有时与实际的计算机磁盘驱动器有关。

3. 域名系统

由于 IP 地址由数字构成,不便于用户记忆和使用,从 1984 年起采用了域名管理系统(Domain Name System; DNS)。入网的主机域名结构为:主机号. 机构名. 网络名. 最高层域名。域名的表达比 URL 要通俗、简单多了,如雅虎的域名为 www. yahoo. com,微软的域名是 www. microsoft. com 等。目前,最高层域名又称顶级域名(TLD),一般是以加入国际电信组织的国家或地区的英文名称的缩写,如中国为 cn,日本为 jp,英国为 uk,香港为 hk,台湾是 tw,而美国作为因特网的起源地可以免用最高层域名,就像邮票发源国英国可以用女王头像替代国名一样。1998 年起,域名由因特网域名与地址分配中心(ICANN)负责并同 IP 注册机构进行协调。2000 年,鉴于原来的顶级域名资源日趋匮乏,又新增 7 个,但褒贬不一,大部分至今尚未普及(见表 2.1 所示)。

表2.1　域名的类型

原有顶级域名	新增顶级域名
商业组织:.com	航空业:.aero
教育机构:.edu	企业:.biz
政府机构:.gov	合作组织:.coop
军事机构:.mil(仅限美国)	通用:.info
非赢利组织:.org	博物馆:.museum
计算机网络:.net	个人:.name
	专业机构:.pro
	商业企业:.cc

标准名称的命名规则与 IP 地址相反,自右向左越来越小,如 csc. wsu. edu 域名,最右边的 edu 是最高层次的域名,表示该域名是教育部门;wsu 是下一层次的域名,表示该机属于华盛顿州立大学;csc 是最低层次域名,表示该机位于华盛顿州立大学计算机服务中心。

(四) 移动电子商务

无线通信产业和因特网的融合,为双方共同创造出了空前巨大的市场。电子商务涵盖了一个交易过程的所有阶段:营销、销售、采购、支付、供货和客户服务。而移动电子商务就是利用移动通信手段来完成电子商务。利用移动通信器材,用户将能够获得产品的营销和销售信息、接收订货信息,作出购买决策、支付款项、获得服务或产品,最后获得客户服务支持。相比固定在有线线路末端的 PC 机而言,移动电话及其附属产品(如 PDA 及其他小型通信设备)和后继产品正在成为提供和完成电子商务服务的最为广泛的产品和平台。WAP 技术、GPRS 技术、蓝牙技术的出现,为移动电子商务的发展提供了支持。

1. WAP

WAP(Wireless Application Protocol)即无线应用协议,提供了与服务、信息和其他用户的安全、迅速、灵敏和在线的交互方式,作为连接移动通讯和因特网的桥梁,将成为移动电子商务的核心。通过WAP,手机可以随时随地、方便快捷地接入因特网,真正实现不受时间和地域约束的移动电子商务。WAP 最主要的局限在于应用产品所依赖的无线通信线路带宽,缓慢的速率和高昂的应用成本制约了WAP 的发展和应用。

2. GPRS

GPRS(General Packet Radio Service)即通用分组无线业务,是GSM 分组交换的演变,基本原理是使多个用户共享某些固定的信道资源。它提供高达 115 kbps 的传输速率,极大地增强了 GSM 数据业务。利用新的 GPRS 节点,无线网络可以直接接入 IP。GPRS 主要提供突发性数据业务,它能快速建立连接,适用于频繁传送小数据量业务或非频繁传送大数据量业务。GPRS 提供的承载业务有:点对点无连接网络业务,点对点面向连接的数据业务,点对多点数据业务,以及其他业务。

3. 蓝牙技术

蓝牙技术(Bluetooth)是一种低成本、耗电低的无线数据访问技术,在全球利用了一个未经许可的 2.4 GHz 无线频谱。蓝牙是一种小范围的无线通信标准,它将各种通信设备、计算机及其终端设备、各种数字数据系统,甚至家用电器用无线方法联结起来。通过蓝牙技术的连接,用户可以使用移动电话或掌上电脑完成移动电子商务查询、预订和购买的全过程,真正实现移动电子商务。蓝牙有可能成为小范围无线多媒体通信的国际标准。

4. PDA

PDA(Personal Digital Assistant)即个人数码助理,一般是指掌上电脑。相对于传统电脑,具有轻便、小巧、可移动性强,同时又不失功能强大的优点。PDA 可以安装专门的操作系统,大多数 PDA 具有红外和蓝牙接口,以保证无线传输的便利性。许多 PDA 还能够具备 Wi-Fi 连接以及 GPS 全球卫星定位系统。PDA 具备浏览网页、收发邮件、下载上传文件、证券交易、网上银行等功能,已经成为一种流行的移动电子商务工具。

移动电子商务有望成为未来的一个经济增长点,但需要指出的是,它在中国处于萌芽阶段,还需要经历一个很长的发展时期,面临的问题和障碍很多,需要依靠多方的努力与合作。

四、因特网应用

因特网诞生至今,已经成为人们生活的一个重要组成部分。在世界的每一个角落,都有因特网的痕迹,如果没有网络,现在的世界不知如何生存。在因特网的众多功能中,应用最多、最广泛的是电子邮件及 Web 浏览。

(一)电子邮件

电子邮件(E-mail)是因特网最重要的服务之一。电子邮件是传统邮件的电子化,通过电子邮件服务,用户可以通过因特网将电子信件传送给网络中的其他用户,并且允许用户自由地阅读、答复及转发所收到的电子信件。

对于许多因特网用户而言,电子邮件是他们日常生活中必不可少的工具。用户可以通过电子邮件向编辑部、出版社投稿,远隔重洋或近在咫尺的人们可以使用它进行信息交流,参加讨论处理业务等。凡是传统邮件所具有的功能它都具备,并且通常它的传递速度很快,可以很方便地进行转发与存储。由于上述优点,电子邮件一经问世就备受人们欢迎,并且成为吸引众多用户加入因特网的主要原因。另外,电子邮件的功能也在不断增强,从最初只能传递纯文本内容发展到现在能够传送文字、声音、图形、图像等多媒体信息,软件也由过去难学难用的命令方式变成了现在图文并茂、功能强大、使用方便的集成工具。

电子邮件的工作方式是在中心服务器上运行相应的软件,硬盘上划出一块区域作为"邮局",再分成许多小区域作为用户用的电子邮箱。发信人将编辑好的文件按照收信人的电子信箱地址通过网络传送到该邮箱,对方可随时从该邮箱中读取电子邮件,电子邮箱归属个人使用,其他人无权查看其中的信件。每个邮箱都有一个唯一标志,称作 E-mail 地址,它由用户账号名加上主名构成,中间用@符号隔开,例如 editor@mail.report.com、lili@sina.com 等。个人的 E-mail 地址可以从 ISP 处获得,如 wangli@public.sz.js.cn,同时也可以在网上申请免费邮箱,很多网站多以提供免费邮箱来吸引用户,如 hotmail.com 就是以免费邮箱发展起来的,国内外有不少网站也是以免费邮箱出名的,如 163.net、263.net、sina.com、yahoo.com.cn、21cn.com、hotmail.com 等,但是由于维护免费邮箱的开支巨大,网站不堪负担。2001 年最大的震动就是网上免费午餐的结束,部分网站纷纷开始进行收费服务,或者停止接受新用户的登记、约束老用户的空间,在网络用户中引起了一定的反响。

(二) Web 浏览

1. Web 的工作原理

Web 原来是一组简单的协议和格式,收集世界上分布式的文件并将其转换成网页(Pages)而放置在电脑(或服务器)中,很快变成了浏览、信息出版及在因特网执行交易的业界标准。Web 是服务器储存了超文本标示语言(Hypertext Markup Language;HTML)档,而对一些询问的请求加以回复。PC 的使用者可以借助使用浏览器来寻找及观看位于服务器上面的文件及显示出多媒体的资料。未来的服务器会包括编辑器功能、应用的联结(links)、声音和影像的整合、数据库的前端及结合信息与交易的方法。

2. Web 的架构

（1）HTML。即超文本标示语言，这是 Web 网页的格式，它提供了格式和超文本链接功能。

（2）HTTP。就是超文本传送协议（Hypertext Transfer Protocol），是 Web 服务器与浏览器之间的通信协议。

（3）CGI。共通网关界面（Common Gateway Interface）是从 Web 服务器中呼叫程序的界面。要使用 Web 的功能，必须要有一台浏览器。浏览器的功能是在使用者与因特网之间提供一个图形界面，它将必要的指令送出去以从其他电脑处取得资料，再将这些资料格式化后，显示在使用者的屏幕上。使用 HTML 格式化的文件中有卷标语法，它会告示浏览器要以何种格式呈现其内容。

（4）浏览器与服务器。构成 Web 为主的电子商务架构中的主要组件有客户端浏览器、Web 服务器和其他厂商的服务。

客户端的浏览器与 Web 服务器互动，而 Web 服务器则居中撮合和其他厂商的服务的互动。Web 服务器的功能可以被分类成信息取得、资料和交易管理及安全性。其他厂商的服务可以是提供内容、信息处理工具及电子付款系统的其他 Web 服务器。

客户端的浏览器位于使用者的 PC 中，而对其他种类的内容提供了一个界面。如果使用者从 Web 服务器中取得了一个图形档案的话，浏览器会自动地激活浏览器的延伸功能（extensions）来显示出这个图形档案。图形档案的格式有好几种，如 JPEG、GIF、TIFF、BMP 和许多其他格式。浏览器要有足够的智能才能分清它所下载的档案，以及知道必须要激活哪一种延伸功能才能显示出这个档案。浏览器也能控制本地端的档案。

第三节　数据库技术与应用

电子商务的一个显著特征是实现了信息资源的共享，而信息共享的基础就是数据库。建立了网络数据库，就实现了任何人在任何地方、任何时间进行信息的共享,从而节约社会资源,符合未来社会的发展趋势。

一、数据库原理

(一) 数据库的概念

1. 数据库

数据库(Database)是以一定的组织方式存储在一起的相关数据的集合,以最佳的方式、最少的数据冗余为多种应用服务,程序与数据具有较高的独立性。数据库是比文件系统更高级的一种数据组织方式,在文件系统中,文件由记录构成,通过种种数据结构描述应用领域的数据及其关系,数据的存取以记录为单位。由于文件系统的结构只限于记录内部,因而仅能适用于单项应用的场合。对于一个组织的管理信息系统而言,要求从整体上解决问题,不仅要考虑某个应用的数据结构,而且要考虑全局数据结构。如设计了组织中各部门子系统都要使用的职工记录以及人事部门关心的人事记录、政治历史和社会关系记录;财务部门关心的工资记录;业务部门需要的业务记录、学历、科研经历和教学经历等记录。为了实现整个组织数据的结构化,就要求在数据组织结构中不仅能够描述数据本身,而且要能描述数据之间的关系。因而在复杂的应用中,应采用数据库组织数据。

2. 数据库技术的发展

数据库技术的萌芽可以追溯到 1960 年代中期,1960 年代末到 1970 年代初数据库技术日益成熟,具有坚实的理论基础。

美国数据系统语言协商会(Conference On Data System Language; CODASYL)的数据库任务组(Data Base Task Group; DBTG)于 1960 年代末到 1970 年代初提出了 DBTG 报告。DBTG 报告确定并建立了数据库系统的许多概念、方法和技术。DBTG 基于网状结构,是数据库网状模型的基础和代表。

1970 年,IBM 公司 San Jose 研究实验室研究员 E. F. Codd 发

表了题为"大型共享数据库数据的关系模型"论文,提出了数据库的关系模型,开创了关系方法和关系数据研究,为关系数据库的发展奠定了理论基础。

1970年代,数据库技术有了很大发展,出现了许多基于层次或网状模型的商品化数据库系统,并广泛运行在企业管理、交通运输、情报检索、军事指挥、政府管理和辅助决策等各个方面。这一时期,关系模型的理论研究和软件系统研制也取得了很大进展。1981年IBM公司San Jose实验室宣布具有System R全部特性的数据库产品SQL/DS问世。与此同时,加州大学伯克利分校研制成功关系数据库实验系统INGRES,接着又实现了INGRES商务系统,使关系方法从实验室走向社会。

1980年代以来,几乎所有新开发的数据库系统都是关系型的。微型机平台的关系数据库管理系统也越来越多,功能越来越强,其应用已经遍及各个领域。

(二) 数据库系统的构成与特点

1. 数据库系统的构成

数据库系统是由计算机系统、数据、数据库管理系统和有关人员组成的具有高度组织的总体。计算机系统指用于数据库管理的计算机硬软件系统。数据库需要大容量的主存以存放和运行操作系统、数据库管理系统程序、应用程序以及数据库、目录、系统缓冲区等,辅存方面,则需要大容量的直接存取设备。数据库既有存放实际数据的物理数据库,也有存放数据逻辑结构的描述数据库。数据库管理系统是一组对数据库进行管理的软件,通常包括数据定义语言及其编译程序数据操纵语言及其编译程序以及数据管理例行程序。数据库管理员就是对数据库进行有效性地控制的操作人员,他负责建立和维护数据库,提供数据的保护措施和编写数据库文件。包括设计数据库管理系统的人员和一般用户。

2. 数据库系统的特点

数据库系统主要特点是:

（1）面向全组织的复杂数据结构。数据库中的数据结构不仅描述了数据自身，而且描述了整个组织数据之间的联系，实现了整个组织数据的结构化。

（2）数据冗余度小，易于扩充。由于数据库从组织的整体来看待数据，数据不再是面向某一特定的应用，而是面向整个系统，减少了数据冗余和数据之间不一致现象。在数据库系统下，可以根据不同的应用需求选择相应的数据加以使用，使系统易于扩充；数据与程序独立，数据库系统提供了数据的存储结构与逻辑结构之间的映射功能及总体逻辑结构与局部逻辑结构之间的映射功能，从而使得当数据的存储结构改变时，逻辑结构保持不变，或者当总体逻辑结构改变时，局部逻辑结构可以保持不变，从而实现了数据的物理独立性和逻辑独立性，把数据的定义和描述与应用程序完全分离开。

（3）统一的数据控制功能。数据库系统提供了数据的安全性控制（Security）和完整性控制（Integrity），允许多个用户同时使用数据库资源。

数据库的上述特点，使得信息系统的研制从围绕加工数据的以程序为中心转移到围绕共享的数据库来进行，实现了数据的集中管理，提高了数据的利用串和一致性，从而能更好地为决策服务。因此，数据库技术在信息系统应用中正起着越来越重要的作用。

二、网络数据库

电子商务是以数据库技术和网络技术为支撑的，其中数据库技术是其核心。每一个商务站点后台必须有一个强大的数据库在支撑其工作，从数据的管理到查询生成动态网页、数据挖掘以及应用数据的维护都离不开网络数据库。

（一）网络数据库概念

网络数据库是在网络环境应用下的数据库。随着网络逐渐融入人们的工作、学习和生活，网络数据库也显示出它的重要性。数据库在网站的建设中已是必不可少的重要内容。在电子商务系统中，客户资料管理、产品资料管理、销售资料管理和分析、流量统计、物流配送管理、电子支付等都离不开数据库的支持。数据库技术已经成为电子商务网站的核心技术。

网络数据库可以在单机仅供一人使用,也可以在局域网中供小范围的人们所使用,还可以通过内联网和因特网供大范围的用户使用。

(二) 网络数据库的优点

和传统的数据库相比,网络库有许多优点:

1. 使用方便

由于网络数据库用 B/S(浏览器/服务器)模式,其客户端由浏览器担任。用户既不需要单独开发客户端,也不需要培训,只要会上网,会使用浏览器即可。

2. 标准统一,开发过程简单

由于网络数据库使用了统一的 HTML 标准,从而使开发者只需了解 HTML 即可。

3. 跨平台支持

只要能够使用浏览器,无论什么样的计算机以及使用什么操作系统,都可以直接地使用网络数据库。开发者只需为自己的系统开发一个版本即可满足大量用户的需求,从而也大大减少了开发的工作量。

(三) 网络数据库的开发语言和工具软件

网络数据库的开发不仅需要 HTML 的开发,还需涉及与数据库有关的程序设计语言。现在可供选择的语言有 Perl、PHP、C 和 C++、ASP、Java、JSP 等。使用最多的有 Perl、JSP、ASP 和 PHP。常用的开发工具是 Microsoft 的 Visual InterDev、PHP Editor,MicroMedia 的 Dreamwave UltraDev 等。

(四) 网络数据库服务器的数据平台

对网络数据库产品而言,其客户端界面是统一的,但它的服务器端的平台却是多种多样的。就使用的操作系统而言,有 Windows

2000/NT、Unix、Linux 等。相应的网络数据库产品有 Oracle 的
Oracle 8i,Microsoft 的 SQL Server 及 Access,IBM 公司的 DB2,
Sybase 公司的 PowerBuilder,以及自由软件 MySQL 等。开发网络
数据库前,选择一个好的数据库平台是非常重要的。在选择数据库
平台时,要从开放性、可伸缩性、并行性、安全性、性能、客户端支持及
应用模式、操作性、价格等方面加以综合考虑。以上各种数据库产品
都各有其优劣,使用者应综合考虑。

(五) 网络数据库的种类

1. 基于浏览器的数据库

基于浏览器的数据库包括简单的文本文件字段和复杂的附有
图表和格式化文本的主页。浏览器一般会下载整个数据库文件来
搜索目标对象。为了方便使用,这种数据库文件一般有合理的大
小。如果数据库超过了 100 KB,就将它按照逻辑顺序分成几个部
分,每个部分的开头附上内容提要,以方便访问者选择他感兴趣的
内容。

2. 链接型数据库

一般使用 HTML 编辑器来建立。像其他文本文件一样,数据
库文件能被写入链接。通过往数据库中写入链接,提供 HTML 文
本格式和运用逻辑方式组织数据库原材料,能创造高质量的数据库。
因为源数据库随时会改变,用户需要删除旧的文本文件,再用包含最
新信息的文本文件来代替它。除了在文件开头部分实施链接到其他
章节中外,还可以从这些章节重复链接至文件开头部分,或者链接至
任何章节的开头部分。这种类型的数据库需要公司投入更多的时间
和精力。但对于使用者而言,这种数据库是最方便的。

3. 基于服务器的数据库

基于服务器的数据库是那些包含非常巨大的信息量或者需要及
时更换信息的数据库。这种数据库使用 HTML 表单,不仅能够显
示日常的主页信息,而且其中的文本还允许使用者键入新信息,控制
键能让用户做出自己的选择。为了安装、储存和保留这种数据库,公

司需要和网络服务的有关提供者取得联系,达成协议。

三、数据仓库

(一) 数据仓库的概念

业界公认的数据仓库(Data Warehouse;DW)概念创始人因曼(W. H. Inmon)在《建立数据仓库》一书中对数据仓库的定义是:数据仓库就是面向主题的、集成的、不可更新的(稳定性)、随时间不断变化(不同时间)的数据集合,用以支持经营管理中的决策制订过程。数据仓库就是一个作为决策支持系统和联机分析应用数据源的结构化数据环境。数据仓库所要研究和解决的问题就是从数据库中获取信息的问题。

20 年前查询不到数据是因为数据太少了,而今天查询不到数据是因为数据太多了。针对这一问题,人们设想专门为业务的统计分析建立一个数据中心,它的数据从联机的事务处理系统中来、从异构的外部数据源来、从脱机的历史业务数据中来……这个数据中心是一个联机的系统,它是专门为分析统计和决策支持应用服务的,通过它可以满足决策支持和联机分析应用所要求的一切。这个数据中心就叫做数据仓库,20 世纪 90 年代初被提了出来(见图 2.3 所示)。

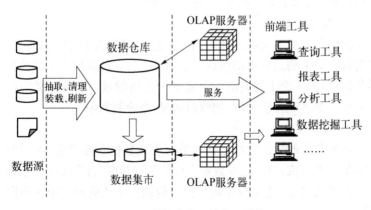

图 2.3　数据仓库系统体系结构

(二) 数据仓库与数据库的关系

C. J. Date博士的经典之作《数据库系统介绍》(*An Introduction to Database Systems*)中提到"今天数据仓库所要提供的正是当年关系数据库所要倡导的"。然而,由于关系数据库系统在联机事务处理应用中获得的巨大成功,使得人们已不知不觉地将它划归为事务处理的范畴;过多地关注于事务处理能力的提高,使得关系数据库在面对联机分析应用时又遇到了新的问题——今天的数据仓库对关系数据库的联机分析能力提出了更高的要求,采用普通关系型数据库作为数据仓库在功能和性能上都是不够的,它们必须有专门的改进。因此,数据仓库与数据库的区别不仅仅表现在应用的方法和目的方面,同时也涉及产品和配置上的不同。

(三) 数据仓库的特点

数据仓库最根本的特点是物理地存放数据,而且这些数据并不是最新的、专有的,而是来源于其他数据库的。数据仓库的建立并不是要取代数据库,它要建立在一个较全面和完善的信息应用的基础上,用于支持高层决策分析,而事务处理数据库在企业的信息环境中承担的是日常操作性的任务。数据仓库是数据库技术的一种新的应用,而且到目前为止,数据仓库还是用关系数据库管理系统来管理其中的数据,它用于支持管理中的决策制订过程。

1. 面向主题

面向主题指的是数据仓库内的信息是按主题进行组织的,为按主题进行决策的过程提供信息。主题是一个在较高层次上将数据归类的标准,每一个主题对应一个宏观的分析领域。这个定义中的主题对应一个客观分析领域,如营销状况、企业利润等。

2. 数据集成

数据仓库的集成特性是指在数据进入数据仓库之前,必须经过数据加工和集成,这是建立数据仓库的关键步骤,首先要统一原始数据中的矛盾之处,还要将原始数据结构做一个从面向应用向面向主题的转变。

3. 稳定

是指某个数据一旦进入数据仓库内,一般将被长期保存,即数据仓库中大量的操作时插入和查询,而删除和修改很少。集成指的则是数据仓库中的信息不是从各个业务处理系统中简单抽取出来的,而是经过系统加工、汇总和整理,从而确保数据仓库内的信息是关于整个企业的一致的全局信息。

4. 包含历史数据

包含历史数据是指数据仓库内的信息并非仅仅是企业当时或某一时的信息,而是系统记录了企业从过去某一时刻到目前各时段的信息,利用这些历史数据可对企业发展历程和未来发展趋势做出定量分析与预测。

由此可见,数据仓库跨越企业的时空界限,将不同企业不同的事务处理系统的数据集成起来,提供一个统一的数据视图,获得企业运作状况和客户行为的综合信息。数据仓库是在数据库基础上发展而来。通常有三个部分:数据仓库(DW)、联机与分析处理(OLAP)和数据挖掘(DM)。三者之间有极强的互补关系。数据仓库的管理是基于元数据管理的,元数据就是关于数据的数据,它描述的是数据仓库的数据和环境,记录了 DW 中数据间的关系,以及与业务处理系统中的业务数据间的关系。

(四) 数据仓库技术

1. 数据抽取

数据的抽取是数据进入数据仓库的入口,由于数据仓库是一个独立的数据环境,所以它需要通过抽取过程从联机事务处理系统、外部数据源、脱机的数据存储介质中导入数据仓库。因为数据仓库中的数据不一定要求与联机事务处理系统保持实时的同步,因此数据抽取可以定时进行,但多个抽取操作的时间、顺序对数据仓库中信息的有效性至关重要。

2. 数据存储与管理

数据仓库的组织管理方式决定了它有别于传统数据库的特征,

首先在数据仓库中所涉及的数据量比传统事务处理大得多,且随着时间的推移而累积;其次,在传统联机事务处理应用中,用户访问系统的特点是短小而密集,而数据仓库系统中用户访问系统的特点是庞大而稀疏,每一个查询和统计都很复杂,但访问的频率并不是很高;第三方面由于数据仓库中各数据表的数据量往往不均匀,普通查询优化器所得出的最佳查询路径可能不是最优的,因此对数据仓库的管理器进行了改进,增加了多重索引扫描的能力以及采样数据的查询能力,大大提高了系统的查询效率。

3. 联机分析处理技术

联机分析处理(Online Analytical Processing;OLAP)是针对特定问题的联机数据访问和分析,通过对数据的多层次、多阶段的分析处理,以获得高度归纳的分析结果。联机分析处理是一种自上而下不断深化的分析工具,它要求按多维的方式组织企业的数据,传统的关系数据库难以胜任,于是人们提出了多维数据库的概念,正是这一技术的发展使决策分析中的数据结构和分析方法相分离,才有可能研制出通用而灵活的分析工具,并使分析工具产品化。决策分析需要从不同角度来观察分析数据,以多维数据为核心的多维数据分析是决策的主要内容。目前联机分析处理技术中有两种处理方法:一种是基于多维数据库的;另一种是基于关系数据库模型的,前者分析所需数据从数据仓库中提取出来物理地组成多维数据库,而后者利用关系表来模拟多维数据库,并不是物理地生成多维数据库。

4. 数据挖掘技术

数据挖掘技术(Data Mining;DM)是从大量的数据中抽取有价值的信息,从而帮助决策者寻找数据间潜在的关联,发现被忽视的要素,而这些信息对预测趋势和决策行为也许是十分有用的。从决策支持的角度看,数据挖掘是一种决策支持的过程,主要基于人工智能、机器学习、统计学和数据库技术等多种技术,能高度自动地分析企业原有的数据,进行归纳推理,从中挖掘出潜在的模式,观察客户的行为,帮助企业的决策者调整市场策略,从而减少风险,协助作出正确的决策,是提高企业科学决策质量与效率的一种方法。

第四节 电子商务网站建设

企业要进行电子商务活动首先必须建立自己的网站。网站是企业在因特网上进行活动的立足点,企业通过网站发布信息、提供服务、销售商品,消费者则通过网站接收信息和服务,同时将自己的信息反馈给企业。

一、电子商务网站建设规划

(一) 电子商务网站建设规划的要求

电子商务网站是电子商务系统运行的主要承担者和体现者。建站前的网站规划与设计对于一个网站的成功与否起着十分重要的作用,因此网站开发和建设前应明确建设网站的目的,进行必要的市场分析,确定网站的功能、规模和需要投入的费用,并进行相应的网站的设计。只有详细的规划和设计,才能避免在网站建设中出现的诸多问题,使网站建设能顺利进行。网站规划是指在网站建设前对市场和需求进行分析,确定网站的目的和功能,并根据需要对网站建设中的技术、内容、费用、测试、维护等做出规划。网站规划对网站建设起着计划和指导的作用。网站设计是指在网站建设前对整个网络系统的逻辑设计和物理设计。逻辑设计包括输入输出、处理功能、业务流程等;物理设计主要包括所需要的软硬件,用户界面和物理数据模型等。网站设计将对网页制作和编程等起到直接的指导作用。

1. 网站开发的目标分析

企业开展电子商务,需要投入很多的财力、物力和人力,甚至要对企业的组织结构与经营管理模式进行变革与重新设计,并需要将传统的业务流程进行整合从而应用到新的电子商业构架当中,因此,在建站之前,用户首先应该明确建站的目标,比如为什么要开展电子商务?自己处在电子商务发展的哪个阶段?企业能够在网上开展哪些业务?企业应该创建一个什么样的商业模式来取得电子商务的优势?电子商务网站如何建设才能满足商务流程的需要?企业需要进行什么样的人力和技术投资才能获得长远的发展?其中电子商务的目的是首要问题,这也是电子商务网站建立的目标。如果没有明确的目标,各种投入可能不仅得不到回报,而且会失去在网络空间发展的机会。

2. 电子商务网站的功能分析

(1)首先分析网站要实现的基本功能。分析应根据具体的业务需求来定,具体方法是由熟悉业务操作流程的各种相关人员提出各种需求,然后根据所有需求列出网站的功能列表。作为企业,商务需求可能来自管理、研发、生产、销售、服务等各个业务环节当中,分析现有的业务流程和模式,仔细研究企业自身的需求究竟在哪里,哪些业务首先在网上进行,这些业务转入电子商务化后是否确实能帮助企业提高生产自动化程度,是否真的能够提升客户服务能力?经过分析后的功能列表决定以后程序开发和网站建设的任务。

(2)商品特点分析和目标用户特点分析。在企业生产经营的商品中,不同的商品对于消费者来讲,决定购买的行为也是各不相同的。企业选择在网上进行销售业务时,要考虑商品的特色,同时,根据商品的特色设计网站的购买流程。调查和分析目标客户,了解网站可能的服务对象和他们的需求,规划与设计符合目标客户群的商务网站,为他们提供所需的产品或服务,以及满足他们的兴趣与爱好,吸引他们对网站的注意力,这样就使企业的网站不仅仅是停留在公司形象宣传、信息发布与简单的信息浏览的层面上,而是真正成为满足客户需求的商务网站,电子商务成功的可能性就高。目标用户的特点分析有利于确定目标用户的个性化需求,从而为用户设计个性化的界面和提供个性化的服务。

(3)竞争者分析。主要分析竞争对手的网站情况,如网站的特点和功能,有什么利弊,有什么可以借鉴的或者需要避免的,对竞争对手的分析有利于更好地确定自己的网站功能和商务模式,避免走不必要的弯路。在进行电子商务网站规划时,竞争对手的调查与分析是其中不同缺少的重要内容。同传统商务活动一样,竞争对手的产品与服务一直影响着企业的管理、生产与经营,甚至造成很大的威胁。分析现有和潜在的竞争对手的优势和劣势,研究竞争对手网站运行和电子商务运作的效果,以便制订自己的发展战略、网站设计方案和战胜竞争对手的方法。

(4)自身条件分析。在确定网站的功能,并进行目标客户和竞争者分析之后,还必须进行自身条件分析。主要是自身的优势和劣势分析,如自身是否具有行业资源优势、技术优势、人才优势等,哪些优势可以整合到网上变成网上优势? 哪些劣势可以通过网络技术手段来避免? 在自身条件分析之后,整理出网站建设所需要的各种内容资料,如公司资料、产品资料和客户资料等。不同行业、不同用途的网站所需要的内容不尽相同。

(5)模式定位。在进行各种分析之后,需要对网站的模式进行定位,如是 B2B 还是 B2C? 是建立一个简易的宣传平台还是一个复杂的交易型平台? 只有在网站的模式定位后,才可能进行网站的设计和开发。

3. 管理和信息建设规划

建设企业电子商务网站,必须基于高度的信息化应用基础,努力创建一种集中分布式的管理模式。所谓集中分布式,就是既要把一部分权力集中起来,进行有效的控制,又要让各个点能够灵活地分散经营。重视跨行业的协同模式,企业和供应商、客户、投资者、科研单位之间的协同模式是否进行了有效的组合。最后考虑的是企业的应用基础,即员工业务素质怎么样,经理的管理素质怎么样,变革能力好不好,整个外部应用环境又怎样等等。另外还要考虑未来发展。信息化的投入肯定不是一次性的,需要考虑维护成本,持续投入,主流平台,这就必然涉及一些技术问题,这是基础性的策略。通过结合国际先进管理理念和中国企业管理实际的优秀软件产品,便捷地领略到因特网下新的商业模式的优势,增进企业协作,改进顾客服务,增进知识共享,降低成本,更快进入新市场,支持全球化,促进创新发展。

(二)电子商务网站建设的内容

1. 电子商务网站的建设步骤

电子商务网站的建设步骤大致上讲,主要有以下内容:

(1)确定目标。企业的策划团队一起确定企业上网目标及完成目标的初步策略与步骤。

(2)调查分析。策划人员将对企业内部经营环境、行业背景、国内外竞争对手、原材料供应市场、企业产品市场、人才资源等进行全面调查分析,以确定企业的网上定位。

(3)初步网站模型。策划人员根据调查结果向企业领导提出网站建设初步方案,确定网上形象表现基本方式、信息流结构、网站宣传策略。

内容组织:策划人员根据网站建设方案向企业提交材料清单,由企业进行准备并提交设计公司,为设计和制作做准备。

(4)网站总体设计。网站专业设计人员将根据网站模型和材料对网站进行总体设计,包括企业网上形象设计、网站结构和布局、关键词位置和重复率、网页目录、采用哪些媒体设计制作技术、信息链接、更新方法等。

(5)网页制作。根据总体设计和内容准备的结果,技术和专业人员将在最短时间里完成网站的页面制作和程序开发。

(6)系统全面调试。将制作好的网站进行性能方面的全面测试,对网站内容进行校对和调整以确保将来运行时的安全性、可靠性和准确性。

(7)上网试运行。策划人员将与企业对建成的网站作交付企业使用前网站的所有功能进行测试,把其性能调整至最佳状态。

(8)网站维护。网站的日常维护将非常关键,网页更新、网站升级、故障排除、技术提高是长期的任务。

(三) 电子商务网站建设方案

目前,电子商务网站的建设主要有两种模式方案,一是自己建立网站,二是委托网站建设服务商来建立网站。

1. 企业自行建立网站

如果是自己建立网站,就必须由企业自己的专业人员来进行网站的规划和建设。这样就必须要求企业自己拥有制作网站的专业人员,此外还必须有必要的人员来进行后期的维护。这种方式,对企业的人才要求相对较高,但比较容易协同,因为企业的专业人员对企业的网站建设目标也许有更深的理解,而且他们与企业本身即为一体,对企业所在的领域有相对较深的理解。

2. 委托专业的网站建设服务商建立网站

委托专业的网站建设服务商,则企业只需提出自己的设想和目标及相关的资料,具体的网站设计和制作,甚至后期的维护工作,都可由专业的网站设计和制作人员来完成。他们的网站设计和建设的经验比企业自己的人员更加丰富,设计网站的速度和质量一般也较快。但是这种方式下,主要的问题来自企业与网站设计、建设人员之间的协同。

企业人员了解他们所面对的问题,知道必须做什么,但是通常不能完整地表达出他们的要求,更不知道怎样设计网站才能解决他们的问题;网站设计人员知道怎样设计网站实现用户的要求,但是对特定用户的具体要求并不完全清楚。因此两者就必须密切配合,充分交流信息,以制作出企业满意的网站。

不论使用哪种方法,建立企业网站通常分为这样几个步骤:申请域名,购置服务器等硬件设备或租用虚拟主机,办理网站的手续,设计制作网页。

二、电子商务网站的经营

(一) 网站经营的方式

与网站的建设类似,网站的经营也可在自行经营与委托经营之间选择。

1. 企业自行经营网站

企业自行经营网站一般来说,更新的速度更快。这是因为企业与自身的专业人员的信息交换速度比企业与服务商人员的要快得多。另外对于一个电子商务网站而言,其功能不能仅限于信息的传播,更是以赢利为目的的,如何从网络中赚钱以维护网站的经营也是网站的一个重要目标。而委托经营的网站在进行电子商务方面有其先天的不足。所以电子商务网站的经营一般都是由企业自己经营的。

2. 委托经营

委托经营是在企业的网络专业人才较少时的权宜之计。与委托开发类似,委托经营也会面临协同的问题,另外还有一个更新的问题。网站的客户总希望网站的内容能有较快的、能随时反映企业状况的更新,他们也希望看到网站外观的变化。一个不经常更新的网站将会很快失去原有的客户群。

(二) 网站经营规模和策略

在电子商务网站的经营过程中,要有与运行规模相适应的人员搭配。运行规模不仅与网站的规模有关,也与网站的类型有很大的关系,例如,信息更新周期较短的新闻网站以及如新浪、搜狐等大型商业网站,都需要较多的人员进行信息的采集和更新。

另外,电子商务网站也要有良好的经营策略,这主要包括稳定的核心团队、合适的商业管理方式、资金的保证及优秀的服务质量。

(三) 网络服务器的安置

网络服务器的安置,也是在网站经营时必须考虑的一个重要问题。现在网络服务器一般有主机托管、虚拟主机和自备服务器三种方法。

1. 主机托管

主机托管是将企业自己的网站服务器主机委托给 ISP 保管,由 ISP 提供连接到因特网的高速线路,而企业则通过较低速的连接方式对网站进行远程管理和维护。ISP 的中心机房可提供给用户相对优越的主机环境，如网络安全防护、供电、防火、温度、湿度条件等。适用于中型规模的网站。

2. 虚拟主机

虚拟主机是租用 ISP 的硬盘空间。ISP 使用特殊的软硬件技术，将一台计算机主机分成多台"虚拟"的主机，每一台"虚拟"主机都具有完整的网络服务器的功能，可以提供 WWW 浏览、电子邮件等服务。这种方式的优点是省去了硬件投资的费用，但访问速度较慢，适用于小型网站，如个人网站的搭建。

3. 自备服务器

这种方式下，企业得建立一条直接的因特网连接，用于将企业的网络服务器的接入。这种方式适用于大型网站，它可以有最大限度的自主性，不会受制于人，可以在上面放置想放的任何软件，运行 CGI、ASP、PHP 等种种脚本，可对不友好的访问都进行封锁，构造专用的数据库前端等。利用这种方式也可以方便地将企业的内联网与因特网连接起来。此外这种方式的安全性也是最高的。但这种方式需要建立 24 小时的因特网连接，费用比较昂贵。

企业可以根据网站的规模和安全性的要求对网络服务器放置方式作出合理的选择。

三、电子商务网站的维护

网站的建立固然重要，但缺乏维护和内容更新的站点一定不会受浏览者欢迎。企业必须设立专门人员和小组负责企业网站的日常维护。维护工作除了例行的系统检查、排障外，还应包括更新网站数据内容，剔除过时的信息，并安排采编人员及时提供最新的内容。

（一）网站登录和宣传

一个企业注册了域名，开通了网站，并不意味着马上就有用户来访问。网站不同于传统媒体，报纸、杂志、广播、电视等媒体的经营者有限，发布相应简单，而网站页面在整个因特网世界犹如沧海一粟，不进行宣传推广是不大可能让浏览者来访问的。

1. 在搜索引擎注册

在搜索引擎注册网站地址,让用户可以通过搜索引擎找到企业网站。现在,为了在搜索引擎上获得靠前的位置以提高点击率,普遍使用了竞价排名方式。网站可以通过支付费用来提高排名位置。

2. 在因特网黄页注册

在因特网黄页注册企业网站地址和电话传真等数据,著名的因特网黄页有 BigYellow(www. bigyellow. com)等。

3. 在传统媒体宣传网站

在企业的传统媒体广告上注明网址,促进广告受众的访问。

4. 交换链接

与相关网站交换链接通道,以同时提高双方网站的访问量,但是不能与竞争对手进行交换。也可以单方面地在其他网站进行有偿链接。

5. 在线广告宣传

在访问量特别高的站点发布在线广告,这些发布广告站点主要有搜索引擎、新闻站点、天气服务站点、娱乐站点、金融信息站点、下载免费软件站点等。通过广告诱导用户点击而链接到相关网页进行访问。也可在相关新闻组(Newsgroup)发布信息,吸引新闻组订户访问站点。

(二) 网页维护

1. 页面内容更新

将站点发布到 Web 之后,注意页面内容的日常更新非常重要。企业网站要及时把企业的动态反映到网上,让消费者第一时间了解企业的信息,也使消费者保持对企业网站的新鲜度,提高访问率。

2. 链接检查

网站内容是靠一个个的链接完成的,保持站点的正常链接是非常重要的,错误或无效的链接对访问者都是一种伤害,必须防止链接错误的发生,或者在最短的时间里进行改正,才能留住访问者。

在网页正常运行期间也要经常使用浏览器查看和测试页面,以查缺补漏,精益求精。

(三) 交互性组件的维护

1. 对留言板进行维护

网页维护的一个重要内容是查看留言板,查看任务首先是通过查看留言以获得用户反馈信息,通常用户会利用留言板反映网页中存在的问题或提出建议,管理员应该及时处理或改善。对于访问者通过留言板提出的问题,应该及时答疑解惑。其次是更替留言板存放文件的内容,删除已查看过的内容,或换名保存,保证信息存储文件的长度最小,减轻 CGI 程序的负担,提高服务器的稳定性和响应时间。

2. 对客户的电子邮件进行维护

所有的企业网站都有自己的联系页面,通常是管理者的电子邮件地址,经常会有一些信息发到邮箱中,对访问者的邮件要答复及时。最好是在邮件服务器上设置一个自动回复的功能,这样能够使访问者对站点的服务有一种安全感和责任感,然后再对用户的问题进行细致的解答。

3. 维护投票调查的程序

企业站点上也经常有一些投票调查的程序,用来了解访问者的喜好或意见。一方面对已调查的数据进行分析,另一方面,也可以经常变换调查内容。但对于要调查的内容的设置要有针对性,不要搞一些空泛的问题。也可以针对某个热点投票,吸引别人来看结果。

4. 对 BBS 进行维护

BBS 是一个网上社区,作为企业网站,可以自由地讨论技术、商品问题,而对于 BBS 的实时监控尤为重要。比如一些色情、反动的言论要马上删除,否则一来影响企业的形象,二来可能会引发麻烦。

从另一个角度,企业 BBS 中也可能会出现一些乱七八糟的广告,管理者要进行删除,否则影响了 BBS 的性质,不会再吸引浏览者。有时甚至会出现一些竞争对手的广告或诋毁企业形象的言论,更得及时删除。

5. 电子邮件列表

电子邮件列表是很多企业网站上都有的,对电子邮件进行维护也很重要。一方面要保证发送频率,另一方面,要保证邮件的内容,要有新意,而且最好与收集的意见相结合。

6. 日志记录维护

日志记录是用户对网站进行访问的记录,可以从各时期日志文件的大小大致得出各时期网站的访问量增减趋势。根据日志记录,可以分析网站的受欢迎程度,并获知各频道的受访情况,有利于改进网页质量,提升网站水平。

7. 更新数据库信息

在网页上可以数据表格或列表的形式插入数据库信息,以保持数据库文件的内容能够反映最近的情况,而不总是落后于当前的进展很大的距离。通过对数据库的动态访问,将获得变化后的数据库信息。

(四) 网站升级

在网页维护的同时也要做好网站升级的工作。

1. 服务器软件的升级

服务器软件随着版本的升高性能和功能都有提高,适时地升级服务器软件能提高网站的访问质量。

2. 操作系统的升级

一个稳定强大的操作系统也是服务器性能的保证。我们也应该不断升级操作系统。例如 Windows NT 的 Service Pack 升级,Linux 中的内核升级等。操作系统升级有一定的危险性,为了保证 Web 服务正常提供,每次升级前应该提醒用户。并且在访问量低的时间内进行升级。此外还有技术升级。我们在建站过程中,通过学习不断掌握新的 Web 技术,把它应用于网页中,以提升网页质量。

总之,网站维护是一个长期的过程,管理员应该尽自己最大的努力,持之以恒地进行网站维护,以便给用户提供最好的服务。

【阅 读 链 接】

1. 介绍 HTML 历史的网站　　http：//hepax6. rl. ac. uk/DELPHI/Adye/blooberry/indexdot/html

2. WWW 联盟的技术报告　http：//www. w3. org/TR

3. 域名和建网专业网站——万网　http：//www. net. cn

4. 国际域名组织　http：//www. icann. com

5. 甲骨文中国网站的数据库介绍　http：//www. oracle. com/lang/cn/database/index. html

6. 微软中国的技术升级页面　http：//update. microsoft. com/microsoft/update

7. IT 专家网　http：//www. ctocio. com. cn

8. 计算机世界网　http：//www. ccw. com. cn

【思 考 题】

1. 因特网的结构原理是怎样的？有什么功能？信息在因特网上传输是怎样进行的？

2. 什么是万维网，有何作用？

3. 什么是浏览器，有何作用？

4. 怎样区别内联网和外联网？其关系怎样理解？

5. 什么是局域网、城域网和广域网？

6. 什么是网络协议？有哪些层次？TCP/IP 协议有什么功能？

7. 什么是 IP 地址？什么是 URL？什么是域名系统？三者怎样区别？

8. 电子邮件是怎样工作的？

9. 什么是数据库？什么是网络数据库？分别有什么特点？

10. 什么是数据仓库？与数据库是怎样的关系？数据仓库有哪些技术？

11. 建立企业网站应该考虑哪些因素？不同的企业网站是否可以按照同一个模式开发？为什么？

12. 企业网站的维护采用什么方式比较好？主要根据什么条件进行决策？

【实务练习题】

1. 请访问中华企业网（www. companycn. com），并分析：

（1）网站提供的域名服务有哪些？简要说明其域名申请步骤。

（2）网站提供的网络数据库系统有哪些？如果您所在的企业为中型企业，需要建立自己的电子商务网站，您会选择哪些产品？

（3）网站提供的电子商务网站解决方案有哪些？如果您是做花卉的网络销售，支付均采用货到付款方式，您会选择哪一种方案？

（4）如果您要建立中型娱乐、音乐、聊天、游戏等互动娱乐网站，网站所提供的虚拟主机方案中，可以选择哪些方案？

2. 四川成都的玉液公司准备建一个介绍川酒的网站。他们想先建几个页面介绍网站，然后同本省的几家大酒厂联系，在网站上介绍这些企业的产品。这家公司聘请你来研究 HTML 的一些问题。他们要求你写一份报告，简单介绍一下 HTML 的历史及 HTML 各版本的特点，并介绍 5—6 种常见的 HTML 编辑软件，其中包括软件的功能、开发商及零售价格。

3. 长江重型机械厂主要生产冲床、磨床和铣床，企业采用人员推销和电话推销等方式销售产品。前几年这种销售方式很有效，但最近竞争越来越激烈了。厂长想同供应商（钢铁公司和零配件制造商）建立密切关系，以便能够直接进入这些公司的订货系统来要货。他知道你精通 WWW，想让你介绍一下如何用因特网来建立这种关系，有哪些可供选择的方案，是否有公司可提供所需的硬件和软件？

阅读信息技术门户网站 ZDNET 上发表的两篇观点不一致的文章 http://www.zdnet.com/eweek/stories/general/0, 11011, 391543, 00.html 和 http://www.zdnet.com/eweek/stories/general/0, 11011, 391544, 00.html, 然后写一份报告比较外联网和 VPN 网的方案, 并至少提供两家可帮助长江重型机械厂开发此系统的公司。报告不要超过 500 字。

第三章　电子商务结算

当计算机在商业银行业务中得到广泛应用后,发达国家的一些银行利用服务器、终端机、电子信息网络等电子通讯设备建立了高速划拨资金的电子结算系统。在电子商务蓬勃发展的今天,如何在电子商务过程中提供方便、快捷、安全的电子化支付和结算服务,成为制约电子商务发展的一个瓶颈。电子商务的发展,促使商业银行不断地进行技术更新,不断地满足网络时代的商业发展需求,同时也提升了社会经济活动的效率,进而提升了整个金融行业的信息化、数字化进程。

第一节　电子商务结算概述

银行作为电子化支付和结算的网络执行者,起着联结买卖双方的纽带作用,网上银行所提供的电子商务结算服务是电子商务中最关键的要素和最高层次,直接关系到电子商务的发展前景。

一、电子商务结算原理

电子商务交易过程中必然涉及资金的结算问题,结算则必须有商业银行的介入。传统商业银行的主要功能之一就是为商业过程提供结算服务,在电子商务环境下,网上的商业行为无疑离不开资金的在线结算,而传统商业银行介入电子商务交易,也面临着对传统业务的重新整合。

(一) 传统的支付结算原理及其运作

1. 支付结算原理

任何商业活动都是买卖双方进行交易活动的过程,而交易的实现必然通过买方的支付、卖方的商品所有权转移完成,并使双方因为商品交易带来的债权债务关系得到清偿,这就是所谓的支付结算。现代商业结算是指单位、个人在社会经济活动中使用票据、信用卡和汇兑、托收承付、委托收款等结算方式进行货币给付及其资金清算的行为,具体可分成现金结算和转账结算两种。现金结算是直接使用现金进行的货币给付及资金清算行为;转账结算是指通过银行将款项从付款人账户划转到收款人账户的货币给付及资金清算行为,实质是以存款货币的流通代替现金流通。现代商业银行的支付结算种类有支票、银行汇票、商业汇票、银行本票、信用卡、汇兑、托收承付和委托收款等。

2. 我国传统的支付结算体系

我国的金融体制是以国有商业银行为主体,多种金融机构并存的现代银行体制,初步建立了 8 类支付结算体系。

(1) 同城清算所。同城清算所是中央银行拥有和运行的负责同城支付交易的资金清算。

(2) 全国手工联行系统。国有商业银行以前均有自己的手工联行系统,办理异地支付交易的清算和结算,目前四大商业银行都已由各自的电子汇兑系统取代了手工联行系统。

(3) 中央银行的全国电子联行系统。为解决手工联行存在的效率低、在途资金多、安全性差等严重问题,1991 年 4 月 1 日人民银行卫星通信系统上电子联行的正式运行,成了我国银行业异地资金划汇的主渠道,标志着我国银行电脑化信息系统进入了全面网络化阶段。

(4) 各商业银行的电子汇兑系统。我国工行、农行、中行和建行在 1996 年前先后建立了自己的全国电子汇兑系统。

(5) 银行卡支付系统。为促进银行卡的跨行信息交换网络的建立,推动跨行和跨地区的 ATM 交易和 POS 交易,从 1993 年起,全国"金卡工程"12 个试点城市开始了跨行的银行卡信息交换中心建设,并于 1997 年开通。全国银行卡信息交换中心也于 1998 年底投入试运行。

(6) 网上银行系统。1990 年代中后期,随着因特网的快速发展,我国的银行开始建立网上银行系统,为客户提供网上支付和网上银行服务。如招商银行、中国银行、中国建设银行、中国工商银行等都已初步建立了自己的网上银行系统,并为客户提供网上支付服务和网上银行服务,其中网上银行服务主要是家庭银行服务和企业银行服务。

(7) 中国现代化支付系统。中国现代化支付系统(CNAPS)是在国家级金融通信网(CNFN)上运行的我国国家级现代化的支付系统,是集金融支付服务、支付资金清算、金融经营管理和货币政策职能为一体的综合性金融服务系统,系统自 1997 年启动以来,已取得重大进展,是当前我国金融电子化建设的核心。

(8) 邮政储蓄和汇兑系统。除银行外,我国的邮政系统也建立了自己的邮政储蓄和汇兑系统,为客户提供相应的金融服务。

3. 传统支付结算工具的局限性

(1) 运作效率低,实时结算能力差。传统结算工具中,除现金外的大多数结算工具都缺乏实时结算功能,票据结算环节复杂、流程较长,耗时甚至长达一周,操作基本依靠手工,经手人员多,效率非常低。

(2) 缺乏便利性,使用不方便。传统的支付结算工具种类繁多,流程复杂,不同支付工具之间流程不尽相同,不同的工具适用范围也不同,在交易活动中往往需要使用多种支付工具,影响了交易活动的效率。

(3) 安全性差。传统结算工具容易变造,依靠一般验证手段难免出现差错,从而给使用者带来损失。而恶意使用支付工具如信用卡透支行为也给银行带来一定风险,整体而言安全性得不到保障。

（4）无法满足电子商务时代的支付结算需求。传统支付结算工具需要商业银行的服务支持，并且与商业银行的营业时间保持一致，缺乏全天候的服务空间，无法适应电子商务活动的需求。另外，传统支付结算工具流程复杂、成本较高，尤其不适合小额支付结算活动，与社会经济的发展格格不入。

（二）电子结算原理及运作

1. 电子结算的原理

为了适应社会经济的快速发展以及电子商务环境下对高效、方便、快捷、安全的支付结算工具的需要，商业银行在业务领域中已经普及了电子化，银行内部已经完全实现了信息化，支付工具数字化已经越来越普遍。支付工具的电子化、信息化，业务网络化使得高效、便捷的支付结算活动成为可能（见图3.1所示）。

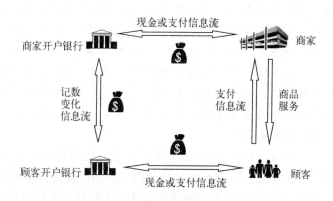

图3.1 简化的电子资金支付模型

在电子商务的交易活动中，交易双方无法通过现金方式完成支付结算，因此买方必须通过其开户银行来完成支付，而卖方也必须通过其开户银行作为收单行来进行结算；在交易发生时，买方一边向卖方发出支付通知，一边向其开户银行发出支付请求，开户行在证实信息无误后将款项划拨到卖方开户行，卖方开户行在接到支付款项后向卖方发出收款确认信息，卖方则完成发货，而买方也从开户银行处获得已经支付的通知信息,电子商务的支付过程即告完成。图 3.1 描述的就是一个简化的电子资金支付流程,在实际的支付结算中,还要使用一系列的安全保障技术。

2. 金融系统的信息化进程

电子商务结算是基于电子商务交易活动的参与者所建立的发达的信息系统。发达国家的金融信息系统已经实现了各个层面的信息系统。

(1)金融业内部的信息系统。主要是以银行会计为依据的银行内部业务的处理系统,即技术先进且相互协调的柜台业务服务网络以及以银行经营管理为目标的银行管理信息系统网络。

(2)金融业之间的信息系统。随着各项业务之间交往的频繁,银行间的支票、汇票等转账结算业务急剧上升,资金清算得到及时、有效处理成为提高银行经营管理效率的一个重要措施。为此,发达国家银行之间纷纷建立统一的、标准化的资金清算体系,以实现快速、安全的资金清算。如美国联邦储备体系的资金转账系统(Fedwire)、日本银行金融网络系统(BOJ-NET,简称日银系统)、美国清算所同业支付系统(CHIPS)、环球金融通信网(SWIFT)等。这些系统的建立既降低了交易成本,又加快了交易速度,还能为客户提供各种新的银行服务。

(3)金融业与客户之间交付的信息系统。银行推出了面向大众的各类自动服务,建立了自动客户服务系统网络,包括金融机构与企业客户建立企业银行以及金融机构与社会大众建立电话银行、家庭银行,通过各类终端为客户提供各类周详、多样的金融服务。

3. 电子资金转账方式

电子资金转账(Electronic Fund Transfer;EFT)是一个把资金从一个银行账户直接转到另一个账户而不需要任何纸币转换手续的系统。尽管 EFT 是指任意的通过电子终端的资金转移,包括信用卡,ATM,Fedwire[美国的第一条支付网络——联邦储备通信系统(Federal Reserve Communication System)]和电子收款机系统交易,但是应用最广泛的 EFT 之一是 Direct Deposit,使用它可以直接把员工的工资存入其银行账户。它可以用来进行贷方转账,例如工资支付,也可以用来进行借方转账,例如抵押支付。交易是银行通过自动化交易所网络进行处理的,在美国安全转账系统联结了所有的金融机构。对于支付,资金被电子的从一个银行账户转入到公司的一银行账户,通常在定期付款的日期后的一天内就能到达账户。EFT 在线账单支付的逐渐流行为无纸化支付铺平了道路,在这里支票、邮票、信封以及纸币都会被废弃。EFT 的好处包括减少了管理费用,增加了效率,简化了簿记并且更加安全。然而在因特网上发出和接收账单的公司数量仍然相对较少。美国政府通过联邦储备局的 E 规则来监控 EFT,贯彻电子资金转账法(EFTA)。E 规则对电子商务结算服务的金融交易进行管理,特别是对于信息揭露、消费者义务、错误处理、纪录保持和电子终端的收据管理。

银行采用电子计算机等技术进行电子资金转账的方式可分为 5 种,分别代表着电子资金转账发展的不同阶段。

(1)银行利用计算机处理银行之间的货币汇划业务,办理汇划结算;

(2)银行计算机与其他机构计算机之间资金的汇划,如代发工资等业务;

(3)利用网络终端向客户提供各项银行服务,如客户在自动柜员机上进行取、存款操作等;

(4)利用银行销售点终端向客户提供自动的扣款服务,这是现阶段电子资金转账的主要方式;

(5)最新发展阶段。电子资金随时随地通过公共网络如因特网进行直接转账结算,形成电子商务环境。后面两个阶段中,电子资金转账系统所提供的服务可称为“电子付款服务”,即 EPS(Electronic Payment Service)。

电子资金转账系统的主要功能是提供电子付款服务,具体发展有特约商户的 POS 支付系统(电话线路系统)、企业与企业的电子商务结算系统(企业银行专线系统)、公共网络金融支付系统(因特网系统)、国际支付系统(VISA 等系统)。

4.金融通信服务系统——SWIFT

SWIFT 即环球银行金融电讯协会(Society for Worldwide Interbank Financial Telecommunication),1973 年 7 月成立于比利时布鲁塞尔,会员银行超过 7 650 家。中国银行 1983 年 2 月成为其会员,并于 1985 年设立 SWIFT 中国地区处理站,目前中国各大商业银行大都是 SWIFT 的会员银行。SWIFT 是国际银行同业间的国际合作组织,SWIFT 的使用,为银行的结算提供了安全、可靠、快捷、标准化、自动化的通讯业务,从而大大提高了银行的结算速度。每个加入 SWIFT 的银行在 SWIFT 系统里面都有自己的银行识别代码,一般具有唯一性,这是办理汇款、信用证等业务必备的。

SWIFT 的目标是在所有金融市场为其成员提供低成本、高效率的通关服务,以满足成员金融机构及其终端客户的需求。现在,包括我国在内的全球的外汇交易电文,基本上都是通过 SWIFT 传输的。需要指出的是,SWIFT 仅为全球的金融系统提供通信服务,不直接参与资金的转移处理服务。

目前 SWIFT 提供了多种服务:

(1)全球性通信服务。在 196 个国家和地区的 7 457 个金融机构有 SWIFT 的网络连接。

(2)接口服务。使用户能以低成本、高效率地实现网络存取。

(3)存储和转发电文(Store-and-Forward Messaging)服务。可以为用户提供存储和转发电文服务。SWIFT 的设计能力是每天传输 1 100 万条电文,而当前每日传送 500 万条电文,这些电文划拨的资金以万亿美元计,2001 年转发的电文达 15 亿条。

(4)交互信息传送(Interactive Message)服务。为提高服务的响应性和灵活性,1997 年 SWIFT 宣布,计划开发基于 IP 的产品和服务,包括交互信息传送服务,作为存储和转发电文服务的补充。SWIFT 于 2000 年开始提供这种交互服务。

（5）文件传送服务。1992 年开始提供银行间的文件传送 IFT（Interbank File Transfer）服务，用于传送处理批量支付和重复交易的电文。

（6）电文路由（Message Routing）服务。通过 SWIFT 传输的电文可同时拷贝给第三方，以便能由第三方进行电子资金转账处理，或转到另一网络完成支付结算、或证券交易结算、或外汇交易结算处理。

SWIFT 提供 240 种以上电文标准。SWIFT 的电文标准格式，已经成为国际银行间数据交换的标准语言。SWIFT 的标准部门，每年都要根据用户需求，总结现有的电文格式，研究制订新格式计划。

二、电子商务结算的实现

（一）电子商务结算系统的构成

电子商务支付系统是电子商务系统的重要组成部分，它是指消费者、商家和金融机构之间使用安全电子手段交换商品或服务，即把新型支付手段包括电子货币、信用卡、借记卡、智能卡等支付信息通过网络安全传送到银行或相应的处理机构，来实现电子商务结算；是融购物流程、支付工具、安全技术、认证体系、信用体系及金融体系为一体的综合系统。

（1）客户。客户向商家购买商品并用自己拥有的支付工具（如信用卡、电子货币、电子钱包等）来发起支付，这是支付体系动作的原因与起点。

（2）商家。商家在得到订单后向金融体系请求货款划拨。

（3）CA 信用体系。是指认证机构负责对参与商务活动的各方（包括客户、商家与支付网关）发放数字证书，以确认各方的身份，保证电子商务的安全性。认证机构必须确认参与者的资信状况（如参与者在银行的账户情况，与银行交往的信用历史记录），因此认证过程也离不开银行的参加。

（4）客户开户行。是指客户在购物时使用的电子货币账户对应的银行,客户所指定的支付工具是开户行提供的,客户开户行在提供支付工具的同时提供了一种银行信用,即保证支付工具的兑付。在这支付体系中,客户开户行又被称为发卡行。

(5) 商家开户行。是商家接受货款账户所在的银行,商家将客户的支付指令提交给客户开户行后,就由开户行进行支付授权的请求以及行与行之间的清算等工作。商家的开户行是依据商家提供的合法账单(客户的支付指令)来工作的,因此又称为收单行。

(6) 支付网关。是公共网和金融专用网之间的接口,支付信息必须经过支付网关才能进入银行的支付系统,进而完成支付的授权与获取。

(7) 银行网络。是银行内部及银行间进行通信的网络,具有较高的安全性,包括中国国家现代化支付系统、中国人民银行电子联行系统、各商业银行的电子汇兑系统、银行卡授权系统等。

(8) 支付协议。在网上交易中,客户发出支付指令,再由商家送到支付网关,是在公用网上传送的。为保护安全交易,就必须有支付协议的支持。目前使用比较广泛的有 SET 协议、SSL 协议等(见图 3.2 所示)。

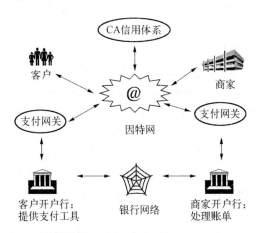

图3.2　电子商务支付体系基本构成

（二）电子商务支付结算的特点

网上支付结算是电子商务的环节,也是电子商务得以顺利发展的基础条件。如果没有合适的电子商务结算手段相配合,这样的电子商务只能是一种电子商情、电子合同或者初始意义上的电子商务。电子商务的一个极其重要的观念,是在进行付款、信用借贷及债务清偿的过程中,能获得即时、方便、安全的服务。与传统的支付方式相比,电子商务下结算具有独特之处。

1. 开放的工作平台

网上支付结算的工作环境是基于一个开放的系统平台上的,而传统的交易支付方式在较为封闭的系统中运作。

2. 数字化传输

网上支付结算以数字流转技术来完成信息传输,采用数字化的方式进行款项支付,而传统的交易支付方式以传统的通信媒介通过现金流转、票据转让和银行的汇兑等物理实体来完成款项的支付。

3. 网络化环境

网上支付结算对软硬件的设施有一定的要求,一般要求有连接因特网的计算机、相关的软件及其一些配套设施。

4. 方便、快捷、高效、经济

交易方只要拥有一台上网的计算机,便可足不出户,快速完成整个支付过程,支付费用只相当于传统支付方法的几十分之一,甚至更低,体现了方便、快捷、高效、经济的优势。

5. 无形的结算过程

由于电子商务结算工具、支付过程具有无形化的特点,它将传统支付方式中面对面的信用关系虚拟化。如对支付工具的安全管理不是依靠普通的防伪技术,而是通过用户密码、软件硬件的加密、解密系统以及路由器等网络设备的安全保护功能来实现的,为了保证支付工具的通用性,需制订一系列标准,其风险管理的复杂性进一步增大。

在电子商务中,银行作为连接生产企业、商业企业与消费者的纽带,起着至关重要的作用,银行是否能有效地实现电子商务结算已成为电子商务成败的关键。

(三) 电子商务结算的功能

在电子商务结算系统中,对于不同的货币形式可能导致不同的支付方式,但是支付方式追求的目标是共同的,那就是安全、有效、便捷。电子商务结算系统应具有以下的功能:

1. 使用数字签名和数字证书实现对交易各方的身份认证

为了保证实现电子交易的安全性,通过数字签名对参与贸易的各方身份的有效性进行认证,通过认证机构或注册机构向参与各方发放数字证书,以证实其身份的合法性。

2. 使用加密技术对传输的业务数据进行加密

为了防止未被授权的第三者截获传输的业务数据造成业务数据泄密,可以采用单钥或双钥密码体制对业务数据进行加密,并采用数字信封、数字签名等技术来加强数据传输的保密性。

3. 确保业务数据的完整性

为了保证业务数据的完整性,保护传输的业务数据不被未授权者建立、篡改、嵌入、删除,而是完整无缺地到达接收者一方,可以采用数据杂凑技术,通过对原文的杂凑生成消息摘要一并传送给接收者,接收者就可以通过收到的摘要来判断所接受的消息是否完整,若发现接收的消息不完整,可要求发送端重发以保证其完整性。

4. 当交易双方出现纠纷时,保证对业务的不可否认性

为了保护交易双方的合法权益,当双方发生纠纷时,如发送方否认其所发送的消息,或接受方否认其所接受的消息等。支付系统必须在交易的过程中生成或提取足够充分的证据来迅速辨别纠纷中的是非,可以用仲裁签名、不可否认签名等技术来实现。

5. 能够处理交易业务的多边支付问题

由于网上交易的支付要涉及客户、商家、银行等多方,其中传送的购货信息与支付指令必须结合在一起,因为商家只有确认了支付指令后才会继续交易,银行也只有确认了支付指令后才会提供支持。

但同时,商家不能读取客户的支付指令,银行不能读取商家的购货信息,这种多边支付的关系就可以通过双重签名等技术来实现。

三、电子商务结算模式

电子结算功能作为电子商务交易的关键问题,既要使消费者感到方便快捷,又要保证交易双方的安全保密,这就需要一个比较完整的电子支付与结算模式。

(一) 支付系统无安全措施的模式

1. 流程

用户从商家订货,信用卡信息通过电话、传真等非网上传送手段进行传输;也可以在网上传输信用卡信息,但无安全措施。

2. 特点

(1) 风险完全由客户承担;

(2) 商家完全掌握用户的信用卡信息;

(3) 信用卡信息的传递无安全保障。

这种模式下,商家掌握客户的信用卡信息,有可能为了自己的商业利益而将信息透露给第三方,使用户隐私权遭到侵犯,另外信用卡信息的传递没有安全保障,容易被人截获或篡改,因此这种模式是很不安全可靠的。

(二) 通过第三方经纪人支付的模式

所谓第三方经纪人支付(TTP),就是用户在第三方付费系统服务器上开设一个账户,在网上交易支付时,不是直接向对方支付,而是使用这个账户付款,相当于在收款方和支付方的信用卡资料间筑起一道安全屏障,比较安全。这种方法交易成本很低,对小额交易很适用。目前全球用户最多的 TTP 是 Paypal,有 6 400 万个用户通过它进行网上购物。使用 TTP 购物,顾客需要设置 TTP 账号和密码,这就多了一层密码保护,而且支付页面由 TTP 提供,而不是由网上商店提供。顾客最终在 TTP 上完成加密的支付过程,没有第三方(包括网上商店)能够接触到顾客的个人资料。欧美许多人已经开始习惯于在网上使用 Paypal 账户,而且许多网络拍卖和网络生意都使用了 Paypal,如著名的 eBay. com、Amazon. com、Yahoo!、Auctions. com。国内市场上早在 1998 年就有了第一家第三方支付公司,相继出现了"首信易支付"、易达信动、云网等。2003 年 10 月 18 日,阿里巴巴建立独立的第三方支付平台——支付宝在淘宝网推出,正式进军电子支付领域,为网络交易用户提供优质的安全支付服务。在交易时,买方将货款支付给支付宝,待买方收到货物并确认与卖方发布的信息无误后,支付宝才向卖方转交货款。目前,支付宝已经和工商银行、建设银行、农业银行和招商银行、VISA 国际组织等各大金融机构建立战略合作,共同打造一个独立的第三方支付平台。国内市场上,支付宝目前所占份额超过了 47%,占据绝对优势,其次是腾讯财付通 17%,然后依次是中国银联电子支付、99bill 快钱、上海环讯 IPS、安付通、网银在线、易宝支付、首信易支付、贝宝、云网等(见图 3.3 所示)。

图 3.3 Paypal 已经来到中国

1. 流程

用户在网上经纪人处开设账号,网上经纪人持有用户账号和信用卡号,用户用账号从商家订货,商家将用户账号提供给经纪人,经纪人验证商家身份,给用户发 E-mail,要求用户确认购买和支付后,将信用卡信息传给银行,完成支付过程。

2. 特点

(1) 用户账户的开设可以通过网上和网下不同的模式进行;

(2) 信用卡信息不在开放的网络上传送,也不会被交易对方得知;

(3) 通过电子函件来确认用户身份和成交信息;

(4) 商家和客户的自由度大,风险小;

(5) 支付是通过双方都信任的第三方(经纪人)完成的。

这种方式的关键在于第三方,交易双方必须都对它有较高的信任度,风险主要由其承担,保密等功能也由其实现。

(三) 电子货币支付模式

用户在电子货币服务器账号中预先存入现金来购买电子货币证书,这样电子货币就有了价值,可以在商业领域中进行流通。电子货币的主要优点是匿名性,缺点是需要一个大型数据库来存储用户完成的交易和电子货币的序列号以防止重复消费。由于交易模式简单,流程简化,降低了使用成本,故适用于小额交易。电子货币将在下面具体介绍。

(四) 支付系统使用简单加密的模式

这是现在比较常用的一种支付方式。用户只要在银行开设一个普通信用卡账户。在支付时,用户提供信用卡号码,但传输时要进行加密,采用的加密技术有 S—HTTP、SSL 等。这种加密的信息只有业务提供商或第三方付费处理系统才能识别,由于用户进行网上购物时只需提供信用卡号,这种付费方式给用户很多方便。但是一系列的加密、授权、认证及相关信息的传送,使交易成本提高,故这种方式不适用于小额交易。

这种模式的特点为:

(1) 信用卡等关键信息需要加密;

(2) 使用对称或非对称加密技术;

(3) 可能使用身份验证证书;

(4) 以数字签名确认信息的真实性。

以 Cyber Cash 因特网信用卡支付系统为例,支付流程为: Cyber Cash 客户从商家订货后,通过电子钱包将信用卡信息加密后传给商家服务器;商家服务器验证接收到的信息的有效性和完整性后,将用户加密的信用卡信息传给 Cyber Cash 服务器,商家服务器看不到用户的信用卡信息;Cyber Cash 服务器验证商家身份后,将用户加密的信用卡信息转移到非因特网的安全地方解密,然后将用户信用卡信息通过安全专网传送到商家银行;商家银行通过与一般银行之间的电子通道从用户信用卡发行银行得到证实后,将结果传送给 Cyber Cash 服务器,Cyber Cash 服务器通知商家服务器交易结果(成功或失败),商家通知客户,整个过程大约历时 15—20 秒。

交易过程中每进行一步,交易各方都以数字签名来确认身份,客户和商家都必须使用 Cyber Cash 软件。签名是客户、商家在注册系统时产生的,而且本身不能修改。客户信用卡加密后放置在计算机上。加密技术使用工业标准,使用 56 位 DES(数据加密标准)和 768—1 024 位 RSA 公开密钥对来产生数字签名。

(五) 安全电子交易(SET)模式

SET(Security Electronic Transaction),是一个在开放的因特网上实现安全电子交易的国际协议和标准,最初由 Visa Card 和 Master Card 合作开发完成。SET 是以信用卡支付为基础的网上电子商务结算系统规范,为了满足客户、银行、商家和软件厂商的多方需求。

1. 实现目标

(1) 信息在因特网上安全传输,不能被窃听或篡改;

(2) 客户资料要妥善保护,商家只能看到订货信息,看不到用户的账户信息;

(3) 持卡人和商家相互认证,以确定对方身份;

(4) 软件遵循相同的协议和消息格式,具有兼容性和互操作性。

2. 使用技术

SET 协议各方进行安全电子交易的具体流程。SET 协议使用的主要技术包括：对称密钥加密、公开密钥加密、Hash 算法、数字签名以及公开密钥授权机制等。SET 通过使用公开密钥和对称密钥方式加密保证了数据的保密性，通过使用数字签名来确定数据是否被篡改，保证数据的一致性和完整性，并可以防止交易方抵赖。交易各方之间的信息传送都使用 SET 协议以保证其安全性。

3. 使用情况

IBM 公司宣布其电子商务产品 Net. Commerce 支持 SET，IBM 公司建立了世界上第一个因特网环境下的 SET 付款系统——丹麦 SET 付款系统，新加坡花旗银行付款系统也采用了 IBM 的 SET 付款系统。此外，微软公司、Cyber Cash 公司和 Oracle 公司也宣布他们的电子商务产品将支持 SET。目前，SET 已获得 IETF 标准的认可，是电子商务的发展方向。

第二节　电子商务结算工具

虽然电子商务结算工具发展的方向是兼容多种支付工具，但在目前还做不到这一点。因为各种支付工具之间还存在着较大的差距，每种支付工具都有自己的特点和动作模式，适用于不同的交易过程。如 SET 协议针对的是信用卡，FSTC（Financial Services Technology Consortiun）针对的是电子支票，Mondex 针对的是电子货币。根据系统中使用的支付工具不同，大致可以将电子商务结算系统分为信用卡系统、电子货币系统、电子资金传输/电子支票系统三大类。

一、银行卡

（一）银行卡及其分类

随着市场经济的发展，用现金现场支付和支票支付等传统支付方式,已经不能适应商品交易快速发展的要求,在 20 世纪推出了多种银行卡。银行卡也称金融交易卡,是由商业银行向社会发行的具有消费信用、转账结算、存取现金等全部功能或部分功能的支付工具,也是客户用以启动 ATM 系统和 POS 系统等电子银行系统、进行各种金融交易的必备工具。

1. 银行卡按性质分类

银行卡按性质分类,可分为信用卡(Credit Card)、借记卡(Debt Card)、复合卡(Combination Card)和现金卡(Cash Card)四种。其中最早发行的银行卡是信用卡,也称贷记卡,是银行向金融上可信赖的客户提供无抵押的短期周转信贷的一种手段。发卡银行根据客户的资信等级,给信用卡的持卡人规定一个信用额度,信用卡的持卡人就可以在任何特约场所先消费后付款,也可以在 ATM 机上预支现金。依照信用等级的不同,又可细分为普通信用卡、金卡、VIP 卡等多个品种。

在信用卡的基础上,银行后来又推出了借记卡。借记卡的持卡人必须在发卡行有存款。持卡人在特约场所消费后,通过电子银行系统,直接将客户在银行中的存款划拨到消费场所的账户上。除了用于消费外,借记卡也可以在 ATM 系统中提取现金,根据借记卡的使用功能,借记卡还可以分为普通借记卡、专用于转账的转账卡、用于特别用途的专用卡等。

为方便用户,银行也发行一种兼备信用卡和借记卡两种性质的复合卡,我国称之为准贷记卡。复合卡的持卡人必须事先在发卡银行存有一定金额的备用金,在持卡人持卡消费或提现后,立即作扣款操作,复合卡允许持卡人在规定的信用额度内适当透支。

现金卡与前三种银行卡不同,在现金卡内记录有持卡人在卡内持有的现金数。当现金卡的持卡人持卡消费后,商家直接从现金卡内扣除消费金额,现金卡中的现金数随即减少。因此,现金卡同现金一样可直接用于支付,只不过现金卡内的货币是电子货币。现金卡又可以分为预付卡和电子钱包卡。预付卡也称为储值卡,是持卡人预先用现金购买的,如电话卡、地铁公交卡等都属于预付卡。电子钱包卡是采用 IC 卡的一种现金卡,这种卡一般不设密码,卡内有小额电子货币,可用于小额消费。当钱包内钱用完后,持卡人可以再向钱包内存入电子货币。

2. 银行卡按信息载体分类

银行卡的介质,经历了塑料卡、磁卡、集成电路卡和激光卡等四个阶段,此外,还有一种在磁卡中内嵌 IC 芯片的复合介质卡。

塑料卡使用于 1960 年代初,可用作消费,但塑料卡与计算机系统并没有关系。

磁卡诞生于 1970 年,它在塑料卡上粘贴一条磁条而成,磁条里有 3 条磁道,可记录少量的信息。由于磁卡制造成本低,常用于小额消费,缺点是磁条中数据容易复制,安全性低。

集成电路卡又称为 IC(Integrated Circuit)卡,它是在塑料卡上封装一个非常小的微型芯片,用来存储记录数据。根据 IC 卡上是否含有 CPU 和其他元件,可将 IC 卡分为存储卡、智能卡和超级智能卡。其中 IC 存储卡中不含 CPU,但含有数据存储器,可存储持卡人个人信息和账户信息。IC 智能卡是在塑料卡中嵌入含有微处理器、存储器和输入输出接口的 IC 芯片,它除了具有存储功能外,还具有信息处理功能。超级智能卡除具备 IC 智能卡的功能外,还有自己的键盘、液晶显示器和电源,实际上是一台卡片式电子计算机。IC 卡的优点是安全性高,很难仿制,具有联机处理和脱机处理的双重能力,存储容量大,缺点是制造成本高。

激光卡是在塑料卡片中嵌入激光存储器而成的,也称光存储卡,它同 IC 卡一样可提供多重功能,安全性高,存储容量更大,可比 IC 卡容量大百倍以上,目前尚处于试验阶段。

(二) 银行卡的网上支付

目前以信用卡为代表的银行卡主要在银行专用网络中使用,用于电子商务的进行网上支付的电子信用卡系统在局部范围内得到了应用。但是,在美国等西方国家,信用卡的普及率相当高,美国达到

94%,而在网上购物利用信用卡结算率达到80%,银行卡成为大众化的网络结算工具。银行卡支付系统的特点是每张银行卡对应一个账户,资金的支付最终是通过转账实现的。由于在消费中实行"先消费,后付款"的办法,因此对银行卡账户的处理是滞后于货款支付的。也就是说,购物支付是通过银行提供消费信贷来完成的,对银行卡账户的处理还是其后的事情,因此属于"延迟付款"一类,与电子转账有实质上的不同。在线采用信用卡支付可以透支。

在电子商务中信用卡付款方式最简单的形式是让客户提前在某一公司登记一个信用卡的号码和口令,当客户通过网络在该公司购物时,客户只需将口令传送到该公司。购物完成后客户会收到一个确认的电子函件,询问购买是否有效。若客户对电子邮件回答有效,公司就从客户的银行卡账户上减去这笔交易的费用。现在更安全、更先进的方式是在因特网环境下通过SET协议进行网络支付,具体方式是客户在网上发送银行卡号和密码,加密发送到银行进行支付。当然支付过程中要进行客户、商家及付款要求的合法性验证。

使用银行卡的客户要先在有关的银行开设网上交易账户,客户可以直接使用与自己银行账号相连接的电子商务服务器进行支付,也可以通过各种保密方式使用因特网上的电子银行卡软件。

利用电子银行卡在网上购物,通常包括以下步骤:

(1)顾客和商家达成购销协议并选择用电子银行卡支付;

(2)顾客选定用电子银行卡付款,输入保密口令并进行付款;

(3)电子商务服务器进行合法性确认后,在银行卡公司和商业银行间进行应收入款项和账务往来的电子数据交换和结算处理;

(4)经商业银行证明银行卡支付有效并授权后,商店发货并将电子收据发给顾客,商店留下交易过程中发生往来的财务数据;

(5)商店按照顾客留下的发送地址将货物送到顾客或指定人手中。

虽然用银行卡购物的过程中要经过银行卡公司和商业银行等多次进行身份确认、银行授权、各种财务数据交换和账务往来等,但这些都是在网上以极短的时间完成的。

(三) 银行卡的网上结算

由于消费者手中持有的信用卡可能是由多个银行所发行的，这样就给网上商家提出了一个难题，除非商家是所有信用卡发卡行的签约用户，否则很难接受所有顾客的支付。某些商家因此限制顾客在线支付的方式，但被扣上了"霸王条款"的恶名。网上的信用卡清算服务就应运而生。自动清算所（ACH）和银行通过安全通道进行连接，当商家将结算的信用卡信息发给信用卡认证公司进行认证，如果通过认证即通知发卡银行，发卡行随即通过自动清算所将资金划入商家开户银行的账户。目前，著名的信用卡的网上结算服务商有 VeriSign 的 PayFlow 系统、iAuthorizer 和 InfoSpace 的 Authorize. net 等（见图 3.4 所示）。

图 3.4 银行卡网上清算过程

二、电子货币

(一) 电子货币的概念

电子货币产生于 20 世纪 70 年代，是一种在电子信用基础上发展起来的，以各类交易卡为媒介，以电子计算机技术和现代通信技术为手段，以电子脉冲进行资金传输和存储的信用货币。电子货币与纸币等其他货币形式相比,具有保存成本低、流通费用低、标准化成本低、使用成本低等优势,尤其适宜于小额的网上交易。电子货币在国际上有很多定义,且并不十分统一。欧洲议会发布的有关电子货币的法规对此采取了相当宽泛的定义,几乎所有新型的电子支付工具和方案都被纳入其中。国内研究者认为,电子货币可能是"金钱"的电子形式,也可能是控制"金钱"流动的指令。

电子货币是以数字化形式存在的数字货币,其发行的方式包括存储性质的预付卡和纯电子形式的用户序列号数据文件等,使用灵活简便,无需直接与银行连接也可使用。电子货币支付系统的特点是不直接对应任何账户,持有者事先预付资金,便可获得相应货币值的电子货币(智能卡或数据文件),因此可以离线操作,是一种"预先付款"的支付系统。巴塞尔委员会对电子货币作出的定义为:电子货币是指在零售支付机制中,通过销售终端,不同的电子设备之间以及在公开网络(如因特网)上执行支付的"储值"和预付支付机制。所谓"储值"是指保存在物理介质(硬件或卡介质)中可用来支付的价值,如 Mondex 智能卡、多功能信用卡等。而"预付支付机制"则是指存在于特定软件或网络中的一组可以传输并可用于支付的电子数据,通常被称为"数字现金"、"电子现金",由多组二进制数据和数字签名组成,可以直接在网络上使用。这一定义包含了电子货币中的在线交易和离线交易,是较为准确、完整的定义。而由这个定义可以看出电子货币在本质上并不是货币,它只是一种主要用于零售支付的无现金的支付机制,比现金更安全、方便和快捷。

(二) 电子货币的特性

电子货币的特点和现实中的现金一样,可以存、取和转让,适用于小的交易量。使用电子货币的三方——客户、商家和银行都需要使用电子货币软件,而银行与商家之间有协议和授权关系,由银行负责客户与商家之间资金的转移。因此,电子货币对于客户来说是匿名的,使用电子货币消费具有很好的个人隐私保护功能。客户在开展电子货币业务的银行开设账户并在账户内存钱后,然后使用口令和个人识别码将电子货币下载到自己计算机的硬盘上，就可以在接受电子货币的商店购物了。

电子货币具有独特的性质：

1. 价值性

电子货币必须有一定的真实有价资产进行价值保证，得到金融机构的实际支持，类似于纸币发行的信用保证。因此，电子货币具有真实的购买力。

2. 匿名性

电子货币在流通中的有关流通路径和流通过程的信息完全没有记录可查，就连发行银行也难以看到其加密签发货币的序列号，根本无法进行追踪，保证了其使用过程的安全。

3. 可交换性

电子货币可以与纸币、商品服务、网上信用卡、银行账户的储蓄余额、支票或负债、其他形式的资产进行相互交换。电子商务交易活动中，买方会在不同的国家和地区、不同的网上商店进行交易和支付，电子货币必须保证可以多次使用甚至转手使用，具有同现实货币同样的特性，具有在世界任何地方进行流通的特性。

4. 可存储性

电子货币允许用户在任何地方保存在计算机、IC卡，或者是其他更便于传输的标准或特殊用途的设备中的电子货币进行存取、支付、查询和检索等操作。

5. 可分割性

电子货币可以用若干种货币单位表示，并且可像普通现金一样把大钱分为小钱，满足电子商务的小额支付需要。

6. 安全性

电子货币能够安全地存储在客户的计算机中或智能卡中，而且电子货币可以方便地在网上传输，并且使用有效的数字签名和校检系统，防止盗用、重复使用。一般的电子货币都建立了一套事后检测和惩罚机制。

电子货币在给用户带来方便的同时也会带来相应问题。由于电子货币的灵活性和不可跟踪性,它可能会带来发行、管理和安全验证等一系列问题。从技术上说任何商家都可以发行电子货币,如果不加以控制,可能造成电子商务的混乱并带来严重的经济与金融问题。电子货币的安全使用也是一个重要问题,包括使用权限、避免重复使用等。对于无国界的电子商务应用来说,电子货币还存在税收、法律、外汇的不稳定性、对货币供应的干扰和金融危机的可能性等潜在问题,因而有必要制订严格的经济和金融管理制度,保证数字化电子货币的正常运作。

(三) 电子货币的运作方式

客户在银行建立账户并存储一定的存款后,就可以使用电脑上的电子货币软件来产生原始代币,并将一个序列号加到代币上,然后将其发送到电子货币的发行银行,通过将序列号与另一个随机数(隐藏系数)运算,银行可以看见该序列号,银行用其签名私钥对代币所要求的价值进行数字签名,并将其回送给客户。客户可用隐藏系数分解序列号,并取回原始的序列号,采用这种机制,银行就不能将代币追溯到客户,因为银行看不到原始序列号。这种隐蔽签名技术,是由 DigiCash 的创始人 David Chaum 发明的具有专利权的算法,可用来实现对电子货币的认证,并允许电子货币的匿名。电子货币的支付过程可分为四个步骤。

(1) 客户在有电子货币业务的银行开立电子货币账号,并预先存入现金,购买电子货币证书,这些电子货币就有了可以在商业领域进行流通的价值。

(2) 客户使用电子货币终端软件从电子银行下载一定金额的电子货币到自己的计算机硬盘上备用。

(3) 用户与同意使用电子货币的商家洽谈,签订订货合同,确定使用电子货币支付所购商品的费用。

(4) 接收电子货币的商家与授权的电子货币银行进行结账,银行将用户购买商品的钱支付给商家。

（四）电子货币的主要类型

1. 储值卡应用型电子货币

一般以磁卡、IC卡形式出现，发行主体在预收了客户资金后，发行等值的储值卡，客户在消费时以扣减方式支付费用，相当于使用储蓄账户进行支付。储值卡的发行主体除了商业银行，还有很多商业机构和公用事业单位，如电信部门的电话卡、市政公用部门的交通卡、电费充值卡、自来水充值卡、煤气充值卡、商店的各类消费卡、加油站的加油卡、学校的校园卡等。

2. 信用卡应用型电子货币

一般指商业银行、信用卡公司发行的贷记卡、准贷记卡，可在发卡主体规定的信用额度内透支消费，并在规定的期限内还款。

3. 存款利用型电子货币

主要有借记卡、电子支票、电子汇兑等。用于对银行中的存款以电子化方式支取现金、转账结算或者划拨资金。

4. 现金模拟型电子货币

这类电子货币主要有两种：一种是基于因特网环境的，且将代表货币价值的二进制数据保持在计算机终端硬盘内的电子现金；另一种是将二进制数据保存在IC卡内并可脱离银行支付系统流通使用的电子钱包。这类电子货币具备现金的匿名性，可以用于个人间的支付并可以多次转手使用，具有代替现金使用的目的。

三、电子钱包

（一）电子钱包的概念

电子钱包是指储存有所有者的身份证书、地址簿等识别信息，并可装入电子货币、电子现金、电子零钱、电子信用卡等各种形式的集多种功能于一体的电子支付方式，实际上是一种智能卡。消费者在网上购物时，只要点击自己的电子钱包，就可马上进入支付结算，避免了其他网络支付方法要经过填写繁琐的个人识别信息等麻烦，加速了网上购物的速度，提高了购物效率。电子钱包一般都有支付限制,只能在限额以下进行支付,避免了像信用卡信息泄漏带来的大额透支那样的重大利益损害,比较安全。

1999 年 11 月,微软发行了 Microsoft. net Passport 电子钱包,任何有微软免费电子邮件 Hotmail 账户和 MSN 接入服务的用户均可自动获得电子钱包账户。Microsoft. net Passport 自动把输入的所有个人信息经过加密并用口令保护,用户使用时不需要重复填写个人信息。目前提供的服务有登录服务、钱包服务、儿童不宜服务和公开档案服务。登录服务在用户访问网站时自动完成用户名和口令的登录;钱包服务提供标准的电子钱包功能,使用户在网上购物支付时自动完成个人信息填写;儿童不宜功能旨在协助父母保护和控制儿童上网;公开档案服务则允许用户建立有关个人情况的公开信息页面。

(二) 电子钱包的种类

电子钱包具有多种形式,主要的是服务器端电子钱包和客户端电子钱包。

1. 服务器端电子钱包

就是在商家服务器或电子钱包软件公司的服务器上存储消费者的信息,这样用户无论在何处都可以使用电子钱包。但是这种方式的最大缺陷就是服务器的安全漏洞可能会导致用户的信用卡信息泄露给未经授权的第三方,损害消费者的利益。

2. 客户端电子钱包

这是在消费者自己的计算机上储存电子钱包信息,由于不在中央服务器上储存电子钱包信息,消除了“黑客”攻击电子钱包服务器导致泄密的可能。客户端电子钱包把保证电子钱包的安全责任转移到消费者自己身上,而消费者个人的安全防范措施有时候并不理想,因此在某种角度上讲风险实际上是增加了。客户端电子钱包的另一个缺陷是不方便携带,只有在在线时才能使用电子钱包进行网上支付,而消费者追求的随时随地享受购物的乐趣却无法体现。不过现在使用移动上网设备可以解决这个问题。

（三）电子钱包系统的结构

电子钱包系统包括计算机系统、智能卡、刷卡设备、电子钱包阅读器、电子钱包终端和其他设备。在电子商务服务器中，还要配有电子钱包管理系统和电子钱包交易记录的系统，用户可以查阅自己的账户、账目，修改个人资料等。用户还可以随身携带电子钱包阅读器查看电子钱包信息。电子钱包终端安装在零售商的系统中，负责校验用户的电子钱包信息。

（四）电子钱包的应用

世界上最早和使用最广的电子钱包由 Visa Cash 和 Mondex 两大服务商推出，目前影响较大的还有比利时的 Proton、EuroPay 的 Clip、Cybercash、Master Card 的 Cardcash、微软的 MS Wallet。

（五）目前使用的电子钱包系统

1. DigiCash

无条件匿名电子现金支付系统。主要特点是通过数字记录现金、集中控制和管理现金，是一种足够安全的电子交易系统。

2. NetCash

可记录的匿名电子现金系统。主要特点是设置分级货币服务器来验证和管理电子现金，使电子交易的安全性得到保证。

3. Mondex

1990 年由英国国民西敏寺银行开发，目前扩大到加拿大、澳大利亚、新西兰、中国香港、爱尔兰、以色列、法国、美国、日本、韩国、中国台湾等国家和地区的以智能卡为电子钱包的电子现金系统。可以应用于多种用途，具有信息存储、电子钱包、安全密码锁等功能，可保证安全可靠（见图 3.5 所示）。

目前电子现金支付方式存在的问题主要有两个方面：一是国际上还没有有关电子现金的统一标准，接受电子现金的商家和提供电子现金开户服务的银行都太少，不利于电子现金的流通；另一方面是应用电子现金对于客户、商家和银行都有较高硬件、软件方面的要求，成本较高。但是对于小额交易电子现金还是具有良好的发展

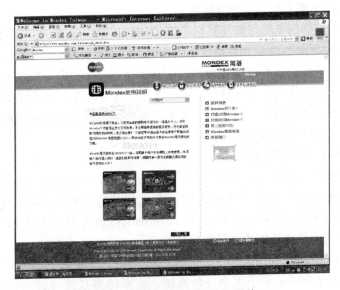

图 3.5　中国台湾的 **Mondex** 网站

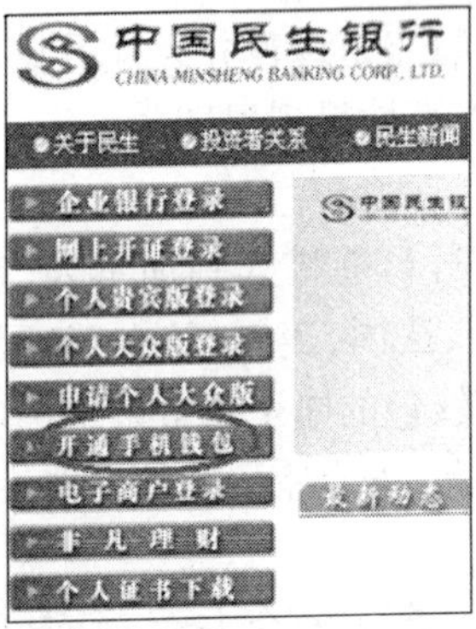

前景。

目前,商业银行纷纷开办了电子钱包业务,其中大部分还开办有手机钱包等移动电子钱包的业务(见图 3.6 所示)。

图 3.6　中国民生银行网站上可以开通手机钱包功能

随着移动通讯技术正在逐步渗透到人们的日常生活,带来了生活方式的便捷和效率的提高,可扩展移动电话在现实世界中的服务技术——Light Holder 已经面世,并迅速投入到相关应用中。Light Holder 技术最大的作用是可将移动电话自动转换到服务功能,所以这种技术使手机在实际应用中可以发挥巨大作用,移动电子钱包等服务已经成为现实(见图 3.7 所示）。已经推出 3G 的国家在移动电子钱包方面已经取得成功，如日本 i-mode 的 FeliCa 及 KDDI 相继推出的电子钱包，Nokia、NEC 等移动产品生产商都已推出移动电子钱包。中国移动、中国银联联合各大国有及股份制商业银行共同推出的一项全新的移动电子钱包服务——"手机钱包"，客户可使用手机短信、语音、WAP、K-Java、USSD 等操作方式，管理自己指定的银行卡账户或小额中间账户并实现从账户中进行扣费。手机钱包支持的具体的服务包括查缴手机话费、动感地带充值、个人账务查询、购买彩票、手机订报、购买 IP 卡、手机捐款、远程教育、手机投保、公共事业缴费等多项业务。

图 3.7　移动电子钱包——**Ewallet**

四、电子支票

（一）电子支票的概念

根据中国人民银行颁发的《银行结算办法》，支票是银行的存款人签发给收款人办理结算或委托开户银行将款项支付给收款人的票据。电子支票是采用电子方式实现纸面支票的功能的电子支付工具。如比较有代表性的 FSTC（金融服务技术联合会）电子支票系统中，电子支票是纸面支票的电子版，包含与纸面支票的相同信息，其使用的方式与纸面支票相似，付款者首先采用电子设备签署支票，收款者收到支票后提供给收单银行，银行之间进行清算，将资金从付款者账户转到收款者的账户，实现资金的转账。由于纸基支票的处理成本比较高，因为所签发的支票必须传递到付款行之后，才能完成该笔交易，效率也低；另一方面借记卡的使用包含了以电子方式确认交易资金的可用性，这为纸基支票的电子化处理带来了启示，因此电子支票越来越受到人们的青睐。

1996 年,美国通过的《改进债务偿还方式法》成为推动电子支票在美国应用的一个重要因素。该法规定自 1999 年 1 月起,政府部门的大部分债务将通过电子方式偿还。1998 年 1 月 1 日,美国国防部以及 FSTC 通过美国财政部的财政管理服务支付了一张电子支票以显示系统的安全性。2004 年 10 月 28 日开始实行的"21 世纪票据交换法案"(Check Clearing for the 21st Century Act)中,其中有一项就是要让银行以电子方式办理票据业务,避免全国性以邮寄书面单据的方式结账。2003 年 9 月 29 日,由中国台湾票据交换所与中国台湾 IBM 等单位共同研究开发的电子票据平台上线,并由台湾地区华南银行拔得头筹,开出亚洲第一张电子支票,宏碁集团则是率先签约登录的第一家客户。

(二) 电子支票的特点

1. 接受度高

电子支票的内容和原理与传统支票十分相似,客户不必再接受培训,且因其功能更强,所接受度更高。

2. 适宜小额清算

电子支票适宜做小额的清算。电子支票的传统的密码加密方式比公开密钥加密的系统容易处理。收款人、收款人银行和付款人银行都可以使用公开密钥来验证支票,电子签名也可以自动验证。

3. 方便内部结算

企业可以将其看作是内部资源管理的工具,好比企业内部现金的一种形式,以比现在更省钱的方法,通过网络来完成支付。另外,由于支票内容可以附在贸易对方的汇票资料上,所以电子支票容易和 EDI 应用的应收账款整合。

4. 开放度高

电子支票技术可通过公众网络连接金融机构和银行票据交换网络,连接现有金融付款系统。

(三) 电子支票的运作

电子支票系统目前一般是专用网络系统,国际金融机构通过自己的专用网络、设备、软件及一套完整的客户识别、标准报文、数据验证等规范化协议来完成数据的传输，从而控制安全性。系统在专用网络运行已有成熟的模式，例如 SWIFT 系统的应用范围主要是企业与企业之间（如银行与银行或银行与普通企业之间），保证了报文传输的可靠、完整与安全。

1. SWIFT 系统的安全控制

（1）通过口令机制进行客户身份检查，通过读写控制进行操作合法性检查；

（2）数据完整性控制，即对传输数据进行校验，排除介质故障和篡改；

（3）数据安全控制，对数据进行加密，防止窃听。

公用网络上的电子支票系统用于发出支付和处理支付的网上服务。付款人向收款人发出电子支票，即一个经付款人私钥加密的写有相关信息的电子文件，收款人将其存入银行，以取出现金。电子支票由客户计算机内的专用软件生成，一般应包括支付数据（支付人、支付金额、支付起因等）、支票数据（出票人、收款人、付款人、到期日等）、客户的数字签名、CA 证书、开户行证明文件等内容。

电子支票系统中主要的各方有客户、商家、客户的开户行、商家的开户行、票据交易所。票据交易所可由一个独立的机构或现有的一个银行系统承担，其功能是在不同的银行之间处理票据。客户可访问因特网上不同的 Web 服务器的浏览器，可浏览网上的电子商店，浏览时还可向客户显示电子支票的格式。

2. 完整的电子支票业务过程

（1）付款人签发支票。支持签发支票簿的是电信设备公司生产的被称为"智能辅币机"的安全硬件设备，该设备的功能是安全地存储密钥和证书信息，并保持最近签发或背书过的支票的记录。支票在某种安全信封中被传送给收款人。这种信封将以安全电子邮件方式，或双方之间已加密过的交互对话方式进行传送。

（2）收款人收到支票后，也将使用某种安全硬件设备对支票进行背书,然后把支票发送给收款人银行。

(3) 收款人银行收到支票后,将利用自动清算所(ACH)或电子支票呈送(ECP)方式来清分支票,这和当前纸基支票所经历的过程是完全相同的。

(4) 电子支票通过传统的 ACH 网络进行传送。相应地,资金从付款人银行账户转账到收款人银行账户。

电子支票结算的基本流程图见图 3.8 所示。

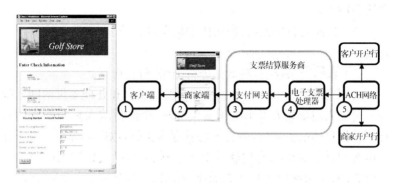

图 3.8   电子支票结算的基本流程

第三节   网 络 银 行

随着新经济浪潮的推进,网络银行凭借因特网技术,以其广泛的信息资源、独特的运作模式,改变了人们对银行经营方式的理解,更改变了传统的银行竞争格局,为金融业带来革命性变革。我国网络银行业务虽然起步较晚,但短短几年中四大国有银行、股份制商业银行,甚至民营银行都纷纷介入网络银行业务。

一、网络银行概述

网络银行依托迅猛发展的计算机和计算机网络与通信技术,利用渗透到全球每个角落的因特网,把银行的业务直接在因特网上推出。

(一) 网络银行的发展

1. 网络银行的概念

网络银行(Internet Bank、Net Bank、Electronic Bank、Digitbank、Cyber Bank、Virtual Bank),又称网上银行、虚拟银行,但和平时所说的电子银行(Electronic Bank)并不是一个概念。网络银行实际上是银行业务在网络上的延伸,是采用因特网数字通信技术,以因特网作为基础的交易平台和服务渠道,在线为公众提供支付结算、信贷服务以及其他金融业务的金融机构。网络银行是建立在现代因特网技术基础上的虚拟银行柜台,用户可以通过个人电脑、掌上电脑、手机或者其他数字终端设备,采用拨号连接、专线连接、无线连接等方式,登录因特网,享受网络银行所提供的各项服务。

目前,这种新式的网络银行包括虚拟家庭银行、虚拟联机银行、虚拟银行金融业以及银行金融业为主的虚拟金融世界,几乎囊括了现有银行金融业的全部业务,代表了整个银行业务未来的发展方向。从已经出现的网络情况看,网络银行业务主要有:基本支票业务、利息支票账户、信用卡服务、基本储蓄账户、货币市场账户、存单业务和宏观市场金融信息服务等。

网络银行和平时所说的电子银行并不是同一个概念。电子银行是指商业银行利用计算机技术和网络通讯技术,通过语音或其他自动化设备,以人工辅助或自助形式,向客户提供方便快捷的金融服务,如 ATM 自动柜员机、POS 系统、无人银行等银行服务形式都属于电子银行的范畴。网络银行可以看作是利用因特网技术的一种电子银行形式。

2. 网络银行的产生

进入 20 世纪 90 年代后,随着因特网的快速发展和电子商务的兴起,网络技术引入银行,银行开始通过开放性的因特网提供网络银行服务。网络银行服务和其他电子银行系统的发展,使银行的支付服务和信息服务深入到社会的各个领域,电子银行进入了一个全新的发展阶段,即网络银行服务阶段。

1995年10月,美国三家银行联合在因特网上成立了全球第一家网络银行——安全第一网络银行(Security First Network Bank;SFNB)。这是一家全部业务都基于因特网的网络银行,刚开业时仅仅占有一座写字楼的半层楼面,但它的业务范围遍及美国每一个州,经营几乎全部的金融业务,包括电子钞票兑付、在线交易登记、支票转账等,其客户足不出户便可享受各种银行服务。开业不到4年,其交易量就占美国金融总支付交易量的2%以上。此后,美国网上金融服务发展神速,目前美国最大的50家银行有90%以上提供了网络银行服务;美国最大的25家传统银行均已向其客户提供网上账户服务。

欧洲的网络银行业务虽然起步较晚,但眼下已有不少网络银行开始崭露头角,令传统大型银行倍感威胁。欧洲已有超过1 200家金融机构提供网络银行服务,尤其是比利时和荷兰,九成以上银行都已为客户提供网络银行服务。

3. 我国网络银行的发展

在我国,网络银行起步于1990年代中期。1996年,招商银行率先推出网上金融服务业务"一网通——网上支付",相继实现了个人金融服务的柜台、ATM和客户的全国联网,初步构造了中国网络银行的经营模式。1997年10月,工商银行在因特网上建立银行主页,向外界宣传工商银行的金融服务业务,为网络用户提供业务指南。1998年3月6日,中国银行成功地进行了第一笔电子交易。1999年后各大银行纷纷都加快了网络银行的工作进程。到2001年底,在因特网上设立网站的中资银行达50多家,占中国现有种类银行的26.7%。至2001年底,中国工商银行的网络银行业务客户达165.6万户,办理业务901万笔,交易金额23 446亿元。目前,几乎所有银行都已经建立了自己的主页,并开始了网络银行服务。

由于我国网络银行业务仍然处于起步阶段,发展速度也相对较慢。服务项目少、范围窄,一些网络银行主要提供银行业务介绍、企业客户的账户余额及交易查询等非盈利性服务,没有真正开展网上金融支付交易。据统计，目前网络银行业务量占银行业务总量的比例还不到1%，网络银行的盈利能力远远没有被开发出来，其主要作用目前还不在于获取收益，而在于联系和拓展客户群体。

（二）网络银行的特点

与传统银行相比较，网络银行突破时空局限，以开放的服务界面，改变了银行服务模式，拓展了银行运作空间，为传统银行业找到了高效率、低成本的新出路。

1. 金融服务标准化、个性化和综合化

随着网络经济的发展，金融服务面临标准化和个性化的两极化趋势，即一方面以更低的价格大批量提供标准化的传统金融服务，一方面在深入分析客户信息的基础上为客户提供个性化的金融服务，重点是在理财和咨询业务、由客户参与业务设计等方面。网络银行在提供标准化、大批量的产品的同时，还能充分利用信息技术深入分析客户，为客户提供个性化的、量身定做的小批量金融服务。

另外，网络银行服务的综合性还体现在能突破传统银行的局限，将存款、现金管理、资金结算、投资等零售业务及部分批发银行业务，与资讯信息、综合金融服务及个性化金融服务等融合在一起，提供一揽子高附加值的综合金融服务。

2. 金融服务手段网络化

网络银行是通过因特网技术为公众提供相应的金融服务的。首先，网络银行改变了传统银行以机构网点数量、地理位置为客户提供服务的经营思想，转而通过网络为客户提供及时、便利的优质金融服务。其次，网络银行借助知识和智能，借助与非银行金融机构、软件公司、电信业者、中介业等部门的合作，依靠少数脑力劳动者提供全方位金融服务；而传统银行主要借助于资金以及众多的银行员工为客户提供金融服务。第三，网络银行借助于网络技术还大大缩短了客户与传统银行柜面之间的距离，在点对点为客户提供人性化服务的同时，也为银行自身业务的空间扩张奠定了基础。

3. 金融服务空间扩大化

网络银行打破传统银行网点扩张的地域限制,甚至打破国籍限制,能够在全球范围内提供金融服务。由于高科技对银行业的渗透,银行的发展更有赖于和计算机网络通讯服务商、资讯科技服务商等其他非银行服务机构的合作与发展。跨行业、跨地区甚至是跨国的优势整合将为网络银行的飞速发展提供更加快捷的通道。

4. 金融信息透明化

网络银行通过"无缝"的客户联系环境,相对减少了传统银行服务中信息不对称的现象。如方便客户随时随地查询交易记录、提供个人理财分析服务、提供全球主要金融市场信息等。由于数字化信息可同时供应多名用户几乎无消耗、无边际成本地重复使用,并具有可塑性更强、检索效率高以及传输成本极低等特点,网络银行在营造高透明度的竞争氛围、降低信息不对称引发的交易成本等方面发挥着不可替代的作用。

二、网络银行的功能和服务内容

(一) 网络银行的功能

一般来说,网络银行具有访问、展示、综合和超越地域限制四大功能。

1. 访问功能

银行雇员和客户之间可以通过 E-mail 相互联络。客户可以在他们方便的任何时候——无论是营业时间之内还是银行关门之后——向银行咨询有关信息。比如股票分析和金融新闻。

2. 展示功能

主页体现了银行展示的和被访问的界面。现在全世界已有 400 家金融机构有了自己的主页,内容包括行业史、业务范围、服务项目、经营理念等等。

3. 综合功能

为客户提供各种服务、信息,并处理客户的报表等。

4. 超越地域限制功能

客户可以在家里享受银行的全方位服务,服务的质量与银行专门客户经理没有差别,也许更好。银行没有围墙,一步到位地成为跨国银行,世界各地的居民都是网络银行的潜在客户,全世界的人都可以通过因特网向网络银行购买服务。

(二) 网络银行的服务内容

网络银行服务系统通常提供三类服务:第一类是针对企业客户提供的企业银行服务;第二类是针对个人客户提供的个人银行服务;第三类是通过支付网关提供的网上支付服务。

1. **网上企业银行服务内容**

(1) 传统的企业银行业务。如活期账户、定期账户、协定存款、协议存款等的查询(余额、明细及相关信息等的查询)。

(2) 凭证状态查询。

(3) 通知存款的支取通知和查询。

(4) 各类转账业务,如同城转账、异地转账、汇票申请、预借差旅费、代发工资等。

(5) 贷款业务,包括贷款申请、贷款信息、贷款明细、贷款额度等的查询。

(6) 外汇业务和结汇业务。

(7) 集团服务。总公司对子公司的账户余额、明细和相关信息的查询,总公司和子公司之间的资金划转。

(8) 金融信息增值服务,如投资银行服务等。

2. **网上个人银行服务内容**

(1) 传统的个人银行服务。包括定期、活期、银行卡等账户的查询,同一客户内部账户之间的资金互转。

(2) 贷款业务。包括贷款信息和明细查询、质押贷款的发放。

(3) 中间业务。如充值服务、银证转账、代缴各种费用等。

(4) 外汇业务。如外汇买卖查询、外汇即时买卖、挂盘买卖、外币兑换业务等。

(5) 国债业务。如债券信息查询和买卖。

(6) 其他服务。如账户挂失、密码修改、个人资料修改等。

3. 网上支付服务

近代企业银行服务的一项重要内容,就是通过因特网提供电子数据交换(EDI)机和网络通信高度结合,快速传递、处理经济贸易中的商业信息,实现"无纸贸易"。采用 EDI 技术后,整个国内外贸易过程,包括订货、交货、运输、通关、到货等整个过程的信息传输,以及相关的金融服务,全部实现电子化。这样,企业可以在自己的办公室里,通过 EDI 系统办理国内外贸易所需的一切手续。总之,企业银行是电子银行中最具发展潜力的新业务。

通过支付网关提供的国内网上支付服务,采用中国金融认证中心 CFCA 作为第三方权威机构,为参与网络银行服务的服务器、企业、个人颁发数字证书,以解决电子商务中的身份认证。商户的网站与支付网关链接。网上支付一般采用专户转账,因此客户消费前,需先将银行卡内的资金转至网上支付专户中。

进入 20 世纪 90 年代后,因特网的发展,大大推动了企业银行服务的发展。近几年兴起的网络银行服务,其最重要的一项内容,就是为企业客户提供包括 EDI(电子数据交换)在内的企业银行服务。这样,所有企业都可方便地通过因特网,获得商业银行提供的企业银行服务。

(三) 网上银行的交易系统及安全保证

1. 网上银行的交易系统构成

网上银行交易系统由用户系统、网站、网银中心、业务数据中心、银行柜台和 CA 中心等组成(见图 3.9 所示)。

(1) 用户系统。是用户进行网上交易的环境,在用户系统中可完成认证介质登陆,访问网上银行系统等工作。

(2) 银行网站。负责银行信息公布和对外宣传,并提供到网银中心的链接。网站是提供给用户的唯一访问站点,用户只需记住网站,无需了解银行内部其他主机地址。

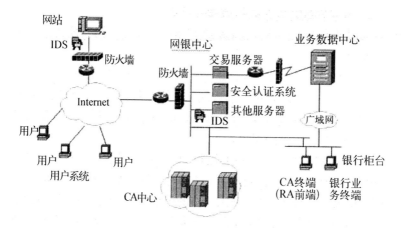

图 3.9　网上银行的交易系统结构图

（3）网银中心。位于银行端，通常包括交易服务器、安全认证加密系统等。交易服务器起到支付网关的作用，在应用层上负责转发用户系统与业务数据中心的通讯。交易服务器安装有 SSL 服务器，将客户端发送来的数据进行解密，然后转换成银行业务格式，与业务数据中心进行交易；同时，加密业务数据中心返回信息并发往客户端。交易服务器还负责验证签名的工作，由于加/解密运算需要耗费系统开销，为提高效率，有些网银系统建立了安全认证加密系统（加密机或高档机器），专门用于数据加/解密和验证数字签名工作。交易服务器还与 CA 有接口，用于查询用户证书的合法性和有效性。

（4）业务数据中心。是银行的账务中心，保存有用户账户的信息。

（5）银行柜台。位于银行的营业网点，可授权进行网上银行业务交易。银行柜台具可进行开户、存取款交易，此时系统与业务数据中心相连；又可与 CA 中心连接，完成用户公私钥对生成和证书颁发、撤销等工作。

（6）CA 中心。CA 中心是一个复杂的系统，负责银行和用户的证书颁发、验证、废止和维护等工作。

2. 网上银行交易及数据的安全措施

为保证网上银行的交易流程和数据安全，网上银行使用了一系列的安全技术：

（1）认证鉴别。网上银行系统使用基于 RSA 的加密机制、数字签名机制和口令登陆相结合的方式验证用户身份。用户必须是认证介质的合法拥有者，并且银行验证用户的数字签名通过了，该用户才是网上银行系统的合法用户。

（2）CA 技术。CA 是网上银行的核心安全技术，CA 对交易实体（银行和用户）的公钥还有相关信息进行数字签名（用 CA 的私钥加密），形成电子证书，以捆绑该实体的公钥和身份，证明实体在网上银行交易的真实性。国内商业银行大部分采用中国金融认证中心（CFCA），有部分也采用自行设计的 CA。

（3）数据加密技术。国内网上银行通常采用 SSL 加密传输的方式，用户系统和网站及网银中心的通讯用 SSL 加密。为此，用户系统需要安装 SSL 模块，网站和网银中心（交易服务器）安装有 SSL 服务器。

（4）数字签名技术。用户用私钥对交易信息进行 RSA 运算，得到签名，此过程称为数字签名。银行验证签名时，用用户的公钥对签名值进行解密，与原文比较。数字签名保证了交易信息的不可否认性，如果某一用户进行转账交易，后来又否认其转账行为，此时银行可出示该交易的签名信息，证明是该用户做的交易。

（5）防火墙技术。网上银行系统部署了多重防火墙，用于防止因特网的非法攻击和银行系统信息外泄。

（6）入侵检测技术。入侵检测技术安装在网站和网银中心，实时监测网络的攻击行为，从而提供对内部攻击、外部攻击和非法操作的保护。

三、网络银行的建立模式

从目前全球网络银行的现状看，网络银行的建立模式有设立全新网络银行和传统银行开展网络银行服务两种。

（一）建立全新的网络银行

这类银行所有的业务交易依靠因特网进行，是一种完全依赖于因特网发展起来的全新电子银行，如世界第一家全交易型网络银行SFNB。SFNB于1995年在因特网上建立，采用一种全新的服务手段，用户只要键入其网址，屏幕上就显示出类似普通银行营业大厅的画面，其上有"开户"、"个人财务"、"咨询台"、"行长"等柜台，还有一名保安。用鼠标点击要去的柜台，客户就可遵照屏幕上的提示，进入自己所需的领域。这样，客户不出户就可进行存款、转账、支付等业务活动。

SFNB从1995年10月开始试营业，每天都接到大量新储户的开户申请。开户时，客户只需在该行网页屏幕上填写一张电子开户表，键入自己的姓名、地址、联系电话和开户金额等基本信息，然后发往银行；同时，用打印机打印出开户申请表，签上名字，连同支票一并寄给银行。几天后，客户就可收到该电子银行寄来的银行卡，客户用这张银行卡就可进行网上交易。

这种网络银行是一种虚拟银行，无需设立分支机构，就能将银行业务推向全国以至世界各地，极大地减少了银行的管理费用，而管理费用通常占银行总支出的1/3。

根据美国博思管理顾问公司（Booz-Allen & Hamilton Inc.）1996年8月的调查报告，这种网络银行的经营成本相当于经营收入的15%—20%，而传统银行的经营成本需占经营收入的60%。此外，在美国开办一个网络银行所需的费用是100万美元；而建立一个传统银行分行所需费用却是150万—200万美元，每年还需附加经营费用35万—50万美元。国外的统计资料还显示，银行通过各种服务手段完成每笔交易的成本费用为：分行内部出纳为2.5美元，营业点柜员服务为1.07美元，电话银行为0.54美元，ATM为0.27美元，PC为0.15美元，通过因特网为0.10美元。从上述数据可看出，网络银行的服务费用仅及柜员服务的1/10。

（二）传统银行开展网络银行服务

这是在现有商业银行基础上发展起来，把银行服务业务运用到因特网，开设新的电子服务窗口，即所谓传统业务的外挂电子银行系统。到目前为止，我国开办的网络银行业务都属于这一种。

1. 建立网上分支机构

该机构并不独立，但是被配置最强的人力和财力资源，往往拥有特别的授权突破原有体制框架开展业务。富国银行（Wells Fargo）采取了这种模式，发展非常迅速，在 SmartMoney. com 1999 年 6 月 24 日公布的对美国 13 家最大的零售银行的网络银行和 6 家虚拟银行的评比和排名中，该行排在第 3 位（见图 3.10 所示）。

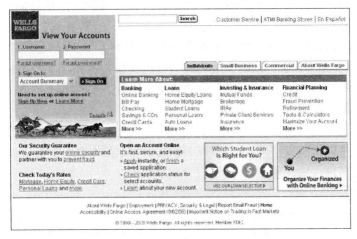

图 3.10 富国的网上银行功能齐全

2. 建立独立的网上业务经营机构

这被称作纯网络银行，这个机构可以有独立的品牌、独立的经营目标，甚至可以与传统银行自身展开竞争。花旗银行采取了这种模式，建立了独立的电子花旗（e-Citi），在 SmartMoney. com 的评比中位居第 2 位。美国总资产排在第 5 位的第一银行（Bank One Corp.）走得更远，1999 年 6 月推出了与第一银行品牌完全不同的展翼银行

（WingspanBank. com），独立开展网络银行业务。

两种模式各有优劣势。网上分支机构可以依靠母体银行的客户群来开拓业务，但却不能不受到母体银行原有体制框架、技术框架的限制。纯网络银行则不受这些限制，不用考虑如何与母体银行庞大而迥异的计算机系统进行费力的联结，自己的品牌也不受客户对母体银行好恶的影响，并可提供比母体银行更多的产品和服务。有趣的是，纯网络银行的劣势是由它的另一项优势造成的，它没有自己的营业网点，因而只能通过邮寄和 ATM 接受存款或提供现金，这会给客户带来很多不便。

在我国，以传统商业银行发展网络银行服务仍然是我国网络银行发展的主要模式。第一，建立网络银行需要有较大的技术和设备投资，我国各大商业银行已经在过去十几年中投入了巨额资金，计算机网络信息系统建设也初具规模，这是网络银行建设的基础，应当保护和有效利用；第二，相对而言，银行业储备的具有建设网络银行能力的人才较为丰富；第三，传统银行拓展电子化业务，逐渐引导客户进入网络交易空间，出于我国银行业的特殊经济地位，以及企业与大众对传统商业银行的信任，新型的交易方式可能更容易、更快速地为社会所接受；第四，在必要的法律规范建立之前，过早允许非银行企业进入网络银行市场，可能会对金融秩序的稳定带来冲击，容易造成不利局面，影响我国网络银行发展的整体进程。

【阅 读 链 接】

1. 中国银行网站　http：//www. bank-of-china. com/

2. 中国建设银行网站　http：//www. ccb. cn/portal/cn/home/index. html

3. 中国农业银行网站　http：//www. 95599. cn/cn/nq/abc/index. jsp/lang＝cn/index. html

4. 中国工商银行网站　http://www.icbc.com.cn/index.jsp

5. 交通银行网上金融　http://www.95559.com.cn

6. 招商银行一网通　http://www.cmbchina.com

7. 中国民生银行　http://www.cmbc.com.cn

8. 富国银行网站　http://www.wellsfargo.com

9. 网上银行业务管理暂行办法　http://www.cnnic.net.cn/html/Dir/2003/12/12/1992.htm

10. 移动支付门户　http://www.umpay.com

【思　考　题】

1. 在虚拟环境中使用传统的支付工具会出现哪些问题?

2. 简述电子商务结算的原理和主要过程。

3. 电子商务结算有哪些模式? 有什么特点?

4. 什么是电子货币? 它有哪些类型? 在网上交易中采用电子货币需要考虑哪些因素?

5. 简述电子货币的运行原理和优缺点。

6. 什么是电子钱包? 电子钱包的优缺点是什么?

7. 简述电子支票的定义、使用流程和优势。

8. 什么是网络银行? 具有哪些功能?

9. 网络银行的运行流程是怎样的?

10. 试分析中国的网络金融发展现状,并对存在的问题提出建议。

【实务练习题】

1. 你的朋友在亿通新世纪商城里租赁经营了一家小礼品店,业绩很不错,想扩展顾客范围,于是请了一位页面设计师在一家全国性的 ISP 上以主机托管的方式建了一个网站,主要介绍小店所销售的各种礼品。现在网站的访问者很多,很多访问者还希望能提供网上订购服务。于是决定找一家银行开一个商家账户,以便接受信用卡结算,为顾客提供尽可能多的结算方式。据说招商银行能够提供此种服务,朋友聘请你调查目前国内所有可能的结算方式,并写一篇报告,包含以下内容:

(1) 提供某种结算方式的银行或公司名称;

(2) 提供某种结算方式的银行或公司所收的费用,商家申请的过程;

(3) 十多个采用这种结算方式的在线商店的名单;

(4) 用这种结算方式在线购物的过程,另外比较各种结算过程的优缺点。(报告中要有重要网站的网址)

2. 你开了一家在线讲授工商管理课程的网络公司,最先提供的课程主要有管理学原理、市场营销、企业管理、财务会计、人力资源管理等。学生可任意选课,每门课一个月学完,收费为每门课 99 元,学生按课程进度和难度继续学习其他课程。你的工作除了创建在线内容,并安装课程传输软件外,还要负责调查实现网上支付系统的可行性,请调查国内网站对网上支付的支持情况,并写一篇不超过 500 字的报告。

3. eWallet Pro V4.0 for PPC2002 to PPC2003 是一个全面管理个人信息的软件,可以轻松地将密码、信用卡号、个人身份证号、账号信息安全地保存在 Pocet PC 里。在用户建立信息记录时,丰富的背景颜色、文字颜色及图标将使个人的表达更个性化也更直观。eWallet 采用 128 位 RC4 加密技术,提供更安全的保证。eWallet Professional Edition 在标准版的基础上添加了桌面端辅助工具 eWallet,可以在 PC 端编辑、浏览 eWallet 数据库文件(.wlt),除拥有 Palm 端的所有特点外,还支持在记录里添加信息和图片和卡间数据备份功能。请到 http://soft.jetdown.com/soft/43291.htm 去下载一个 eWallet Pro V4.0 软件,安装并运行,了解其功能,写一篇有关 eWallet 使用的报告,不超过 500 字。

4. 访问西部支付网 http://www.westpay.com.cn,了解网站的工作原理,观看网上的支付演示,并对"西币"进行研究,对其性质、使用以及对电子商务的意义写不超过 300 字的报告。

第四章　电子商务安全

在电子商务交易活动中,通过因特网可以实现消费者的在线购物行为,并通过网络完成商品订购、在线支付、在线服务的一系列过程。企业也可以通过与消费者的在线沟通来获得相应的商业信息,以支持其商业决策。消费者还通过因特网共享了商业信息,对称的商品信息使消费者在网络消费中更加主动,促进了商业社会的进一步繁荣。从企业的角度看,在线采购和交易的企业也享受到协同管理的便利,提升了经营效率。但是,高效的网络商业模式所面临的最严重的问题,就是电子商务的安全性。买方和卖方都必须要保证在因特网上进行的一切金融交易运作都是真实可靠的,并且要使顾客、商家和企业等交易各方都具有绝对的信心,另外也增加了对某些敏感或有价值的数据被滥用的风险。因而电子商务系统必须保证具有十分可靠的安全保密技术。在开放的网络上进行企业经营数据的处理,如何保证传输数据的安全成为电子商务能否普及的最重要因素之一,安全已经成为电子商务发展中最大的障碍。

第一节　电子商务安全内容

一、电子商务安全概述

在电子商务活动中,安全的意义其实非常广泛,不安全的因素来自多个层面。有电子商务活动所依赖的设备在处理商业活动数据时不能正常工作所带来的隐患,也有网络设施运行不正常带来的威胁,更有电子商务交易活动参与者的诚信所带来的威胁。总的来说,电子商务安全可以分成技术性的和非技术性的,两者都可以通过技术性措施进行控制,也可以通过法律性措施进行规范,本章仅从技术性因素进行介绍与分析。

(一) 计算机系统安全

1. 计算机系统安全的定义

国际标准化组织(ISO)对计算机系统安全的定义是:为数据处理系统建立和采用的技术和管理的安全保护,保护计算机硬件、软件和数据不因偶然和恶意的原因遭到破坏、更改和泄露。由此可以将计算机网络的安全理解为:通过采用各种技术和管理措施,使网络系统正常运行,从而确保网络数据的可用性、完整性和保密性。所以,建立网络安全保护措施的目的是确保经过网络传输和交换的数据不会发生增加、修改、丢失和泄露等。

计算机安全就是保护企业资产不受未经授权的访问、使用、篡改或破坏。迄今主要有两大类的安全:物理安全和逻辑安全。物理安全是指可触及的保护设备,如警铃、保卫、防火门、安全栅栏、保险箱、防爆建筑物等。使用非物理手段对资产进行保护称为逻辑安全。对计算机资产带来危险的任何行动或对象都称为安全威胁。

2. 计算机安全的分类

计算机安全可分成三类,即保密、完整和即需。

(1) 保密,是指防止未授权的数据暴露并确保数据源的可靠性;

(2) 完整,是防止未经授权的数据修改;

(3) 即需,是防止延迟或拒绝服务。

(二) 电子商务的安全隐患

在信息经济的发展过程中,各产业对网络的技术依赖达到空前的程度。军事、经济、社会、文化各方面都越来越依赖于网络。这种高度依赖性使社会变得十分脆弱,一旦计算机网络受到攻击,不能正常运作时,整个社会就会陷入深深的危机,甚至比电影中描述的情节还要恐怖。因此,网络信息安全日益受到各国的高度重视。

1. 嵌入式页面破坏

在可执行的 WWW 内容出现前,页面是静态的。静态页面是以 WWW 标准页面描述语言 HTML 编制的,其作用只是显示内容并提供到其他页面的链接。在活动内容广泛应用后,这个状况就发生变化了。用浏览器就可查看一个带有活动内容的 WWW 页面,应用程序会随所看到的页面自动下载下来,并开始在计算机上启动运行。由于活动内容模块是嵌入在 WWW 页面里的,对浏览页面的用户是完全透明的。企图破坏客户机的人可将破坏性的活动页面放进表面看起来完全无害的 WWW 页面中。在 WWW 页面嵌入破坏性的恶意程序成为一种具有相当程度的威胁手段,大量的恶意代码隐藏在 WWW 页面后面,威胁着网络用户的安全,也是电子商务活动不安全的最大隐患。

在众多恶意代码中,比较活跃和较具破坏性的有病毒、蠕虫、宏病毒和宏蠕虫、"特洛伊木马"等。

(1)病毒(Virus)。病毒是恶意代码中最常见的一种形式,本身是一种程序,可将自身植在宿主计算机中进行繁殖,一般不会独立运行,当受到外部条件(如日期、启动等)激活后就可以无限制繁殖复制,有的还可能对计算机系统及硬件等进行攻击,从而造成巨大的损失。世界上每天产生成千上万种病毒,并迅速通过因特网在全球进行传播。

(2)蠕虫(Worm)。与病毒不同的是蠕虫可以直接复制,一般通过网络进行,其蔓延不需要人为的干预,从一台计算机到其他计算机,威胁程度远甚于病毒。蠕虫与病毒一样会产生无数的变种,故而传播行为更加复杂,危害更大。"熊猫烧香"是国内出现的一种影响甚大的蠕虫变种,用户电脑中毒后可能会出现蓝屏、频繁重启以及系统硬盘中数据文件被破坏等现象。除了通过因特网感染用户,该病毒的某些变种可以通过局域网进行传播,进而感染局域网内所有计算机系统,最终导致企业局域网瘫痪。

(3)宏病毒(Macro Virus)和宏蠕虫(Macro Worm)。当包含宏

的应用对象(如表单、Word 文档、电子邮件信息等)被打开或执行特殊操作命令,宏病毒和宏蠕虫就会被激活执行。Melissa 和"爱虫"就是著名的宏蠕虫,它们通过电子邮件传播,感染者的邮件地址簿上的所有联系人都会得到自动发送的邮件,从而快速地蔓延。

(4)"特洛伊木马"(Trojan Horse),这是隐藏在程序或页面里而掩盖其真实目的的一种程序,可远程控制并窃取计算机上的保密信息,并将这些信息传给它的 WWW 服务器,从而构成保密性侵害。更严重的是,"特洛伊木马"还可改变或删除客户机上的信息,构成完整性侵害。"灰鸽子"(Backdoor. GrayBird. ad)就是一种威胁程度较高的木马,运行后主动打开后门端口(端口号不确定),攻击者对感染主机可进行远程控制,常用于盗窃被害者的账号信息等。

2. 网络攻击

随着经济信息化进程的加快,计算机网络上"黑客"的破坏活动也随之猖獗起来。"黑客"是 Hacker 的音译,原意是指有造诣的电脑程序设计者,现在则专指那些利用自己掌握的电脑系统,偷阅、篡改或窃取他人机密数据资料,甚至在电脑网络上进行犯罪活动的人;或者是指利用通讯软件,通过网络非法进入他人系统,截获或篡改他人计算机数据,危害信息安全的电脑入侵者或入侵行为者。"黑客"行为已对经济秩序、经济建设、国家信息安全构成严重威胁。

网络的电子攻击可分为三个层次。低层次威胁是局部的威胁,包括消遣性黑客、破坏公共财产者;第二个层次是有组织的威胁,包括一些机构"黑客"、有组织的犯罪、工业间谍;最高层次是国家规模上的威胁,包括敌对的外国政府、恐怖主义组织发起的全面信息战。"黑客"的攻击手段也在不断翻新,一旦计算机被黑客程序感染,它与"黑客"里应外合,使"黑客"攻击变得十分容易。

(三) 服务器的安全威胁

服务器有很多弱点可被利用,其中一个入口是 WWW 服务器及其软件,其他入口包括任何有数据的后台程序,如数据库和数据库服务器。也许最危险的入口是服务器上的公用网关接口(CGI)程序或其他工具程序。

1. WWW 带来的威胁

WWW 服务器软件是用来响应 HTTP 请求进行页面传输的。虽然 WWW 服务器软件本身并没有内在的高风险性，但其主要设计目标是支持 WWW 服务和方便使用，所以软件越复杂，包含错误代码的概率就越高，有安全漏洞的概率也就越高。

（1）安全漏洞。安全漏洞是指破坏者可因之进入系统的安全方面的缺陷。大多数计算机上所运行的 WWW 服务器可在不同权限下运行，高权限提供了更大的灵活性，允许包括 WWW 服务器在内的程序执行所有指令，并可以不受限制地访问系统的各个部分。相对来说，低权限在所运行程序的周围设置了一层逻辑栅栏，防止它运行全部指令，只允许它访问一些计算机中不很敏感的区域。在大多数情况下，WWW 服务器提供的是在低权限下能完成的普通服务和任务。如果 WWW 服务器在高权限下运行，破坏者就可利用 WWW 服务器的能力执行高权限的指令。因为 WWW 是无状态的（它无法记忆在上一事务中发生过什么），记录用户名和口令的最方便的方式就是将用户的保密信息存在其计算机上的 Cookie 里，这样服务器就可以请求计算机发出 Cookie 的方式来请求得到确认。因为 Cookie 信息可能是以不安全的方式传输，容易被窃听者复制。虽然 Cookie 本身并非不安全的，但 WWW 服务器不能要求不加保护地传输 Cookie 里的信息。

服务器端嵌入（SSI）是嵌入在由服务器执行的页面上的一个小程序。在服务器上执行来自未知或不可信来源（如来自用户的页面）的程序时，SSI 就可能会请求一些非法的执行。嵌入的 SSI 代码可能是操作系统级的命令，要求将口令文件显示或发到特定位置。文件传输协议（FTP）程序虽然不是 WWW 服务器，但会随 WWW 服务器软件包提供。FTP 程序会对 WWW 服务器的完整性带来安全威胁。如果对 FTP 用户可浏览的文件夹没有进行保护，就可能发生未经授权的信息泄露。用户所选的口令也会构成安全威胁。

(2) 对数据库的安全威胁。电子商务系统以数据库存储用户数据,并可从 WWW 服务器所连的数据库中检索产品信息。数据库除存储产品信息外,还可能保存有价值的信息或隐私信息,如果被更改或泄露,就会对公司带来无法弥补的损失。现在大多数大型数据库都使用基于用户名和口令的安全措施,一旦用户获准访问数据库,就可查看数据库中相关内容。数据库安全是通过权限实施的。而有些数据库没有以安全方式存储用户名与口令,或没有对数据库进行安全保护,仅依赖 WWW 服务器的安全措施。如果有人得到用户的认证信息,就能伪装成合法的数据库用户来下载保密的信息,从而带来对数据库的安全侵犯。

(3) 对公用网关接口(CGI)的安全威胁。公用网关接口(CGI)可实现从 WWW 服务器到另一个程序(如数据库程序)的信息传输。CGI 和接收它所传输数据的程序为网页提供了活动内容。因为 CGI 是程序,如果滥用就会带来安全威胁。同 WWW 服务器一样,CGI 脚本能以高权限来运行。因此,能自由访问系统资源的有恶意的 CGI 程序能够使系统失效、调用删除文件的系统程序或查看顾客的保密信息。当程序设计人员发现 CGI 程序中的错误时,会重编这个程序以替代以前的版本。而未删除的 CGI 很可能已被系统设计员遗忘了,但它们为系统留下了安全漏洞。但有心人能够追踪到这些废弃的 CGI 脚本,检查这些程序以了解其弱点,然后利用这些弱点来访问 WWW 服务器及其资源,从而造成对系统资源的安全威胁。

(4) 对其他程序的安全威胁。对 WWW 服务器的攻击可能来自服务器上所运行的程序。通过客户机传输给 WWW 服务器或直接驻留在服务器上的 Java 或 C++程序需要经常使用缓存。缓存是指定存放从文件或数据库中读取数据的单独的内存区域。在需要处理输入和输出操作时就需要缓存,因为计算机处理文件信息的速度比从输入设备上读取信息或将信息写到输出设备上的速度快得多,缓存就用作数据进出的临时存放区。缓存的问题在于向缓存发送数据的程序可能会出错,导致缓存溢出,溢出的数据进入到指定区域之外。

一种更狡猾的溢出攻击就是将指令写在关键的内存位置上,使侵入的程序在完成了覆盖缓存内容后,WWW 服务器通过载入记录攻击程序地址的内部寄存器来恢复执行。这种攻击会使 WWW 服务器遭受严重破坏,因为恢复运行的程序是攻击程序,它会获得很高的超级用户权限,这就使每个程序都可能被侵入的程序泄密或破坏。

另一种类似的攻击是将多余的数据发给一个服务器,一般是邮件服务器。这种攻击叫做邮件炸弹,即数以千计的人将同一信息发给一个电子邮件地址。邮件炸弹的目标电子邮件地址收到大量的邮件,超出了所允许的邮件区域限制,导致邮件系统堵塞或失效。

2. 通讯信道的安全威胁

因特网虽然起源于军事网络,但主要目的不是为安全传输,而是为提供冗余传输,即为防止一个或多个通讯线路被切断。因特网发展到今天,其不安全状态与最初相比并没有多大改观。在因特网上传输的信息,从起始节点到目标节点之间的路径是随机选择的。此信息在到达最终目标之前会通过许多中间节点。在同一起始节点和目标节点之间发送信息时,每次所用的路径都是不同的。根本就无法保证信息传输时所通过的每台计算机都是安全的和无恶意的。由于无法控制信息的传输路径,不知道信息包曾到过哪里,所以很可能有中间节点窃取、篡改甚至删除了信息。因特网上传输的电子邮件信息都会受到对安全、完整和即需的侵犯。

开展电子商务的一个很大的安全威胁就是敏感信息或个人信息(包括信用卡号、名字、地址或个人偏好方面的信息等)被窃。例如,用户在网上填写表来提交信用卡信息时,恶意者就有可能使用探测程序从因特网上记录下载信息包,电子邮件传输时也会发生同样的问题。

(四) 客户机的保护措施

要保护客户机不受网上下载的软件和数据的安全威胁,网景公司的 Navigator 和微软公司的 Internet Explorer 浏览器都能识别带有活动内容的页面。在下载和运行嵌在页面中的程序时,浏览器要确认此程序是否来自信任的网站。

1. 浏览器的安全措施

(1) Internet Explorer 的安全措施。微软公司的 Internet Explorer (IE)在浏览器内部提供了对客户机端的保护。它可对基于 Active X 或 Java 的活动内容做出反应,采用特殊的技术验证所下载活动内容的身份。用户可根据所下载文件的来源指定不同的安全设置,并以此确定浏览器处理所下载程序或文件的方式。IE 将因特网分成不同的区(因特网区、本地内部网区、可信网站区和限制网站区),用户就能把特定网站分到某个区,并为每个区指定不同的安全级别。如果想进一步调整安全级别的设置,可按下工具栏中的选项按钮定制某一安全级别的对话框。

(2) Navigator 的安全措施。网景公司的 Navigator 可允许用户控制是否将活动内容下载到客户机上。在下载活动内容时,可查看附在 Java 或 JavaScript 控件上的签名。安全级别可在浏览器的 Preferences 对话框中设置。

2. Cookie 的处理

Cookie 既可存储在客户机上,也可在一次浏览会话中创建、使用并删除。Cookie 可能包含各种信息,如发布 Cookie 的网站名、用户在此网站上所访问的页面、用户名和口令、信用卡号和地址信息等。Cookie 只可由创建它的网站来检索,Cookie 所带来的问题在于它是以不为人觉察的方式收集或存储信息。这样的目的是让用户在下一次访问时不需要重新输入用户名和口令,但对用户的安全和隐私带来威胁。早期的浏览器允许网站无提示地存储 Cookie,现在的浏览器中有无提示存储 Cookie、存储前显示警告或完全不允许 Cookie 等选择方式。

3. 使用防病毒软件

如没有防病毒软件,对客户机的防卫就是不完全的。安全策略中必须包括这种重要的防护措施。防病毒软件只能保护用户的计算机不受已下载到计算机上的病毒攻击,所以是一种防卫策略。无论选择哪家厂商的产品,用户都得不断更新防病毒软件的数据文件。这些文件存储的是用于检测病毒的病毒识别信息。由于每天都会有大量的新病毒出现,用户必须定期更新防病毒软件的数据文件,以识别新病毒。

二、电子商务安全的内容

目前网络存在的主要安全问题是网络实体不符合安全标准、网络非授权访问、信息泄漏和丢失、破坏数据完整性、非恶意的网络干扰、病毒侵害等。

(一) 网络实体安全

网络实体安全包括环境安全、设备安全、媒体安全。目的是保护计算机及通信设施免遭水、火、有害气体和其他人为失误、犯罪行为的破坏。

1. 环境安全

计算机网络通信系统的运行环境应按照国家有关标准设计实施,应具备消防报警、安全照明、不间断供电、温湿度控制系统和防盗报警,以保护系统免受水、火、有害气体、地震、静电的危害。

2. 设备安全

包括防止电磁信息的泄漏、线路截获,以及抗电磁干扰。通信设备和通信线路的装置安装要稳固牢靠,具有一定对抗自然因素和人为因素破坏的能力。

3. 媒体安全

包括媒体自身和数据的安全。媒体本身的安全主要是安全保管、防盗、防毁和防霉;数据安全是指防止数据被非法复制和非法销毁。

(二) 网络安全技术

网络系统安全运行的实现必须有一套安全措施和技术手段。

1. 广域网和局域网之间的访问控制

对特定的网段、服务,建立有效的访问控制体系,这样在大多数攻击到达之前就能进行阻止。现在多数路由器的防火墙和专门的网络防火墙可以基本实现这一目的。

防火墙的局限性在于它只能防止经过防火墙的攻击,不能防止内部网络用户直接通过 Modem 和外界的联系,尤其是从因特网接入商再连接到因特网而形成的潜在攻击。另外,防火墙也不能过滤不良数据(如病毒、后门程序)。如这些数据、文件传输到内部网络被执行后,很容易形成资料的外泄和损失。

2. 局域网的安全访问控制

内部网络安全控制的指导思想是将非法用户和网络资源之间相隔离。网络服务虽然越来越多,但运行的系统常常只局限在某部门和某几个部门之中。不同系统的用户能够访问其他系统是安全的隐患,采用技术手段控制内部网络的访问是必要的。网络分段和虚拟网络(VLAN)可以达到限制非法访问的目的。

网络分段,分为逻辑分段和物理分段。逻辑分段是把网络分成若干子网,或采用不同的网段,子网之间的访问通过防火墙、网关控制。这种情况的缺点是增加了设备的投资,并不能防止用户修改自己的网络配置而连接到另一网络上。物理分段是从网络物理层和数据链路层上分为若干网段,目前,许多交换机都具备一定的访问控制能力,可实现网络的物理分段。

虚拟网络技术将传统的局域网技术发展为面向连接的技术。使用交换器和 VLAN 技术后,以太网的广播机制实际上转变为点对点的通讯,因此,可以防止大部分的基于网络监听的入侵手段。但是虚拟网交换设备越来越复杂,且基于 MAC 的 VLAN 不能防止 MAC 欺骗。

3. 对集中访问者的鉴别

建立全网通信的身份识别系统,实现用户的统一管理,统一授权,防止未经授权的用户非法使用系统资源。对用户身份的鉴别方法有很多,常用的方法有密码验证。但许多用户的密码选用不科学,很容易被猜到,因此可用建立弱口令库的方式,对口令事先评估,降低被猜到的概率。还可以采用问答方式、IC卡、个人主体特征鉴别、接入回叫、用户时限等方式提高安全性。

4. 数据安全传输

为保证网络上数据的安全,须采用数据传输加密、数据完整性鉴别技术和防抵赖技术。

传输加密一般常用链路加密和端到端加密。前者侧重在链路上而不考虑信源与信宿,对于保密信息通过各线路采用不同的密钥提供安全保护。后者是指信息由发送者加密,然后,作为不可阅读和不可识别的数据通过网络,这些信息一旦到达目的地,将自动重组、解密,成为可读数据。

采用数据完整性鉴别技术,主要是为了防止信息被篡改和破坏。许多协议已具有完整性鉴别的方法,但对于网络攻击中改变信息包的内容,应采用更有效的技术来进行完整性控制。

防抵赖技术包括对来源和目的双方的证明。通常采用的有数字签名或采用可信的第三方授权等方法。防抵赖技术在另一方面可以有效地防止信息被冒名顶替。

5. 网络防病毒

网络防病毒工作主要包括预防计算机病毒侵入、检测侵入系统的计算机病毒、定位已侵入系统的计算机病毒、防止病毒在系统中的传染、清除系统中已发现的病毒和调查病毒来源。在网络环境中,计算机病毒具有扩散面广、破坏性大、传播性强和针对性强等特点,威胁力和破坏力不可估量。网络防病毒是网络安全性建设中重要的一环。预防病毒技术、检测病毒技术、消除病毒技术应在网络防病毒工作中全面采用。

6. 信息备份

针对网络安全而言,信息备份包括网络通信运行系统信息的备份和网络设备、通信线路信息的备份。网络通信参数、配置的备份应根据网络的重要性制订详细的备份计划,确保故障发生后可快速地恢复运行数据。设备和线路的备份可根据网络运行的故障率准备一定冗余,在网络某部分发生故障时,其他部分可自动启用或迅速切换。

(三) 网络安全管理

1. 安全风险管理

网络安全管理中,识别关键计算机、网络以及信息资产的系统化过程,评估对于这些资产的风险和威胁、切实降低安全风险和威胁具有重要意义。安全风险管理一般包含三个方面的内容:

(1) 定义资产。首先要对企业及组织的计算机、网络及信息资产进行评估,定义其遭受攻击所带来的损失代价;

(2) 风险评估。下一步的任务是进行资产安全威胁、漏洞及风险的识别和评估;

(3) 计划实施。在对风险进行评估后,需要对其按照发生的可能性和带来的潜在损失进行优先级排序,而且要对这些措施的效果与效率进行监控,也要对其资产基础以及任何可能出现的新的威胁、漏洞和风险进行持续不断的审查。

2. 完善规章管理制度

行政手段和技术手段相结合,才能规范网络的安全管理,提高网络的安全性。制订严格的管理规章制度,首先,应制订全局安全对策、对内安全对策、对外安全对策,用以指导安全管理工作。其次,制订网络安全等级划分制度、网络资料管理保密制度、网络维护制度、网络使用授权制度、操作规范规程、网络管理和安全人员的雇用制度、安全事故鉴定制度、违反安全规定的处理等一系列制度作为安全管理的准则。

3. 制订应急预案

网络故障发生率可以通过技术手段来降低,对于网络通信中断、水火事故、入侵等突发性事件,必须有相应的应急措施。应急预案应包括针对事件的预警方案、事件发生时的措施、发生后的处理方案和系统恢复方案。

4. 网络安全审计

网络安全审计(Network Security Auditing)的目的就是要了解网络的弱点位置和严重程度,以便如何纠正。提前注意到问题的存在,就能防止这些问题在被忽视的情况下变得非常严重。审计是每天都要完成的任务,网络安全工作是一个持续的过程。基本的审计工作包括记录用户使用网络系统的过程并对这些记录检查审计、分析例外事件和违规操作,对网络的安全和使用作出评估。

5. 网络操作人员管理

在建立网络安全体系时,人为因素对网络安全的影响非常重要,即使制订了相当完善的安全制度,如果操作员不认真履行操作规程或越权执行,都将给网络造成不安全因素。操作人员、网络管理人员、安全管理人员,应坚持多人负责、职责分离、任期有限的原则。安全管理工作人员,应该有任期时限,不能成为专有和永久性的,应强制休假或培训,以提高网络安全性和安全管理效率。

(四)电子商务安全体系

电子商务的交易模式不外乎买方及卖方通过网络渠道传递交易信息并完成交易过程。电子商务的安全体系不仅仅依靠计算机系统、网络系统的支持,还需要商业层面的安全保证,电子商务的安全性是一个系统的概念。电子商务的安全体系应该有网络服务层、加密技术层、安全认证层、交易协议层和商务系统层等五个层次构成。

1. 网络服务层

网络服务层构成了电子商务安全框架的底层,是电子商务应用的基础。网络服务层通过网络安全扫描、网络安全监控、内容识别、访问控制和防火墙等技术手段来实现,有效地保证了电子商务交易活动的展开。

2. 加密技术层

加密技术层通过加密技术(对称加密、非对称加密)手段形成完整的安全保证环境,满足了电子商务活动信息的安全保密需要。

3. 安全认证层

安全认证层通过认证技术,结合加密技术中提供的加密算法进一步满足了电子商务活动中对数据完整性、不可抵赖性、可靠性等的基本要求,形成了电子商务安全的基本架构。

4. 交易协议层

交易协议层包括电子商务交易活动所必需的一系列协议标准,如 SSL 协议、SET 协议、S‐HTTP 协议等,是加密技术层、安全认证层的安全控制技术的综合运用和完善,为电子商务安全交易提供了保障机制和交易标准。

5. 商务系统层

商务系统层包括了不同电子商务模式的应用系统与商务解决方案,是电子商务交易活动的具体应用中所包含的交易安全机制的整合。电子商务交易活动必须从交易模式层面上获得交易活动的参与者共同提供的安全性保障,在交易的真实性、完整性、可靠性、不可抵赖性方面形成一个完整的体系,才能与技术层面结合,建立电子商务交易的安全体系。

第二节　电子商务安全保障技术

在信息时代,信息可以帮助人们使其受益,同样信息也可以用来对其构成威胁,造成破坏。在竞争激烈的电子商务时代,客观上就需要一种强有力的安全措施来保证机密数据不被窃取或篡改。基于加密算法的加密技术被广泛应用于网络通信,加密技术、数字签名、数字证书等已经成为电子商务活动中应用最普及的安全手段。

一、加密技术

加密技术(Encryption)是电子商务采取的主要安全技术手段。采用加密技术可以满足信息保密性的安全需求,避免敏感信息泄露的威胁。密码技术是保护信息的保密性、完整性、可用性的有力手段,它可以在一种潜在不安全的环境中保证通信及存储数据的安全,密码技术还可以有效地用于报文认证、数字签名等,以防止种种电子欺骗。加密技术是认证技术及其他许多安全技术的基础,也是信息安全的核心技术。

(一)加密技术概述

加密就是用基于数学算法的程序和保密的密钥对信息进行编码,生成难以理解的字符串。将明文转成密文的程序称作加密程序。信息在发送到网络或因特网之前进行加密,接收方收到信息后对其解码或解密,所用的程序称为解密程序,这是加密的逆过程。加密程序的逻辑称为加密算法。加密程序和加密算法对保护安全至关重要。

采用了加密程序和算法,即使有人知道加密程序的细节,没有信息加密所用的密钥也无法解开加密的信息。加密信息的保密性取决于加密所用密钥的长度,其单位是位。40 位的密钥是最低要求,最长的目前可以用到 2 048 位,提供更高程度的加密保障。如果密钥足够长的话,信息是无法解密的。

(二)加密技术的类型

按密钥和相关加密程序类型可把加密技术分为散列编码和密钥技术两类。

1. 散列编码

散列编码(SHA)是用散列算法求出某个信息的散列值的过程。散列值相当于信息的指纹,因它对每条信息都是唯一的,由两个不同信息计算得出同一散列值(即引起冲突)的概率很小。如果信息被改变,原散列值就会与由接收者所收信息计算出的散列值不匹配。

2. 密钥技术

密钥技术是目前网络通信中最常用的技术,通常有非对称密钥和对称密钥两种技术。

(1)非对称密钥加密。也叫公开密钥加密技术(Public Key Encryption),1977 年麻省理工学院的教授发明了 RSA 公开密钥密码系统,它用两个数学相关的密钥对信息进行编码。RSA 密钥技术采用了基于大数的因子分解方法,其难度随着数的加大而提高,安全性较好。在此系统中,一个密钥叫公开密钥,可随意发给期望同密钥持有者进行安全通讯的人,用于对信息加密。第二个密钥是私有密钥,属于密钥持有者,由持有者进行保护。密钥持有者用私有密钥对收到的信息进行解密。公开密钥算法使用的密钥长度范围是 512—2 048 位,RSA 使用的密钥长度在 512—1 024 位。

(2) 对称密钥加密。又称私有密钥加密(Private Key Encryption),只用单个密钥对信息进行加密和解密。目前应用最广泛的对称密钥加密技术是 DES,其基本原理是将二进制序列的明文分成每 64 位为一组,用长度 64 位的密钥对其进行 16 轮代换和换位加密,最后形成密文。由于加密和解密用的是同一密钥,所以发送者和接收者都必须知道密钥。对称算法一般使用 40—256 位长度的密钥算法,加密对信息编码和解码的速度很快,效率也很高。但需要细心保存密钥,如果密钥泄露,补救措施非常复杂。对称密钥的另一个问题是其规模无法适应因特网大环境的要求。使用对称密钥加密则每对用户都需要一个密钥,这时密钥组合就会是一个天文数字。一般来说,n 个人彼此之间进行保密通讯需要 $\frac{n(n-1)}{2}$ 个私有密钥。

3. 密钥技术的特点

对于公开密钥加密,优点是:(1) 在多人之间进行保密信息传输所需的密钥组合数量很小,在 n 个人彼此之间传输保密信息,只需要 n 对公开密钥,远远小于私有密钥加密系统的要求;(2) 密钥的发布简单;(3) 可实现数字签名,这就意味着电子文档签发人将无法否认自己所发的文件;(4) 加密效果好,破解难度大。缺点是:与私有密钥相比,公开密钥的加密/解密过程速度较慢。

对于私有密钥加密,优点是加密和解密的速度远远快于公开密钥加密,但是天文数字的密钥组合也限制了其使用,另外对称密钥的长度有限,目前在使用方面采用多次加密来解决。

当企业在因特网上进行商务活动的话,加密/解密过程累积的时间会很多。公开密钥系统并不是要取代私有密钥系统,相反,它们是相互补充的,可用公开密钥在因特网上传输私有密钥,从而实现更有效的安全网络传输。

(三) 密码技术

密码技术包括密码设计、密码分析、密钥管理、验证技术等内容。密码设计的基本思想是伪装信息,使局外人不能理解信息的真正含义,而局内人却能够理解伪装信息的本来含义。密码的出现可以追溯到远古时代,密码学也和其他学科一样随着社会的发展而发展,先后经历了手工阶段、机械阶段、电子阶段,而现在则进入了计算机和网络时代。目前,密码学已发展成一门系统的技术科学,是集数学、计算机科学、电子与通信等诸多学科于一身的交叉学科。电子商务的安全加密系统,倾向于组合应用对称密码算法和非对称密码算法。对称密码算法用于信息加密,非对称密码算法用于密码分发、数字签名及身份鉴别等。对文件加密传输的实际过程包括四个步骤:

(1) 文件发送方产生一个对称密钥,并将此密钥用文件接收方的公钥加密后,通过网络传送给接收方;

(2) 文件发送方用对称密钥将需要传输的文件加密后,再通过网络传送给接收方;

(3) 接收方用自己的私钥将收到的经过加密的对称密钥进行解密,得到发送方的对称密钥;

(4) 接收方用得到的对称密钥将收到的经过加密的文件进行解密,从而得到文件的原文。

二、数字签名

(一) 数字签名的概念

数字签名也叫电子签名、电子签字、电子签章,在电子支付系统中,是一个仅能由发送方才能产生的、且仅与所签署电子文档有关的一种标记,其他人只能简单地识别此标记是属于谁的和属于哪个电子文档的,而无法伪造和盗用。其技术原理是发送者根据消息产生摘要,并对摘要用自身的签名私钥进行加密,消息和用自身签名私钥加密的数字摘要组合就组合成了数字签名。在日常社会生活、商务和经济往来中,盖章签名和识别签名是经常遇到的。如信件、文件、钱款的发收,合同、契约及协议的签订等都离不开签名。传统的手工签名具有固定不变、易模仿、易伪造、手续繁杂等缺点,数字签名则可做到既保证签名者无法否认自己的签名,又保证接收方无法伪造发送方的签名,还可作为信息发、收双方对某些有争议信息的法律依据。因此,除了具有手工签名的全部功能外,还具有易更换、难伪造、可通过数字传输等优点。数字签名具有通常所说的认证功能,近几年来在金融电子化系统中得到越来越广泛的应用。

(二) 数字签名技术

数字签名必须保证接收者能够核实发送者对报文的签名、发送者事后不能抵赖对报文的签名、接收者不能伪造对报文的签名。

1. 公开密钥数字签名

数字签名是通过用密码算法对数据进行加、解密交换实现的。用 DES 算法、RSA 算法都可实现数字签名。比较起来,用 RSA 算法或其他的公开密钥密码算法实现数字签名要比用传统密钥密码算法方便。

若发送者 A 用其私有解密密钥 SKA 对报文 X 进行运算,将结果 DSKA(X)传送给接收者 B。B 用已知的 A 的公开密钥得出 EPKA(DSKA(X))=X1。因为除 A 外没有别人能具有 A 的私有密钥 SKA,所以除 A 外没有别人能产生密文 DSKA(X)。这样,报文 X 就被签名了。假若 A 要抵赖曾发送报文给 B。B 可将 X 及 DSKA(X)出示给第三者。第三者很容易用 PKA 去证实 A 确实发送信息 X 给 B。反之,如果是 B 将 X 伪造成 X*,则 B 不能在第三者面前出示 DSKA(X＊)。这样就证明 B 伪造了报文。可以看出,实现数字签名也同时实现了对报文来源的鉴别。

2. 对文件的数字签名

对文件的数字签名过程是通过一个哈希(Hash)变换来实现的。将待签名的文件带入哈希变换,输出得到的是一组定长的代码,这组代码即是数字签名。数字签名代表着文件的特征,数字签名的值将随着文件的变化而发生变化,也就是说,不同的文件将得到不同的数字签名。哈希变换函数对于发送数据的双方都是公开的。要在公开的网络上实现安全的文件传输,必须在文件中加入数字签名及实现数字签名的验证。

3. 数字签名的生成

数字签名并非用"手书签名"类型的图形标志,它采用了双重加密的方法来实现防伪、防赖。其原理为:

(1) 被发送文件用 SHA 编码加密产生 128 位的数字摘要;

(2) 发送方用自己的私有密钥对摘要再加密,这就形成了数字签名;

(3) 将原文和加密的摘要同时传给对方;

(4) 对方用发送方的公开密钥对摘要解密,同时对收到的文件用 SHA 编码加密产生又一摘要;

(5) 将解密后的摘要和收到的文件与在接收方重新加密产生的摘要相互对比。如两者一致,则说明传送过程中信息没有被破坏或篡改过。

数字签名的加密/解密过程和私有密钥的加密/解密过程虽然都使用了公开密钥体系,但实现的过程正好相反。数字签名使用的是发送方的密钥对,发送方用自己的私有密钥进行加密,接收方用发送方的公开密钥进行解密,因此拥有发送方公开密钥的人都可以验证数字签名的正确性。私有密钥的加密/解密使用信息,只有唯一拥有接收方私有密钥的人才能解密。如果第三方冒充发送方发出了一个文件,因为接收方在对数字签名进行解密时使用的是发送方的公开密钥,只要第三方不知道发送方的私有密钥,解密出来的数字签名和经过计算的数字签名必然不相同。这就提供了一个安全的确认发送方身份的方法。在实用过程中,通常一个用户拥有两个密钥对,一个密钥对用来对数字签名进行加密解密,另一个密钥对用来对私有密钥进行加密解密,这种方式提供了更高的安全性。

(三) 数字信封

数字信封是公开密钥体制的另一个应用,是用加密技术来保证只有特定的收信人才能阅读通信的具体内容。

数字信封的功能类似于传统的普通信封,通信内容被密封信封中,他人不打开信封就无法阅读信的内容。数字信封则采用了密码技术,保证了只有规定的接收人才有资格阅读信息内容。数字信封采用对称密钥机制,信息发送者首先利用随机产生的密钥进行加密,再利用接收方的公开密钥对随机密码进行加密,被公开密钥加密后的随机密码就被称为数字信封。信息接收方接到信息后,必须先用自己的私有密钥解密数字信封,得到随机密钥,并用此随机密钥才能对信息进行解密,这样就保证了数据传输的真实性和完整性。

(四) 数字时间戳

数字时间戳是一个经加密后形成的凭证文件,用以保证信息的原始发送或接收时间和日期的真实性,是电子商务安全的一个重要因素。数字时间戳包括三个部分:需要加时间戳的文件摘要;DTS收到文件的日期和时间;DTS 的数字签名。数字时间戳服务(Digital Time Stamp Service; DTS)是电子商务安全服务的项目之一,由专门的机构提供技术服务,对电子文件的日期和时间信息进行安全保护。时间戳的产生是由信息发送者将需要加时间戳的文件用 Hash 变换获得摘要,并将其发送给 DTS,DTS 在加入了收到的文件摘要的时间和日期信息后对文件进行加密(数字签名),然后回送发送者。一般的文件发送所显示的时间和日期是由发送者自己签署的,但数字时间戳是由权威的 DTS 所提供,是电子商务交易真实性、不可抵赖性的基本保证。

三、电子商务安全协议

为了保证电子商务安全机制具有国际性，能够适用于整个社会的网络商务活动，在电子商务通信中，制订统一的安全协议是保证电子商务安全的前提。

（一）安全电子邮件协议

电子邮件是因特网上主要的信息传输手段，也是电子商务应用的主要途径之一。但它并不具备很强的安全防范措施。因特网工程任务组（IEFT）为扩充电子邮件的安全性能已起草了相关的规范。

1. PEM 协议

PEM(Private Enhanced Mail)是增强因特网电子邮件隐秘性的标准草案，一般与 SMTP 协议结合使用。在因特网电子邮件的标准格式上增加了加密、鉴别和密钥管理的功能，允许使用公开密钥和专用密钥的加密方式，并能够支持多种加密工具。对于每个电子邮件报文可以在报文头中规定特定的加密算法、数字鉴别算法、散列功能等安全措施。PEM 与具体的邮件发送软件、操作系统、硬件或网络的特征无关，也支持无安全措施的邮件。

2. S/MIME 协议

安全的多功能因特网电子邮件扩充 S/MIME（Secure/Multiourpose Internet Mail Extensions)是在 RFC1521 所描述的多功能因特网电子邮件扩充报文基础上添加数字签名和加密技术的一种协议。MIME 是正式的因特网电子邮件扩充标准格式，但它未提供任何的安全服务功能。S/MIME 的目的是在 MIME 上定义安全服务措施的实施方式。S/MIME 已成为产业界广泛认可的协议，如微软公司、Netscape 公司、Novel 公司、Lotus 公司等都支持该协议。

3. PEM/MIME (MOSS)协议

MIME 对象安全服务 MOSS 是将 PEM 和 MIME 两者的特性

进行了结合的一种技术,在技术上比较复杂,能够支持多媒体数据。

4. S-HTTP 协议

S-HTTP(安全的超文本传输协议)是对 HTTP 扩充了安全特性,增加了报文的安全性,是基于 SSL 技术的。该协议向 WWW 的应用提供完整性、鉴别、不可抵赖性及机密性等安全措施。

(二) 安全套接层协议

1. SSL 协议的概念

安全套接层(Secure Sokets Layer；SSL)协议是由 Netscape 公司研究制订的安全协议,该协议向基于 TCP/IP 的客户/服务器应用程序提供了客户端和服务器的鉴别、数据完整性及信息机密性等安全措施。该协议通过在应用程序进行数据交换前交换 SSL 初始握手信息来实现有关安全特性的审查。

2. SSL 协议的工作原理

SSL 协议通过在应用程序进行数据交换前交换 SSL 协议初始握手信息来实现有关安全特性的审查。在 SSL 协议握手信息中,采用了 DES、MD5(信息—摘要算法)等加密技术来实现机密性和数据完整性,并采用 X.509 数字证书来实现鉴别。目前 SSL 应用比较广泛,已经成为事实上的行业标准。

3. SSL 协议提供的安全服务

(1)用户和服务器的合法性认证。SSL 协议要求在握手前认证客户机和服务器上由公开密钥加密的编号,使得用户和服务器能够确信数据将被发送到正确的客户机和服务器上。

(2)加密数据以隐藏被传输的数据。在客户机和服务器进行初始握手交换 SSL 握手信息时,握手信息采用了各种加密技术,并且用数字证书进行认证,有效地防止了非法用户的破译。

(3)维护数据的完整性。SSL 协议采用 Hash 变换和机密共享方法来提供完整信息性的服务,来建立客户机与服务器之间的安全通道,使所有经过 SSL 协议处理的业务在传输过程中能够完整、准确无误地到达目的地。

4. SSL 协议的缺陷

SSL 协议运行的基础是建立在商家对客户信息保密的承诺,显然这是一个有利于商家而不利于客户的协议。在交易中,客户的信息首先传递给了商家,商家认可后再转移到银行。整个过程中缺少了客户对商家的认证,其缺点就显露出来了,当不法商家混迹网络谋取非法利益时,客户无法通过 SSL 协议对其进行基本的认证,客户的利益无法得到有效的保证。现在,SSL 协议已经逐渐被新兴的电子商务安全协议(如 SET)所取代。

(三)安全电子交易协议

1. SET 协议的概念

安全电子交易(Secure Electronic Transaction;SET)协议是一个在开放网络上实现安全电子交易的协议标准,1996 年 6 月由 IBM、MasterCard International、Visa International、Microsoft、Netscape、GTE、VeriSign、SAIC 和 Terisa 等共同制订的标准,并于 1997 年 5 月底发布了 SET Specification Version 1.0。SET 协议涵盖了信用卡在电子商务交易中的交易协定、信息保密、资料完整性及数字认证、数字签名等,规定了交易各方进行安全交易的具体流程。SET 协议主要使用的技术包括对称密钥加密、公开密钥加密、Hash 算法、数字签名技术以及公开密钥授权机制等。SET 协议通过使用公开密钥和对称密钥方式加密保证了数据的保密性,通过使用数字签名来确定数据是否被篡改、保证数据的一致性和完整性,并可以完成交易,防止抵赖。

2. SET 协议的工作原理

SET 协议的工作过程主要包括 7 个步骤:

(1)用户通过因特网进行网上购物,并在线下达电子订单(关于商品属性的字段);

(2)用户通过网上交易系统与网上商家进行沟通,网上商家进行回应,并告知订单处理结果(是否改动有关购买属性的关键字段);

(3)用户选择付款方式、确认订单、签发付款指令(此时 SET 开

始介入),用户必须对订单和付款指令进行数字签名,并利用双重签名技术保证商家无法看到用户账号信息;

(4) 商家接受订单后向买方银行请求支付认可,信息通过支付网关到达收单银行,可能需要再到电子货币发行商处确认,批准交易后返回确认信息;

(5) 商家向用户发送订单确认信息,并在用户客户机端记录交易日志以备将来核查;

(6) 商家发货或提供相应的服务,在得到用户接受信息后通知收单银行将货款从用户账号中转移到网上商家的账号,或通知发卡银行请求支付;

(7) 在认证操作和支付操作中一般会有一个商家间隔。

从第(3)步起,SET 开始起作用,在处理过程中对通信协议、请求信息的格式、数据类型的定义等均有明确的规定,每一步用户、网上商家、支付网关都通过 CA 来验证通信主体的身份,以确保通信对方的合法身份。

3. SET 协议的缺陷

SET 协议自从正式发布至今,已经在电子商务的各个领域得到广泛应用,但是 SET 同样也有不尽如人意的地方。

(1) 协议没有说明收单银行在给网上商家付款前,是否必须收到用户的商品接收证书。一旦发生商品不符合要求或没有在规定的时间内接收商品,如何解决问题没有明确的规定。

(2) 协议没有担保"非拒绝行为",网上商家也无法证明订单是由签署证书的、讲信用的用户所发出的。

(3) 没有提及在事务处理结束后如何安全地保存或销毁此类数据,这就为日后数据的潜在安全性提出了挑战,也给网络攻击威胁数据安全提供了机会。

(四) 安全超文本传输协议

1. 超文本传输协议

超文本传输协议(Hyper Text Transfer Protocol;HTTP)是因

特网上应用最为广泛的一种网络传输协定。所有的 WWW 文件都必须遵守这个标准,最初的设计目的是为了提供一种发布和接收HTML 页面的方法。HTTP 产生于 1991 年,运行在 TCP/IP 模型的应用层,采用客户机/服务器(C/S)模式,用户(客户机)的浏览器打开一个会话,同时向远程的服务器发出页面调用请求,作为回答,服务器产生一个 HTTP 应答信息,并将其送回客户机(请求者)的浏览器。如果客户机收到的信息是正确的,就断开 TCP/IP 连接,HTTP 会话结束。

2. 安全超文本传输协议

安全超文本传输协议(S-HTTP)是一种面向安全信息通信的协议,可以和 HTTP 结合起来使用。S-HTTP 协议为 HTTP 客户机和服务器提供了多种安全机制,提供安全服务选项是为了适用于WWW 上各类潜在用户。S-HTTP 为客户机和服务器提供了相同的性能,同时维持 HTTP 的事务模型和实施特征。S-HTTP 客户机和服务器能与某些加密信息格式标准相结合,支持多种兼容方案并且与 HTTP 相兼容。使用 S-HTTP 的客户机能够与没有使用S-HTTP 的服务器连接,反之亦然。

S-HTTP 不需要客户端公开密钥认证,但支持对称密钥的操作模式。虽然 S-HTTP 可以利用现有的大多数认证系统,但并不依赖这些系统。使用 S-HTTP,敏感的数据信息不会以明文形式在网络上发送。S-HTTP 提供了完整且灵活的加密算法、模态及相关参数。选项谈判用来决定客户机和服务器在事务模式、加密算法及证书选择方面取得一致意见。虽然 S-HTTP 的设计者承认有意识地利用了多根分层的信任模型和许多公钥证书系统,但S-HTTP 仍努力避开对某种特定模型的滥用。S-HTTP 与摘要验证的不同之处在于支持公开密钥加密和数字签名,并具有保密性。

S-HTTP 基于 SSL 技术支持,但属于应用层协议,保护单个交易的询问或响应消息,是基于安全消息的协议;SSL 属于传输层,对会话的保护通过客户机与服务器的联络来建立一个安全的通信。

第三节 电子商务认证系统

电子商务认证技术是电子商务安全技术的重要组成部分之一。认证指的是证实被认证对象是否属实和是否有效的一个过程。其基本思想是通过验证被认证对象的属性来达到确认被认证对象是否真实有效的目的。被认证对象的属性可以是口令、数字签名或者像指纹、声音、视网膜这样的生理特征。认证常常被用于通信双方相互确认身份,以保证通信的安全。认证可采用各种方法进行。

一、电子商务认证技术

(一) 传统认证技术

1. 传统认证技术的形式

传统的认证技术主要采用基于口令的认证方法。当被认证对象要求访问提供服务的系统时,提供服务的认证方要求被认证对象提交该对象的口令,认证方收到口令后,将其与系统中存储的用户口令进行比较,以确认被认证对象是否为合法访问者。

2. 传统认证技术的优点

这种认证方法的优点在于一般的系统(如 UNIX,Windows NT,NetWare 等)都提供了对口令认证的支持,对于封闭的小型系统来说不失为一种简单可行的方法。

3. 传统认证方法的不足

(1) 用户每次访问系统时都要以明文方式输入口令,很容易泄密。

(2) 口令在传输过程中可能被截获。

(3) 系统中所有用户的口令以文件形式存储在认证方,攻击者可以利用系统中存在的漏洞获取系统的口令文件。

（4）用户在访问多个不同安全级别的系统时，都要求用户提供口令，用户为了记忆的方便，往往采用相同的口令。而低安全级别系统的口令更容易被攻击者获得，从而用来对高安全级别系统进行攻击。

（5）只能进行单向认证，即系统可以认证用户，而用户无法对系统进行认证。攻击者可能伪装成系统骗取用户的口令。

对于第（2）点，系统可以对口令进行加密传输。对于第（3）点，系统可以对口令文件进行不可逆加密。尽管如此，攻击者还是可以利用一些工具很容易地将口令和口令文件解密。

（二）网络认证技术

1. 双因素认证

在双因素认证系统中，用户除了拥有口令外，还拥有系统颁发的令牌访问设备。当用户向系统登录时，用户除了输入口令外，还要输入令牌访问设备所显示的随机数字。该随机数字是动态的，与认证服务器是同步的。

双因素认证比基于口令的认证方法增加了一个认证要素，攻击者仅仅获取了用户口令或者仅仅拿到了用户的令牌访问设备，都无法通过系统的认证。而且令牌访问设备上所显示的数字不断地变化，这使得攻击变得非常困难。因此，这种方法比基于口令的认证方法具有更好的安全性，在一定程度上解决了口令认证方法中的问题（1）、（2）和（3）。

2. 提问—握手认证协议

除双因素认证外，还可采用提问—响应（Challenge-response）方法来解决上述问题。提问—握手认证协议（Challenge Handshake Anthentication Protocol；CHAP）采用的就是提问—响应方法，它通过三次握手（3-way Handshake）方式对被认证方的身份进行周期性的认证。其认证过程是：

（1）在通信双方链路建立阶段完成后，认证方（Authenticator）向被认证方（Peer）发送一个提问（Challenge）信息；

(2) 被认证方向认证方发回一个响应(Response)。该响应由单向散列函数计算得出,单向散列函数的输入参数由本次认证的标识符、秘诀(Secret)和提问构成;

(3) 认证方将收到的响应与它自己根据认证标识符、秘诀和提问计算出的散列函数值进行比较,若相符则认证通过,向被认证方发送"成功"信息,否则,发送"失败"信息,断开连接。在双方通信过程中系统将以随机的时间间隔重复上述三步认证过程。

CHAP 采用的单向散列函数算法可保证由已知的提问和响应不可能计算出秘诀。同时由于认证方的提问值每次都不一样,而且是不可预测的,因而具有很好的安全性。

CHAP 具有以下优点:

(1) 通过不断地改变认证标识符和提问信息的值来防止回放(playback)攻击。

(2) 利用周期性的提问防止通信双方在长期会话过程中被攻击。

(3) 虽然 CHAP 进行的是单向认证,但在两个方向上进行 CHAP 协商,也能实现通信双方的相互认证。

(4) CHAP 可用于认证多个不同的系统。

CHAP 的不足之处是认证的关键是秘诀,CHAP 的秘诀以明文形式存放和使用,不能利用通常的不可逆加密口令数据库。并且 CHAP 的秘诀是通信双方共享的,这一点类似于对称密钥体制,因此给秘诀的分发和更新带来了麻烦,要求每个通信对都有一个共享的秘诀,这不适合大规模的系统。

3. Kerberos 认证

Kerberos 是由美国麻省理工学院提出的基于可信赖的第三方的认证系统。Kerberos 提供了一种在开放式网络环境下进行身份认证的方法,它使网络上的用户可以相互证明自己的身份。Kerberos 采用对称密钥体制对信息进行加密。其基本思想是能正确对信息进行解密的用户就是合法用户。用户在对应用服务器进行访问之前,必须先从第三方(Kerberos 服务器)获取该应用服务器的访问许可证(Ticket)。Kerberos 密钥分配中心 KDC(即 Kerberos 服务器)由认证服务器 AS 和许可证颁发服务器 TGS 构成。

4. X.509 证书及认证框架

国际电信联盟的 X.509 建议(已成为事实上的标准)定义了一种提供认证服务的框架。采用基于 X.509 证书的认证技术类似于 Kerberos 技术,它也依赖于共同信赖的第三方 CA 来实现认证。所不同的是它采用非对称密码体制(公开密钥),在实际运用中更加简单明了。当用户向某一服务器提出访问请求时,服务器要求用户提交数字证书。收到用户的证书后,服务器利用 CA 的公开密钥对 CA 的签名进行解密,获得信息的散列码。然后服务器用与 CA 相同的散列算法对证书的信息部分进行处理,得到一个散列码,将此散列码与对签名解密所得到的散列码进行比较,若相等则表明此证书确实是 CA 签发的,而且是完整的未被篡改的证书,用户便通过了身份认证。服务器从证书的信息部分取出用户的公开密钥,以后向用户传送数据时,便以此公开密钥加密,对该信息只有用户可以进行解密。

由于这种认证技术中采用了非对称密钥体制,CA 和用户的私有密钥都不会在网络上传输,避免了基于口令的认证中传输口令所带来的问题。攻击者即使截获了用户的证书,但由于无法获得用户的私有密钥,也就无法解读服务器传给用户的信息。

二、数字证书

(一) 数字证书的概念

数字证书是一个经证书认证中心(CA)数字签名的包含公开密钥拥有者信息以及公开密钥的数据文件。认证中心的数字签名可以确保证书信息的真实性,用户公钥信息可以保证数字信息传输的完整性,用户的数字签名可以保证数字信息的不可否认性。

数字证书是各类终端实体和最终用户在网上进行信息交流及商务活动的身份证明,在电子交易的各个环节,交易的各方都需验证对方数字证书的有效性,从而解决相互间的信任问题。

CA 作为权威的、可信赖的、公正的第三方机构,专门负责为各种认证需求提供数字证书服务。认证中心颁发的数字证书均遵循 X. 509 V3 标准。X. 509 标准在编排公共密钥密码格式方面已被广为接受。

(二) 数字证书的功能

(1) 身份验证(Authentication);

(2) 信息传输安全(Security);

(3) 信息保密性(Confidentiality);

(4) 信息完整性(Integrity);

(5) 交易的不可否认性(Non-repudiation)。

数字证书包括证书申请者的信息和 CA 的信息,认证中心所颁发的数字证书均遵循 X. 509 V3 标准。数字证书的格式在 ITU 标准和 X. 509 V3 里定义。根据这项标准,数字证书包括证书申请者的信息和发放证书 CA 的信息。(见表 4.1 所示)

表 4.1　X. 509 数字证书内容

域	含　　义
Version	证书版本号,不同版本的证书格式不同
Serial Number	序列号,同一身份验证机构签发的证书序列号唯一
Algorithm Identifier	签名算法,包括必要的参数
Issuer	身份验证机构的标志信息
Period of Validity	有效期
Subject	证书持有人的标志信息
Subject's Public Key	证书持有人的公钥
Signature	身份验证机构对证书的签名

(三) 数字证书验证过程

持证人甲想与持证人乙通信时,首先查找数据库并得到一个从甲到乙的证书路径(Certification Path)和乙的公开密钥。这时甲可使用单向或双向验证证书。单向验证是从甲到乙的单向通信。它建立了甲和乙双方身份的证明以及从甲到乙的任何通信信息的完整性。它还可以防止通信过程中的任何攻击。双向验证与单向验证类似,但它增加了来自乙的应答。它保证是乙而不是冒名者发送来的应答。它还保证双方通信的机密性并可防止攻击。单向和双向验证都使用了时间标记。

1. 单向验证过程

(1) 甲产生一个随机数 Ra;

(2) 甲构造一条信息,M=(Ta, Ra, Ib, d),其中 Ta 是甲的时间标记,Ib 是乙的身份证明,d 为任意的一条数据信息。为安全起见,数据可用乙的公开密钥 Eb 加密;

(3) 甲将(Ca, Da(M))发送给乙(Ca 为甲的证书,Da 为甲的私人密钥);

(4) 乙确认 Ca 并得到 Ea。他确认这些密钥没有过期(Ea 为甲的公开密钥);

(5) 乙用 Ea 去解密 Da(M),这样既证明了甲的签名又证明了所签发信息的完整性;

(6) 为准确起见,乙检查 M 中的 Ib;

(7) 乙检查 M 中的 Ta 以证实信息是刚发来的;

(8) 作为一个可选项,乙对照旧随机数数据库检查 M 中的 Ra 以确保信息非旧信息重放。

2. 双向验证过程

双向验证过程包括一个单向验证和一个从乙到甲的类似的单向验证。除了完成单向验证的(1)到(8)步外,双向验证还包括:

(1) 乙产生另一个随机数,Rb;

(2) 乙构造一条信息,Mm=(Tb, Rb, Ia, Ra, d),其中 Tb 是

乙的时间标记,Ia 是甲的身份,d 为任意的数据。为确保安全,可用甲的公开密钥对数据加密。Ra 是甲在单向验证过程的第(1)步中产生的随机数;

(3) 乙将 Db(Mm)发送给甲;

(4) 甲用 Ea 解密 Db(Mm),以确认乙的签名和信息的完整性;

(5) 为准确起见,甲检查 Mm 中的 Ia;

(6) 甲检查 Mm 中的 Tb,并证实信息是刚发送来的;

(7) 作为可选项,甲可检查 Mm 中的 Rb 以确保信息不是重放的旧信息。

(四) 数字证书的工作流程

1. 数字证书的工作原理

每一个用户有一个各不相同的名字,一个可信的证书认证中心(CA)给每个用户分配一个唯一的名字并签发一个包含名字和用户公开密钥的证书。

如果甲想和乙通信,他首先必须从数据库中取得乙的证书,然后对它进行验证。如果他们使用相同的 CA,事情就很简单。甲只需验证乙证书上 CA 的签名;如果他们使用不同的 CA,问题就复杂了。甲必须从 CA 的树形结构底部开始,从底层 CA 往上层 CA 查询,一直追踪到同一个 CA 为止,找出共同的信任 CA。

证书可以存储在网络的数据库中。用户可以利用网络彼此交换证书。当证书撤销后,它将从证书目录中删除,然而签发此证书的 CA 仍保留此证书的副本,以备日后解决可能引起的纠纷。如果用户的密钥或 CA 的密钥被破坏,从而导致证书的撤销。每一个 CA 必须保留一个已经撤销但还没有过期的 CRL。当甲收到一个新证书时,首先应该从 CRL 中检查证书是否已经被撤销。

2. 数字证书的传输过程

现有持证人甲向持证人乙传送数字信息,为了保证信息传送的真实性、完整性和不可否认性,需要对要传送的信息进行数字加密和数字签名,其传送过程如下:

（1）甲准备好要传送的数字信息（明文）；

（2）甲对数字信息进行哈希运算,得到一个信息摘要；

（3）甲用自己的私钥（SK）对信息摘要进行加密得到甲的数字签名,并将其附在数字信息上；

（4）甲随机产生一个加密密钥（DES 密钥）,并用此密钥对要发送的信息进行加密,形成密文；

（5）甲用乙的公钥（PK）对刚才随机产生的加密密钥进行加密,将加密后的 DES 密钥连同密文一起传送给乙；

（6）乙收到甲传送过来的密文和加过密的 DES 密钥,先用自己的私钥（SK）对加密的 DES 密钥进行解密,得到 DES 密钥；

（7）乙然后用 DES 密钥对收到的密文进行解密,得到明文的数字信息,然后将 DES 密钥抛弃（即 DES 密钥作废）；

（8）乙用甲的公钥（PK）对甲的数字签名进行解密,得到信息摘要。乙用相同的哈希算法对收到的明文再进行一次哈希运算,得到一个新的信息摘要；

（9）乙将收到的信息摘要和新产生的信息摘要进行比较,如果一致,说明收到的信息没有被修改过。

3. 数字证书的存放

数字证书可以存放在计算机的硬盘、随身软盘、IC 卡或 USB 卡中。用户数字证书在计算机硬盘中存放时,使用方便,但存放证书的 PC 机必须受到安全保护,否则一旦被攻击,证书就有可能被盗用。使用软盘保存证书,被窃取的可能性有所降低,但软盘容易损坏。一旦损坏,证书将无法使用。IC 卡中存放证书是一种较为广泛的使用方式。因为 IC 卡的成本较低,本身不易被损坏。使用 USB 卡存放证书时,用户的证书等安全信息被加密存放在 USB 卡中,无法被盗用。在进行加密的过程中,密钥不出卡,安全级别高,成本较低,携带和使用方便,适用于个人业务。

（五）数字证书的申请和认证

数字证书的申请和认证必须由指定的认证中心（CA）来承担。

CA中心是一个负责发放和管理数字证书的权威机构,通常采用多层次的分级结构,上级认证中心负责签发和管理下级认证中心的证书,最下一级的认证中心直接面向最终用户。CA中心的主要功能:证书的颁发、证书的更新、证书的查询、证书的作废、证书的归档等。

第三节 防 火 墙

在电子商务的应用中,企业内部网络必须与外部网络如因特网进行连接,这就使企业的内部网络系统置于公开的被攻击状态。为了保护企业的内部网络系统的安全,设置防火墙是最普遍的手段。

一、防火墙的原理
(一) 防火墙的原理
1. 防火墙的概念

防火墙的本义是指古代人们在房屋之间修建的一道墙,可以防止火灾发生的时候蔓延到别的房屋。网络上的防火墙不是指物理上的防火墙,而是指隔离在本地网络与外界网络之间的一道防御系统,是这一类防范措施的总称,由特定的软件和硬件所组成。

防火墙是一种非常有效的网络安全模型。在因特网上,通过它来隔离风险区域(即因特网或有一定风险的网络)与安全区域(局域网)的连接,但不妨碍人们对风险区域的访问。防火墙内的网络通常叫可信网络,而防火墙外的网络叫不可信网络。防火墙相当于一个过滤设备,它允许特定的信息流入或流出被保护的网络。在理想的情况下,防火墙保护应保护未经授权的用户访问防火墙内的网络,从而保护敏感信息。同时又不能妨碍合法用户,在防火墙之外的员工应能访问防火墙所保护的网络和数据文件。

2. 防火墙的特征

(1) 由内到外和由外到内的所有访问都必须通过它;

（2）只有本地安全策略所定义的合法访问才被允许通过它；

（3）防火墙本身无法被穿透。

3. 防火墙的目的

（1）限制他人进入内部网络，过滤掉不安全服务和非法用户；

（2）防止入侵者接近你的防御设施；

（3）限定人们访问特殊站点；

（4）为监视因特网安全提供方便。

（二）防火墙的体系结构

防火墙体系结构通常由屏蔽路由器、双宿网关、屏蔽主机网关和屏蔽子网等构成。

1. 屏蔽路由器

屏蔽路由器（Screened Host Gateway）也叫包过滤防火墙，是防火墙最基本的构件，是一个多端口的 IP 路由器，通过对每一个到来的 IP 数据包依据一组规则进行检查来判断是否对其进行转发。屏蔽路由器从包头取得信息，例如协议号、收发报文的 IP 地址和端口号、连接标志以至另外一些 IP 选项，对 IP 数据包进行过滤。屏蔽路由器作为内外连接的唯一通道，要求所有的报文都必须在此通过检查。路由器上可以装基于 IP 层的报文过滤软件，实现报文过滤功能。许多路由器本身带有报文过滤配置选项，但一般比较简单。

屏蔽路由器的优点是简单和低（硬件）成本。其缺点是正确建立包过滤机制比较困难，屏蔽路由器的管理成本高，还有用户级身份认证的缺乏。单纯由屏蔽路由器构成的防火墙的危险带包括路由器本身及路由器允许访问的主机，缺点是一旦被攻陷后很难发现，而且不能识别不同的用户。

2. 双宿网关

双宿网关（Dual Homed Gateway）使用一台装有两个网络适配器的双宿主机作为防火墙。双宿主机用两个网络适配器分别连接两个网络，又称堡垒主机。堡垒主机上运行着防火墙软件（通常是代理服务器），可以转发应用程序，提供服务等。双宿主机网关有一个致命弱点，一旦入侵者侵入堡垒主机并使该主机只具有路由器功能，则任何网上用户均可以随便访问有保护的内部网络。双宿堡垒主机型与单宿堡垒主机型的区别是：双宿堡垒主机有两块网卡，一块连接内部网络，一块连接包过滤路由器。双宿堡垒主机在应用层提供代理服务，与单宿型相比更加安全。

3. **屏蔽主机网关**

屏蔽主机网关（Screened Host Gateway）易于实现，安全性好，应用广泛。它又分为单宿堡垒主机和双宿堡垒主机两种类型。先来看单宿堡垒主机类型。一个包过滤路由器连接外部网络，同时一个堡垒主机安装在内部网络上。堡垒主机只有一个网卡，与内部网络连接，通常在路由器上设立过滤规则，并使这个单宿堡垒主机成为从因特网上唯一可以访问的主机，确保了内部网络不受未被授权的外部用户的攻击。而内联网内部的客户机，可以受控制地通过屏蔽主机和路由器访问因特网。

4. **屏蔽子网**

屏蔽子网（Screened Subnet）是在内联网和因特网之间建立一个被隔离的子网，用两个包过滤路由器将这一子网分别与内联网和因特网分开。两个包过滤路由器放在子网的两端，在子网内构成一个"缓冲地带"，其中一个控制因特网数据流，另一个控制因特网数据流。内联网和因特网均可访问屏蔽子网，但禁止它们穿过屏蔽子网通信。可根据需要在屏蔽子网中安装堡垒主机，为内部网络和外部网络的互相访问提供代理服务，但是来自两网络的访问都必须通过两个包过滤路由器的检查。对于向因特网公开的服务器如 WWW、FTP、E-mail 等也可安装在屏蔽子网内，这样无论是外部用户，还是内部用户都可访问。这种结构的防火墙安全性能高，具有很强的抗攻击能力，但需要的设备多、造价高。

二、防火墙的基本类型

防火墙有多种形式，有以软件形式运行在普通计算机之上的，也有以固件形式设计在路由器之中的。总的来说可以分为四种：包过滤防火墙、电路级网关型防火墙、应用网关型防火墙、代理服务型防火墙、状态监视型防火墙、自适应代理型防火墙等。

（一）包过滤防火墙

1. 包过滤防火墙的概念

包过滤防火墙（Packet Filter）是在网络层中对数据包实施有选择的通过，依据系统事先设定好的过滤逻辑，检查数据流中的每个数据包，根据数据包的源地址、目标地址以及包所使用端口确定是否允许该类数据包通过。在因特网这样的信息包交换网络上，所有往来的信息都被分割成许许多多一定长度的信息包，包中包括发送者的 IP 地址和接收者的 IP 地址。当这些包被送上因特网时，路由器会读取接收者的 IP 并选择一条物理上的线路发送出去，信息包可能以不同的路线抵达目的地，当所有的包都抵达后会在目的地重新组装还原。包过滤式的防火墙会检查所有通过信息包里的 IP 地址，并按照系统管理员所给定的过滤机制过滤信息包。如果防火墙设定某一 IP 为危险的话，从这个地址而来的所有信息都会被防火墙屏蔽掉。这种防火墙的用法很多，比如国家有关部门可以通过包过滤防火墙来禁止国内用户去访问那些违反我国有关规定或者"有问题"的国外站点。

2. 包过滤防火墙的优点

包过滤防火墙的最大优点就是它对于用户来说是透明的，也就是说不需要用户名和密码来登录。这种防火墙速度快而易于维护，通常作为第一道防线。

（1）处理包速度快。过滤路由器为用户提供了一种透明的服务，用户不用改变客户端程序或改变自己的行为。

（2）处理费用低。实现包过滤几乎不再需要费用（或极少的费用），因为这些特点都包含在标准的路由器软件中。

（3）包过滤路由器对用户来讲是透明的。

3. 包过滤型防火墙的缺点

（1）防火墙的维护比较困难，定义数据包过滤器会比较复杂。

网络管理员需要对各种因特网服务、包头格式以及每个域的意义有
非常深入的理解,才能将过滤规则集尽量定义得完善。

(2) 只能阻止一种类型的 IP 欺骗。只能阻止外部主机伪装内
部主机的 IP 欺骗,对于外部主机伪装其他可信任的外部主机的 IP
却不可阻止。

(3) 任何直接经过路由器的数据包都有被用做数据驱动攻击的
潜在危险。

(4) 随着过滤器数目的增加,路由器的吞吐量会下降。

(5) IP 包过滤器无法对网络上流动的信息提供全面的控制。

(6) 允许外部网络直接连接到内部网络的主机上,易造成敏感
数据的泄漏。

(二) 应用网关型防火墙

应用网关型防火墙是在应用层上实现协议过滤和转发功能,针
对特别的网络应用协议制定数据过滤逻辑。应用网关通常安装在专
用工作站系统上。由于它工作于应用层,因此具有高层应用数据或
协议的理解能力,可以动态地修改过滤逻辑,提供记录、统计信息。
它和包过滤型防火墙有一个共同特点,就是它们仅依靠特定的逻辑
来判断是否允许数据包通过,一旦符合条件,则防火墙内外的计算机
系统建立直接联系,防火墙外部网络能直接了解内部网络结构和运
行状态,这大大增加了实施非法访问攻击的机会。

(三) 电路级网关型防火墙

电路级网关型防火墙通常用来监控受信任的客户或服务器与不
受信任的主机间的 TCP 握手信息,由此来决定该会话是否合法。电
路级网关是在 OSI 模型中会话层上来过滤数据包,这样比包过滤防
火墙要高两层。电路级网关不允许进行端点到端点的 TCP 连接,而
是建立两个 TCP 连接。一个在网关和内部主机上的 TCP 用户程序
之间,另一个在网关和外部主机的 TCP 用户程序之间。一旦建立两
个连接,网关通常就只是把 TCP 数据包从一个连接转送到另一个连
接中去而不检验其中的内容。其安全功能就是确定哪些连接是允许

的。电路级网关还提供一个重要的安全功能：网络地址转移（NAT）将所有企业内部的 IP 地址映射到一个"安全"的 IP 地址，这个地址是由防火墙使用的。有两种方法来实现这种类型的网关：一种是由一台主机充当筛选路由器而另一台充当应用级防火墙；另一种是在第一个防火墙主机和第二个之间建立安全的连接。这种结构的好处是当一次攻击发生时能提供容错功能。

电路级网关在 IP 层代理各种高层会话，具有隐藏内部网络信息的能力，且透明性高。但由于其对会话建立后所传输的具体内容不再作进一步地分析，因此安全性稍低。

（四）代理服务器防火墙

代理服务器（Proxy Server）通常也称作应用级防火墙，所谓代理服务，即防火墙内外的计算机系统应用层的链接是在两个终止于代理服务的链接来实现的，这样便成功地实现了防火墙内外计算机系统的隔离。包过滤防火墙可以按照 IP 地址来禁止未授权者的访问，但是它不适合企业用来控制内部人员访问外界的网络。代理服务器是防火墙系统中的一个服务器进程，能够代替网络用户完成特定的 TCP/IP 功能，是代表某个专用网络同外部网络如因特网等进行通信的防火墙。应用级代理防火墙模式提供了十分先进的安全控制机制，通过在协议栈的最高层（应用层）检查每一个包从而提供足够的应用级连接信息。因为在应用层中有足够的能见度，应用级代理防火墙能很容易看见每一个连接的细节从而实现各种安全策略。代理服务是设置在因特网防火墙网关上的应用，是在网管员允许下或拒绝的特定的应用程序或者特定服务，同时，还可应用于实施较强的数据流监控、过滤、记录和报告等功能。一般情况下可应用于特定的因特网服务，如超文本传输（HTTP）、远程文件传输（FTP）等等。一个代理服务器本质上是一个应用层的网关，是为特定网络应用而连接两个网络的网关。代理服务器的优点在于用户级的身份认证、日志记录和账号管理。缺点是如果要想提供全面的安全保证，就要对每一项服务都建立对应的应用层网关，这就严重地限制了新应用的采纳。

（五）状态监视器防火墙

状态监视器（Stateful Inspection）是一种监视服务器登录的尝试并对其进行分析的模式，采用一个在网关上执行网络安全策略的软件引擎，称之为检测模块，其安全特性非常好。检测模块在不影响网络正常工作的前提下，采用抽取相关数据的方法对网络通信的各层实施监测，抽取部分数据，即状态信息，并动态地保存起来作为以后制订安全决策的参考。检测模块支持多种协议和应用程序，并可以很容易地实现应用和服务的扩充。与其他安全方案不同，当用户访问到达网关的操作系统前，状态监视器要抽取有关数据进行分析，结合网络配置和安全规定作出接纳、拒绝、鉴定或给该通信加密等决定。一旦某个访问违反安全规定，安全报警器就会拒绝该 IP 地址的访问，并作记录，向系统管理器报告网络状态。状态监视器的另一个优点是可以监测 RPC（Remote Procedure Call）和 UDP（User Datagram Protocol）类的端口信息。包过滤和代理网关都不支持此类端口。这种防火墙无疑是非常坚固的，但它的配置非常复杂，而且会降低网络的速度。

（六）自适应代理型防火墙

自适应代理型防火墙（Adaptive Proxy）是近几年才得到广泛应用的一种新防火墙类型，可以结合代理类型防火墙的安全性和包过滤防火墙的高速度等优点，在毫不损失安全性的基础之上将代理型防火墙的性能提高 10 倍以上。组成这种类型防火墙的基本要素有两个：自适应代理服务器（Adaptive Proxy Server）与动态包过滤器（Dynamic Packet Filter）。在自适应代理服务器与动态包过滤器之间存在一个控制通道。在对防火墙进行配置时，用户仅仅将所需要的服务类型、安全级别等信息通过相应代理的管理界面进行设置就可以了。自适应代理就可以根据用户的配置信息，决定是使用代理服务从应用层代理请求还是从网络层转发包。如果是后者，将动态地通知包过滤器增减过滤规则，满足用户对速度和安全性的双重要求。

【阅 读 链 接】

1. 访问 http://www.cookiecentral.com/faq 和 CNET 的 Cookie 专 题 网 站　http://builder.cnet.com/Programming/Cookies/splash.html

2. 查看 Johhnson 教授的信息隐蔽介绍网站　http://www.jjtc.com/stegdoc 和介绍信息隐蔽的门户网站　Stealthencrypt.com (http://www.stealthencrypt.com/index2.html)

3. 访问上海市数字证书认证中心有限公司　http://www.sheca.com/default.aspx,了解各种数字证书的申请及安装过程

4. 访问黑客基地网站　http://hackbase.com,了解黑客活动的基本特征

【思 考 题】

1. 电子商务安全的内容有哪些?

2. Cookie 是什么? 存储在何处? 解释网站使用 Cookie 的原因。

3. 什么是信息隐蔽? 信息隐蔽对安全有何影响? 因特网上有什么安全威胁? 这些安全威胁主要涉及保密性还是会影响信息完整性?

4. 为什么在客户机和 WWW 服务器运行的 CGI 脚本和 Java 程序等会构成安全威胁? 概述这些程序破坏安全性的方式。Java 脚本程序会带来同样的安全风险吗?

5. 交易安全中的完整性指什么?

6. 对称加密的特点及局限性是什么？非对称加密的特点和原理是什么？

7. 什么是描述散列算法,是如何工作的？与公开密钥加密和私有密钥加密有何区别？

8. 数字证书的原理和意义是什么？数字证书是怎样传输的？数字证书验证过程是怎样的？

9. 什么叫防火墙？防火墙的原理是怎样的？有哪些基本类型？

10. 什么叫包过滤技术？包过滤技术有什么不足？

【实务练习题】

1. 用浏览器进行研究,然后写关于一篇数字证书的简单报告(不超过 100 字),必要的话可用图表来说明问题。可参考 VeriSign 网站(http://www. verisign. com)的文献和研究报告。

2. 描述计算机犯罪领域的概况,列举三个可为读者提供这个领域信息的网站(可以从"Berryhill 计算机犯罪学"网站(http://www. computerforensics. com)开始你的作业)。

3. 访问著名的 RSA 公司的网站(http://www. rsasecurity. com/rsalabs/faq),找出五种散列算法,并用 250 字简要描述其差异(如散列值有多长,是谁发明或提出的)。

4. 从 VeriSign 网站 (http://www. verisign. com/client/enrollment/index. html)上领取一份试用期两个月的临时证书。收到证书后,将公开密钥打印出来(记住不要把私有密钥打印出来)。

【案例分析题】

杨先生因为业务需要开通了网上银行,设置了网上银行的密码,并使用 USB KEY 验证。为了方便,他将账户、密码告诉了第三方,并认为第三方没有 USB KEY 就无法转账。于是他在卡上存入 100 万元,但第二天卡内就少了 995 050 元,仅剩下 4 950 元,而此时卡、USB KEY 等文件资料都还好好地躺在他的保险柜里。为此,杨先生将银行告上法庭,索赔 100 万元。昨日,法院作出一审判决,认为原告未妥善保管密码是巨款被取走的原因,遂驳回其诉讼请求,并判令其负担案件受理费 13 800 元。

试分析:

(1) 杨先生的钱是怎么被别人转账取走的? 杨先生本人的责任在哪里?

(2) 对方没有 USB KEY,为什么仍然成功取走了钱?

(3) 如果因业务需要必须提供给对方有关账户信息,应该怎么办?

第五章　电子商务的法律环境

电子商务是全新的商业运营模式,在虚拟的网络空间环境中进行,网络交易的管辖权、网络交易的资金划拨、网络知识产权、网上交易合同、网络交易税收以及网络犯罪和道德等一系列问题需要法律的介入。

第一节　电子商务的立法

电子商务在现代商务活动中的地位日趋重要,然而电子商务与传统商务活动在形式上是有根本区别的,法律和法规对此应该如何予以体现,这在电子商务立法中必须加以考虑。

一、电子商务的立法特殊性和要求
(一) 电子商务立法应考虑电子商务的特殊性
1. 程式性
电子商务交易中所涉及的有关电信数据是否有效、是否归属于某人,电子签名是否有效,是否与交易的性质相适应,认证机构的资格如何,在证书的颁发与管理中应承担何种责任等问题应得到充分体现。
2. 技术性
电子商务法律具有一定程度的技术性,并且随技术的发展会产生新的变化。
3. 开放性
电子商务法规是以电子数据进行意思表示的法律制度,电子数据在形式上是多样化的,且在不断发展变化。电子商务法应该具备基本定义开放、基本制度开放以及法律结构开放的要求。

4. 复杂性

电子商务法规必须能够清晰表达其复杂的技术特点,并能够有效解决由技术特点所导致的交易复杂性,避免出现法律真空。

(二)电子商务立法的原则

根据有关国际组织和政府在电子商务立法方面所表现的态度和司法界研究成果,电子商务在立法时应该遵循一定的原则,促进电子商务有序发展。

1. 中立原则

电子商务的跨国界性使其交易过程涉及多国的法律和法规,各国在处理电子商务及有关事务时,应该尽可能寻求中立和平等,应该兼顾国际上多数国家对电子商务的态度。

2. 效率原则

依据电子商务法律所采取的行政手段应该尽可能减少行政成本,任何无谓增加行政成本的行为都是不可取的。相关立法应该对电子商务有促进作用,而不是简单地加以限制。

3. 确定性和简单性原则

有关电子商务的立法必须有明确的针对性,力求简单和明确易懂。类似电子商务税收等法规更应使纳税人明确其结果并明了其行为的产生、地点、结果和履行等。

4. 公平原则

由于电子商务的特殊性,歧视性法规(如关税)将阻碍其正常发展。作为一个新生事物,应该给予一个公平的发展环境,以促进其健康发展。

5. 弹性原则

电子商务本身处在不断的发展变化中,任何法律和法规对此进行严格的界定和定义都显得为时过早。应力求弹性与动态,来保证其适应科技和商业社会的发展,与时俱进。

二、国际组织的电子商务立法现状

(一) 早期的电子数据交换法规

联合国国际贸易法委员会(UNCITRAL)于 1984 年提交了《自动数据处理的法律问题》的报告,建议审视有关计算机记录和系统的法律要求,从而揭开了电子商务国际立法的序幕。1979 年,美国标准化委员会制订了 ANSI/ASC/X12 标准。1981 年欧洲国家推出第一套网络贸易数据标准,即《贸易数据交换指导原则》(GTDI)。1990 年 3 月,联合国正式推出了 UN/EDIFACT 标准,并被国际标准化组织正式接受为国际标准 ISO9735。联合国又先后制订了《联合国行政商业运输电子数据交换规则》、《电子数据交换处理统一规则(UNCID)》等文件。1993 年 10 月,联合国国际贸易法委员会电子交换工作组 26 届会议全面审议了《电子数据交换及贸易数据通讯有关手段法律方面的统一规则草案》,形成了国际 EDI 法律基本框架。

(二) 联合国的电子商务立法进程

1.《电子商务示范法》

从 1991 年开始,联合国贸发会下的国际支付工作组开始负责电子商务的法律工作。1995 年,鉴于当时许多政府对电子商务已有明确规定,不同法系的法律不可能很快协调完善,为适应当前国际上对电子商务统一法的迫切需要,采用了"示范法"的形式。1996 年 6 月,贸发会提出了《电子商务示范法》蓝本,同年 12 月,联合国大会以 51/162 号决议通过了《电子商务示范法》,为各国的电子商务立法提供了范本。

(1)《电子商务示范法》的内容。《电子商务示范法》的内容分为两个部分,共 17 条。第一部分涉及电子商务的总则,第二部分涉及特定领域的电子商务,其中只有一条涉及货物运输中使用的电子商务。《电子商务示范法》"对数据电文适用的法律要求"包括对数据电文的法律承认、书面形式、签字、原件、数据电文的可接受性和证据力、数据电文的留存、合同的订立和有效性、当事人各方对数据电文的承认、数据电文的归属、确认收讫、发出和收到数据电文的时间和地点等作了详细规定。

示范法确立了电子商务法律制度的五大基本原则,组成了电子商务法律制度的基石,也成为各国电子商务立法的核心内容,并不断得到各国的补充与完善。

(2)《电子商务示范法》的性质。《电子商务示范法》并不具有强制性,各国可以根据本国的实际情况考虑是否使用或颁布。随着形势的发展,该法案有可能逐步演变为一个具有强制力的国际条约或国际惯例。

2.《电子签名统一规则(草案)》和《电子签名示范法》

1999年9月17日,联合国贸法会颁布《电子签名统一规则(草案)》,旨在解决障碍电子交易形式推广应用基础性问题——电子签名及其安全性、可靠性、真实性问题。之后,联合国国际贸易法委员会电子商务工作组广泛吸取了一些国家许多已经生效的,或正在起草的立法文件的经验,于2001年3月23日正式颁布了《电子签名示范法》。

(三) 世界贸易组织的电子商务政策

1.《关于全球电子商务的宣言》

1998年5月世界贸易组织(WTO)召开部长级会议,132个国家和地区参加并发表了《关于全球电子商务的宣言》,并在10月份正式启动全面研究全球电子商务的法律问题,为2000年开始的新一轮服务贸易总协定(GATS)谈判和评审以及与贸易有关的知识产权协议(TRIPs)实施和全球电子商务法典的制订作必要准备。该宣言宣称,在世界贸易组织协议下,对工作计划的结果或各成员国的权利和义务没有任何的偏见,各成员国可以继续实施其现在对电子交易不征收进口关税的惯例。

2.《多哈宣言》

2001年,世界贸易组织召开第四次部长级会议,会议通过了《多哈宣言》,其第34条称:"电子商务为不同发展水平的成员国创造了新的贸易挑战和机遇,我们也认识到,创造和保持一个有利于电子商务未来发展的环境是多么重要。"多哈宣言还声明,在第五次会议之前,各成员国将保持各自目前对电子交易不征收进口关税的惯例。

(四) 经济合作与发展组织的电子商务政策

经济合作与发展组织(OECD)于 1998 年 10 月,在加拿大渥太华召开了第一次以电子商务为主题的部长级会议,会议提交了下列三个主要文件:

(1)《OECD 电子商务行动计划》(概述了各项活动和对未来工作的建议);

(2)《有关国际组织和地区性组织的报告:电子商务的活动和计划》(概述这些组织当前和将来可能开展的工作);

(3)《工商界全球电子商务行动计划,附有对各国政府的建议》(概述工商界当前的计划和他们对重要问题的看法)。

通过渥太华会议,OECD 成员国政府认识到了政府间协作的重要性,认识到了与工商界、劳工界和消费者合作开发和应用电子商务的重要性,以及合作推进跨部门、跨国界的电子商务应用的必要性。

(五) 世界知识产权组织的电子商务政策

世界知识产权组织(WIPO)在 1996 年底就通过了《WIPO 版权条约》(WCT)和《WIPO 表演者与录音制品条约》(WPPT)两项涉及因特网的条约。1998 年 WIPO 又宣布,经成员国同意,将实施一系列措施,旨在提高认识在世界所有地区的电子商务问题,包括成立专门的指导委员会、加强与各地区成员国的协商,召开关于电子商务的国际会议。

三、美国的电子商务立法

美国是电子商务的主导国家,1994 年 1 月,美国政府宣布推行"国家信息基础设施计划",随后出台了一系列的法律和法规,为电子商务的发展推波助澜。1995 年 12 月,美国总统宣布成立"电子商务工作组",开始了电子商务立法程序,迄今已经颁布了一系列电子商务法规,为国际电子商务立法提供了很好的参照。

(一)《全球电子商务纲要》

1997年7月1日,美国总统克林顿颁布《全球电子商务纲要》(A Framework for Global Electronic Commerce),正式形成美国政府系统化电子商务发展政策与法规,确定了有关电子商务发展的原则。《全球电子商务纲要》在下列几个方面为各国制定电子商务政策提供了借鉴:

(1) 私营企业应起主导作用;

(2) 政府应当避免对电子商务作不恰当的限制;

(3) 政府需要参与时,其目的也应当是支持和加强一个可预测的、最简单的和前后一致的商业法制环境;

(4) 政府应当认识因特网的独特之处;

(5) 应当在国际范围内促进因特网上的电子商务。

(二)《统一商业法规》

为了鼓励电子商务,美国政府同时支持国内和全球的统一商务法律框架而颁布《统一商业法规》(Uniform Commercial Legal Framework)。这个法律框架将确证、认可、强化和促进美国和全世界的电子商务交易。目前美国各州已采纳了"统一商务法规",这是一个涉及美国商务法重要领域的、范围广泛的法规集。

(三)《电子商务标准》

1999年12月14日,美国公布了世界上第一个电子商务标准——The Standard for Internet Commerce, Version 1.0, 1999。虽然这不是一个法律文本,但有理由相信它在相当程度上规范了利用因特网从事零售业的网上商店需要遵从的标准。整个标准分7项、47款。每一款项都注明是"最低要求"还是"最佳选择"。

为了保证美国的电子商务政策能够得到世界其他国家的响应,美国政府历年来已经和多个国家签订双边协议或共同宣言,确定有关电子商务的原则,保证了美国所提倡的电子商务政策在国际范围内的承认。美国政府通过的电子商务法律还有《因特网免税法案》、《电子签名法》等。

四、欧洲的电子商务立法

为了改善环境,普及电子商务,欧盟已经采取了以下的一系列措施,建立一个稳定、平缓的过渡机制,建立欧盟各成员国政府的统一网络系统,引导各国政府共同参与。

(一) 欧盟的电子商务立法

1.《欧洲电子商务行动方案》

1997 年 4 月 15 日,欧盟提出了《欧洲电子商务行动方案》(A European Initiative in Electronic Commerce),规定了信息基础设施、管理框架和电子商务等方面的行动原则,以提高欧盟的全球竞争力。1997 年 7 月 8 日,欧洲各国在波恩召开了有关全球信息网络的部长级会议,通过了支持电子商务的部长宣言,主张官方应尽量减少不必要的限制,帮助民间企业自主发展以促进因特网的商业竞争,扩大因特网的商业应用。大力发展电子商务,这已经成为欧盟各成员国的共识。

2. 有关电子签名的法案

1998 年 3 月,欧盟发表了《欧盟电子签字法律框架指南》,确立"技术中立原则"。1999 年又发布了《电子签名统一框架指令》,主要用于指导和协调欧盟各国的电子签名立法。其中比较有特色的主要的四个方面:电子认证服务的市场准入、电子认证服务管理的国际协调、认证中的数据保护、电子认证书内容的规范。还规定了认证服务管理的客观透明,适当和非歧视的原则,有关数据保护的规定,对合格证书、签发合格证书的认证服务提供人、可靠签名生成设备的具体要求,全面、细致地规范了认证服务的几个关键环节,可以有效地促进认证服务的规范化。

(二) 欧洲各国的电子商务立法

1. 英国的电子商务立法

20 世纪 90 年代初,英国宣布全面开放电信市场,允许本国和外国投资者经营电信业务,同时政府规定通信网之间必须互相联通。政府还通过制订收费的上限和补贴政策,鼓励全民上网。1997 年 10

月 6 日,英国工贸部发布了标题为《网络的利益:英国电子商务议程》的文件,公布了英国电子商务的发展前景和规划,强调了电子商务在英国向知识经济转型中的关键作用,并提出了发展电子商务的原则框架。1998 年 10 月英国发布《电子商务——英国的税收政策指南》;2000 年 7 月 25 日,颁布《电子通信法》,涉及适用所有通信的电子签名和电子储存规范,电子签名文件具有书面同等的效力。2002 年 3 月 8 日生效的《电子签名规则》对证书服务提供者监督和责任、数据保护等作出了规范。

2. 法国的电子商务立法

法国实施"尤里卡计划"已经多年,电子商务所需的网络、电信技术条件已经跨入世界领先行列。早在 1978 年,法国总统德斯坦就要求财政部长诺拉制订了一项有关"促进社会信息化的计划",向人们展示了未来信息革命的前景。之后,法国政府不断推进信息革命,每年投入 50 亿美元的巨款,以改进落后的通信设备。2000 年 3 月 13 日,法国颁布《电子签名法》,适用于所有电子通信领域。

3. 俄罗斯的电子商务立法

俄罗斯是世界上最早进行电子商务立法的国家之一,1994 年开始建设俄联邦政府网,1995 年俄国家杜马审议通过了《俄罗斯信息、信息化和信息保护法》。1996 年通过了《国际信息交流法》,2001 年通过了《电子数字签名法》草案,规定了国家机构、法人和自然人在正式文件上用电子密码进行签名的条件、电子签名的确认、效力、保存期限和管理办法等。

五、亚太地区的电子商务立法

(一) 日本的电子商务立法

1.《数字化日本之发端行动纲领》

日本政府于 2000 年 6 月推出了《数字化日本之发端行动纲领》,将与信息产业革命有关的政策问题分成三类,并分别从日本国家战略的高度提出了方向性的意见。《行动纲领》明确了网络服务提供者的法律责任,为减少网络服务提供者的责任风险提出了 3 项建议;针对跨国界电子商务的法律问题也提出了相关建议。

2.《电子签名与认证服务法》

2001 年 4 月颁布,在指定认证服务及许可、境外指定认证服务的许可、指定调查机构的调查、调查机构的成立批准等几个方面对认证服务进行了全面细致的规定。其中,对于认证服务的许可、境外认证服务的许可方面,日本采用了须经官方许可的做法,并且对许可的条件、不予许可的情形、许可资格的续展、继承、变更、中止等都做了严格的规定。另一个特色是其中关于相应罚则的详细规定,这是很多国家的电子签名法所不具备的。

(二) 韩国的电子商务立法

韩国的《电子商务基本法》是最典型的综合性电子商务立法,如果要订立一部关于电子商务的基本的、全面的法律,则韩国的做法很有借鉴意义。该法共分六章,包括关于电子信息和数字签名的一般规定;电子信息;电子商务的安全;促进电子商务的发展;消费者保护及其他。这样基本就可以做到对电子商务的各方面都做出基础性的规范。

(三) 澳大利亚的电子商务立法

澳大利亚的《电子交易法》规定了电子交易的有效性并且对其适用范围进行了适当限制。对"书面形式"、"签署"、"文件公示"、"书面信息的保留"、"电子通讯发出、接收的时间和地点"、"电子信息的归属"等进行了规定。从总体上看,该法案属于针对电子交易行为的特殊性,将电子交易中出现的特殊问题作为关键点进行规范的结构类型。

(四) 新加坡的电子商务立法

新加坡于 1998 年颁布《电子交易法》,共有 12 章,分别是基本概念、电子记录与签名、网络服务者责任、电子合同、电子记录与签名的安全性、数字签名的效力、数字签名的一般责任、认证机构的义务、登记人的责任、认证机构的规定、政府机构适用电子记录签名、一般情况的规定。

（五）马来西亚的电子商务立法

马来西亚1997年通过的《数字签名法》是亚洲最早的电子商务法规。该法采用了以公共密钥技术为基础并配套建立的认证机制的技术模式。该法的特点也鲜明地体现为第一部分为对签名的规定，第二部分为对特许认证机构的规范，第三部分则集中对违反该法的法律责任进行了规定。

六、中国的电子商务立法

我国在电子商务的发展方面起步较晚，尤其是电子商务立法方面更显迟缓。

（一）早期的计算机安全立法

1981年，公安部开始成立计算机安全监察机构，并着手制订有关计算机安全方面的法律、法规和规章制度。目前，我国通过的计算机安全法规主要有：

（1）《中华人民共和国保守国家秘密法》（1988年9月5日第七届全国人民代表大会常务委员会第三次会议通过）；

（2）《计算机软件保护条例》（1991年5月24日国务院第八十三次常委会议通过）；

（3）《计算机软件著作权登记办法》（1992年4月6日机械电子工业部颁布）；

（4）《中华人民共和国计算机信息系统安全保护条例》（1994年2月18日国务院令第147号发布）。

（二）有关网络安全的立法

1.《中华人民共和国计算机信息网络国际联网管理暂行规定》

1996年2月1日国务院令第195号发布，提出了对国际联网实行统筹规划、统一标准、分级管理、促进发展的基本原则。1997年5月20日，国务院对这一规定进行了修改，设立了国际联网的主管部门，增加了经营许可证制度，并重新发布。

2.《中国互联网络域名注册暂行管理办法》和《中国互联网络域名注册实施细则》

1997年6月3日，国务院信息化工作领导小组宣布中国互联网络信息中心（CNNIC）成立，并发布了两个条例。中国互联网络信息中心将负责我国境内的因特网域名注册、IP地址分配、自治系统号分配、反向域名登记等注册服务；协助国务院信息化工作领导小组制订我国互联网络的发展、方针、政策，实施对中国互联网络的管理。

3.《中华人民共和国计算机信息网络国际联网管理暂行规定实施办法》

1997年12月8日由国务院信息化工作领导小组制订，详细规定因特网管理的具体办法。与此同时，原邮电部也出台了《国际互联网出入信道管理办法》，通过严把信息出入关口、与用户签订责任书、设立监测点等方式，加强对因特网使用的监督和管理。

4.《刑法》增加有关计算机犯罪条款

1997年10月1日起我国实行的新刑法，第一次增加了计算机犯罪的罪名，包括非法侵入计算机系统罪，破坏计算机系统功能罪，破坏计算机系统数据、程序罪，制作、传播计算机破坏程序罪等。这表明我国计算机法制管理正在步入一个新阶段。

（三）电子商务相关法规

1. 新《合同法》中的电子商务相关条款

1999年3月我国颁布了新的《合同法》，其中涉及电子商务合同的有三点：

（1）将传统的书面合同形式扩大到数据电文形式。第11条规定："书面形式是指合同书、信件以及数据电文（包括电报、电传、传真、电子数据交换和电子邮件）等可以有形地表现所载内容的形式。"

（2）确定电子商务合同的到达时间。《合同法》第16条规定："采用数据电文形式订立合同，收件人指定特定系统接收数据电文的，该数据电文进入该特定系统的时间，视为到达时间；未指定特定系统的,该数据电文进入收件人的任何系统的首次时间,视为到达时间。"

(3) 确定电子商务合同的成立地点。《合同法》第 34 条规定:"采用数据电文形式订立合同的,收件人的主营业地为合同成立的地点;没有主营业地的,其经常居住地为合同成立的地点。"

2. 网上经营登记备案办法

2000 年 4 月,北京市工商行政管理局发布了《北京市工商行政管理局网上经营行为备案的通告》,规定了网上经营行为指在辖区内的市场主体利用因特网从事以赢利为目的的经营活动,以及为经济组织进行形象设计、产品宣传、拍卖、发布广告等的行为。目前,国内各省份均采取了网上经营登记备案办法。

(四)《中华人民共和国电子签名法》

2004 年 8 月 28 日,十届全国人大常委会第 11 次会议表决通过了《中华人民共和国电子签名法》,首次赋予可靠的电子签名与手写签名或盖章具有同等的法律效力,并明确了电子认证服务的市场准入制度。该法共五章 36 条,于 2005 年 4 月 1 日正式生效,是我国第一部真正意义的电子商务法律。《电子签名法》确立了数据电文、电子签名在我国的法律效力,指出了数据电文在何种条件下满足我国法律所规定的"书面形式"、"原件形式"、"文件保存",明确了数据电文的发送、接收及证据力在法律上的认可方式,规范了法律对电子认证服务机构的要求和行政管理模式。

(五)《国务院办公厅关于加快电子商务发展的若干意见》

2005 年 1 月 8 日,我国第一个专门指导电子商务发展的政策性文件——《国务院办公厅关于加快电子商务发展的若干意见》颁布,以政策性文件的形式阐释了国家对我国发展电子商务的若干重要意见,明确了我国发展电子商务的指导思想和原则,确立了我国促进电子商务发展的六大举措。《意见》第一次从政策、法律法规、财税、投融资、信用、认证、标准、支付、物流、企业信息化、技术与服务体系、宣传教育培训、国际交流与合作等多个层面明确了国家推动电子商务发展的具体措施,促进了我国电子商务的发展,为国际电子商务的进步做出了贡献。

(六) 我国港台地区的电子商务立法

1. 香港地区的《电子交易条例》

新千年伊始,香港立法会就通过了香港《电子交易条例(草案)》,并先后于 2003 年 8 月 22 日和 2004 年 6 月 30 日通过了《电子交易条例》(即第 553 章)和《2004 年电子交易(修订)条例》,以及《电子交易(费用)规例》和《电子交易(豁免)令》两个补充规定。这些条例赋予了电子记录及电子签名与纸张文件上的记录和签署同等的法律地位;确立了在香港成立、运作核证机关事项;规定了所提交电子信息的规格、方式及程序,从而为香港本地电子商务活动的开展制订了一个清晰的法律架构,使电子商务可以在"有所依据及稳妥可靠的情况下进行"。

2. 台湾地区的电子商务立法

台湾地区于 2001 年 11 月颁布了《电子签章法》,共有 17 条,是目前结构最精炼、篇幅最短的电子商务法规。《电子签章法》概括了五大原则:

(1) 对电子文件的使用赋予法律效力,并为落实契约自由原则和当事人自治原则的立法精神,规定相对人须明确同意使用电子文件、电子签章;

(2) 排除电子文件签章与"书面、签字盖章"等法定要式行为的适用障碍,规定在特定条件下,电子文件、电子签章应满足法律关于书面、签章要式的要求;

(3) 对于认证机构的管理,采取尊重市场机制的低度管理制度,但要求认证机关应依主管机关制订的作业基准运行并对外公布,以保护消费者权益;

(4) 制订平等互惠原则的国际交互认证条款以适应电子商务国际化环境的发展;

(5) 明确认证机构应承担的损害赔偿责任。

第二节 电子商务的税收法规

作为一种商业模式,电子商务属于经营行为,世界各国对经营行为无疑是课以税负的。但是,目前为了鼓励和促进电子商务的发展,国际组织和多数政府都倾向于电子商务免税,这又和传统税法产生了不平衡之处。由于电子商务行为的模式有别于传统商业,在税收稽征方面又难以统一,这导致了目前各国在电子商务税收政策方面的分歧。

一、电子商务征税的争论

电子商务之所以具有强大的竞争力,根本原因在于多数情形下虚拟交易是无税的。是否该向电子商务征税,这个问题一直是各国政府与工商业界关于因特网发展讨论的重要议题。

(一) 美国政府和国际组织支持电子商务免税

1. 美国政府坚持电子商务免税

1997 年,美国政府就电子商务税收问题阐明了态度:为了不妨碍电子商务的发展,课税应保持中立性;税收必须简单、透明及易于执行;尽量减少繁杂的账簿记载的要求;税收制度必须符合美国及国际社会的税收体系;商品或劳务经由因特网传输者,应免征关税。1998 年 10 月,美国颁布《因特网免税法案》(Internet Taxation Freedom Act; ITFA),宣布了因特网贸易免税政策。

2. 多数国际组织倾向于电子商务免税

1998 年 5 月,克林顿总统亲赴世贸组织部长级会议,敦促各国支持美国关于电子商务完全永久免税的建议。132 个会员国发表了一项不向跨国电子商务征收新的歧视性关税的共同声明;经济合作与发展组织于 1998 年 10 月在电子商务部长级会议中发表声明,表示支持由美国总统所提出的电子商务发展策略,反对针对电子商务活动设置歧视性的法规。29 位出席会议的各国部长声明:政府应积极消除传统纸本作业对于电子商务发展所衍生的障碍，企业可在其商业交易活动中自行选择适当的认证机制。

（二）主张对电子商务进行征税的意见

1. 欧盟对电子商务税收的态度

欧盟认为税收系统应具备法律确定性，采用间接税尤其是增值税，是欧盟委员会原则的一致性体现。同传统的贸易方式一样，商品和服务的电子商务显然属于增值税征收的范畴。电子商务不应承担额外税收，但也不希望免除现有的税收，防止市场发生扭曲。

2. 美国国内主张对电子商务征税的意见

美国的贸易公平说的支持者认为，如果因特网商家不用收取销售税，那么对传统商家而言，就有不平等竞争的意味。对美国各州及地方政府来说，消费者日益增长的网上花费令他们担心将失去地方销售税这一重要收入来源，很多政府机构及其下属组织呼吁终止现在实行的州际因特网销售免税政策。

3. 对电子商务开征新税的设想

加拿大税法学者阿瑟·科德尔和荷兰学者路·休特等人主张按信息单位"比特"对因特网上传输的信息为征税依据，征收所谓"比特税"（Bit Tax，也称"位税"），旨在对全球信息传输的每一数字单位征税，包括对增值的数据交易，如数据搜集、通话、图像或声音传输等的征税。但这种建议显然太过极端、不分性质、不问原因，根本无法做到公正、公平，一出炉就遭到强烈的批评。

（三）电子商务征税的难点

1. 电子商务使纳税主体多样化、模糊化和边缘化

对电子商务的交易行为课税必须首先明确纳税义务人，只有确认纳税主体后，税务机关才可以执行税收稽征。然而，利用网站进行电子商务活动的可能并非是网站所有人，真正的纳税义务人仅仅是利用了网站这个媒体进行了商务活动，通过电子商务交易的内容可能由第三方提供。在目前认证机制尚未完备的情况下，要确认电子商务交易者的正确身份还存在着一定的障碍。

2. 电子商务环境下的交易内容多样化

与传统交易活动不同的是,电子商务的交易内容以服务、知识内容见多,如提供咨询、下载软件或报告,贸易主题反映为信息流,其特征多以数字化形式进行传输。这种无实体的商品形式创新使传统税收体系根本无法对其进行有效监控和定义。

3. 电子商务的纳税环节难以控制

由于电子商务交易对象的不易认定和控制,基于传统有形商品流通过程的流转税无法适用。

4. 电子商务的纳税周期难以认定

同样,电子商务活动的发生周期无法准确认定,征税的基准无法得到确认。

二、美国电子商务税收现状

虽然美国政府重申对电子商务免税的态度,但是作为一个联邦制国家,美国的税收制度极为复杂,州在税收制度方面具有相对的独立性。所谓的电子商务免税并不能一概认为是"所有的电子商务行为全部免税"。在美国,电子商务免税是有限度的,受约束的,因此电子商务公司充分利用现行法律的空间进行业务扩展,留下了大量的法律话题。

(一) 美国的零售税制度

美国的联邦税收制度中并无零售税(Retail Tax)制度,但联邦各州具有一定的主权,尤其是税收方面。零售税是美国州政府及地方政府的重要收入来源,约占全部收入的 50%—60%。目前未实行零售税制度的仅有特拉华、蒙大拿、俄勒冈、新罕布什尔和阿拉斯加 5 个州,其余 45 个州均对商品及劳务的制造、使用和消费开征零售税。

由于美国各州的零售税大多以目的地课税为原则,以消费发生地为课税基础,这就产生了消费者避税的可能,只要在税负较低的邻州购买商品或劳务即可。为了堵塞这一漏洞,各州政府规定,凡没有完纳零售税的交易,一旦带回本州消费或使用,州政府有权"补征"使用税,以资公平。使用税是零售税的补充,目的在于避免辖区居民的逃税和避税行为,而使地方税收蒙受损害。

(二) 电子商务的零售税和使用税问题

由于美国国内的电子商务的交易行为基本上都是跨州交易,在税收管辖方面直接涉及州的财政利益,因此产生了比较严重的冲突。

1. 联邦法院对邮购案的判例

与电子商务的网上交易类似的是在美国广泛开展的邮购交易,由于邮购公司和邮购者往往不在同一州内,是否代行代缴零售税及使用税成为争论的中心。美国有两个著名的联邦法院邮购案的判例可以略见一斑,其意义在于:如果没有国会的决定,联邦最高法院的判决对同类案件已经形成了标准,各州对州外邮购公司的任何课征使用税义务的立法都是违宪的。美国是一个采用普通法的国家,当最高法院的判决形成后,今后凡与该判决事实相同的案件,均受先判效力的拘束。那么电子商务交易能否适用邮购案的判例,对于电子商务的税收问题是至关重要的。

持反对意见者则着重通过比较邮购与电子商务交易方式的差异性,来论证在邮购上确立的原则不能适用于电子商务。反对者认为:两者首先在销售媒介上不同,邮购利用邮件或快递来发送邮购资料,而电子商务利用因特网进行,后者采用的电缆、电话、调制解调器设备较有可能为该州所维持,符合正当法律条款"该州清楚地给予州外销售者保护与服务"的要求;其次是传递速度的不同,电子商务与消费者所订契约是在买方按下鼠标键的瞬间,买卖双方的意思表达完全发生在买方的州内,并无"跨州"交易的产生。

但是美国国会还是倾向于支持邮购案的课税连接标准适用于电子商务,今后凡是物理上出现此课税连接,均适用于电子商务。

2. 数字产品的使用税问题

电子商务交易中广泛涉及的数字产品,目前美国联邦最高法院尚未表示意见。少数州已经对计算机软件的性质加以讨论,大部分州目前还是以有形商品及劳务为使用税的征收对象。

（1）主张计算机软件为无形个人财产，非零售税及使用税课征对象。在1972年法院否定了计算机软件是个人财产税课征对象，认为真正被保留在计算机内的是借由计算机所读取的信息，信息是一种留在机器内的无形知识，很难认定为有形资产，而磁带、磁碟仅是该知识唯一可见的证据，有形介质的灭失并不妨碍保留在计算机内部的知识。

（2）主张计算机软件为有形个人财产，为零售税或使用税的课征对象。但是在最近的判决中，计算机软件被作为有形个人财产。法院认为计算机软件须储存于磁带或硬盘等实体媒介物之内，占据实质空间，具有实体存在性；计算机软件在交付时，不应该改变其性质，无论是以什么方式进行，均为有形个人财产，故须缴纳使用税。

（三）《因特网免税法》

由于美国各州在联邦政府未就电子商务交易的税收问题表态之前，各州各行其是。在这种背景下，《因特网免税法》（ITFA）的颁布具有指导性作用。该法的主要内容体现在：

1. 对电子商务税实行冻结

从1998—2001年，冻结对电子商务的课税。各州不得在规定期间内对于电子商务进行多重或歧视性课税。歧视性课税是指任何由州或其所属的行政部门对于以电子商务方式完成的财产、货物、劳务、信息或近似于的交易课税，但未对采用近似方式进行的交易（如邮购等）课征税收的行为。根据这一法案，美国对电子商务的免税实际上仅限于免征"连接税"（Access Tax），即比照邮购所形成的特例。该法规对其他国家并没有实际上的参考意义。"冻税"的决定在国会一再表决通过延期，政府倾向于获得永久的解决方案。

2. 不再扩增新兴课税权力

该法规定"任何人于本法生效前已存在的收缴税负义务不因本法而扩增"，清楚地说明不扩增既存判例或联邦商业法规中"实质性课税连接"的定义。即使各州的原有法规不因本法而废弃，如加重州际交易的负担,亦将失效。

三、电子商务对我国现行税收的影响

(一) 电子商务对现行增值税的影响

《中华人民共和国增值税暂行条例》规定:在我国境内销售货物或者提供加工、修理、修配劳务,以及进口货物的单位或个人,就其取得的货物或应税劳务金额,以及进口货物金额计算税款。在电子商务时代的跨国或国内交易中,顾客通过上网订购商品将有两种情形:

(1) 如果这类商品并非经由网络电子化传送,例如某公司向国外网站购买某种商品,当这些商品需要离线(Off-line)交易时,电子商务对增值税影响不大,例如这些商品运抵我国海关时,海关依照规定代征进口产品增值税。

(2) 如果这类商品经由网络电子化传送,属在线交易(On-line)情况下,征免增值税的适用法规确有问题。例如:

① 某甲在国外网站通过因特网以电子传送数字化产品给国内某乙,到底是否课征进口商品增值税?假如认定其是进口货物,按税法规定应征收增值税,但实际上政府能否收到这笔税收令人怀疑。因为,依照税法规定,进口货物的收货人或代理人为纳税人。当数字化产品由电子化传送时,这些收货人一般是消费者大众,每宗交易的数量又相对较少,他们一般不会也不可能想到要到税务机关申报纳税,税务机关也很难掌握有关的资料。

② 某乙在国外网站通过因特网向国内用户提供修理、修配的技术支援指导,按税法规定属应税劳务。问题是,在某甲不主动申报的情况下,税务机关发现该类交易的可能性微乎其微。

③ 我国为鼓励货物出口,按《增值税暂行条例》的规定,实行出口货物税率为零的优惠政策。假如有某一纳税人在我国设立的某一网站销售货物或应税劳务给全世界消费者使用,则很难区别内销与外销。在纳税人极力夸大其外销份额的情况下,税务机关无法查核事实真相。

（二）电子商务对我国现行营业税的影响

《中华人民共和国营业税暂行条例》规定，营业税是对在我国境内提供应税劳务、转让无形资产或者销售不动产的单位和个人，就其取得的营业额征收的一种税；境外单位或者个人在境内发生应税行为而在境内未设有经营机构的，以代理者为扣缴义务人，没有代理者的，以受让者或购买者为扣缴义务人。

在跨国交易中，当通过因特网以数字化方式，提供劳务或无形资产给境内使用的，根据规定属应税行为。但是，在认定纳税人时有极大困难。其一，外国劳务提供者可能直接面向大量普通的消费者，给税务机关执法带来困难；其二，很难认定劳务提供者在国内是否有经营机构和代理人；其三，无形资产受让者在网上交易的情况下很难确定，尤其是在数字加密技术普遍采用的情况下。

（三）电子商务对关税的影响

电子商务对关税的影响类似于对增值税的影响。在上述增值税的两种情形中，第一种方式下的交易同目前国际邮购方式无异，在商品经过海关时，按规定予以免征关税。第二种方式下，当通过因特网订购数字化商品时，客户直接由网上下载商品，不必课征关税，这已获国际认同。此外，由于我国对低于一定金额下的物品免征进口关税，在未来跨国界小额进口逐渐取代中间代理商品进口且将有形商品转化为数字化商品的情况下，将会对我国关税收入有所影响。

（四）电子商务对现行所得税的影响

1. 电子商务对所得来源地认定的影响

目前，我国对非居民仅就来源于国内的所得征税，而对居民则对境内外所得全部征税。假定我国居民在美国设立一个网站，直接通过因特网向全世界销售商品，则我国居民由该网站取得的所得如果双方均认为来源于本国，则将造成双重征税。

2. 电子商务对所得种类的影响

在我国实行分类所得税制，不同种类所得适用不同的税率。电子商务时代,营业所得、特许权收入、劳务报酬等所得之间的分类变得模糊不清。

(1)如果这些数据类似书籍杂志刊载的数据,电子化传送与取自实体文件并无不同,应属营业利润。

(2)如果这些数据资料是专为顾客搜集加工的,属提供劳务一类。

(3)如果这些数据资料是特别为顾客开发程序之用,属智力财产,应视为特许权使用。

在上述情况下,对电子商务交易的不同认定将会导致对所得税适用的影响。由于所得类型模糊化,又将导致新的避税行为。

(五) 电子商务对现行涉外税收的影响

1. 电子商务对总机构认定的影响

《中华人民共和国外商投资企业和外国企业所得税法》规定,外商投资企业的总机构设在我国境内,就来源于中国境内、境外所得缴纳所得税。

在因特网未盛行时,总机构是指在我国境内设立的负责该企业经营管理与控制的中心机构,必须有实体建筑物的存在。然而网络科技盛行之后,在网上通过可视会议系统的通讯技术,即使不具有实体建筑物,仍然可以在境外进行管理与控制。在这种情况下,如何认定总机构地点实际上是困难的。

2. 电子商务对固定营业场所的影响

如前所述,依我国税法规定,非居民如有来源于我国境内的所得,在没有税收协定的情况下,我国必须对此所得课税。然而在与非居民所在国有税收协定的情况下,非居民企业若在我国有"营业利润",当该营业利润并非通过该非居民企业设在我国的常设机构(Permanent Establishment;PE)所取得时,我国无权对此课税。

传统的PE是指一个企业进行全部或部分营业的固定营业场所,其概念包括两种:经营的固定场所,包括管理机构、分支机构、办事处、工厂、车间等,但专为采购货品用的仓库或保养场所而非用以加工制造货品的,不在此列;营业代理人,但此代理人如果是为自己经营的,则不在此列。

在电子商务交易中,由于可以任意在任何国家设立或租用一个服务器,成立一个商业网站,PE的传统定义受到挑战。假定一外国企业在我国设立网站,提供商品目录,直接接受全世界顾客的订货而完成交易行为,但交易的其他流程并不在中国进行,此种情况下网站的经营的性质值得探讨。

3. 电子商务对转移价格的影响

在电子商务普及的情况下,利用转移价格避税的问题将更为普遍。传统交易中利用转移价格避税已屡见不鲜,税务机关均使用可比较利润法、成本加价法、转售价格法等对非常规交易的价格和利润进行调整。在电子商务时代,赢利企业可通过因特网或内部网络从事交易或进行价格转移,这势必对传统的转移定价调整方法带来挑战。

4. 电子商务对国际税务合作的影响

由于电子商务对各国税收带来的影响不尽相同,各国之间税收利益也必须作新的调整。某些国家是信息技术大国,势必利用其技术上的优势地位损害其他国家利益。例如,美国前总统克林顿在《全球电子商务纲要》中宣布因特网应为免税区,产品及劳务如经由因特网传送者,均应一律免税。由于美国是信息输出大国,其主张当然对自身有利而遭其他国家反对。如此种种,必将带来新的国际税收冲突以及为解决冲突而进行的新的国际税务合作。

第三节 电子合同及其法规

电子合同是电子商务交易的必要构成,是电子商务交易活动完成的保证。在美国电子签名联邦法律正式签署生效前,电子签名就已经在40多个州合法化了,而且有相当一部分数量的公司在使用这种新方法。

一、电子合同

（一）电子合同的概念及特征

1. 电子合同的概念

电子合同是电子商务交易双方所签署的交易合约，以数据电文（指以电子、光学、磁或者类似手段生成、发送、接收或者储存的信息）的方式列明交易的条款，并经电子签章的法律文件。

2. 电子合同的特征

（1）合同的要约和承诺都通过因特网进行。电子合同的当事人通过电子数据的传递来完成，电子数据的交换具有自动审单判断的功能，完全通过因特网来完成，不存在传统意义上的协商过程；

（2）合同的传递通过因特网进行。电子合同通过网络链接在当事人双方的计算机终端间传递；

（3）合同的成立、变更和解除不需采用传统的书面形式。电子合同内容完全可以以电子文件的方式储存在非纸质中介物上；

（4）合同的成立不需要经过传统的签字。在电子合同中，由于合同签约双方不可能直接面对，亲笔签字的做法显然是不合实情的，一种所谓的"电子签名"被广泛应用，并被越来越多的国家所承认。

（二）电子合同的订立

1. 电子合同当事人意思表达的真实性

各国法律都规定合同的订立必须反映当事人的真实意思，如果当事人的意思有错误或有重大的误解，那么合同可能被认为是无效或者予以撤销。电子合同的订立是利用计算机网络，由事先编制的程序自动发出要约或表示承诺，从而订立合同。电子合同的订立的一个重要特征是完全自动化，订立合同的过程基本上是没有人为的干扰的。但是，这并不能表明电子合同的订立能够完全反映当事人的真实意思，因为：

（1）计算机在缺乏所有者的控制时，可能会发出一个合同要约，但并不反映订立合同时某一方当事人或更多方当事人的意图；

（2）如果发出不反映发送意图的电文，计算机会自动执行，往往是在交易结束后才被发现。这种情况会导致严重后果,已经成为一个新的法律问题,引起了国际上的广泛关注。

前欧共体委员会在《关于通过电子商务订立合同》的研究报告中指出,可以把计算机的运作拥有最后支配权的人确认为由他同意的计算机所发出的要约和承诺的人,并由他对计算机系统所做的一切决定承担责任。

2. 电子要约的可否撤销问题

目前各国合同法都认为,合同是经由一方的要约被另一方所接受而成立的。但各国对要约的撤销的具体规定并不完全相同,英美法系和大陆法系存在严重分歧。英美法系认为在受要约人对要约作出承诺之前要约可以撤销。大陆法系认为要约原则上对要约人有拘束力,规定了有效期的要约,在要约的有效期内不得撤销;未规定有效期的要约,则通常依照具体情况在渴望得到答复前不得撤销。

通过电子商务方式发出的要约,是否可以撤销,这是一个值得探讨的问题。因为电子商务方式传递的速度太快,而且当受要约人的计算机系统收到要约或订单的电子信息后,便可立即自动处理,并发出承诺的电文,在这种情况下,要约就很难有撤销的机会。对此,各国法律还没有制订适用于电子商务的专门规定。

二、电子签名及认证
(一) 电子签名
1. 电子签名的特征

电子签名是指数据电文中以电子形式所含、所附用于识别签名人身份并表明签名人认可其中内容的数据。通俗地说,电子签名包括用于识别签名人身份并表明签名人认可其中内容的程序或者符号、声音等数据,签名人加密后把签名文件发送给交易对方,交易对方收到的签名文件是一堆"乱码",需解密后验证。

《中华人民共和国电子签名法》第十三条规定电子签名同时符合下列条件的,视为可靠的电子签名:

（1）电子签名制作数据用于电子签名时,属于电子签名人专有;

（2）签署时电子签名制作数据仅由电子签名人控制;

（3）签署后对电子签名的任何改动能够被发现;

（4）签署后对数据电文内容和形式的任何改动能够被发现。

2. 电子签名的法律责任

《中华人民共和国电子签名法》第27条、第28条和第32条明确了电子签名人的法律责任。

（1）电子签名人知悉电子签名制作数据已经失密或者可能已经失密未及时告知有关各方、并终止使用电子签名制作数据,未向电子认证服务提供者提供真实、完整和准确的信息,或者有其他过错,给电子签名依赖方、电子认证服务提供者造成损失的,承担赔偿责任。

（2）电子签名人或者电子签名依赖方因依据电子认证服务提供者提供的电子签名认证服务从事民事活动遭受损失,电子认证服务提供者不能证明自己无过错的,承担赔偿责任。

（3）伪造、冒用、盗用他人的电子签名,构成犯罪的,依法追究刑事责任;给他人造成损失的,依法承担民事责任。

（二）电子签名的认证

1. 电子签名认证制度

在电子商务交易中,双方使用电子签名时,考虑到目前中国社会信用体系还不健全,为了确保电子交易的安全,需要由第三方对电子签名人的身份进行认证,向交易对方提供信誉保证。这个第三方一般被称为电子认证服务机构。《电子签名法》设立了认证服务市场准入制度,明确由政府对认证机构实行资质管理的制度。电子认证服务机构从事相关业务,需要经过国家主管部门的许可。

2. 电子签名认证证书

电子签名认证证书,是指可证实电子签名人与电子签名制作数据有联系的数据电文或者其他电子记录,具体应该包括:

（1）签发电子签名认证证书的电子认证服务机构名称;

（2）证书持有人名称;

（3）证书序列号；

（4）证书有效期；

（5）证书持有人的电子签名验证数据；

（6）电子认证服务机构的电子签名；

（7）信息产业部规定的其他内容。

第四节　电子商务的知识产权保护

在国际上，知识产权的保护已历百年，但是近年来由于因特网事业的快速发展、全球电子商务的急剧增长，知识产权的国际保护制度面临新的严峻挑战。电子商务往往涉及知识财产的销售和许可证交易，为促成一个有效的电子商务环境，必须确立清晰和有效的保护版权、专利和商标的适当有效的法律框架。

一、网络版权问题

因特网上存在的大量电子书籍、音像制品和软件产品的任意下载行为侵犯了原著作权所有者的版权，也侵犯了电子商务经营者的利益。野蛮地掠夺了著作权所有者的劳动，也是对网上知识产权市场的沉重打击。

（一）网络版权保护的国际公约和协议

1.《保护文学和艺术作品的伯尔尼公约》

1887年9月，有10个国家签署了《保护文学和艺术作品的伯尔尼公约》，并于1896年5月4日在巴黎补充完备。此后又经多次修订和完备，并于1971年9月28日再次更改。《伯尔尼公约》确立了一系列著作权保护基本的原则，是目前最重要的版权保护国际公约，主要内容包括：

（1）确立了国民待遇原则；

（2）自动保护原则；

（3）独立保护原则，也叫著作权的独立性原则。每个成员国对外国作者提供的法律保护,都是依照本国的法律来进行保护,依照本国的国内法来向外国作者提供法律的实体保护,其保护水平不能低于《伯尔尼公约》的最低要求;

(4)最低标准保护原则。各个成员国给予的保护的最低限度,不能低于《伯尔尼公约》特别规定的权利。

2.《世界知识产权组织版权条约》

1996年12月,参加世界知识产权组织(WIPO)日内瓦会议的代表通过了《世界知识产权组织版权条约》(WCT)。这是一项有关《伯尔尼公约》的协议,更新了长期以来保卫著作完整性的各项法律。各国代表还通过了一项有关保护音响作品的生产者和表演者的新协定。世界知识产权组织的157个成员国正在讨论签订一项新的国际协定。

3. WTO 的《与贸易有关的知识产权协议》

WTO总共有21个文件,《TRIPs 协议》是 WTO 关于知识产权的一个综合性的多边条约,《与贸易有关的知识产权协议》是其中的一个。加入了 WTO,就意味着要遵守一系列的规则和法律文件。《TRIPs 协议》有一个原则,就是它完全接受《伯尔尼公约》的规定,一旦一个国家加入了世界贸易组织,即使没有加入《伯尔尼公约》,也要执行《伯尔尼公约》的规定。

《与贸易有关的知识产权协议》第10条第一款规定:无论以源代码或以目标代码表达的计算机程序,均应作为《伯尔尼公约》1971年文本所指的文字作品给予保护。第二款规定:数据或其他材料的汇编,无论采用机器可读形式还是其他形式,只要其内容的选择或安排构成智力创作,即应予以保护。这类不延及数据或材料本身的保护,不得损害数据或材料本身已有的版权。

4. 有关数据库的知识产权保护

欧盟于1996年3月11日颁布《数据库指令》,该条文已于1998年1月1日到期,在此指令的原则下,成员国纷纷颁布新法令,对不具创意的数据库加以保护。该指令采用双轨制,以著作权保护数据库内容,对于投入相当人力、技术及财力的资料,给予 15 年的保护权。但是在数据库保护方面,仍然存在着严重的分歧。根据著作权法的原理,资料和数据库取得著作权的要件是必须具备原创性。对于未具备原创性的资料和数据库是否应予保护,一直存在着分歧。

目前,世界各国、各地区和国际组织对数据库的保护大致上可以分为三类:

(1) 以编辑著作保护。如美国、德国、世界贸易组织、世界知识产权组织、伯尔尼条约及中国台湾等;

(2) 在著作权法中单独立项,承认数据库为著作权的一种,与文字、音乐、计算机程序等并列。这方面的代表有日本、欧盟以及北欧国家;

(3) 单独立法加以保护。

5. 美国的《千禧年数字化版权法》

1998 年美国通过了《千禧年数字化版权法》(Digital Millennium Copyright Act),其主要内容为:规定了网络服务提供者享受责任限制待遇的前提条件,网络服务提供者必须拒绝为反复实施侵权的用户提供服务;网络服务提供者不得干预版权人采取的标志或保护其版权作品的技术措施;为网络服务提供者规定了两种责任限制条款,从而确定了责任限制制度适用的具体情形;规定了责任限制制度的具体内容。这一法案旨在引导网络服务提供者积极配合权利人追究网络用户的侵权责任,目的在于解决问题而非追究责任。

(二) 网络版权侵权形式

目前的网络著作侵权案件主要有三种情况:一是网络对传统著作权的侵权行为;二是传统媒介对网络著作权的侵权行为;三是网络对网络著作权的侵权行为。

1. 网络对传统著作权使用、转载侵权

网络媒体使用的大量内容来自传统的出版物,且网络转载的普遍性往往忽视对原著作权者的尊重和保护,导致著作权人的追究。世界排名居前 50 位的 Napster.com 的下载软件可以让浏览者发送数字音乐文档，其用户估计达到了 2 500 万，但是却没有人向原著作权所有人支付版税。据 Forrester 研究公司估计，Napster. com、mp3. com 等数字音乐网站给美国唱片业带来了 30 亿美元的损失，而出版业因盗版也至少蒙受 15 亿美元的损失。美国录音协会（RIAA）、美国作曲家作者与出版者协会（ASCAP）、哈里福克斯公司以及其他录音工业巨头联合起诉了 mp3. com。2000 年 9 月，美国联邦法院判决 mp3. com 必须向总共 5 000—10 000 张唱片按 25 000 美元/张的价格支付法律赔偿。Napster. com 也被联邦法院判决侵权而面临着巨额赔偿。这两个判例被看作是"网络免费午餐"的终结。

在国内，对网络媒体侵权的诉讼一直在持续。2000 年 9 月 18 日，张洁、张抗抗、刘震云、毕淑敏、王蒙和张承志 6 位作家起诉世纪互联通讯技术有限公司，诉称未取得授权同意，擅自在其网站"北京在线"上登载 6 位作家的作品，侵犯了作家对其作品享有的使用权和获酬权。2000 年 12 月 19 日，北京市第二中级人民法院审理了刘京胜诉搜狐爱特信公司侵犯其译著《唐吉诃德》著作权案，一审判决被告搜狐公司赔礼道歉，赔偿人民币 3 000 元。2000 年 12 月 27 日，《大学生》杂志一纸诉状把 263 首都在线网站所属的北京京讯公众信息技术有限公司告上法庭，声称对方所提供的免费个人主页侵犯《大学生》杂志的著作权和名誉权。2001 年 2 月 24 日，中央电视台编剧徐小斌与《诗刊》副主编叶延滨分别因他们的新书《出错的纸牌》和《路上的感觉》，未经授权被多家网站刊发，而将新浪、搜狐与多来米网站告上法庭。

2. 传统媒体对网络著作权的侵权

由于网络上的各类信息资源极为丰富，因而成为很多传统媒体，尤其是报纸的一座富矿，加上主观和客观上的原因，侵权行为于是屡屡发生。以"《电脑商情报》被诉侵权案"为例，原告陈先生于 1998 年 5 月 10 日以"无方"为笔名，在其个人网页《3D 芝麻街》上发表了《戏说 MAYA》一文，并注明"版权所有，请勿刊载"。而被告《电脑商情报》在未经他同意的情况下,于 1998 年 10 月 16 日将这篇文章登在其第 40 版上。陈先生认为自己的著作权被侵犯而向法院起诉并胜诉。

1997 年 9 月中国电影出版社推出了《悲情王妃戴安娜》一书,并宣传这是"网络版本",纯系翻译网上信息而成;1999 年 10 月贵州人民出版社仅用了 12 天就根据网上资料编写出版了反映亚洲金融危机的《金融风暴》一书。在立法方面,对网络著作权的保护一直滞后,网络侵权现象屡见不鲜。

3. 网络对网络著作权的侵权

(1) 对网页的著作权侵犯。这类侵权行为更多地表现为对其他网站的信息资源著作权的侵犯,因为技术上的便利而十分常见,成为侵犯网络作品著作权主要部分。1999 年 4 月中旬,由新华社、人民日报社、中央电视台、中国青年报社牵头,国内 23 家有影响的上网媒体首次相聚北京,原则通过了《中国新闻界网络媒体公约》,呼吁网上媒体应充分尊重相互之间的信息产权和知识产权;呼吁全社会尊重网上的信息产权和知识产权,坚决反对和抵制任何相关的侵权行为。

在被称为"中国网络主页侵权第一案"的"瑞得诉东方案"中,原告北京瑞得公司认为被告四川东方信息服务有限公司的主页,从整体版式、图案到栏目名称均与瑞得公司主页雷同,瑞得公司的徽标和搜索引擎"看中国"也被复制,因而认定被告侵犯了其因特网上主页的著作权,索赔 19.99 万元。经法庭调查取证,认定被告侵权成立,判决被告向原告公开道歉,赔偿 2 000 元,对原告的巨额赔偿要求则不予支持。另该案受理费 5 508 元,由原告负担 5 400 元,被告负担 108 元。

(2) 网页链接的知识产权问题。链接是网上使用较多的一种技术,一般通过字符或图形来进行,只要点击即可将网页跳至指定的目标页面,被利用的字符或图形被称作"锚"。链接可以是与自己网站的其他页面之间,也可以与其他网站的页面进行链接。这种链接可以分成两种情况,即经许可的与非经许可的。最常见的就是网站与其他网站之间进行合作,互相提供链接服务,这对双方都是有利的。未经许可的"盗链"行为不一定会被追究,如果对方认为这种链接有利于自己的话,会默认这种行为,甚至是希望被别人链接。但是,如果对方认为这样对自己不利或者链接者利用自己的网站知名度以提高网站声望的话,纠纷就不可避免了。我国目前对于网上的知识产权问题还没有明确的法规进行规范,今后发生大规模纠纷的可能性是存在的。

(三) 我国对网络版权的保护

1.《著作权法》对网络著作权的保护条款

我国 1990 年颁布的《著作权法》对版权作品在网上的传播没有专门的规定,在 2001 年的《著作权法》修订版中,在第五章"法律责任和执法措施"第四十七条第四款规定了"未经录音录像制作者许可,复制、发行、通过信息网络向公众传播其制作的录音录像制品的,本法另有规定的除外",但具体界定、罚则等均未作详细说明。

2. 最高人民法院《关于审理涉及计算机网络著作权纠纷案件适用法律若干问题的解释》

2000 年 12 月,最高人民法院公布了《关于审理涉及计算机网络著作权纠纷案件适用法律若干问题的解释》,2003 年 12 月 23 日又发布了《关于修改〈最高人民法院关于审理涉及计算机网络著作权纠纷案件适用法律若干问题的解释〉的决定》。解释分别就网络著作权侵权纠纷案件的管辖、受保护的网络作品形式、网络作品侵权界定、侵权的责任、侵权追索等均进行了严格的规定。

3.《互联网著作权行政保护办法》

由国家版权局和原信息产业部颁发,2005 年 5 月 30 日起施行。办法总共有 19 条,是对《著作权法》在网络领域的延伸进行的相关补充。办法界定了著作权人在受到网上侵犯时采取措施的权限以及对侵权者进行处罚的依据及标准。但是第十二条"没有证据表明互联网信息服务提供者明知侵权事实存在的,或者互联网信息服务提供者接到著作权人通知后,采取措施移除相关内容的,不承担行政法律责任"。这明显是一个漏洞,侵权者在主动承认并停止侵权行为后即可不受制裁,这似乎是对网络侵权行为的一种鼓励。

4.《信息网络传播权保护条例》

经国务院第 135 次常务会议通过,温家宝总理签署国务院令颁布,自 2006 年 7 月 1 日起施行。条例共有 27 条,对网络信息传播的著作权界定、著作权保护范围、侵权行为的认定、侵权行为的处罚等进行了明确的规定。条例是迄今为止我国对信息网络传播权保护的最高层次法规,但是仍然为恶意侵犯网络著作权留下了可利用的空间。

二、域名的知识产权问题

(一) 域名的知识产权性质

域名是否属于知识产权,这个问题在理论界曾经有着广泛的争论。域名肇始于因特网系统管理制度,因特网管理机构分配给上网单位一个数码地址,而上网者可以申请与之匹配的英文字母名称即域名,显然引起知识产权争端的是由使用者申请的文字域名部分。域名具有唯一性,随电子商务的发展越来越凸现出其无形价值。国内专家学者的意见认为,域名具有知识产权性质,有的从商标效应方面考虑,有的从商誉角度分析,有的则明确将其列为与商标、商号并列的商标标记权,有的则侧重于深究域名的唯一性和作为相对有限的资源稀缺性来说明其无形价值与知识产权之间的关联。目前,域名已经广泛地被用作一种商业标示符号,商业组织已经意识到域名在电子商务发展中的巨大潜力。美国在 1999 年通过了《反域名抢注消费者保护法》(Anticybersquatting Consumer Protection Act; ACPA),明确了域名的知识产权性质并予以保护。

(二) 域名的知识产权冲突

域名的知识产权冲突主要体现在所谓"域名抢注"方面。

1. 恶意抢注

恶意抢注即有人别有用心地将别人的知名商标、商号或其他标志注册为域名,再以高价售回给知识产权的所有人。这种行为是以明显的赢利为目的的,各国目前都倾向打击这种行为。由于域名问题究竟是否属于法律范畴,是否受相应的知识产权法律和《商标法》约束,在司法实践中却没有定论。在一段时间里,域名被他人强注、抢注,企业除了以反不正当竞争的理由进行法律行动,别无他法。2000年2月22日,世界知识产权组织宣布,该组织裁决和调解中心已经对数起将他人商标抢注为域名的案件作出裁决,判令抢注者把域名交还给商标持有者。这是世界知识产权组织裁决和调解中心根据1999年12月生效的《域名争端统一解决办法》作出的首批裁决。根据这一办法,一批著名商标被抢注域名的案子有可能出现转机,但是这还并不能说明今后域名抢注现象会销声匿迹。

在我国,恶意抢注的司法诉讼也多次发生。1999年9月21日,北京市第二中级人民法院公开审理了首例涉外域名侵权案。世界著名家居用品公司的商标宜家被北京国网信息有限公司抢注,宜家状告这家公司属于不正当竞争,要求其促销对该域名的注册。结果国网公司败诉,随后美国宝洁公司又把"国网"推上被告席,指控"国网"非善意将"宝洁"的卫生巾产品的知名品牌"护舒宝"注册为域名,构成不正当竞争。已经证实国网公司在因特网上注册了上千个域名,其中包括"杜邦"、"玉兰油"、"陶氏"、"登喜路"等200余个以世界著名商标或商号为名的域名。

2. 非恶意抢注

非恶意抢注属于域名引发的权利冲突。在有些情况下,域名注册人并无抢注之心,而是由于自身原因使用了偶尔与他人商标或商号相同的域名。由于域名的唯一性,致使域名注册人与知识产权人发生冲突。如果是知识产权所有人的商标或商号并非相当出名,那么这种冲突是难以避免的。域名虽然越来越具有商业价值,但是它与商标、商号等知识产权制度之间缺乏必要的联系与沟通。

一个被注册过的域名，如果未能在有效期结束前及时续费，则会在一段时间后被删除，在被删除后的第一时间内，抢先注册到该域名的行为，视作另一种抢注。这种抢注是合法的行为，原注册者由于本身的疏忽而导致域名被抢注，并不能以《域名争端统一解决办法》来裁决，毕竟放弃权利一方已经无法享有独占权了，也不能无端排斥他人拥有这个权利。目前社会上有不少个人甚至组织在进行这种抢注，并获得商业利益。

我国目前主要由中国互联网络信息中心根据《中国互联网络信息中心域名争议解决办法》来解决，其基本精神还是基于《域名争端统一解决办法》。

三、电子商务模式专利的保护

在电子商务领域，商业模式的创新具有巨大的价值空间，许多获得成功的电子商务案例，实质上都是交易模式创新的成功。保护自己的商业模式，是保证电子商务成功并持续发展的根本。作为一种商业模式创新形态，电子商务模式实际上是一种经过改进的网络交易程序，目前在美国把其纳入专利保护的范畴。

（一）电子商务模式专利的构成

电子商务模式专利是指电子商务框架中与传统的商务手法、框架明确不同的崭新的东西。1998 年美国联邦法院判决一家财务公司的一种对共同基金进行市场价值评估的模式的专利成果是"实用、具体而且是实际存在的"。此后，联邦法院又确认了一家长途电话录音系统中添加记录内容的程序的有效性，Priceline.com 则为其使用的减价拍卖模式申请了专利。此后，网上商业经营程序大量申请专利。电子商务模式专利必须具有下列特征：

（1）申请专利的软件和/或方法不能是自然规律、自然现象或抽象观念；

（2）软件和/或方法必须实用，最终能产生"有形"效果；

（3）软件和/或方法必须新颖，与先前的知识或创新区别开来；

（4）软件和/或方法必须不能是显而易见的,必须是一项具体的发明,而不仅仅是思维程序的创新。

(二)电子商务模式专利的保护

1980 年代,美国里根政府采取以专利权为中心的知识产权保护强化政策,形成了对专利权者的强力保护,也引致对软件保护的扩大。1982 年美国最高法院的判决承认了软件专利,1987 年美国专利厅审查指针的修改明确了软件专利的对象,1996 年审查指针的修改切实扩大了对软件的保护。1998 年美国高等法院明确商务方法亦为专利对象,这个判决使商务模式被正式引为专利对象。

(三)电子商务模式专利的争论

但是,电子商务模式专利也引起了众多争论,如一些电子商务管理模式已经在行业中广泛使用,专利的确立将导致众多利益群体的损害,从而引发争议。2000 年 7 月,美国专利与商标局为一种新型银行支付管理系统颁发了专利,结果发现该专利方法已经在银行使用多年。2000 年 8 月美国弗吉尼亚一家名为 DE 的小公司自称其拥有国际贸易联网交易程序专利,将向利用计算机进行联网国际贸易的企业收取相当于贸易额 3% 的费用。这显然将影响到所有的网络使用者,争议极大(见表 5.1 所示)。

表 5.1 具有极大争议的电子商务专利举例

公 司	专 利 号	说 明
微 软	专利#5860073	在电子出版系统中使用"版面风格文件"
索 尼	专利#5060411	通过网络实行"点击购物"的订货方法或体系
亚马逊	专利#5978807	自动下载和储存网页的设备和方法
亚马逊	专利#6029141	鼓励子公司通过网络链接的方式进行销售的方法

资料来源: Bureau of National Affairs, Computer Technology Law Report, Vol. 1

第五节　电子商务道德与犯罪问题

网络是一个自由的商业空间,电子商务的发展为各国的经济作出了贡献,也为广大消费者的生活改善提供了方便。但是因特网的无国界使电子商务活动的管辖变得复杂。传统的商业规则是否能够得到充分的遵守,或者讲电子商务能否得到有效的管理,网络消费者的权益能否得到保护,网络犯罪能否得到遏制等等都是首当其冲的问题。由于网络世界的开放性和跨文化性,不同的道德准则会产生冲突,也使得电子商务更加复杂。

一、电子商务中的消费者权益与保护

基于因特网这个开放空间的电子商务,也面临其所带来的便利和危害。危害的表现就是由于电子商务的交易一方不负责的行为对网络另一方形成的侵害。"柠檬"在美国俚语中表示次品或不中用的东西,而在市场中,由于买卖双方对商品存在信息不对称所导致的正常市场价格机制的失灵,就称为"柠檬问题"。利用网络的信息不对称而对消费者进行欺诈,也是一种典型的"柠檬问题"。

(一) 电子商务中消费者权益侵害的类型

1. 对消费者知情权的侵害

(1) 虚假信息。电子商务的交易者有意向消费者提供虚假的商品信息,欺骗消费者,如夸大产品性能和功效、以次充好、虚报价格、虚假服务承诺、夸大产品用途等,或者在网上商店展示商品时,有意或无意地向消费者提供不完整的信息、遗漏信息,如产品产地、生产日期、保质期、有效期、产品检验合格证明等。

(2) 虚假广告。网络经营者利用网络广告工具向消费者发布虚假产品和服务信息,误导消费者。

2. 对消费者公平交易权的侵害

(1) 商品与订购要求不符。在电子商务下,消费者面对的是网络中商品的图像和经营者提供的有关商品信息，而不是商品实物。消费者在网络上实施订购后，还要等待实际交货时才能确认是否与订购的商品一致，容易带来实际交货商品的质量、数量、价格与所订购的商品不一致的侵权现象。

（2）售后服务难以保证。由于电子商务虚拟化经营的特征，经营者作出的售后服务承诺常常难以兑现。售后服务的提供、提供的方式与传统领域有天壤之别，往往形成对消费者的侵害。

（3）退换困难。如果发现实际商品与订购的商品不一致或者不满意要求退换货时，其成本将是非常高的，而经营者往往会采用各种方法予以拒绝，甚至根本不作反应。消费者往往也考虑到这种高成本，而放弃退换权力，这又助长了更多的网络欺诈行为。

（4）配送缓慢。电子商务最终都要经过物流配送环节，但由于我国目前的物流配送系统建设相对滞后，经营者向消费者承诺的交货时间难以兑现，常常要经过较长的等待期。

3. 对消费者选择权的侵害

（1）强制条款。在进行电子商务交易时，往往要签订电子协议，许多经营者就设定一些强制性的条款，消费者即使不同意也必须接受，否则，交易不能进行。比如，强制要求消费者同意网站制定的格式协议；强制要求消费者接受经营者的不合法声明，如"……与本网站无关"、"本协议的最终解释权归本网站"等等，使消费者与网站之间存在着严重的信息不对称现象，消费者除了同意之外，似乎也别无他法。

（2）强制链接、浏览。经营者为了开展业务，往往与多个网站建立友好链接，这本来是为消费者提供的方便之举，但是一些不法经营者却将这种友好链接设定为强制链接。更可恶的是，个别网站还强行修改消费者的浏览器设置，将其网站设为主页，使消费者每次上网必须先浏览其产品。在网络广告中，弹出广告的效果比较明显，而网站就无限制地设置弹出窗口，强制浏览广告页面，影响了用户的正常浏览，已经激起浏览者的公愤。美国 L. L. Bean 公司曾经对在自己网站上自动弹出广告的4家公司提起诉讼。

（3）强迫接受。有的网站暗中利用软件技术"劫持"消费者强行接入价格昂贵的国际长途电话系统，使消费者在浑然不知的情况下付出高昂的国际话费；或者是强行弹出广告页面，干扰正常的浏览；或者是强迫用户安装其软件，从而达到控制用户行为的目的，消费者把这种软件称为"流氓软件"。

（4）强制接受付款方式。在传统交易模式下，消费者可以任意选择付款方式，但在电子商务中，经营者往往强制要求消费者采用网上支付或银行汇款的支付方式，从而侵害了消费者的自主选择权。而通过银行汇款容易出现的问题就是：如果商家收到款不发货，消费者更是投诉无门，因为你根本就不知道把钱汇给了谁。

4. 对消费者求偿权的侵害

（1）侵权对象认定困难。经营者为了交易方便或其他原因，有时会提供多个网站和网络名称，而且这些网站往往没有进行注册登记，这就导致经营者在实施侵权行为后，消费者和监管部门难以找到现实中的经营者，使消费者的求偿权难以实现。

（2）侵权取证困难。由于电子数据易于修改，在电子商务中经营者在发现侵权行为被追查时，往往利用技术手段修改或毁灭侵权证据，使消费者和监管部门对数据的真实可靠性难以确定，甚至根本就无从取证。

（3）侵权责任认定困难。电子商务涉及多个环节，消费者权益被侵害，往往不是某一个环节造成的，各个环节之间的扯皮使侵权责任认定难度增加，影响消费者求偿权的实现。

（4）司法管辖认定困难。电子商务打破了地域时空限制，消费者可以与任何国家的任一商务网站进行电子交易，并无视这个国家文化、法律等方面的差异。在实际交易活动中，有时一笔电子商务可能涉及几个国家和地区，消费者的求偿权就可能受到立法差异、管辖权限等方面的阻碍，而这种跨国纠纷的解决是要花费很高成本的，这就使消费者的求偿权更难以实现。

5. 纯粹的欺诈对消费者财产权的侵害

由于电子商务的虚拟性,很多不法分子公然在网上进行欺诈活动,以虚假信息吸引消费者购买,在接受了货款后不提供任何商品或服务,甚至在社会上"蒸发",使消费者蒙受财产的损失,且难以进行追索。

(二) 电子商务的消费者保护法规

在某种程度上讲,虚假网络信息已经构成了欺诈行为。根据美国 ActiveMedia 研究公司对 1 000 家有网络销售业务的公司所作的调查显示,网络欺诈带来的损失和传统交易因欺诈所致的损失相当,美国每年网络欺诈带来的损失可能近 100 亿美元。在法律和法规范畴进行有效防范是当务之急。

1. 美国对网络侵权行为的法律措施

美国在消费者保护方面已经建立起一套完善的法规体系,同样对电子商务的交易活动起作用。美国联邦贸易委员会(FTC)在 2000 年 5 月颁布了一套指标来规范网络广告。这些指标对立法根本、对行为进行公开的要求、公开的标准都进行了严格的规范,并且重新界定了一些法律术语。从某种程度上说,FTC 管理了网络广告,防止了违反法规的行为发生,但是对于浩如烟海的网络信息而言,其有效性和局限性都是非常明显的。

2. 欧盟的网络消费者保护法规

1997 年欧盟颁布了《欧盟关于远距离合同中消费者权益保护指令》,宗旨是在欧盟范围内协调利用远距离通信技术订立合同过程中涉及的消费者权益保护的法律问题。

3. 我国的网络消费者权益保护

我国目前还没有全国性的网络消费者权益保护的相关法规,即使在电子商务相关的法规如《电子签名法》中也没有明确消费者保护问题。目前只有北京市工商局在 2000 年颁布了《北京市关于在网络经济活动中保护消费者合法权益的通告》,但作为一个行政管理文件,在司法实践中的作用有限。在这个方面,我国的立法亟待加强。

二、电子商务中的隐私保护

电子商务交易过程中,消费者的隐私受到前所未有的威胁,对消费者信息的收集、储存、处理和销售有着前所未有的能力和规模,使网络隐私的技术保护显得尤为脆弱。加强网络隐私法律保护,也就更显重要。

(一) 对网络消费者进行隐私侵犯的类型

1. 对网络消费者的身份隐私侵犯

网络用户在申请上网开户、开设个人主页、申请邮箱以及进行购物、医疗、交友等服务时,服务商往往要求用户登录自己的姓名、年龄、住址、身份证、电话、工作单位、健康水平等身份状况甚至个人健康状况。如果服务方不能有效保护这些消费者隐私并向第三方泄漏,则会导致对网络消费者隐私的侵犯。而诸如邮箱地址的外泄还为垃圾邮件的发送提供了方便。

2. 对网络消费者的财产隐私侵犯

电子商务交易过程中,网络消费者的信用卡、电子消费卡、上网卡、上网账号和密码、交易账号和密码等均需进行登录使用,而这还关系到网络消费者的个人经济秘密的财产隐私,服务商如果没有切实可行的保密措施,将对网络消费者带来权益的侵犯。

3. 对网络消费者的网络行为隐私侵犯

消费者在进行购物消费、医疗、交友、浏览网页等活动时,会不自觉地暴露自己的 IP 地址、浏览踪迹、活动内容、消费习惯、个人行为习惯等信息,而网络为了收集消费者的信息进行商业分析,也会刻意记录消费者的行为资料,如 Cookie 技术的广泛应用就为此提供了方便。这就使消费者的网络行为暴露在光天化日之下。不管网络服务商是否向外泄漏,均对消费者权益构成威胁。

4. 对信息数据隐私的侵犯

某些应用软件,内含能窥探使用者计算机软硬件配置、数据信息内容的程序,可经网络进行发送,而黑客软件和病毒的泛滥,使用户计算机存储的数据、信息陷入巨大的危险中,信息隐私问题已经引起全球的关注。

(二) 对网络隐私的保护

1. 美国的网络隐私保护

美国是世界上保护隐私权起步较早的国家之一,从 1974 年颁布《隐私权法》起,已经形成了隐私权保护的法规体系。但美国政府出于不妨碍电子商务发展的考虑仍然偏重于以行业自律的方式保护网络隐私权。在《全球电子商务纲要》中,保护网络隐私权作为一项基本原则被提了出来。目前,联邦隐私保护规定网站必须公布其隐私声明,提供其对客户资料收集的方法及用途以及遵守对客户的承诺。1998 年,美国通过了《儿童网上隐私保护法》(Child Online Privacy Protection Act),规定网站必须永久不得泄露其收集的儿童个人信息及使用方法,在收集 13 岁以下儿童信息时必须获得家长同意,并且监控聊天室或电子邮件,使其免受他人的侵害。

2. 欧洲的网络隐私保护现状

与美国奉行行业自律的网络隐私权保护模式不同,欧洲各国政府普遍认为,个人隐私是法律赋予个人的基本权利,应当采取相应的法律手段对消费者的网上隐私权加以保护,因此欧盟在这个问题上采取了严格的立法规制思路。1995 年 10 月 24 日,欧盟通过了《个人数据保护指令》,这项指令几乎涵盖了所有处理个人数据的问题。1996 年 9 月 12 日,通过了《电子通讯数据保护指令》,1998 年 10 月有关电子商务的《私有数据保密法》开始生效。1999 年欧盟委员会先后制定了《因特网个人隐私权保护的一般原则》、《关于因特网上软件、硬件进行的不可见的和自动化的个人数据处理的建议》、《信息公路上个人数据收集、处理过程中个人权利保护指南》等相关法规,为用户和网络服务商提供了清晰可循的隐私权保护原则,从而在成员国内有效地建立起了有关网络隐私权保护的统一的法律体系。

3. 我国的网络隐私保护现状

由于我国目前对隐私权的立法不完善,司法实践中也没有对其特别的保护,导致隐私权得不到保障的现象时有发生,网络隐私受侵害的现象尤甚。我国目前在《刑事诉讼法》、《民事诉讼法》、《行政诉讼法》、《律师法》、《未成年人保护法》中虽对隐私权的保护作了规定。但是在实体法中对隐私权尚未明确规定,司法实践只能引用最高人民法院的司法解释,将侵害隐私权的案件视同名誉权的案件处理,而类似网络隐私侵犯这样的案件由于举证等一系列问题更难得到认同和处理。

我国《计算机信息网络国际联网安全保护管理办法》第 7 条规定:"用户的通信自由和通信秘密受法律保护。任何单位和个人不得违反法律规定,利用国际联网侵犯用户的通信自由和通信秘密。"《计算机信息网络国际联网管理暂行规定实施办法》第 18 条规定:"不得擅自进行未经许可的计算机系统,篡改他人信息,冒用他人名义发出信息,侵犯他人隐私。"但在司法实践中可操作性也不强。

三、电子商务环境下的网络道德与网络犯罪问题

因特网的出现比历史上的任何一次技术革命对社会、经济、政治、文化等带来的冲击更为巨大,它将改变我们的生产方式、生活方式以及工作和学习方式。随着因特网的发展,也带来了许多政治、法律、伦理道德和社会问题。

(一) 电子商务时代的网络道德问题

1. 网络商业道德问题

按照西方商业伦理学者的观点,企业的商业道德分为五个阶段:

(1) 非道德型组织。即不讲道理只追求利润,一般是那些处在原始积累、唯利是图阶段的企业;

(2) 法制型组织。即只要不违法就是道德;

(3) 反应型组织。这类企业反应灵活,在利润与伦理道德之间寻找平衡点,对于商业道德的遵守不很自觉,需要权衡利弊;

(4) 初级道德型组织。企业高管的道德管理比较明确,但整体的自觉性不强,没有变成制度和规范;

(5) 道德型组织。即商业道德已经成为企业文化的重要组成部分,道德的规范、准则明确完整。

电子商务是网络社会发展的产物,在网络世界的发展过程中,始终处在一种没有中心、没有权威的状态。网络世界至今没有出现一个类似政府机构的管理中心,其虚拟性、无界限性使网络用户处在无政府状态。类似传统社会的严格的道德规范在网络世界里似乎还难以实现,电子商务的参与者所奉行的商业道德是传统商业道德的一种延续,但是又不可避免地脱离了传统商业道德的制约。参与电子商务的机构可能会是上述的(1)、(2)和(3)类组织形态,(4)、(5)类形态组织可能在传统社会已经普遍存在,但是在网络世界却没有动力。因为,在不存在网络普遍法律和法规的情况下,或者讲没有一条法律可以管辖网络的任何一个角落时,网络的道德基准本身就是没有底线的。在权衡利弊时,网络企业会忽视其风险。

2. 网络无政府主义

网络成了一个容许真正言论"自由"的地方,一个彻底"民主"(或无政府主义)的地方,一个无法无天的地方。在这里,任何人可以按照他自己的原则(或者不要原则)说任何话,做任何事。在因特网上,一个人不需要承担自己的义务和责任,由此可以滥用自由的权利。网络无政府主义者进行网络犯罪的边际成本可以非常的低,但同时绝大部分的犯罪边际效益也是趋于零的。也就是说,在这个"我的地带我做主"的世界,黑客们可以什么都不为(或者仅仅因为好玩、成就感)而通过网络对他人进行攻击并对他人或公共财产造成重大损失。著名的"我爱你"病毒的制作者是一个菲律宾少年,该病毒给全球造成了大约40亿—100亿美元的损失,而菲律宾却没有有关计算机黑客的强制性机制和惩罚措施,最后该少年居然没有受到犯罪指控。目前,由于计算机病毒造成的损失全球每年约有150亿—200亿美元,绝大部分的病毒制作者都无法被追查。因此,网络道德的缺失是网络无政府主义的根源,也是影响电子商务健康发展的障碍。

3. 道德缺失的市场失误

即使是在完全竞争条件下,有时候分配给特定经济活动的资源不是太多就是太少,形成一种不受阻碍的私人市场发展与经济效率、个人自由或其他广泛的社会目标相一致的能力缺乏,被称为"市场失误"。网络市场的发展缺乏足够的政府干预与调节,而为了避免过多的干涉对网络经济的影响,各国政府目前倾向于自由的网络空间政策,酝酿了更多的"市场失误"。

如雅虎网站上曾经允许二战纪念品收藏者把纳粹仿制品进行拍卖,对很多人来说这种纳粹用品的展示会产生精神和视觉的污染。2000年4月,几家法国团体联合向法国法院起诉雅虎网。根据法国法律,出售或展示任何能煽动种族主义的物品都是非法的。法院要求雅虎必须承担执行特殊过滤系统识别访问雅虎的法国用户,以避免他们浏览不应该浏览的东西。不久,eBay.com宣布不允许进行纳粹仿制品的拍卖,其他公司也制定了类似政策。对于拍卖类似纳粹用品来说,在传统市场中显然将受到严格的限制,而网络市场的限制是十分有限的,从而鼓励了此类行为的发生。

另一个典型例子是网络色情业的泛滥。传统社会色情业在很多国家是合法经营的,但是必须受到严格限制。然而在网络市场,色情业的发展异乎寻常地繁荣,虽然任何一个统计表都不愿意公布网络色情业的业绩,但毫无疑问其规模非常可观。虽然很多国家对色情业的服务对象有年龄限制,但是在网络虚拟社会里,这种警告形同虚设。未成年人可以方便地出入色情网站,跨时空服务使任何人在任何时候都可以享受色情服务。网络色情服务的促销邮件更是向任何一个有电子邮箱的人进行群发,使少年儿童不可避免地受到色情滋扰。在我国,色情业是违法的,但变相的色情服务却在网络大行其道。某些网站的"情趣笑话"、"魔法宝贝"、"非常男女"等栏目,内容已属于网络色情范畴。以这些网站的短信平台为枢纽,已经构建起无数中小网站加盟的短信"产业链",由于缺乏有效的控制和管理,许多内容已经超越"软色情"的界限。

　　"市场失误"现象还在众多网络经营领域产生,如网络游戏的过度繁荣对青少年成长的影响已经引起强烈关注,而聊天室、网络交友等因特网时代的特色服务,也对社会伦理产生了重大的影响。垃圾邮件也是"市场失误"的典型例子,将在下面讨论。

　　网络游戏是目前因特网领域发展十分迅猛的产业。作为一种新型休闲娱乐方式,网络游戏业已经成为和影视、音乐并驾齐驱的重要娱乐产业。网络游戏吸引了大量的游戏爱好者,沉湎其中,通宵达旦。网络游戏的角色化参与＋自我实现的高峰体验符合新时代年青一代的心理,他们厌倦被灌输、被强制,喜欢被满足的自由感。网络游戏的主要参与者集中在青少年领域,涉世不深,容易被诱惑、被吸引,同时也不容易把握自我。网络游戏产生的社会问题已经引起严重的关注,对于网络游戏业的滚滚业绩也被道德指责所困扰。中国政府已经率先在世界上推出了《网络游戏防沉迷系统》开发标准(试行),累计游戏时间在 5 小时以上的为"不健康游戏时间",建议将经验值和落宝率降为 0。

(二) 网络安全犯罪问题

　　网络犯罪是一个广泛的话题,任何在因特网上侵害他人权利并违反法律和法规的行为都属于犯罪。狭义的网络犯罪现在特指利用网络技术实施的侵害他人权利的活动,主要表现为黑客非法侵入他人计算机系统和散布计算机病毒,也就是网络安全犯罪。由于因特网连接着世界任何一个角落,实施网络犯罪的成本大大低于传统社会中的同类活动。网络犯罪中的一部分是以非法获取利益为目标的,如破坏他人计算机系统、获取对方密码或数据、获取商业机密等;另一种犯罪方式并没有明显的利益目标,非法进入他人运行系统并致使其瘫痪,或者通过病毒破坏他人的计算机操作系统或造成资料损失。后一种情况的犯罪诱因,往往仅仅是所谓的"成就感"或者更加荒唐离奇的理由。这种犯罪活动无处不在,隐蔽但危害性极大。

　　"9·11"以后,恐怖主义对网络的袭击可能导致大规模的社会混乱,这使网络犯罪进入非商业领域,但这不是我们的讨论范围。

（三）网络道德和网络犯罪问题的对策

1. 法律和法规管制

按照经济学的原理，制止和减少网络犯罪的最好办法就是提高其犯罪成本。由于网络犯罪者实施犯罪活动的经济成本是十分低微的，提高其犯罪成本的最好方法就是增加对其犯罪活动的惩罚。各国已经对大部分网络犯罪问题颁布了多项法律，美国 1996 年颁布的《国家信息基础设施保护法》，对计算机黑客非法闯入、盗窃数据传输、传播计算机病毒等犯罪行为加重惩罚并加强联邦执法力度。

1997 年，美国有 189 人因持有、制造和散布儿童色情图片而被法院判决有罪。而到了 1998 年，美国联邦调查局公布了 700 起网络色情案件，绝大部分和出版制造儿童色情制品有关。

1998 年，美国政府修正了《通讯内容端正法》（Communication Decency Act），于 1998 年 10 月通过了《儿童在线保护法》（Child Online Privacy Protection Act），规定商业性的色情网站不得提供 17 岁以下的未成年人浏览"缺乏严肃文学、艺术、政治、科学价值的裸体与性行为影像及文字"有害身心的网站内容，而色情网站经营者必须通过信用卡付款及账号密码等方式进入，对于未满 18 岁的青少年进行必要的限制进入措施，以防止其浏览成人网站，违反者将被处以 50 000 美元以下罚金，6 个月以下有期徒刑，或二者并罚，并可每天一罚。

我国的相关法律对网络犯罪的规定却不全面，如对犯罪行为的认定规定不全面，对犯罪的处罚要么不疼不痒，要么就是"参照有关法规执行"，导致司法实践方面的困惑，客观上放纵了网络犯罪。

2. 网络道德和网络犯罪的社会预防

跨越法律的范畴，网络道德和网络犯罪应该从社会的角度加以控制。网络行业自律是一个防止网络道德和犯罪问题的途径，通过行业的整体行为来阻止或消除类似行为。

采取措施增加网络道德和犯罪行为的成本也是限制此类行为发

生的有效措施。如安装和更新杀毒软件可以把网络入侵的损失降到最低,甚至可以杜绝入侵,这就使入侵者的机会成本上升,导致非法获利极小化甚至无利可图。

很多家庭安装了过滤装置以限制未成年人利用有害的网络信息。据非营利调查组织 Pew 发表的研究报告"因特网与美国生活项目"称,美国半数以上的 12—17 岁家庭家长使用网络过滤器,然而绝大多数未成年人和他们的父母认为,孩子在网上做着他们父母并不同意的事情,在更大范围推广这一做法还任重而道远。

四、垃圾邮件及其法律措施

电子邮件的发明是网络功能的一大进步,大大方便了人们的沟通,促进了世界范围的人们交流信息、增进了解。但是,方便的电子邮件也不可避免地成为商业化的领地,无节制的电子邮件滥发引发了严重的"垃圾邮件"(Spam)问题,已经严重影响了人们正常的网络生活。

(一) 垃圾邮件的界定

1. 中国对垃圾邮件的认定

2000 年 8 月,中国电信制定了垃圾邮件处理办法,并将垃圾邮件定义为: 向未主动请求的用户发送的电子邮件广告、刊物或其他资料;没有明确的退信方法、发信人、回信地址等的邮件;利用中国电信的网络从事违反其他 ISP 的安全策略或服务条款的行为;其他预计会导致投诉的邮件。

2002 年 5 月 20 日,中国教育和科研计算机网公布了《关于制止垃圾邮件的管理规定》,其中对垃圾邮件的定义为: 凡是未经用户请求强行发到用户信箱中的任何广告、宣传资料、病毒等内容的电子邮件,一般具有批量发送的特征。

《中国互联网协会反垃圾邮件规范》中是这样定义垃圾邮件的:

(1) 收件人事先没有提出要求或者同意接收的广告、电子刊物、各种形式的宣传品等宣传性的电子邮件;

（2）收件人无法拒收的电子邮件；

（3）隐藏发件人身份、地址、标题等信息的电子邮件；

（4）含有虚假的信息源、发件人、路由等信息的电子邮件。

2. 国际上对垃圾邮件的认定

国际上对垃圾邮件的认定有两种态度。在"严格主义"原则下，只有在收件人事先同意接收的情况下向该用户发送商业电子邮件的行为才是合法有效的，否则为非法行为。如英国《2003 年隐私与电子通信条例》即持此态度。所谓"宽泛主义"原则，即在此原则下，发件人可以通过自行收集或者从第三方获得的电子邮件地址向电子邮件用户发送商业电子邮件，而不必经过电子邮件用户的事先同意。美国《反垃圾邮件法》规定，发件人为推销其产品或服务，可以在未经请求的情况下向电子邮件用户发送商业性的电子邮件，但发送下述类型邮件的行为属于垃圾邮件，为违法行为：

（1）含有虚假的、误导性的或者欺骗性的标题信息的电子邮件；

（2）不含回复地址和退订机制的电子邮件；

（3）缺少法律规定的标识符、选择退出和物理地址的商业电子邮件；

（4）未给含有色情内容的邮件添加警示标志的商业电子邮件。

电子邮件的发明者 David. H. Crocker 表示，垃圾邮件可以分为两类：一类是"合法"的市场营销类商业函件，对这一类邮件要做的是制定法规，规范他们的行为在可接受的限度内；另一类则是真正的垃圾邮件，也就是"流氓邮件"，这部分邮件包括色情、暴力等内容，甚至包含病毒的邮件。

（二）垃圾邮件的危害

1. 造成网络用户的财产损失

Nucleus 研究公司的数据表明，每天每位员工平均都收到 13.3 封垃圾邮件，这些邮件需要花费 6.5 分钟来处理，这意味着员工 1.4％的效益时间都被无端占用了。其估计对于全美每个拥有电子邮箱的办公室员工而言,每年因为垃圾邮件而损失的费用为 874 美元,这一数字乘以 1 亿名员工,全美一年因垃圾邮件遭受的损失就高达 870 亿美元。据著名垃圾邮件对比资料库 SBL 提供的资料,全球 10 大垃圾邮件最严重的国家和地区大都在亚洲,而中国位居美国之后,是全球第二大垃圾邮件受害国。SBL 称,中国网民收到的垃圾邮件数量占全球的 1/10。

2. 危害网络用户的安全

大部分垃圾邮件带有病毒,根据金山公司的调查,垃圾邮件的病毒率高达 47%。目前绝大部分计算机病毒都可以通过垃圾邮件传播。这些病毒给用户的计算机安全带来隐患,可能造成无法估量的损失。

3. 降低网络的运行效率

大量的垃圾邮件占用了网络带宽,造成邮件服务器拥塞,进而降低整个网络的运行效率。因垃圾邮件的滥发而导致服务器不能正常工作的事例已多次发生。更有甚者,黑客利用垃圾邮件技术进行所谓的"网络恐怖主义"。2000 年 2 月,黑客攻击雅虎等五大热门网站就是一例,先是侵入并控制了一些高带宽的网站,集中众多服务器的带宽能力,然后用数以亿万计的垃圾邮件猛烈袭击目标,造成被攻击网站网路堵塞,最终瘫痪。

4. 影响网站或服务器的形象

邮件服务商普遍不重视邮件安全技术是导致国内邮件服务器被他人利用发送垃圾邮件的重要原因。一次粗略的测试表明,在相同的 IP 范围内,中国网段内未修补漏洞的服务器数量是美国的 34 倍。我国服务器被国外垃圾邮件发送者大规模利用,导致了在 2001 年我国服务器大面积被美国封杀的现象,严重损害了我国在网络世界的形象,也直接导致合法用户权益的损害。

5. 为网络犯罪提供了方便

利用网络发布虚假商业信息进行欺诈的非法活动大量借助垃圾邮件手段,危害了网络用户的权益。另外,网络色情、暴力、恐怖等信息也通过垃圾邮件方式传递,并可能对未成年人形成影响,后果尤其严重。

(三) 反垃圾邮件的法律和措施

1. 美国的《反垃圾邮件法》

2004 年 1 月 1 日生效的美国《反垃圾邮件法》(Can-spam)赋予消费者拒绝接收未经请求的电子邮件的权利。如果不尊重消费者要求继续向其发送垃圾电子邮件将会受到处罚。法案还禁止使用虚假或欺骗性标题、无效回复地址等发送垃圾电子邮件,并要求发送者必须对包含色情等内容的邮件给出警告标记。垃圾电子邮件发送者如果故意违反这些规定,最多可能被判处 5 年监禁和处以最高 600 万美元的罚款。但是实施一年后,社会评价认为完全失败,根据法案,只要"合法"发送垃圾邮件就可以不需要承担法律责任,消费者的权益仍然没有得到保证。

2. 欧洲的反垃圾邮件立法

2003 年初,法国国民议会表决通过一项议案,禁止向个人发送商业广告性质的电子邮件,除非事先征得收件人同意。10 月 31 日欧盟正式实施了与法国类似的法案,在欧洲范围内全面禁止跨国滥发电子邮件的行为。

3. 我国的反垃圾邮件措施

目前国内还没有任何一条法律条文明文规定,发送垃圾电子邮件要承担什么样的法律后果。法律在治理垃圾电子邮件方面的"缺位",无疑给发送垃圾电子邮件的人有机可乘。目前,成立于 2002 年的中国互联网协会反垃圾邮件协调小组是国内目前唯一的反垃圾电子邮件的专门机构,旨在维护国内电子邮件服务商和网络用户的正当权利,公平使用因特网资源。根据该协会的《中国互联网协会反垃圾邮件规范》,从 2003 年 9 月 9 日零时开始,中国互联网协会反垃圾邮件协调小组在国内开始部署封杀全球 127 个发送垃圾邮件的服务器,拒收这些邮件服务器发送的邮件,目前每季度公布一次名单。由于中国互联网协会仅是一个行业协会,其反垃圾邮件的措施也只能是"封杀"服务器这样的行为,而对垃圾邮件制造者的法律责任追究还是一个空白。

【阅 读 链 接】

1.《电子商务示范法》　http://www.un.org/chinese/documents/ decl-con/docs/a-res-51 - 162. pdf

2. 经济合作与发展组织(OECD)《全球电子商务行动计划》http://www.chinaeclaw.com/readArticle.asp? id=2341

3. ICANN《国际域名争端统一解决协议》　http://www.chinaeclaw.com/readArticle.asp? id=3449

4.《2004 年中国反垃圾邮件报告》　http://www.iresearch.com.cn/email_service/detail_free.asp? id=5811

5.《中华人民共和国电子签名法》　http://www.chinacourt.org/flwk/show1.php? file_id=96087

6. GBDe 全球对话　http://www.gbd-e.org

7. OECD 有关电子商务税收的报告　http://www.oecd.org/dataoecd/46/3/1923256.pdf

8.《全球电子商务纲要》(The Framework for Global Electronic Commerce)　http://clinton4.nara.gov/textonly/WH/New/Commerce

9.《中国互联网络信息中心域名争议解决程序规则》　http://www.cnnic.net.cn/html/Dir/2007/09/25/4811.htm

10.《信息网络传播权保护条例》　http://www.cnnic.net.cn/html/Dir/2006/09/11/4106.htm

11.《互联网著作权行政保护办法》　http://www.cnnic.net.cn/html/Dir/2005/05/25/2962.htm

12. 美国《反域名抢注消费者保护法》　http://www.mamatech.com/antipiracy.html

13. 中国电子商务法律网　http://www.chinaeclaw.com

【思　考　题】

1. 电子商务的立法有何特殊性和要求?

2.《电子商务》示范法的主要内容是什么? 对各国立法起什么作用?

3. 美国的《全球电子商务纲要》的主要内容是什么? 对全球电子商务的发展有何意义?

4. 我国在电子商务立法方面的现状是怎样的?

5. 对电子商务税收的争议主要是什么? 美国和主要国际组织对电子商务税收的态度是怎样的?

6. 电子商务征税的难点体现在哪里?

7. 什么是电子签名? 电子签名对电子商务有何重大意义?

8. 网络著作权保护目前有哪些政策? 我国目前在这方面的法律法规还存在着哪些不足?

9. 你对域名抢注是怎样看的? 现行的保护措施是否有效?

10. 电子商务活动中对消费者权益的侵害表现在哪里?

11. 如何看待电子商务中的隐私权保护问题?

12. 怎样认定垃圾邮件? 对垃圾邮件各国法律如何惩处?

13. 我国在垃圾邮件问题上采取了哪些措施? 措施的有效性如何?

【案 例 分 析 题】

1. 从 2001 年起,美国人 Randolph Hobson Guthrie III(中文名顾然地)把购买的盗版 DVD 在 eBay 等网站上竞拍,随着美、英、澳大利亚等国网民大量加入,竞拍价格上升至 3 美元。在美英等国,一张正版的 DVD 新片售价在 15—20 美元,这让顾然地看到了商机。

一边以每张 5 元人民币的价格收购盗版 DVD,一边通过网络传播和邮寄销售到美英等二十多个国家。2004 年 3 月,顾然地干脆在俄罗斯服务器上建立了自己的网站"三美元 DVD",总共销售出 18 万张盗版 DVD。顾然地的"商业模式"暴露了电子商务监管漏洞,而知识产权非法交易在全球化和信息化的大背景下亦呈现出多样化的面目。顾然地于 2005 年 4 月被上海市第二中级人民法院判了两年半监禁并驱逐出境。请参考上海市中级人民法院的案例分析(http://www. shezfy. com/spyj/aplx-view. aspx? id=2902),针对网络犯罪和电子商务监管问题写一篇 300 字的作业。

2. 2003 年 12 月 10 日,中银香港宣布发现一个假冒网站www. bocfund. com。该家总部设在深圳名为中银互惠理财的公司未经授权,在其网页利用"中银国际集团"的名义替投资者开设账户,买卖香港及美国证券,该网站还公开采用了中银"BOC"的简称。该网站内容以简体字撰写,与真正中银网站的外观完全不同,而该网站更刻意刊登部分财经界权威人士例如李嘉诚的照片,并设有不少链接,包括李嘉诚基金会、第一上海证券有限公司及大福证券等公司网站,不过,这些公司都表示其链接并未获得授权。香港证监会公开指出,中银互惠理财有限公司并非该会的持牌法团,亦与中银国际全无关系,故无权向客户提供投资服务。该网站后来被迫"关闭",名为"老马识途"的站长留言,指"网站正根据有关要求修改中……欢迎各位朋友过几天重新光临"等字样。请用 300 字的文章分析中银互惠理财的行为是否违法? 你从自己的角度对此有什么看法?

3. 1997 年 11 月,国网公司以著名家具销售商"宜家"的英文注册商标 IKEA 注册了域名 www. ikea. com. cn。宜家则以 IKEA 为其英文驰名商标,国网公司注册此域名,且一直未使用此域名,当属有意追求名牌效应。宜家还特别举证,证明国网公司还以"卡迪亚","杜邦"等世界驰名商标成功注册了 16 个域名,并正在申请注册"登喜路"、"路易威登"等域名。宜家于 1999 年 9 月 21 日向北京市第二中级人民法院对国网公司提起诉讼。接着美国宝洁公司又把"国网"

推上被告席，指控"国网"非善意地将"宝洁"的卫生巾产品的知名品牌"护舒宝"注册为域名，构成不正当竞争。据悉国网公司注册了上千个域名，其中包括"杜邦"、"玉兰油"、"陶氏"、"登喜路"等200余个以世界著名商标或商号为名的域名。请对这一诉讼案例进行分析，并就这一案子的典型意义写一份500字的报告。

4. 美国社交网站Myspace赢得了一桩有关垃圾邮件的官司，有望获得2.34亿美元的赔偿。Myspace网站起诉了两个通过其网站发送垃圾邮件的"垃圾邮件大王"，分别是桑福德·华莱士和沃尔特·莱恩斯。法庭判决，这两名被告向Myspace网站赔偿2.34亿美元。莱恩斯和华莱士两人在Myspace网站发送垃圾邮件时进行了合作，他们在Myspace创建了新账号，或是通过盗窃密码盗取了其他用户的账号。随后，两人大肆向其他Myspace用户发送垃圾邮件。在邮件中，他们装作推荐一个精彩视频或者其他精彩网站，当用户点击之后，却被转引到其他网站，通过在这些网页上放置广告或者销售商品（比如手机铃声），两人获得了不菲的收入。Myspace表示，这两人一共向网站用户发送了73.6万封垃圾邮件。根据2003年的一项反垃圾邮件法律，每发送一封垃圾邮件需要向Myspace网站赔偿100美元，如果是"故意所为"，罚金将变成300美元。

请针对这一案件的判决谈谈对垃圾邮件进行管制的有效性问题，写500字的报告。

第六章 电子商务应用——面向 个人的电子商务

电子商务的模式根据内容和对象的不同,可以分为多种形式。在探讨电子商务的模式时,不同的研究者会有不同的分类标准,甚至出现了数十种电子商务模式。但是比较通行的说法是按照电子商务发生的对象来确定,如企业与个人电子商务、企业与企业电子商务、政府与个人电子商务等形式。

第一节　网　络　零　售

电子商务为公众熟悉,应该始于一个叫亚马逊(Amazon. com)的网上书店,在 20 世纪的最后几年里,亚马逊对商业社会所产生的影响是巨大的,《时代》选中亚马逊的 CEO 贝索斯做风云人物,绝对名副其实。亚马逊开创了一种全新的网络零售模式,并在短时间内风靡世界,冲击了数千年以来人们所固有的商业模式。网络零售是典型的 Business to Consumer(B to C 或 B2C)模式,是最为网络用户所熟悉的电子商务交易模式。

一、网络零售的形式与特征

网络零售的影响面较大,接受的公众比较多,很多人自然地把网络零售当作了电子商务的模式。网络零售其实仅是电子商务众多应用模式中的一种,其交易额在电子商务交易总额中并不起眼。电子商务并不是仅仅在网上卖东西那么简单。

（一）网络零售及其形式

1. 网络零售的概念

网络零售是面向个人消费者的网络销售形式，也称为在线零售、网上零售，就是销售方建立一个网站，开设一家所谓的"网上商店"（或者称"虚拟商店"），在"网上商店"的网页上按门类列出可供商品的目录，由消费者访问网站并从中挑选自己中意的商品，通过网上支付（现在非网上支付的方式也相当盛行），所购的商品会通过物流渠道送达，完成购买过程。

在美国，利用目录进行销售商品的做法由来已久，邮购非常盛行，非店铺销售甚至在美国零售份额中达到 60% 以上。网络零售可以说是将邮寄目录模式扩展到了网上，早期美国的网上商店不少就是邮购商的转型。

2. 网络零售的实现

网络零售活动必须建立所谓的网上商店。网上商店在功能上与传统商店没有本质上的区别，所不同的是实现这些功能和结构的方法、手段以及商务运作方式发生了根本性的变化。网上商店没有传统商店所必需的"店面"，也就没有地段的限制。展示的商品数量、品种等要素与商店的投资规模并没有实质性的联系，而是与网上商店可以扩展的页面有关，而这只不过是一个技术问题。网上商店的经营业绩与网站的知名度、访问点击量有直接关系，因此网上商店的经营者更注重于网络营销手段的利用。一个网上商店的主要构成包括商品目录、购物车、付款台和后台管理系统等四个部分内容。

（1）商品目录。商品目录相当于网上商店的商品陈列，内容的丰富程度、美观性、方便性是关键。消费者在访问网上商店的时候，必须能够方便地寻找到所需要的商品，因此网上商店还必须配备商品搜索引擎。对于商品数量较多的网上商店，必须建立商品信息数据库，以便更好地管理商品。商品目录除了提供商品名称、规格、说明、价格等资料外，还能够提供图片（条件许可甚至可以有音像资料）、更详细的商品说明、客户评价等，以便消费者更好地做购买决策（见图 6.1 所示）。

图6.1 网上商店的目录

（2）购物车。购物车是方便消费者选购商品的暂放处，当消费者选择合适的商品时，可以点击将其放入其中，如果感觉不合适，还可以将其删除。在全部购物结束后，可以直接将购物车内的商品提交结算（见图6.2所示）。

图6.2 网上商店的购物车

　　(3) 收银台(付款台)。这是网上商店的结算处,首先消费者要登录个人资料(新用户要注册成为用户);确认送货地址、方法;对订购内容进行确认,生成订单;选择结算方式(目前国内消费者可以选择网上支付、邮局汇款、银行汇款等多种方式,有的还提供货到付款方式)(见图 6.3 所示)。

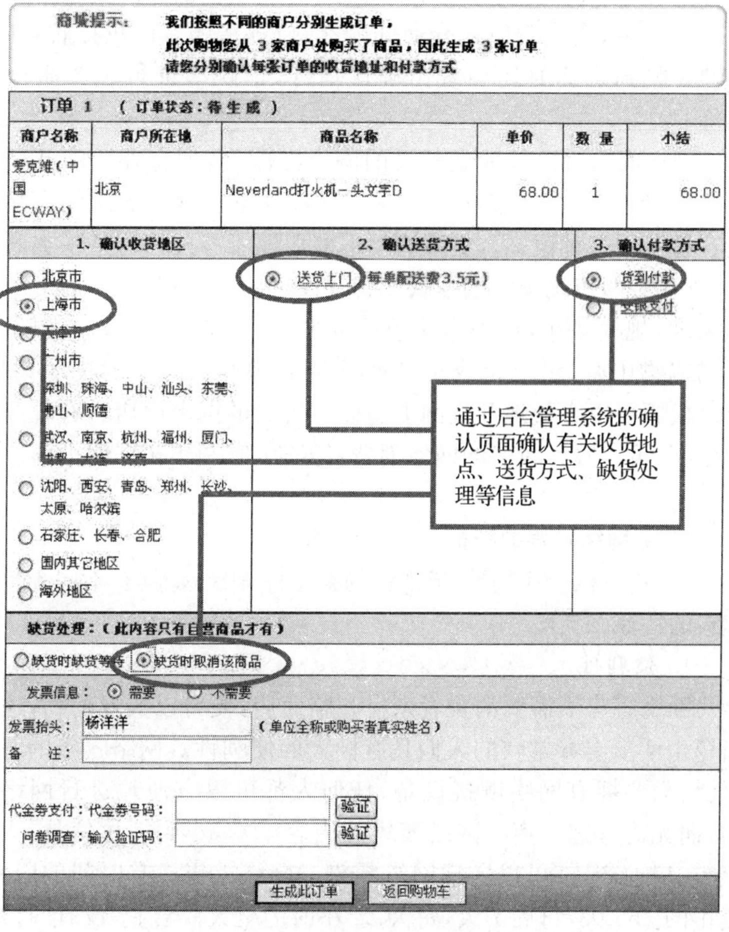

图 6.3　网上商店的购物订单

(4) 后台管理系统。后台管理系统用来管理网上消费者的订购业务,如处理顾客订单、组织货源、安排发货、监控库存、处理客户投诉、进行销售预测和分析等工作。后台管理系统的内容一般顾客无法看见,只有网上商店的管理员才有资格进行管理,但是顾客可以查询订购商品的处理过程和结果。后台处理系统在处理商品订单时,系统会自动地发出订单通知,在顾客确认或支付后进入下一个环节,在发货时还会通知顾客,以提醒顾客注意接收;在估计顾客收到货物时还会发出确认信件,请顾客进行服务质量的评价。

网上商店可以是独立开设的网上专门店,拥有独立的域名和自己的管理系统,一般在传统领域已经建立品牌知名度的商品比较容易采用这种模式。更多的网上商店属于专门销售某一类商品的商店,有的传统领域根本就没有开设过门店,不具有商店形象及知名度,规模较小,这类店比较适合加入一些网上商城,类似于传统的购物中心,租用商城的空间,并可以利用其提供的技术支持,通过模版可以方便地开设网上商店。著名的网上商店具有较高的知名度,可以吸引较多的网络消费者光临,有利于拓展网上商店的业务。

(二) 网络零售的特征

网络零售是不同于传统销售的新型商业模式,具有不同于传统模式的特征。

1. 便利性

网络零售不需要消费者亲自光临商店,便可以实现购物,这对当今生活节奏异常快的人们具有极大的便利性。网络零售的对象广泛,只要拥有网络链接设备,任何人都可以方便地进行网络购物,而无需考虑距离。网络零售的内容丰富,小到一枚信封,大到汽车、房地产,都可以实现网络零售。网络零售没有时间的限制,真正的 365 天,每周 7 天,每天 24 小时的全天候营业,没有"打烊"的担心。

2. 经济性

网络零售实际上是一种直接销售,网站经营者直接从产品的生产商或分销商那里"进货",完全避开了多重中间商的"盘剥",不会造成大量积压,所以价格是绝对的便宜。网络商店基本不设仓库,可以把订单直接转给生产商和分销商,由他们直接把商品运送到消费者的手中。这样,网上销售的商品,价格加上运费仍然比一般商店里购买要便宜。由于现在网上销售普遍不用交税,省下的钱用于支付运费,这样价格还是比较便宜。另外,网络商店没有房租、不需要装修、没有大量的店员工资,仅有网络维护费用,相比传统商店而言,销售成本能够实现最低化。

3. 虚拟性

网络零售实际上仅仅是提供了一种网络供需信息的连接,网络商店的经营者本身并不需要拥有对所出售商品的所有权,只要其能够掌握商品的来源,利用网上商店吸引消费者的购买,那么就可以享有由此带来的收益。网络零售颠覆了传统商业的规则,拓展了商业的范畴,实现了商业模式的创新。在网络时代,网络零售的规模不是与投资成正比的,而是与拥有的信息和掌握的潜在消费者有关。

4. 体验性

传统零售的长处是可以让消费者接触商品,对商品有现实的感官认识。网络零售似乎在这方面欠缺了一点,但是网络零售可以通过模拟的方式,为消费者创造虚拟的环境来体验商品的乐趣。网络为消费者提供了不同的虚拟程序,可以根据消费者的个人参数进行设置,满足在不同条件下消费者的体验需求。数字产品则可以提供顾客下载试用,满意后再付费注册,这大大降低了用户盲目选择的风险,也节省了企业销售的成本。

MyVirtualModel是美国的一种虚拟模特软件,可以根据顾客的个性化设置为模特儿试穿各种衣服。由于可以把自己的身材数据及脸型、发型及颜色、皮肤等参数输入,因此可以得到符合自己特点的试穿效果,就像亲自在商店购衣一样。这种体验特征完全通过虚拟环境进行模拟,且不受条件限制,充分体现了网络的优越性(见图6.4所示)。

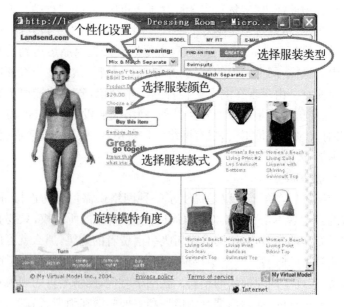

图 6.4 Landsend. com 的虚拟模特功能

二、网络零售运作案例

(一) 亚马逊公司(Amazon. com)

Amazon. com 是 1994 年由前华尔街对冲基金经理贝索斯在西雅图的车库中开办的,早期的业务主要是在网上销售图书,它出售一本书的价格包括运费在内远远低于传统书店,每次的运费统一都为4.25美元,对一次批量购买的读者来说更为合算。Amazon. com 拥有数百万个书目,顾客可以十分方便地进行检索,其书目规模比世界上最大的书店还要大 15 倍以上。Amazon. com 用不着支付店面租金,也不用支付大量的营业员工资,它的 1 600 名雇员年均创收 37.5万美元,比最大的传统书店 Barnes & Noble 公司 2.7 万名雇员年均创收高出 3 倍。Amazon.com 似乎开创了网上虚拟商店的模式,后起者均模仿了这一行为。尽管 Amazon.com 很长时间一直亏损,但是它的成长空间使得投资者深信不疑。其股票市价即使在 1998 年 11 月 30 日网络股票大跌时仍然以 209 美元成交,其市场价值达到了惊人的 111 亿美元,超过了著名的沃尔玛公司、联合百货公司等。现在 Amazon.com 的财政状况良好,其资金周转率达到惊人的 24 次/年,是 Barnes & Noble 公司的 8 倍,而销售增长率更是高达 300%。Amazon.com 试图不断扩大它的领地,这是对付挑战者最好的方法。1998 年 11 月 9 日,Amazon.com 开设了第一家在线影像商店,并扩大了一家礼品店的规模,从软件到服装、花卉、旅游服务,Amazon.com 都有兴趣。凭借 Amazon.com 的品牌效应,它完全可以做到让消费者在网上购物时不由自主地进入 Amazon.com 的网站(见表 6.1 所示)。

表 6.1 **Amazon.com 不断拓展的疆域**

Amazon 涉足的成熟领域		
	机 会	挑 战
图 书	已经成为头号在线图书销售商,但它只是庞大的全球销售额的一小部分。	利润微薄,即使是在线销售也是如此。像 Barnes&Noble 这样的强有力的竞争对手正在充实其在线实力。
激光唱片	进入的头 3 个月,销售额达到 1 440 万美元,已超过头号唱片销售商 CDNow。	合并的 CDNow 和 N2K 已经成为强有力的竞争对手。除此以外,激光唱片利润率比图书还低。
录 像 带	1998 年 12 月开设了网上商店。全球 160 亿美元的录像带市场使其能以与录像带配套的图书和激光唱片一起大展身手。	迅速送货要求有庞大的存货。送货的延误可能使一些买主更愿去书店购买。

Amazon 初次涉猎的领域		
	机　会	挑　战
家用电器	诸如手提游戏机、数码照相机及便携式 CD 播放机等产品有一个 760 亿美元的市场,其平均售价要比图书、激光唱片及录像带高。 手机销售已经成为网上比较流行的功能,Amazon 在这方面不甘示弱。	SONY 随身听及步话机显然与图书及激光唱片没有什么明显的关系。折扣风日烈,产品式样瞬息万变,难以作比较。即使是在线销售也是如此。手机销售的折扣风更盛,专业销售网络可能更加灵活。
软　件	Amazon 已经销售了一些电脑游戏,而且这个全球 50 亿美元的消费品市场与图书及激光唱片联系紧密。	软件需要很多售后服务支持。因此找一个合作伙伴的需要就变得更为迫切。
杂志订购	有形商店出售的主要商品之一,它是图书的天然补充。	必须接纳现有的结算中心体制。
旅游业务	旅游包括高票价项目及获取高利润的可能性,加上销售有关图书及录像带的能力。	需要大量客户服务,而且在线代理的地位已牢牢确立,因此有可能与一个合伙人联合起来。
礼　品	Amazon 已经成功地进入这一领域,玩具、结婚礼品、香水、饰品、鲜花甚至电子贺卡,只要是市场需求的,都具有广阔的空间。	产品在有形商品市场里几乎随处可见,并且已经出现了强劲的竞争者。这意味着利润将不会非常丰厚。1 - 800 - Flowers 这样的花卉销售网及在线花卉供应商早已稳居市场,这项业务只有通过与人合作才切实可行。

续　表

Amazon 初次涉猎的领域		
	机　　会	挑　　战
合作营销	Amazon 已经推出了名为 Make Money 的合作营销项目，可以为合作者带来盈利机会，具体有 Marketplace，Join Associates，Advantage，Web Service 等，并且还在不断扩大中。	这种模式容易被克隆，竞争者很快可以复制内容参与市场。
拍卖	Amazon 一直梦想着进入这个市场，但是显然目前的规模无论如何都无法和其他专业网站竞争。	eBay. com 这样的拍卖巨头已经稳固了市场，根本不会让 Amazon 坐享其成。
金融服务	Amazon 目前已经为顾客提供分期付款服务，这是和金融业进一步合作的标志。	在这个领域没有经验，预期有风险，是否值得进入还有待观察。

资料来源:《商业周刊》中文版，1999 年第三期，第 24 页有关资料及 Amazon. com 网页

（二）戴尔公司(Dell)

戴尔公司的网上销售是电子商务的又一个典范。戴尔按照客户的要求定制电脑，提供快速的交货服务，由此对顾客服务进行了重新定义，这种做法在整个行业造成了震撼。迈克尔·戴尔的业绩实在令人叹为观止，以至于人们或许需要用一个新词"戴尔速"来解释这位当时年仅 33 岁的 CEO 如何能不断地使竞争对手、分析家和股东为之瞠目。无论是制造个人电脑还是在接到订单两周内即通过外围网络向客户提供即时服务，戴尔公司都能从其所从事的每项商业活动中赢得最大的效益。该公司的财务业绩也与商务经营一样有着同样快速的发展。

戴尔公司的网上销售已一路猛升，达到每天 1 000 多万美元的

惊人规模。戴尔的秘密在于"按照顾客需求,制造客户心目中的理想产品;并以直接的销售方式即售后服务,与客户建立更密切、更直接、更长期的互动关系"。戴尔利用现代信息技术创建了虚拟企业的模式,以顾客化来定制营销,实现顾客导向的快速运筹。戴尔模式获得的巨大利益可以反映为以下三个方面:

(1)顾客化定制营销重建了企业价值流。戴尔能准确地把握客户的需求特点,以电子速度生产出产品和服务,其价格完全是客户根据自己的配置需求设定的,这种平民化的价格、贵族化的服务必然取得极大的效应。

(2)零库存。通过虚拟企业设计,戴尔转换了生产模式,使库存降至最低,1998 年的成品库存为零,零部件库存仅有 2.5 亿美元,库存周转率达到 50 次/年,平均库存只有 7 天,与其 168 亿美元的盈利水平相比,实在微不足道。

(3)高速企业机制。通过电子数据交换,企业内的 B-C、企业外的 B-S 经营模式使企业之间可以获得更多的联系和帮助,可以快速地了解市场需求的变化,即刻作出反应。企业间将实现合作以求共同利益,企业间关系也将重塑,经营规则将会发生重大变化。

第二节　网　络　拍　卖

传统商业模式下,消费者在交易活动中往往处在被动的地位,销售商总是成为交易的主角,而这一切在电子商务时代被改变了。消费者比过去任何时候都更积极地参与商业活动,完全介入交易之中,成为交易的主角。电子商务又一次体现了其吸引力。

一、网络拍卖的形式和运作
(一)网络拍卖的概念
1. 网络拍卖及其发展

网络拍卖是电子商务应用的一种延伸,具体讲就是买卖双方在网上共同参与竞价并完成交易的模式。最早是网上社区的成员寻找自己需要的东西，给出自己的报价，社区内的其他人在了解了销售者的信誉后作出反应进行应拍。网络拍卖的发展使一些网站专门收集一些公司的产品在网上进行展示，把买主聚集在一起，网络拍卖成为一个协调买卖双方关系的集合地。在这个"集会"上，买卖双方都取得了满意，买主满载而归，卖主生意兴隆，更重要的是，卖方可以通过网络拍卖了解买方的需求特征，从而明确下一步的市场方向。因特网和浏览器为买卖双方提供了一个电子化虚拟市场，使买卖双方的"会面"变得轻而易举。在网络拍卖中，买者或卖者都可以在交易中占据主动，并且双方的身份没有限制，任何消费者都可以自由地参与这种活动，被称为是 Consumer to Consumer（C to C 或 C2C）。

网络拍卖给传统的产品销售以巨大的冲击，由销售商定价的规矩被打破了，消费者对价格的影响力越来越大，"权力的转移"在这里表露无遗。价格也越来越反映了消费者的真实需求，在因特网上不会有消费者为了季节性的低价而去购买并不需要的东西。现在，消费者需求的增加将有助于压价而不是抬价，买卖行为按照消费者的时间表而不是按照销售者的时间表进行。

Moai 公司早在 1994 年就尝试这种设想，并研制了相应的软件。网络拍卖模式的一个诱人之处在于它引入了拍卖活动中的"竞价"机制。由于许多商品本身具有非生产性和价格不确定性，或者是基于每个人偏好与品位的不同，对某件物品进行合适定价往往使卖者不知所措，边际主义者的拍卖理念正可以灵活地根据买方与卖方的数量，通过价格的公开竞争和不断的比较调整，使需求和供给达到平衡；而对于适应难以预料、瞬息万变的供需关系，该模式提供了无限灵活的供货资源，从而充分找到供需的最佳结合点。

早期从事网络拍卖规模最大、经验最成功的是 onsales.com。这家公司位于美国加利福尼亚州门洛帕克，靠拍卖剩余计算机和相关设备起家,生意十分兴隆,每天要处理 10 000 多个投标人的报价,每月的销售额高达几百万美元,1997 年公司上市后市值达到 5 亿美元。eBay. com 则是目前因特网上从事拍卖活动规模最大的和最著名的。

2. 网络拍卖的盈利模式

网络拍卖主要是通过一个网络拍卖平台来进行的,由这个平台提供拍卖场地和有关技术支持以及知名度。网络拍卖网站的收入主要来自以下几个方面:

(1) 交易服务费。包括商品登录费、底价设置费、预售设置费、额外交易费、安全支付费、在线店铺费等。这笔费用根据交易的发生及内容收取,从几毛钱到数元不等(见表 6.2 所示)。

表 6.2　易趣的交易服务费

登　录　费		
登录商品价格	起始价或底价方式	一口价方式
0.01—1 元	0.05 元	0.10 元
1.01—99.99 元	0.25 元	0.50 元
100—499.99 元	0.50 元	1.00 元
500—1 999.99 元	1.50 元	3.00 元
2 000 元或更高	3.00 元	6.00 元
汽车/摩托车分类	3.00 元	6.00 元

资料来源:http://pages. ebay. com. cn/help/sell/fees. html,下同

(2) 特色服务费。包括字体功能费、图片功能费、推荐功能费,属于促进交易活动的额外服务费,交易者可以根据需要使用(见表 6.3 所示)。

表 6.3 易趣图片服务费

功　　　　能	费　　用
第 1 张图片	免　费
第 2 张图片	免　费
从第 3 张图片起每添加一张图片	0.10 元
特殊尺寸图片	1.00 元

（3）增值服务费。信息发布费、辅助信息费,以及网络广告等,也是根据需要选择使用项目(见表 6.4 所示)。

表 6.4 易趣信息发布费

物　品　分　类	登　录　费
中介:住宅出租、住宅出售、办公楼租赁	1 元
个人住宅出售	12 元
其他类型的房地产	8 元

（4）成交手续费。又叫成交提成费,是从成交商品上抽取的"佣金"。这是拍卖网站收入的最大来源,一般根据拍卖成交标的的百分比提取,从零点几到 2% 不等(见表 6.5 所示)。

表 6.5 易趣的成交手续费

成　交　价	成　交　手　续　费
未售出物品	不收取费用
0.01—500 元	成交价的 2%

成　交　价	成　交　手　续　费
500.01—2 000.00 元	成交价头 500 元部分的 2%(10.00 元),加上成交价余额(500.01 元—成交价)部分的 1%
2 000.01—20 000 元	成交价头 500 元部分的 2%(10.00 元),加上头 500.01 元—2 000.00 元部分的 1%(15.00元),再加上成交价余额(2 000.01 元—成交价)部分的 0.5%
20 000.01 元或更高	成交价头 500 元部分的 2%(10.00 元),加上头 500.01 元—2 000.00 元部分的 1%(15.00元),然后加上头 2 000.01—20 000 元部分的0.5%(90.00 元),再加上成交价余额(20 000.01元—成交价)部分的 0.25%

(二) 网络拍卖的类型

1. 按照拍卖主动关系划分

按照这种方式,网络拍卖分网络拍卖和网络拍买两种方式,最常见的就是网络拍卖。

(1) 网络拍卖。出售者首先在网络上登录其希望出售的商品,列明拍卖的规则,如出价条件、出价价位、竞拍时间、成交约束等。起拍价格可以由拍卖者事先确定,竞拍者不能低于此价出价,当然也可以不设起拍价的零价位起拍;加价幅度决定每一次出价的最小限制;成交的约束决定了拍卖的有效性,目前有这样几种形式:

① 底价成交。在竞价结束时,必须高于出售者事先设定的底价,以出价高者为竞拍获得者,低于底价则竞拍不成功,属于流拍;

② 无底价成交。即不设底价,在竞价结束时,出价最高者即为竞拍获得者;

③ 一口价成交。出售者设定的底价即起拍价,只要有人出价竞拍,就立即成交。这种方式简化了拍卖过程,如果商品的心理价位和

市场价位没有大出入的话，容易成交并节省了时间。

一旦竞拍双方获得一致，拍卖即告结束，由双方商定支付和移交的条件。

（2）网络拍买。网络拍买是买方主动将竞拍标的发布在网络上，有意者可以在规定的时间内进行投标，一般以符合要求且要价低者中标，故又称为网络招标和投标。

2. 按照拍卖的出价方向划分

按照拍卖的出价方向分正向拍卖和逆向拍卖两种方式。

（1）正向拍卖。正向拍卖是最常见的拍卖方式，就是从一个较低的价位开始竞拍，出价者必须高于前一个出价者一个价位以上，至竞拍结束时，出价最高者即获得竞拍商品。在这个市场中，唯一固定的价格就是卖方所确定的底价，对于最高出价者来说，可以以此价格买下全部的商品，表现出十分强烈的愿望，相对来说，处在第二位的买家的愿望要相形见绌。因此，出价低者也许可以以较低价买到商品，但是他可能无法买到希望中的足够数量，因为他表现出的愿望较低。出价高者可以满足所有的愿望，但是他的付出应该超出别人。这就是因特网拍卖的规则。

（2）逆向拍卖。与正向拍卖相反的方向是逆向拍卖，也就是从一个高价位开始竞拍，每次出价都必须低于前一个报价至少一个价位。逆向拍卖的成交确认有两种情况：一种是以竞拍结束时出价最低者为竞拍获得者；另一种类似于一口价成交，由拍卖主持人从起拍价开始，定时下降价位，只要有竞拍者出价，即为竞拍成功者。逆向拍卖源自荷兰的鲜花销售，由于鲜花的价格与新鲜程度成正比，在第一时间价格最高，然后就一路走低，所以又称"荷兰式拍卖"。

在美国曾经有一种"集体议价"模式，就是由多个购买者联合起来购买同一类商品，形成一定的购买数量，以得到最好价格折扣的交易方式，也叫集合竞价。参加购买的人数和数量越多，价格越便宜，是一种将购买方集合起来，以数量换价格优惠的交易过程。这也是逆向拍卖的一种表现。当初国内的雅宝网（yabuy.com）也尝试过，但是没有延续下来。

近年国内还出现了另一种形式的逆向拍卖，即出价者可以以低于起拍价的任意一个价格出价，并且不限制出价次数。当竞拍结束时，以唯一最低出价者为竞拍成功者，获得所拍之物。理论上，这样的拍卖可以以一元的价格拍下价值数千元甚至上万元的笔记本电脑，但是如果绝对最低价上有超过一个出价者，这一出价即无效，需要往上一个价位，直到出现唯一的出价。这种活动的组织者要求竞拍者必须购买其会员充值卡，且每一次出价都要从卡中扣除一定的点数。组织者可以从会员卡销售中获得利润来支持拍卖活动，故这种活动和有奖竞猜是一样的，与真正的拍卖活动的本意相去甚远。

二、网络拍卖案例
（一）国外网络拍卖案例

eBay.com 是目前因特网上从事拍卖活动规模最大的和最著名的。皮埃尔·奥米达尔原本是想为女友收集 Pez 糖果包装盒，但是结果却造就了一项事业。公司创办 6 个月后就开始盈利，1998 年 eBay.com 的营业收入达到了 3 600 万美元，毛利 590 万美元，公司股票自 1998 年 9 月 23 日上市后一路飞涨，最高达 10 倍以上。在 eBay.com 的拍卖会上，成交的顾客可以对卖主和在线交易品头论足，公司本身只是促成买卖双方的接触，货运、仓储等均不涉及。目前 eBay.com 每天大概举行数万次拍卖，买卖双方最初只限于计算机硬件和软件交易，现在的拍卖业务涵盖古董、书籍、钱币、邮票、计算机、玩具、珠宝、陶瓷、玻璃制品、服装、汽车、房地产等等。1999 年初，eBay 与著名的保险公司 SafeHarbor Insurance 公司合作，提供安全交易保障，从而为业务发展铺平道路。eBay 还出资控股了中国最大的拍卖网站易趣网，整合成了"eBay 易趣"。这种强强携手的目的，正是在迅速升温的在线拍卖竞争大潮当中站稳脚跟，抢占制高点的措施。

eBay 公司的网络拍卖收入通过以下手段获得：一是对每件拍

卖物品收取"场地费",价格从 2 美分到 25 美分不等;其二是从每笔交易中收取的"成交费",为交易额的 1.25% 到 5%。显然这种方式比较有利于网站的生存。Amazon 和 Yahoo! 都宣布介入网络拍卖业务,网络拍卖成为未来网上商务活动的热点(见图 6.5 所示)。

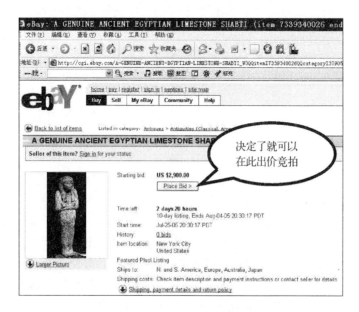

图 6.5　eBay.com 上的出价页面

(二)国内网络拍卖案例

易趣网(eachnet.com)成立于 1999 年 8 月,由留美的哈佛 MBA 邵亦波和谭海音创立的,交易模式基本上是模仿 eBay 的。易趣网启动的时候得到了第一波士顿银行、万通集团等提供的 40 万美元的"种子资金"。1999 年 11 月,易趣又获得了由 G. H. Witney、Asianetch、OrchidAsian 联合投资的第一轮风险资本 650 万美元。2000 年 10 月,易趣引入新一轮的风险投资 3 000 万美元左右。投资方既包括原来的股东,也有一批新股东加盟,其中就有网易。2002 年 eBay 进军中国,以 3 000 万美元的代价,收购了易趣 1/3 的股份。

2003年,eBay又以1.5亿美元的价格收购了易趣余下的股份。2004年7月推出新品牌eBay易趣,同时起用新域名ebay.com.cn。2004年9月17日,易趣与美国eBay顺利实现了平台对接。至此,eBay易趣的中国用户可以直接与eBay全球包括30多个国家和地区的1亿多用户进行网上交易,从而为中国的卖家提供了无限商机。

淘宝网(taobao.com)是后来居上的网上个人交易平台,由全球最佳B2B公司阿里巴巴投资4.5亿于2003年5月10日创办。淘宝网基于诚信为本的准则,从零做起,一开始就把目标定位在国内领先的位置,并把eBay易趣作为竞争对手。在B2B上大获成功的阿里巴巴注重长线的效果,打出了三年免费的旗号。在短短的半年时间,就迅速占领了国内个人交易市场的领先位置,创造了网络企业的一个发展奇迹。

淘宝网的成功给eBay易趣带来了非常大的压力,面对强手,eBay除了投资1亿美金谋划中国市场外,还曾动用了一份数目不详的资金与中国的三大门户网站(新浪、搜狐和网易)签署了排他性协议,以阻止淘宝网在上述三家网站作广告(新浪和搜狐已经终止了这份协议)。eBay易趣还在中国各地的地铁站台和公交车身上大肆投放广告。2004年,eBay将易趣的网站风格改造成为其全球统一模式。这种设计上的变化让一些易趣用户不知所措,登录商品目录数从此前的78万种一下跌到了25万种。eBay易趣还被迫多次降低收费标准,甚至取消了买家身份认证这一执行多年的政策,这使其失去了一批忠实的买家,被媒体批评为是一种诚信的倒退。淘宝网的法宝之一是源自阿里巴巴时代的"支付宝",这实际上是一种第三方支付形式,由买家先将资金付至"支付宝",待买家确认收货并满意后,卖家才能得到资金。招商银行与阿里巴巴已经达成了有关银企全面战略合作的协议,招商银行将为阿里巴巴提供"票据通"、网上国内信用证、多模式集团现金管理等多种国内领先的金融服务,并协助其建立安全、高效、便捷的资金结算网络。淘宝网与招行的战略措施最直接的效应是保证其网上支付工具"支付宝"和招商银行系统无缝对接。

淘宝网采用的游击战的市场策略跟上了eBay易趣的步伐,以较低的成本,在成百上千个小网站上投放广告,而这些网站未曾进入eBay易趣法眼。据因特网流量监测网站Alexa的统计数据,淘宝是中国访问流量第8大网站,而eBay易趣排在第13位。目前淘宝网占据了中国网络拍卖市场销售的41%,eBay为53%,两家网站的竞争将继续进行。

第三节　网络服务模式

传统行业的售后服务必须投入巨资,建立服务网点,企业负担极重。在IT企业中,"服务"已经成为网络时代技术应用的全新概念,越来越受到业界的重视。它已经超越了本身原有的词义,向技术应用的内涵扩展。惠普公司提出的"电子化服务"体现了对服务概念的深刻理解。用服务的理念把技术应用与用户紧密地连接起来,从而创造了巨大的市场商机,这商机就是用户的需求。

一、网络服务概述
(一) 网络服务的概念

网络时代,交易的对象已经从传统的有形商品的范畴延伸开来,非有形类的商品服务所占的份额急剧上升。数字化的产品交易形式决定了交易的过程不再是一手交钱、一手交货,而是在支付了费用后享受到特殊的服务。网络服务本质上就是消费者通过网络支付一定的费用,获得网络所提供的信息、咨询、使用权及其他无形的服务。网络服务集合了顾客的信息流、资金流,形成了商流,而不需要其他交易活动必需的物流,这使网络服务可以最大限度地扩展其服务范围、服务时间,发挥网络业务的边际效益。在IT领域,基于产品的增值服务创造了越来越多的商机,技术应用服务甚至超过了产品销售。如一台计算机的售价可能只有几千元,但是配备的软件系统及以后的升级却数倍于此。这种应用技术服务以网络服务的方式更容易实现。

网络服务已经涉及很多领域,在信息服务、顾问服务、售后服务、数字产品服务、网络金融服务、网络游戏和娱乐服务、电子政务等领域都得到迅速的发展。

(二) 网络服务的实现

大多数网络服务是配合有形交易的一种辅助增值服务形式,其服务内容和模式都是固定化的,消费者可以利用网络工具来完成这种服务。作为网络服务机构,最高目标是建立一个让顾客自己服务于自己的平台。目前的网上服务公司都在努力实现这个目标。派翠西亚·席柏在她的著名的《e网打尽》一书中认为:"顾客重视时间甚过一切,他们希望能以最方便的方式交易。所以,他们需要的不只是好的网站,而是能让他们能够自行寻找所需信息、进行交易、查询订单处理进度等整合完善的互动渠道,还希望能够交互使用电话、传真、电子邮件或网站等不同方式实现。"

嘉信理财(Charles Schweb)推出的在线交易网站非常成功地通过客户自助方式展开了业务。自1996年5月推出在线交易后,客户及财务顾问可以上网浏览账户、使用市场资料、财务规划、投资组合管理工具,以及进行股票交易。

联邦快递(FedEx)目前进行的自助服务属于一种方式,顾客在委托FedEx运送物品后,可以通过因特网查看所托运物品目前的位置。现在,让顾客自行查询订单进度已经是非常普遍的服务了。迈克尔·戴尔在1997年的Comdex的一场演讲中提到,"以网络为基础的服务与支援功能是电子商务最成功的应用之一。"目前,每个星期戴尔电脑有超过2万名顾客在网络上查询订单状况,这类使用自助服务的顾客为戴尔省下了每人8美元的成本。戴尔的网站上有8万页网页,提供详细的说明服务与支持的相关信息,还有超过100种问题的处理方法,而戴尔的工程师们使用的也是同一套系统,使用了自助服务系统后,顾客一般都能够自行解决问题了。

自我服务平台的建设可以通过 FAQs、CHAT、BBS 等方式进行。

二、网络信息服务

网络最大的优势是能提供信息集成的综合优势，这种优势在简单商品的交易中没有什么体现，消费者和供给者掌握的信息差不多。但是在复杂商品的交易中，网络的综合优势就会显现。

（一）网络信息集成

ICP（Internet Content Provider）意为因特网内容提供商，即提供网络信息的搜索、整理加工等服务，如新浪、搜狐等门户网站。ICP 是网上最综合的信息服务商，所提供的信息类似于媒体，目前基本上都是免费使用的。更专业的网络信息应该是网络信息集成，是网络信息服务商利用网络资源，收集有关信息建立信息集成数据库，向客户提供有偿服务，是目前看好的网上商务模式。消费者利用信息集成数据库可以广泛进行信息对比，以节约搜寻商品信息的成本、降低购买决策成本；或者是利用数据库资料支持各种消费活动，进行各种目的的研究活动等。这种付费数据库非常普遍，就连某些国际组织的网站也对其数据库进行付费查阅，如联合国贸发组织网站的会员年费为 500 美元，只有拥有口令的用户才能进行数据库的查阅。

搜索引擎是一种特殊的信息集成服务商，其本身并不提供数据库的服务，借助搜索引擎，可以在全部网络搜寻相关资料。今天，网络生活已经离不开搜索引擎，从雅虎、Google、百度到不知名的引擎，如果没有这些引擎的服务，大部分网络用户在网上搜寻资料将变得无所适从。由于雅虎创造了因特网上的免费策略，至今所有的搜索引擎都是免费使用的，这主要是针对网络用户的。当然，信息提供者希望自己的排名在引擎上靠前，可以加入竞价排名，这项服务是不免费的。

（二）网络信息中介

信息中介在传统商业活动中很常见。网络信息中介是网络经营者凭借从网络渠道获得的供需信息，为双方提供合作的机会，减少双方因搜寻信息而产生的成本,获得满意的交易价位,从而获得中介佣金或价格差异。网络信息中介凭借从网络中聚集的巨大购买力来从销售商那儿谋取更多的利益,可以将节省中间环节的成本转化为价格优势,或通过对同一种商品的不同品牌提供比较服务。比较购物是较典型的网络中介类网站,通过软件技术实现货比多家,使网上消费者通过比较选购最优惠的商品。比较购物的存在依附于网上零售业的发展。

麦肯锡公司的约翰·哈格尔三世(John Hagel III)和马克·辛格(Mark Singer)在《网络价值》一书中指出,消费者的信息中介为每个家庭寻找最佳买卖平均每年可以节约1 110美元,数目相当可观,交易成本的降低会为买主增加实力,从而丰富网络交易市场。与网络信息集成不同的是,前者提供了数据库的资料供使用者查询,而后者倾向于主动提供信息并进行撮合,提高交易效率。

(三) 付费信息集成

这是网络用户通过付费方式,获得网络经营者的相关信息服务。一般这种信息是系列化、定期化的,其服务类似于杂志的订阅。一些专业的网络信息服务商如网络市场研究公司,通常向用户提供其专题研究报告、网络监测报告,或者是存档文章和特殊报告的"信息包"。支付一定费用后,用户即可获得下载一定份数独立文件的权利。网络信息服务商通过开发海量信息数据库,可以实现用户的自助服务。用户通过搜索功能查找需要的信息,然后按照数量或者时间标准支付费用。

许多贸易服务,特别是由那些主要金融机构提供的服务,给客户提供了免费的在线投资的搜索。同时,他们也提供"金质、银质和白金"报告,并按月收费。他们还使用一些鼓励手段促使顾客将额外的利益与这些报告一起"打包"以实现"升级";例如,实时的提示和特殊的警告,如关于股票拆分、股息、证券交易委员会的档案以及会员贸易等。Rowe.com是一个出卖知识的站点,建立了一个庞大的知识资料库,目前网站提供24万篇报道、3 500种市场报告以及800万本折扣书。有了这样的资料库,它就可以以租赁的方式来销售知识产品,在网上提供书籍、杂志、期刊、电影、研究报告等,然后对每笔交易收取一定金额。例如原本价格昂贵的英特尔或高盛(Goldman Sachs)的投资研究报告,以租赁方式,就不再那么难取得了。

(四) 网络旅游

1. 网络旅游概述

网络旅游(或者称为旅游电子商务、网上旅游),是指通过现代网络信息技术手段实现旅游商务活动各环节的电子化,包括通过网络发布、交流旅游基本信息和旅游商务信息,以电子手段进行旅游宣传促销、开展旅游售前售后服务;进行电子旅游交易;也包括旅游企业内部流程的电子化及管理信息系统的应用等。世界旅游组织在其出版物《E-Business for Tourism》中指出:"旅游电子商务就是通过先进的信息技术手段改进旅游机构内部和对外的连通性(connectivity),即改进旅游企业之间、旅游企业与上游供应商之间、旅游企业与旅游者之间的交流与交易,改进旅游企业内部业务流程,增进知识共享。"

2002年起,我国国家旅游信息化工程——金旅工程将建设"旅游目的地营销系统"作为其电子商务部分的发展重点,计划将"旅游目的地营销系统"建设成为信息时代中国旅游目的地进行国内外宣传、促销和服务的重要手段。2002年下半年至2003年上半年,广东省南海市、粤港澳地区、大连市、三亚市等试点城市的"旅游目的地营销系统"已陆续整合开通。在此基础上,本着全国统筹、突出重点、多方扶持、以点带面的原则,国家旅游局计划用两年左右的时间,逐步完成138个优秀旅游城市的系统建设,并逐步辐射到其他城市。

2. 网络旅游的经营模式

我国旅游网站从1996年开始出现,目前具有一定旅游资讯能力的网站已有5 000多家。其中专业网站300余家,主要包括地区性旅游网站、专业旅游网站和门户网站的旅游频道三大类。

(1)地区性旅游网站。地区性旅游网站一般作为地方政府的旅游宣传窗口，主要是当地景点、景区风光的介绍，以及当地旅游服务的介绍。地区性旅游网一般是和一些旅游部门合作，进行旅游服务的推广，由于影响和能力的限制，经济效益有限。

（2）专业旅游网站。专业旅游网站主要进行旅游中介业务，包括传统旅行社建立的网站和专业电子商务网站两类：

① 旅行社网站。依托传统旅行社的品牌优势，开拓网络业务，业务涉及旅游线路、票务、酒店预订、车辆出租等业务。客户可以在线咨询，并接受在线预订和支付。出境游业务的办理护照、签证、边防、海关等也可以在网上预约。

② 专业旅游电子商务网站。是专门成立的以网络旅游为主业的电子商务公司，可以提供传统旅行社的所有业务。由于网络知名度和合作范围广泛，此类网站在酒店预订、票务办理方面服务面更广，吸引力更高。比较成功的有携程网、e龙网、华夏旅行网等，其中携程网是旅游电子商务的一个成功典范，为客户提供全方位的商务及休闲旅行服务，包括酒店预订、机票预订、休闲度假、旅游信息和打折商户。

三、网络数字产品服务

对于数字产品，通过网络进行服务是最佳的途径。传统的数字产品有软件、音像制品、电子书等。由于本身的数字化特征，发行方面不需要物流的支持，因而可以扩大销售范围，打破时间限制。

（一）网络出版服务

网络出版（Network Publishing），是指在网络上利用网络媒体直接进行组稿、编辑、出版、制作、发行、销售和阅读全程整合的一种新型出版形式。网络出版是数字出版与网络结合的产物。与传统出版相比，网络出版具有价位低、出版周期短、时效性强、内容广泛、无纸印刷、多媒体表现形式、检索快速方便、与读者互动等特点。由于具有这些优势，网络出版对传统出版造成不小的冲击，同时也在出版界和网络界引起广泛的关注和讨论。

电子图书（eBook）是网络出版的一种典型形式，图书的载体是一种特殊的电子文档,必须下载专门的浏览器进行阅读。电子图书可以在线浏览,也可以下载保存,在方便的时候随时阅读。电子书不需要传统的纸质载体,制作成本远远低于传统书籍,且电子书的发行完全通过网络,这与流通成本占出版成本50%以上的传统图书发行相比,优势毋庸置疑。电子图书可以付费下载,费用比传统图书动辄几十元要便宜几十倍。2000年3月,美国作家金在网上独家发表其短篇小说新作《骑弹飞行》,每次下载收取2.5美元,短时期内竟被下载50万次,为此金获利45万美元,而若以传统方式出版的话,他最多能拿到10万美元。有资料显示,2002年,全球eBook数量达10亿册。今后若干年书籍、杂志、报刊等可能更多地将以电子书形式发行。

　　在出版业中呼风唤雨的报纸出版,最大的成本来自印刷和发行,通过电子邮件发送的定期刊物则不存在变动成本,因而扩大服务群不会产生成本压力,这对传统报纸出版具有强烈的诱惑。《纽约时报》给那些经常订阅实物报纸的顾客提供了免费的因特网访问权。《华尔街期刊》向不定期订阅该报的顾客收取每月4.98美元的站点访问费用。现在,很多报纸都开发了网络版,作为报纸的一种形象策略,很少有收费。如果定期报刊不再发行纸质文本,那么成本将大幅度下降,消费者也获得好处,但现在的障碍来自传统的阅读习惯。

(二) 网络下载服务

1. 软件下载服务

　　软件的价值体现,不在乎它是用光盘还是其他形式承载的,用户注重的是将软件安装在计算机中运行的功能。软件通过网上下载司空见惯,用户可以随意下载一个软件产品进行试用,试用软件一般都有期限或次数限制,如果感觉满意,可以付款进行注册,升级为正式用户,或者接受一份正式版的安装软件。这种方式可以让用户进行实际体验,避免了因盲目而选择不当软件产品所蒙受损失的风险。数字产品的一个重要特征是升级较快,用户今后的升级服务完全可以借助网络来进行,这是传统销售模式不可想象的。用户升级只要花几分钟的时间,而对于软件公司来说,任何数量的用户升级成本都是一样的。杀毒软件公司的升级速度是最快的,现在用户每天需要进行升级,因为病毒的滋生速度实在是太快了。如果通过传统渠道进行升级的话,这个成本是巨额的,无论是由软件开发商还是由用户个人承担都不会满意。

2. 音像制品下载

随着宽带接入的普及,在网上收看影视节目和下载音像产品成为可能。在线点播是网络时代消费者的社会时尚。支付一定服务费后,消费者可以在电影资料库中随心所欲地挑选中意的节目,完全根据自己的愿望,不必考虑时间、地点。"因特网电影数据库"(The Movie Database)库存影片有 20 万部之多,不过它吸引人的地方还不仅仅在于此。这个从提供电影资料起步的网站把自己拓展成了一家规模宏大的娱乐门户网站,增加了当地剧院放映时间表、娱乐新闻、影视评论、专栏天地、影片公告栏(包括数据库中全部的影片)和 RealVideo 影视片断。Scour 网站提供的所谓"宽带内容"最为丰富。它最引人注目的是有 900 条影视预告片、1 200 条音乐电视录像和丰富的在线广播电台。它的搜索引擎在搜索网上多媒体内容方面极为专业化,能够同时提供 6 条搜索结果,让查询人仔细加以观看,再决定是否要全部下载。

MP3 是当今男女老少的最爱,这种压缩音乐格式适合将喜爱的音乐下载到微型的播放器中,重要的是可以随时更换其中的音乐。MP3. com 曾经提供成千上万的 MP3 歌曲供免费下载,《时代》周刊将其评为科技站点第三名。Real. com 也是一个流行音乐站点,1999 年 11 月,Real Networks 借推出 RealPlayer 7 之机对其网站主页进行了全面调整。Real. com 完全演变成了一个主流媒体的门户网站,网罗了因特网上几乎所有的音频、视频内容的超级链接,其中自然包括 MP3 下载文件。在这里网民还可以找到通向在线广播电台和 Take5 的链接。Take5 是这个网站新增加的一项内容,Real Networks 编辑每天晚上负责对 Web 上的主流媒体内容进行搜索,然后分门别类地放到这个栏目中供网民参考。

四、网络游戏
(一) 网络游戏概述

广义上的网络游戏是指利用网络提供的游戏程序,进行在线联机游戏的活动,是传统的电脑游戏的网络版。现在社会所谓的网络游戏(简称网游)实际上特指多人线上角色扮演游戏 MMORPG(Massive Multiplayer Online Role Playing Game)。网络游戏除了传统角色扮演游戏的特征之外,还融合了其他一些游戏的特色,使得玩游戏的过程更加曲折;在网络游戏虚拟的世界里,游戏者完全抛开现实生活中的一切,重新做一个希望的自己。玩家可以选择不问世事埋头修炼,追求最高等级最好装备;也可以呼朋引伴自立山头,过一把掌门帮主的瘾;还可以倒买倒卖赚取利润,当个千万富翁;或者只是把它作为一个有图形的聊天室,广交好友。网络游戏就像一个造梦机器,人们在现实社会中难以实现的都能在虚拟空间里得到满足。越来越多的年轻人甚至青少年都沉湎于网络游戏(见图6.6、图6.7所示)。

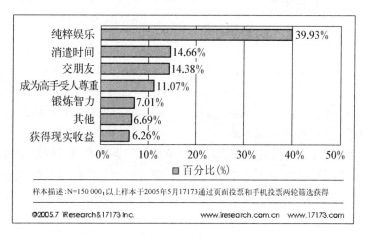

图6.6　中国网络游戏玩家游戏的主要目的

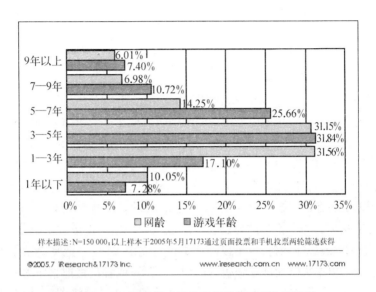

图 6.7　中国网络游戏玩家的网龄及游戏年龄情况

(二) 网络游戏的盈利模式

1. 游戏使用费

游戏使用费是参与网络游戏者向游戏服务商支付的费用,一般按照时间计算,这曾经是网络游戏服务商主要的利润来源,通常以"点卡"的方式进行。游戏者必须购买了付费卡才能进行游戏,付费卡一般按时间计,从小时到月、年均有。不过,目前主流网游服务商已经倾向于放弃收费,提供开放式的游戏,这种收费模式日渐式微。

2. 与网络营运商分成

与网络营运商的分成也曾经非常流行。游戏者通过网络营运商上网,网游为网络营运商招徕了用户,双方分成是天经地义的。不过现在的网络用户基本上向包时制发展,这种模式已经基本上没有市场了。

3. 广告收入

网游用户众多,广告价值也是足够引起重视的。游戏厂商、网络运营商、游戏运营商之间已经形成一个全新的价值链,其中网络游戏运营商不但是连接客户的唯一途径,同时也是各种利益集团通向客户的"路由器"。众多的游戏用户成为巨大的广告服务对象,形成网络游戏服务商巨大的财富来源。现在嵌入式广告越来越流行,就是游戏程序中以道具、背景等载体搭载广告。这是一种隐性广告,是软广告的具体体现,游戏者在游戏时根据情景会得到不同的广告信息。

4. 虚拟产品收入

网络游戏中大量的虚拟产品现在成为游戏服务商巨大的财富中心。虚拟产品在网络游戏中主要以道具或装备的形式出现,游戏者可以根据需要"购买"合适的道具,以提高游戏中的竞争能力。正是这种超能力使玩家趋之若鹜,为了获得更强的角色能力他们愿意为之支付费用,而游戏设计者也努力开发各种道具满足市场的需求。游戏道具本身是一种虚拟产品,但是很快在玩家中形成了交易市场并具有了价格行情。目前,不同的游戏具有不知其数的道具,成为目前网络游戏的主要利润来源。

5. 其他增值服务

网络游戏服务商也致力于为游戏玩家提供各种增值服务,如在线沟通工具、网络广播等。这些增值服务可能是免费的,但巨大的用户群给网络游戏服务商带来巨大的资源,也带来了巨大的后续利润资源。

五、网络金融服务

在电子商务环境下,网上交易活动的支付离不开商业银行的介入,完全的电子商务流程应该包括货款的在线支付。银行一方面要作为电子商务的直接参与者,积极为在线交易提供电子支付服务;另一方面要加快发展和完善电子商务环境下的支付、结算功能。失去了完善的电子支付手段的支撑,电子商务根本无从发展。

(一) 网上银行业务

目前全球前1 000大的银行绝大多数都实现了网上银行业务。网上银行除了能进行普通的查询、转账功能外,最关键的是提供了强大的缴费和网上结算功能。

网上银行的另一种发展模式是传统银行运用公共因特网服务，开展传统的银行业务交易处理服务，通过其发展家庭银行、企业银行等服务。在美国的前50家银行中，目前已有大部分银行允许客户通过因特网访问其网址，查看自己的账户信息，部分银行还提供网上存钱转账业务。

(二) 网络证券交易

1. 网络证券交易的概念

网络证券交易主要指运用因特网等电子化方式实现证券交易网络化，即通过网络发布证券即时行情、网上下单委托、网络查询交易结果及通过网络办理与证券有关的手续。新型的网络证券公司采取向用户提供有关信息的形式，赋予用户自主投资的自由。传统的证券公司多半具有资本雄厚、客户众多的特点，但由于分支机构繁多、员工人数庞大，面临着经营费用过高的问题，如何成功实现转型对这类公司提出了挑战。相比之下，新的网络贸易服务商都白手起家，低廉的经营费用将成为它们制胜的法宝。传统证券公司如果想在网络在线股票交易方面取得成功，就必须对经营模式进行革新。

美国一直领导着证券电子商务的发展潮流。摩根士丹利添惠(Morgan Stanley Dean Witter)控股的 Discover Brokerage Direct 公司1995年8月率先推出网上证券委托交易业务至今，美国提供网上证券委托交易的中小券商已经超过100个，网上证券委托交易的开户总数超过300万，大约25％的散户经纪量通过网上经纪完成(见图6.8所示)。

2. 网络证券交易的流程

进行网络证券交易，首先要在相关券商网站进行登记注册，下载并安装网上交易软件；在正常的证券交易时间里，客户可以浏览即时行情，需要委托下单时先选择合适的营业部，进行客户号、交易密码和通讯密码的验证；然后在交易菜单填写需要交易的证券代码、买卖类型、委托数量、委托价位等资料；确认无误后退出系统即完成整个网上交易过程(见图6.9所示)。

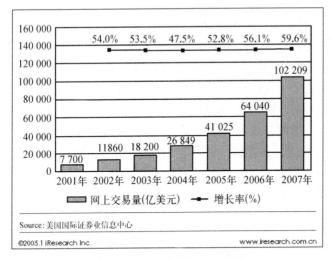

图 6.8　全球网上证券交易量

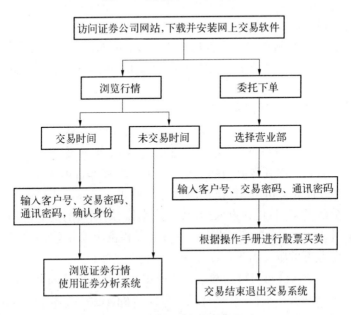

图 6.9　网络证券交易流程

3. 网络证券交易的优势

(1) 对于券商的优势：

① 降低成本。网络证券交易无需太多的场地、资金、人员和设备。其投资主要用于软硬件系统和市场营销。

② 扩大市场份额。电子商务本质上在于扩张与推动，因此网络证券交易有助于券商扩展业务，开拓市场。

③ 提高服务质量。网络证券交易的实时性和互动性，有利于券商为客户提供更加及时、个性和全面的服务，深化和加强券商的服务意识。

④ 整合资源。网络证券可以整合人才方面的资源、信息方面的资源和通讯设施方面的资源。

(2) 对于投资者的优势：

① 更加优质的服务。投资者可以得到更加优质快速的证券行情信息和交易服务，减少因行情延迟、信息时差或交易不及时等引起的交易损失。

② 突破地域限制。在任何一个能够上网的地方参与证券交易，给所有投资者一个公平的交易平台和较平等的服务(信息咨询服务和交易渠道服务)。

4. 我国的网络证券发展

我国的证券交易从一开始就实行了无纸化，在网络交易方面比较容易切换。2000 年，随着中国证监会《网上证券委托管理暂行办法》的出台，国内证券公司网上交易的业务发展非常迅速。

(1) 证券公司与 IT 技术厂商合作模式。这种模式目前有相当一部分券商采用，具有投入少、运行成本低、周期短的优势。网上交易软件由 IT 技术厂商开发，客户可通过该网上交易软件登录证券公司营业部的服务器进行证券交易。

(2) 证券公司与财经网站合作模式。证券公司依赖财经网站的技术力量和交易平台，交易直接在财经网站通过浏览器进行，无需下载和安装行情分析软件或安全系统。这是一种真正意义上的网上在线交易,对用户而言更加便捷。但从安全的角度出发,对技术的要求更高。

(3) 证券公司的独立交易网站。这种模式中证券公司在建设网站和交易系统时可能并不完全依靠自己的技术力量,但其交易平台和品牌都为证券公司所拥有,并且能够在全公司范围内统筹规划、统一交易平台和品牌,避免日后重新整合的成本。这种模式成为网络证券首选,但是需要较大的资金投入和较长的周期,日常维护网站运行的成本也较高。

(三) 网络保险业务

1. 网络保险的概念

网络保险是指将保险业务活动基于统一在网络平台上的信息流的传递和处理的保险经营方式,由于法律的限制,目前网络保险局限于保险产品的网上销售,简化投保手续、方便投保人,实现保险公司与被保险人相互沟通,扩大市场份额。严格地说,保险销售最终还必须由被保险人当面签字才能算完成,而保险索赔等基本业务尚无法在网络上执行,因此网络保险实际上是有限制的,网络保险更多的是作为保险公司的一种营销模式。2001 年 3 月,太平洋保险北京分公司与朗络公司开始合作,开通了"网神",推出 30 余个险种,开始了我国真正意义上的网络保险。随着《电子签名法》的颁行,电子保单的法律障碍最终消除,网络保险业务在我国将得到迅速的发展。

2. 网络保险的形式

网络保险目前形成两大类型,一是保险公司的经营网站,二是专业的保险网站。

(1) 保险公司的经营网站。保险公司目前都建立了公司的网站,除了网站的一般功能,还有电子商务平台,一般是公司保险业务的推介,并提供投保意向书填写、提交,电子保单下载和提交,网上保费支付,保单验证等业务。

(2) 专业的保险网站。这是一种综合性的保险网站,业务范围比保险公司网站要复杂。综合性专业保险网站实质上具有保险代理的性质,网站得到消费者的投保申请后同保险公司取得联系,再把有关保费估算的信息发送给保险公司,然后各保险公司直接同消费者取得联系。由于专业保险网站建立了具有人气的保险社区,拥有足够的潜在保险资源,容易与保险公司合作,拓展保险业务。

目前国内的此类网站具备的业务功能有:

① 保险投标。具有保险意向的用户可以在线投标,表明投保方案,网络系统会自动发送到客户所在省/市的业务员"投保意向管理中心",并出现在最新快速招标列表中,保险网站的资深代理人会为顾客定制合身计划,再由业务员进行面洽,完成保险单。

② 保险交易平台。保险交易平台是保险业务网上交易市场,提供了大量的保险业务信息,为国内外的保险业务提供综合交易平台。与传统的交易模式相比,保险交易平台既减少了时间成本,也降低了资金成本,同时,由于网络本身具有覆盖面广的特点,它将极大地增加业务成交的可能性,带来更多的展业机会。

③ 网上保险门店。是保险业务员的个人网上办公室,可以展示个人形象、布置保险橱窗、展示方案设计、参加方案竞标等。可以很方便地与客户进行交流、分析保险需求及进一步投保,实现网上展业。

(四) 网络理财服务

网络理财服务是网络时代的新兴服务业务,就是通过网络为客户提供专业的理财建议,制订理财方案,并可以提供一定的网络理财工具,实现客户管理财富的目标。个人在理财方面并非都是行家,在美国中产阶级大约有 800 万人,交税、投资、支付账款都存在问题,过去富翁们常常以聘请财务顾问的方式来解决问题。个人理财服务(Personal Financial Services; PFS)在全球是个 3 800 亿美元的大市场,一向是商业银行的业务范围。MyCFO. com 专门为富翁们设计的财务管理网络,相当于个人的财务主管、审计师和会计师。将这种服务搬到网上,让人们可以从网上的一个综合安全服务系统中跟踪账单、付款、投资等,当然纳税也就是毫不费力的事。MSN

MoneyCentral 也是一个关于个人理财的站点。在这个网站上，你可以找到投资追踪和建议，以及来自 MSNBC 网站的重要财经新闻。子栏目可以涉及你投资生活的每一个层面。该网站上最近新增加的服务项目还有：电子账单支付、有限的即时股票价格指数、一个性能得到改善的证券投资管理程序、一个新的 401 K 的计划程序，以及一个帮助你找到一位财务顾问的工具。最值得一提的是，许多以前需要付费才能获得的服务现在都免费提供。

六、网络公共服务

(一) 网络教育

1. 网络教育的形式

网络教育是现代远程教育的一种形式，是综合运用现代通信技术、多媒体计算机技术和现代网络技术，特别是因特网技术实现交互式学习的新型教育模式。它有两个基本特征：基于网络（这与多媒体计算机辅助教学的含义有所不同）和交互式（这与传统电化教育有所不同）。网络教育的学生分布在各地，不需要集中授课，也不需要统一授课，只要成为注册学生，就可以在线学习课程。除了网络授课的内容外，还可以获得网络学校所提供的助学信息、参考资料等，也可以在线参加课堂讨论、由教师进行针对性辅导、参加论坛等方式进行辅助教学。网络教学容量大、更新快、模拟生动。网络教育的教务管理也是通过网络进行的，如报名、注册、缴费、选课、作业和考试等动态管理等等。网络教学这种方便、灵活、随意、快捷的特点，在很大程度上解决了现代人工作繁忙、学习时间不定等实际问题。目前，网络教育已经成为各国国民教育的组成部分，我国也广泛推广网络教育，完成网络教育的学生可以获得国家承认的学历证书和学位证书。

2. 网络教育的特点

(1) 突破时空限制。网络教育真正突破了学习时空的局限，学习者在任何地方都可以上网学习。学生可以在异地注册，真正实现师生异地同步教学。也不受学习时间的局限，每个学员都可以根据自己的实际情况来确定学习时间、内容和进度,可随时从网上下载相关学习信息或向老师和同学请教,真正实现随时学习。网络教学为所有的学习者提供的是统一、开放的教学内容,学习者不受职业等条件的限制,全体社会成员可获得均等的教育机会。

(2)终身教育。在知识经济时代,学习成为生存的条件,学校教育属于就业前的"职前教育",就业后还需要不断进行"职后教育"。教育已经不再是一次性的学校教育,而是终身性的继续教育。网络教学是实现终身继续教育的最佳手段,并将有助于建立起一种满足终生学习要求的教育保障体系。在企业中,作为在职培训的一种模式,eLearning 正在全球范围得到应用。根据企业的职业培训要求,培训网站个性化开发了培训课程,而企业员工可以在任何时候参与培训,不受条件的限制。

(3)以学为主的教学模式。网络教学带来了教学模式的根本变革,它把传统的以"教"为主的教学方式改变为以"学"为主的教学方式,有利于培养学员的自学能力,促进学生由被动式学习向主动式学习的转变。

(4)个性化教学。网络教学内容丰富,教育专业和门类可以根据社会需求不断充实。因此,网络教育可以针对每一学习者,实现因材施教,并可以进一步发展为按个性化原则来组织教学。

(5)虚拟教育。网络教育利用计算机技术,可以虚拟地建立起与真实环境相近的学习场景,提供虚拟的动手活动,如模拟物理、化学实验、地理实习等,网上博物馆、科技中心或模拟工厂现场实习,接受情景教学。

(6)交互式教育。网络教学以实时的、交互式教育方式扬弃传统的班级教学方式,代之以小组式研究、讨论式的研习方式,有利于开阔学生思路,培养独立思考的能力。

(二)面向公众的电子政务

政府对公众的电子政务是指政府通过电子网络系统为社会公众提供的各种服务。主要包括:

1. 教育培训服务

建立全国性的教育平台,并资助所有的学校和图书馆接入因特网和政府教育平台;政府出资购买教育资源后对学校和学生提供;重点加强对信息技术能力的教育和培训,以适应信息时代的挑战。

2. 就业服务

通过电话、因特网或其他媒体向公民提供工作机会和就业培训,促进就业。如开设网上人才市场或劳动市场,提供与就业有关的工作职位缺口数据库和求职数据库信息;在就业管理和劳动部门所在地或其他公共场所建立网站入口,为没有计算机的公民提供接入因特网寻找工作职位的机会;为求职者提供网上就业培训、就业形势分析,指导就业方向。

3. 电子医疗服务

通过政府网站提供医疗保险政策信息、医药信息、执业医生信息,为公民提供全面的医疗服务,公民可通过网络查询自己的医疗保险个人账户余额和当地公共医疗账户的情况;查询国家新审批的药品的成分、功效、试验数据、使用方法及其他详细数据,提高自我保健的能力;查询当地医院的级别和执业医生的资格情况,选择合适的医生和医院。

4. 社会保险网络服务

通过电子网络建立覆盖地区甚至国家的社会保险网络,使公民通过网络及时全面地了解自己的养老、失业、工伤、医疗等社会保险账户的明细情况,有利于加深社会保障体系的建立和普及;通过网络公布最低收入家庭补助,增加透明度;还可以通过网络直接办理有关的社会保险理赔手续。

5. 公民信息服务

使公民得以方便、容易、费用低廉地接入政府法律法规规章数据库;通过网络提供被选举人背景资料,促进公民对被选举人的了解;通过在线评论和意见反馈了解公民对政府工作的意见,改进政府工作。

6. 交通管理服务

通过建立电子交通网站提供对交通工具和司机的管理与服务。

7. 公民电子税务

允许公民个人通过电子报税系统申报个人所得税、财产税等个人税务。

8. 电子证件服务

允许居民通过网络办理结婚证、离婚证、出生证、死亡证明等有关证书。

图 6.10　香港特区政府公共服务网站——易生活

【阅读链接】

1. 亚马逊网站　http://www.amazon.com

2. 搜狐商城　http://store.sohu.com

3. Landsend 网站虚拟模特试衣室　http://www.landsend.

com 点击 My Virtual Model™

4. 戴尔公司的网上销售　http：//www. dell. com

5. 1 - 800 - Flowers 网上花店　http：//www. 1800flowers. com

6. eBay 网　http：//www. ebay. com

7. eBay 易趣网　http：//www. ebay. com. cn 或 www. eachnet. com

8. eBay 易趣网卖家费用　http：//pages. ebay. com. cn/help/sell/fees. html

9. 中商网　http：//www. chinaec. com/recommend/ec＿site/default. htm

10. 联邦快递货物查询页面　http：//www. fedex. com/Tracking？link＝1＆cntry_code＝cn

11. 电子书完全下载网站　http：//www. ebook99. com

12. 因特网电影数据库 The Movie Database：http：//www. imdb. com

13. 网络综合娱乐网——互联星空　http：//www. chinavnet. com

14. MP3 下载网　http：//www. mp3. com

15. 网络游戏发展调查报告：http：//www. iresearch. com. cn/html/online_game/detail_freeid_19722. html

16. 网络证券交易——宏源证券　http：//www. ehongyuan. com. cn

17. 太保网网上投保指南　http：//www. cpic. com. cn/personal/server/directory. html

18. 网络理财网站　http：//www. mycfo. com

19. 北京大学远程教育网　http：//www. pkudl. cn/index. asp

20. 中国金旅工程 DSM 总平台　http：//www. yahtour. com

21. 携程网　http：//www. ctrip. com

22. 中国电子政务网　http：//www. e-gov. org. cn

23. 中国最佳电子政务网——中国无锡　http：//www. wuxi.

gov. cn

24. 香港特区政府公共服务网站——易生活　http://www. esd. gov. hk/home/chi/default. asp

【思　考　题】

1. 网络零售是怎么实现的？与传统零售相比有什么特点？

2. 网络拍卖有哪些形式？目前最流行的网络拍卖网站的盈利模式是怎样的？

3. 网络服务是怎样实现的？

4. 网络信息服务有哪些形式？怎样实现盈利？

5. 为什么电子产品适合通过网络进行服务？与传统模式相比其竞争性怎样体现？

6. 网络游戏是怎样运作的？你对网络游戏的发展有什么看法？

7. 网络证券交易的主要流程是怎样的？

8. 网络保险是什么？目前网络保险在发展中还存在哪些障碍？如何解决？

9. 网络教育与传统教育有什么区别？

10. 网络旅游的运作模式是怎样的？

11. 什么是电子政务？对未来的社会生活会产生什么影响？

【实务练习题】

1. 请登录易趣网（www. ebay. com. cn）和淘宝网（www. taobao. com），分别注册一个用户，仔细阅读有关说明，然后就两个网站的经营风格、经营策略进行分析，说明你的看法；易趣网曾经设置过买家级别限制，后来取消了，对此你是什么态度？试在网上寻找5个易趣网和淘宝网的广告，分析各自的广告投放策略；你认为易趣网应该如何应对淘宝网的免费策略？就以上分析写一篇 500 字的报告。

2. 访问一家国内的地级市政府的网站，分析其电子政务的功能设置，从政府信息发布的状况（数量与及时性）；政府部门通道；市民办事申报窗口的设置、办事流程；统计信息；咨询回复；投诉举报及落实；网站回应速度等方面着手，写 300 字的报告，并对不足之处提出自己的建议。

3. 假如你需要在网上购买本年度奥斯卡最佳影片的 DVD，请搜索国内的 B2C 网站（至少 5 家），比较各自的报价，考虑邮寄等手续费因素，决定你的购买决策，并将购买过程写成简单的报告。

4. 现在你需要出差，具体的行程是 3 天后抵达上海，住宿 1 天；然后抵达广州，停留 2 天；然后到达深圳，停留 1 天后回程，全部住宿均为四星级宾馆标准间。请通过国内的旅游服务网站，至少 5 家，把各网站各地的报价列成表格，进行综合计算，选择总价最低的。然后写一份简单报告。

5. 访问中国共享软件注册中心 http：//reg. banma. com，了解共享软件下载、试用、购买注册的流程，并就这一模式谈谈自己的体会，写 300 字的报告。

【案例分析题】

1. 8848——珠穆朗玛网上商店由连邦软件公司建立，1999 年 5 月 18 日正式开业。该商店主要销售软件、计算机图书类商品。同年 11 月，其销售额达到 1 250 万元人民币，商品种类达 14 万种，注册用户数量接近 12 万人。1999 年底，8848 公司从连邦软件公司分离，成为独立公司，即北京珠穆朗玛电子商务服务有限公司。由于有多家外资机构对其进行投资，8848 公司很快取得了国内电子商务网站的龙头地位。2000 年 11 月，快速膨胀的 8848 公司进行了业务拆分，由 8848 公司和深圳某投资发展有限公司共同投资成立北京时代珠峰科技发展有限公司（my8848）。8848 公司出让全部电子商务业务及部分相关资产,授权 my8848 独家使用 8848 的电子商务域名。这使得 my8848 一成立就享有了一个明星企业的市场知名度和信誉度,也让一些人误解 my8848 就是 8848。由于种种原因,my8848 网站从 2001 年 6 月开始拖欠供货商的货款,9 月出现收取客户预付款却不送货的情况。被公司拖欠货款的有 200 多家供货商,其中有 20 余家向法院提起了诉讼。2001 年 9 月 20 日法院查封了 my8848 网站,中国电子商务起步较早、知名度很高的品牌网站由此陷入破产的境地。

请根据 my8848 的材料分析:

(1) my8848 的业务流程存在什么问题?

(2) my8848 的管理模式有没有缺陷?

(3) 从 my8848 兴衰能够得到什么启示?

2. 联想集团率先推出了业界首创的以网络服务为中枢的新型"eCare"服务模式,其具体体验就是一个全新的称之为 eCare 智能交互支持服务平台。eCare 服务平台的推出意味着您可以通过最便捷的途径,在您最方便的时间,以您最希望的方式,提供您最需要的服务。联想 eCare 网络服务模式不是一个简单的口号和概念,它蕴含着丰富的服务理念和服务内容,象征着 eCare 为联想提供 360 度全方位关怀。"3"是指"3 网合一",也就是用户无论通过电话、网络或者终端都可以得到的一点接触全程解决的最佳服务体验。"6"是指 6 大特色服务,它包括网上报修、预约送修、远程接管、智能交互、方案推送、在线延保等。当用户在非工作时间使用电脑遇到问题,它可以上网使用网上各种服务,省去了舟车劳顿之苦。"0"是特指与客户"零距离接触,个性化关怀",也就是说联想为用户提供最方便快捷的联络和接触方式,让用户随时随地享受联想高价值专业服务,并且通过个性化的关怀活动让用户和联想凝聚在一起。

试分析:

(1) 联想的 eCare 模式的创新之处在哪里?

(2) 联想从 eCare 模式可以获得哪些好处? 对其竞争可以有什么帮助?

第七章 电子商务应用——面向企业的电子商务

随着市场信息化的发展,打好企业信息化基础,利用先进的计算机信息技术提高工作效率,优化生产结构已经成为企业管理不可逆转的发展趋势。一般来说,企业信息化要经过准备、内部资源整合、外部资源利用及电子商务等阶段。

第一节 企业信息化管理

市场经济是市场信息化的基础,市场经济的发展是伴随着市场信息化的发展而来的。在激烈的市场竞争中,信息的获取程度和企业市场竞争的成功是密切相关的。市场信息不仅指企业经营中内部的各种生产信息,而且包括外部环境的各种信息,如政策法规、市场商情、客户信息、行业信息和售后服务信息等。只有准确、及时、全面地掌握市场信息,才能获得市场竞争的主动。另一方面,以政府机构为代表的服务组织通过信息化也在不断地提升服务质量、提高服务效率。

一、企业与政府组织的信息化
(一) 企业与政府组织信息化的概念
1. 企业信息化

企业信息化就是企业通过广泛应用电子信息技术,加快企业产品的更新换代、提高市场竞争能力;通过推广计算机辅助设计和辅助制造技术,提高生产过程的自动化程度,建立管理信息系统和决策支持系统,促进企业生产技术和管理现代化,从而提高企业的整体素质;充分利用信息化手段,采集、利用好宏观信息、生产流通信息和价格信息,提高管理水平和市场快速反应能力,调整产品结构,降低产品成本,提高生产效率,发挥电子信息技术的倍增和催化作用,激发企业新的生产活力。

企业为了在市场经济中取得有利的位置,必须有快速的信息反应机制,包括建立企业内部的快速反应机制和外部市场的快速反应机制。在企业内部,依靠电子信息技术建立企业信息管理系统,对企业的大量信息进行及时存储、加工、分析和预测,并及时作出反应,指导企业的经营活动;在企业外部市场,建立健全市场监控体系,及时反馈市场信息,使企业作出快速的反应,以应付市场的变化。

现代的企业经营就是管理加上信息化,所谓信息化就是 IT 技术和 IT 技术的管理。前者是一种人文的管理。"IT 技术管理"实际上是数字化管理,用数字把所有的商务活动表现出来。而人文的管理,则是知识经济的特定产物。人是知识的创造者、使用者、延续者,人的主动性是整个经营管理的一个核心。人文管理就是激情管理,以人为本,激发人的主动性。

2. 政府组织信息化

社会上一般把政府的信息化称为电子政务,主要是指政府机构利用信息化手段,实现各类政府职能。其核心是应用信息技术,提高政府事务处理的信息流效率,改善政府组织和公共管理。具体说,电子政务指各级政府机构的政务处理的电子化、自动化、网络化,包括内部核心政务电子化、信息公布与发布电子化、信息传递与交换电子化、公众服务电子化等四个方面的功能。其中,内部核心政务电子化是指其内部的办公系统或内部各业务处室各项申请、审批、请示报告;信息公布与发布电子化是指政务机构在因特网上发布信息的电子化;信息传递与交换电子化是指企业或个人与政府机构之间的信息交互、政府机构与政府机构之间的信息交互要实现电子化、自动化;公众服务电子化是指政府机构依托网络本身优势为公众提供各项服务,包括咨询、业务受理、业务查询等。

从内部管理层次上看,电子政务分成内部管理流程的信息化和对公众服务的信息化,其中管理流程的信息化是电子政务的基础。广义上讲,企业信息化也泛指包含政府与组织在内的一切机构的信息化。

(二) 企业信息化的构成

企业信息化建设任务进一步归纳成计算机网络基础设施建设、生产制造管理系统的信息化、企业内部管理业务的信息化、企业内外部信息资源的开发与利用等四大部分。

1. 计算机网络基础设施建设

计算机网络建设是企业信息化工程的基础,将使企业摆脱信息不能共享的困境。企业局域网的建设能使企业的信息在网络环境下脱离信息孤岛的限制,使企业各部门和部门间的信息得到较充分的处理;外联网的建设,将使企业与供应链上的合作伙伴实现更加高效的合作;与因特网的链接,能使企业形象和产品宣传的触角伸展至全球,使企业更方便、更快捷地实现与企业客户的实时交互,从而使企业获得更多的商机。

企业计算机网络基础设施建设中的另一大任务是信息资源建设与组织管理,如企业内部的各种数据库、数据仓库的建设与管理。在目前国内企业信息网络建设中,普遍存在着忽视信息资源建设与组织管理的问题。

2. 生产制造管理系统的信息化

作为制造型企业,生产制造管理系统的信息化是企业信息化工程的重要内容之一。随着计算机技术的发展,企业生产制造管理系统的信息化正在朝集成化方向发展,其过程可分为四个阶段。

(1) 单台计算机应用阶段。主要是采用单台计算机进行信息的处理,如采用CAD(计算机辅助设计)来提高工程设计及绘图的效率和质量。

(2) 局域网支持下的计算机应用阶段。通过计算机网络技术实现跨部门的计算机应用,如产品设计部门基于网络和数据库的 CAD(计算机辅助设计)、CAPP(计算机辅助工艺规划)、CAE(计算机辅助工程)、CAM(计算机辅助制造)等系统的应用,产品生产管理部门对 MRPII(制造资源计划)的应用,就使得技术水平和效益比以前有了进一步的提高。

(3) 网络数据库支持下企业范围的计算机应用综合系统阶段。这就是 CIMS(计算机集成制造系统)的信息集成阶段。这一阶段把企业各个单元的计算机应用,如 CAD、CAE、CAPP、CAM、MRP Ⅱ 车间管理与控制、质量保证以及办公、辅助决策等集成起来,实现信息资源共享、优化运行,使企业产品上市更快、质量更好、成本更低、服务更佳,使企业有更强的竞争能力。

(4) 广域网、因特网支持下的企业间信息集成和资源优化阶段。通过广域网和因特网的使用,企业与供应链上的其他企业进行信息资源的集成和共享,从而优化信息环境,提高企业的经营效率,提升竞争能力。

3. 企业内部业务管理信息化

企业内部业务管理信息化,是指在企业管理的各个活动环节中,充分利用现代信息技术、信息资源,建立信息网络系统,实现对企业信息流、资金流、物流、工作流的集成和综合,实现对管理资源的优化配置,由此不断提高企业管理的效率和水平,进而提高企业经济效益和竞争能力的过程。

根据我国的实际情况,企业内部业务管理信息化一般先从会计核算电算化开始。首先应用商品化的会计软件实现会计核算的电算化,在此基础上,进一步完成财务管理电算化,即运用计算机帮助完成财务分析和编制财务计划工作;然后将信息化的范围扩展到采购、销售、库存和人事管理,并运用计算机实现财务管理以及进销存等管理数据的一体化处理;最后再将信息化扩大到生产管理,运用计算机实现生产计划编制和生产指挥调度的信息化。随着 ERP(企业资源计划管理)、CRM(客户关系管理)、DSS(决策支持系统)、OLAP(在线分析处理)等软件系统的发展,使企业内部业务管理信息化的水平有望获得进一步提高。

企业内部业务管理信息化不仅仅包括软件的开发和计算机网络的建立,更重要的是,需要配合信息化进程实现业务流程的重组、建立企业信息化管理制度等。事实上,在信息化的实施过程中,企业必然会考虑如何根据计算机化管理的特点对原有手工业务处理流程做相应的改变,比如重新设计企业与企业之间的业务处理过程,即对企业的整个供应链的工作流程进行重新设计;甚至需要对企业的业务范围重新定义,即根据信息技术应用重新审视和调整业务范围。而这些是有效实施企业信息化的重要保证。

4. 企业内外部信息资源的利用

企业内外部信息资源的利用应当是推行企业信息化的目的所在。信息化建设的出发点和归宿点的根本,就是要求利用现代的先进的信息技术迅速准确地获取企业所需要的各种信息。企业内外部信息资源的利用主要是指通过使用各种计算机网络、各类计算机管理软件系统实现企业内外部信息的共享。其中,内部信息包括财务、营销、生产、库存、人事等部门的业务数据、员工的经验、知识;外部信息包括客户的需求偏好、合作者的合作信息、竞争对手的信息以及公开储存在因特网网站上的公共信息。这需要对包括企业管理人员在内的企业员工进行信息化知识的培训。这包括信息意识的培训,信息软件的使用培训,信息利用方法的学习。另外还依赖于信息化制度的建立,包括各业务部门的信息存储制度,在业务中信息分析利用的制度等等。

在对企业内外部信息资源的管理中,应当注意的问题有:在配置企业内部信息资源时,应注意将那些对于共用性较强的不涉及保密的信息进行有效组织,并及时提供给企业内部员工充分共享。在条件成熟情况下,应当有意识地引进用于信息挖掘的软件工具。此外,还应注重对来自各个渠道的信息进行集成,例如以计算机网络和数据库为基础,对企业管理、经营、科技、生产、市场等多方面的信息进行相关分析和综合利用。

二、企业信息化的发展

(一) 企业初级信息化阶段

企业初级信息化的工作重点在于解决企业不同部门间信息的共享及信息的交流问题。企业应该重视使用 E-mail 等网络通讯工具,使其成为内外部交流和联络的主要工具。在企业信息化的初级阶段,一般企业能从这种简单、成本低廉和极为普及的技术应用中受益。另外这个阶段应该重视企业的网站建设工作。对于处于信息化发展初级阶段的企业,不管当前网上业务是否有条件开展,以极小的代价利用网站为企业做宣传,对于今后进一步发展网络业务,并与国内外大企业电子化运作方式接轨都是极为重要的。

(二) 企业内部信息化阶段

按照企业内部资源管理的要求,实现基础管理、研究与开发的信息化。通过办公自动化系统(OA)、管理信息系统(MIS)、财务系统、进销存管理系统以及生产设计领域中的计算机辅助设计(CAD)、辅助制造(CAM)等系统,实现企业各个部门的信息化管理,提高企业的管理效率,企业管理人员也将有更大的作为空间。企业内部业务管理的信息化仍然应该被认为是企业初级信息化工作,只是比起上述电子邮件、网站建设来说,内部管理信息化工作更加深入到企业实质性的业务运作中。

(三) 企业内部信息化资源整合阶段

在企业内部信息化的基础上,实现企业的网络化管理,对企业的各种系统信息进行集成,实现对企业的信息资源的有效整合。企业的网络化管理具体是指企业前台资源(客户端)和后台资源(供货商及其内部资源)能够无缝地链接在一个开放的闭环式的网络平台上,从而使企业以最快的速度获取内、外部的信息,使企业的生产经营活动处于低成本、高效率的运作状态中。这是企业实现信息化的高级阶段,也是企业最后实现电子商务活动而必须构建的平台。这一阶段的信息化工作的主要任务是利用企业的内联网、外联网实现对涵盖企业生产管理、物料管理、质量管理、销售与分销管理、财务管理、资产管理、人力资源管理等众多领域的资源进行整合。此阶段信息化的过程不仅仅表现为一个系统的建立,而更多的是伴随着一个管理组织、管理体制、业务流程的创新。

(四)企业外部资源利用整合阶段

现代企业必须快速应对市场的变化,才能争取竞争主动。在供应链的思想体系下,企业必须通过加强供应链企业间的联系,打造强大的客户关系管理(CRM),密切企业与供应商、销售商的联系,跟踪技术、客户、市场,确保对市场变化的及时了解、迅速反应与竞争优势。利用外部资源将决定企业的竞争地位,如果不能有效整合外部资源,企业信息化将是空话。企业信息化发展到一定阶段后,必须从自身的信息化转向建立基于因特网的电子商业社区。通过因特网,在同业、上下游企业间开展贸易和业务协同,以信息的实时交互实现信息共享,减少中间环节、消除信息障碍。

(五)电子商务与协同商务阶段

经过以上步骤,企业已经基本完成了从传统的管理模式向现代化管理模式的转换,基本具备了发展电子商务的条件,进入企业电子化商业模式的创新阶段。采用因特网技术和开放的因特网标准对企业与供应商、经销商、银行等相关企业实现业务数据层的链接,并将把前阶段完成的企业网站、ERP、CRM等系统整合到一起,进而实现真正意义上的电子商务,将企业完全融入基于因特网的电子商务新模式。协同商务的概念已经超出了业务及生产的范畴,体现为协同销售、协同制造及协同设计三种类型。

1. 协同销售

这是目前应用最广泛的手段。经营者仅提供一个通用的平台为各种各样的企业提供销售渠道。企业间通过共同搭建的销售平台,吸引用户反复访问以达到"多赢"。

2. 协同制造

协同制造包括了协同采购、协同生产和协同物流等概念。企业利用信息化渠道联合其他企业进行联合采购,可以获得最优的价格;协同生产则是企业将非核心优势的项目外包给合适的企业加工,使不同的企业相互发挥其核心能力,取得最大的合力;协同物流则是企业走出小物流的圈子,委托社会化的第三方物流进行合作,将企业资源集中到优势项目。世界三大汽车制造商的门户就是传统企业在该领域应用的又一佐证。

3. 协同设计

由于市场及用户需求的多变,尤其在信息无限畅通的因特网时代,决定了企业产品的设计必须随之迅速变化。因此,产品的设计是协同商务中不可忽视的环节。然而,凭一个企业自己的实力难以实行。所以,利用虚拟组织进行联合开发,将成为电子商务企业发展低成本的、快速的、高品质的新产品的重要途径。

三、办公自动化与信息化管理

(一) 办公自动化概述

办公自动化是企业信息化和电子政务发展的必经阶段,它主要是将计算机技术应用于繁杂的办公事务的处理,从而提高管理效率,将人们从繁重的手工劳动中解放出来。管理信息系统的应用离不开办公自动化技术,其主要作用是支持知识工作和文书工作,如字符处理、电子信件、电子文件等。20世纪70年代,美国麻省理工学院教授 M. C. Zisman 将其定义为:将计算机技术、系统科学及行为科学应用于传统的数据处理方式难以处理的数量庞大且结构不明确的、包括非数字型信息的办公事务处理的一项综合技术。办公自动化系统(Office Automation System; OA)是基于先进的网络互联基础上的分布式软件系统,通过有效的资源共享和信息交流、发布,达到提高个人工作效率、降低劳动强度、减少重复劳动的目的。它强调人与人之间、各部门之间、企业之间的协同工作,以及相互之间进行有效的交流和沟通。

(二) 办公自动化的发展

30 年来,从世界范围来看,办公自动化的发展经历了三个阶段:

(1) 以单一的文字处理工具为基础的阶段。此时的文字处理除以复印机、传真机为主外,计算机开始被应用于处理繁杂的文档资料的整理和储存,提高了办公效率。

(2) 基于关系型数据库技术,以 C/S(客户/服务器)体系结构应用为特征阶段,这一阶段基本实现了部门级的数据处理、公文处理等的自动化,在一定范围内实现了数据的共享和设备的共享。

(3) 基于符合因特网/内联网(Internet/Intranet)技术标准的平台应用阶段。这一阶段,不仅在技术上有了很大进步,数据、文字、声音、图像等多媒体信息,都可以通过因特网传输、处理和存储,而且应用范围已从部门内部、部门之间扩展到行业/系统内部,乃至跨部门跨系统,从而在更大范围内实现了资源共享。它将现代办公设备与国际互联网结合起来,形成了一种全新的办公方式,也就是现代意义上的办公自动化。

(三) 办公自动化的特点

随着网络通讯技术、计算机技术和数据库技术等核心支柱技术的成熟,办公自动化已进入到新的层次,体现出新的特点。

(1) 集成化。软硬件及网络产品的集成、人与系统的集成、单一办公系统同社会公众信息系统的集成,组成了"无缝集成"的开放式系统。

(2) 智能化。面向日常事务处理,辅助人们完成智能性劳动,如汉字识别、对公文内容的理解和深层处理,辅助决策及处理意见等。

(3) 多媒体化。包括对数字、文字、图像、声音和动画的综合处理。

(4) 运用电子数据交换(EDI)。通过网络系统,在计算机间进行交换和自动化处理。这个层次上包括信息管理型 OA 系统和决策型 OA 系统。

(四) 办公自动化的层次

根据办公自动化技术应用水平及办公自动化发展的阶段,办公自动化具有不同的层次。

1. 事务型办公自动化系统

该层次只限于单机或简单的小型局域网上的文字处理、电子表格、数据库等辅助工具的应用。最为普遍的应用有文字处理、电子排版、电子表格处理、文件收发登录、电子文档管理、办公日程管理、人事管理、财务统计、报表处理、个人数据库等。此外,在办公事务处理级上可以使用多种 OA 子系统,如电子出版系统、电子文档管理系统、智能化的中文检索系统(如全文检索系统)、光学汉字识别系统、汉语语音识别系统等。在公用服务业、公司等经营业务方面,使用计算机替代人工处理的工作日益增多,如订票、售票系统,柜台或窗口系统,银行业的储蓄业务系统等。在电子政务中,政府办公业务流程的信息化提高了政府内部行政效率、提升公共服务的素质和办事效率、降低行政运作成本和带动信息技术与相关行业的发展。

2. 信息管理型办公自动化系统

把事务型(或业务型)办公系统和综合信息(数据库)紧密结合的一种一体化的办公信息处理系统。综合数据库存放该有关单位的日常工作所必需的信息。企业的综合数据库包括工商法规、经营计划、市场动态、供销业务、库存统计、用户信息等。政府的综合数据库主要包括政务办公数据库和政务公共数据库。

3. 决策支持型办公自动化系统

这是建立在信息管理型办公自动化系统的基础上。使用由综合数据库系统所提供的信息,针对所需要作出决策的课题,构造或选用决策数字模型,结合有关内部和外部的条件,由计算机执行决策程序,作出相应的决策。

这三个层次的办公自动化系统是广义的或完整的办公自动化系统构成中的功能层次,相互联系可以由程序模块的调用和计算机数据网络通信手段做出。一体化的办公自动化系统的含义是利用现代化的计算机网络通信系统把三个层次的办公自动化系统集成一个完整的系统,使办公信息的流通更为合理,减少许多不必要的重复输入信息的环节,以期提高整个办公系统的效率。一体化、网络化的办公自动化系统的优点是可以在本企业内使办公信息的运转更为紧凑有效,而且也有利于和外界的信息沟通,使信息通信的范围更广,能更方便、快捷地建立远距离的办公机构间的信息通信,并且有可能融入世界范围内的信息资源共享。

第二节　物料需求计划

企业资源的统一规划利用是近代信息化管理中的新事物,也是信息管理发展到电子商务阶段的标志之一。无论是早期用于生产型企业的 MRP Ⅱ,还是如今不同类型企业广泛采用的 ERP,其核心作用都是将企业的管理流程通过信息技术整合起来,完成生产、管理、销售的一体化。在飞速发展的信息时代,企业竞争实力的积聚更加依赖于信息技术和管理技术的有机结合。

一、物料需求计划概述

以制造业为代表,越来越多的企业采用 MRP Ⅱ、ERP 这样先进的集管理和信息技术于一体的管理系统,在实践中取得了良好的效果。ERP 能够给很多企业带来巨大的经济效益。

(一) 物料需求计划的概念

物料需求计划(Material Rpuirements Planning;MRP)是在已知生产计划(根据客户订单结合市场预测制订出来的各产品的排产计划)的条件下,根据产品结构或所谓产品物料清单(BOM)、制造工艺流程、产品交货期以及库存状态等信息由计算机编制出各个时间段各种物料的生产及采购计划。

MRP 管理模式为实现准时生产、减少库存的基本方法是将企业产品中的各种物料分为独立物料和相关物料，并按时间段确定不同时期的物料需求；基于产品结构的物料需求组织生产，根据产品完工日期和产品结构制订生产计划，从而解决库存物料订货与组织生产问题。MRP 系统的目标是围绕所要生产的产品，在正确的时间、正确的地点、按照规定的数量得到真正需要的物料；通过按照各种物料真正需要的时间来确定订货与生产日期，以避免造成库存积压。

（二）企业资源规划的发展演变

企业资源规划从 MRP 发展到 ERP，经历了几个周期过程。第一阶段即物料需求计划阶段，也称作基本 MRP 阶段；第二个阶段是作为一种生产计划与控制系统——闭环 MRP 阶段；第三个阶段是作为一种企业生产管理信息系统——MRP Ⅱ 阶段；而后发展成覆盖供应链信息集成的企业资源计划——ERP 阶段。

MRP 是在产品结构的基础上，运用网络计划原理，根据产品结构各层次物料的从属和数量关系，以每一个物料为计划对象，以完工日期为时间基准倒排计划，按提前期长短区别各个物料下达计划时间的先后顺序。MRP 作为一种库存订货计划，只说明了需求的优先顺序，没有说明是否有可能实现，它是 MRP Ⅱ 发展的初级阶段，也是 MRP Ⅱ 的基本核心。

闭环 MRP 在 MRP 的基础上增加了能力计划和执行计划的功能，构成一个完整的计划和控制系统，从而把需要与可能结合起来。但是，闭环 MRP 还没有说清楚执行计划后给企业带来什么效益；这种效益又是否实现了企业的总体目标。MRP Ⅱ 实现了物流和资金流的集成，形成了一个完整的生产经营信息系统。它主要完成企业的计划管理、采购管理、库存管理、生产管理、成本管理等功能，MRP Ⅱ 可以在周密的计划下有效平衡企业的各种资源，控制库存资金占用，缩短生产周期，降低生产成本。

1980 年代末—1990 年代初，随着 MRP Ⅱ 系统的普遍应用，以及市场竞争的日趋激烈，一些企业开始感觉到传统的 MRP Ⅱ 软件所包含的功能已不能满足企业全范围管理的需求,ERP 理论应运而生。

二、物料需求计划的运用

(一) 基本 MRP

1. 传统的订货点理论

在 MRP 出现之前,由于企业生产的产品品种繁多,批量变化较大,为了及时生产出合格的产品就必须采用各种方法解决生产中存在的问题,物料的采购往往需要提前进行,订购的批量在保证正常生产需求的基础上,还要设置一定的安全库存,以备非常之需。一旦库存降低,就重新订货,以保证不间断地生产。这样,在安全生产得到保证的前提下,企业有大笔流动资金被占有,没有产生任何经济效益,并且还产生了大量的仓储费用,增加了生产成本。美国管理学家 R. H. Wilson 在 1915 年提出了经济批量的概念,1934 年又提出用统计方法确定订货点的方法,首开库存管理研究之先河,后经人们不断完善,形成了古典生产存储系统(见图 7.1 所示)。

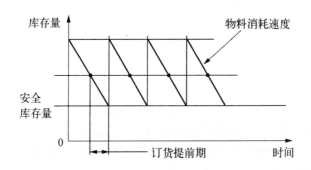

图 7.1　订货点理论模型

2. 物料需求计划的发展

物料需求计划是 1960 年代由 IBM 公司的约瑟夫·奥利佛博士提出的把对物料的需求分为独立需求与相关需求的概念,认为产品结构中物料的需求量是相关的,应该在需要的时候提供需要的物料数量。MRP 根据主生产计划、物料清单和库存余额,对每种物料进行计算,预测物料的短缺,并给出建议,以最小库存量来满足需求且避免物料短缺。

为了解决生产中库存量较高的弊端,提高资金利用率,人们逐渐把注意力转向企业生产的物料需求上来,希望物料能在需要时运来,而不是过早地存放在仓库中,从而达到降低库存的目的。1965 年,美国的 Joseph A. Orlicky 博士与 Oliver W. Wight 等管理专家一起在深入调查美国企业管理状况的基础上,针对制造业物料需求随机性大的特点,提出了物料需求计划(MRP)这种新的管理思想。即根据产品的需求情况和产品结构,确定原材料和零部件的需求数量及订货时间,在满足生产需要的前提下,有效降低库存。随着计算机技术的发展,MRP 管理思想借助于计算机这一强有力的工具,发展成为一种有效的管理方法。

3. MRP 的基本内容

按需求的来源不同,企业内部的物料可分为独立需求和相关需求两种类型。独立需求是指需求量和需求时间由企业外部的需求来决定,例如,客户订购的产品、科研试制需要的样品、售后维修需要的备品配件等;相关需求是指根据物料之间的结构组成关系由独立需求的物料所产生的需求,例如,半成品、零部件、原材料等的需求。

MRP 的基本任务是:

(1) 根据最终产品的生产计划(独立需求)导出相关物料(原材料、零部件等)的需求量和需求时间(相关需求);

(2) 根据物料的需求时间和生产(订货)周期来确定其开始生产(订货)的时间。

MRP 的基本内容是编制零件的生产计划(MPS)和采购计划。要正确编制零件计划,首先必须落实产品的出产进度计划。MRP 还需要知道产品的零件结构,即物料清单(Bill of Material;BOM),才能把主生产计划展开成零件计划;同时,必须知道库存数量才能准确计算出零件的采购数量。

4. MRP 的假设

MRP 系统建立在两个假设的基础上：一是生产计划是可行的，即假定有足够的设备、人力和资金来保证生产计划的实现；二是假设物料采购计划是可行的，即有足够的供货能力和运输能力来保证完成物料供应。但在实际生产中，能力资源和物料资源总是有限的，往往会出现生产计划无法完成的情况。因而，为了保证生产计划符合实际，必须把计划与资源统一起来，以保证计划的可行性。

MRP 的原理依据来源于企业生产管理实践，没有复杂的数学理论，只是直观的流程图解，很容易理解。一方面它从分析制造业的产品结构出发，建立"时间坐标上的产品结构"，提出了新的期、量标准概念；另一方面它按照"制造业的通用公式"进行逻辑运算。这两点是 MRP 最基本的概念和出发点。MRP 的特点是由它的原理决定的。既然强调时间坐标，就意味着按照需求（交货）时间的先后顺序制订计划，是一种"优先级"计划。为了分辨优先顺序，时间段必须细化到周甚至天，是一种分时段的计划。为了快速响应市场，它必须是一种能借助计算机的强大功能进行快速修订的计划。为了正常运行MRP 系统，需要准确把握市场需求，能制订稳定的主生产计划，且计划期要长于总生产提前期，否则无法根据 MRP 展开结果进行采购（见图 7.2 所示）。

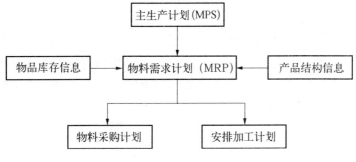

图 7.2　MRP 的逻辑流程

5. MRP 的不足

MRP 能根据有关数据计算出相关物料需求的准确时间与数量,但它还不够完善,其主要缺陷是没有考虑到生产企业现有的生产能力和采购的有关条件的约束。因此,计算出来的物料需求的日期有可能因设备和工时的不足而没有能力生产,或者因原料的不足而无法生产。同时,它也缺乏根据计划实施情况的反馈信息对计划进行调整的功能。

(二)闭环 MRP

1. 闭环 MRP 的原理

MRP 系统的正常运行,需要有一个现实可行的主生产计划。它除了要反映市场需求和合同订单以外,还必须满足企业的生产能力约束条件。因此,除了要编制资源需求计划外,我们还要制订能力需求计划(CRP),同各个工作中心的能力进行平衡。只有在采取了措施做到能力与资源均满足负荷需求时,才能开始执行计划。后来研究者在 MRP 的基础上增加了能力需求计划,使系统具有生产计划与能力的平衡过程,形成了闭环 MRP。闭环 MRP 理论认为主生产计划与物料需求计划(MRP)应该是可行的,即考虑能力的约束,或者对能力提出需求计划,在满足能力需求的前提下,才能保证物料需求计划的执行和实现。在这种思想要求下,企业必须对投入与产出进行控制,也就是对企业的能力进行校检、执行和控制。闭环 MRP 把能力需求计划和执行及控制计划的功能也包括进来,形成一个环形回路(见图 7.3 所示)。

2. 闭环 MRP 的运行

(1)能力计划。在每一个需求计划层,同时进行能力计划:对应于 MPS 层次,进行粗能力计划(RCCP);对应于 MRP 层次,要进行详细能力计划或能力需求计划(CRP)。

粗能力计划的输入项是生产产品所需的资源清单(资源清单的主要内容是列出少数关键工作中心以及加工产品及零部件使用这些关键工作中心的时间段和小时数)和关键工作中心能够提供的能力

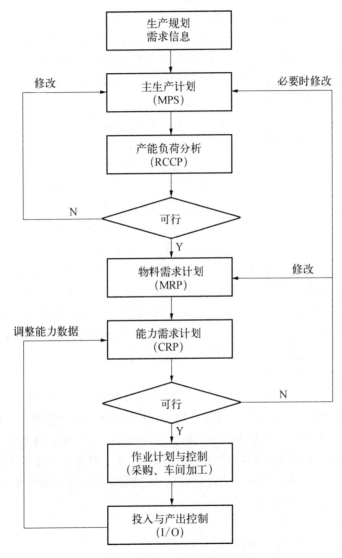

图 7.3 闭环 MRP 计算流程图

(各个时段的小时数)。在粗能力计划阶段我们要用到约束理论(TOC),找出制约产出量的瓶颈工序。

如果通过了粗能力计划运算,证实主生产计划是可行的,方可进入物料需求计划层次。物料需求计划需要通过能力需求计划来验证。能力需求计划的输入项是所有物料的工艺路线(工艺路线主要说明使用各个工作中心的时间段和小时数)和所使用的工作中心的平均可用能力。在多数情况下,如果粗能力计划已经把所有瓶颈工序都考虑周到了,可以不再进行能力需求计划。

(2) 反馈信息。闭环 MRP 弥补 MRP 的另一个不足是增加了反馈信息。由 MRP 产生的计划落实后,可以下达执行。执行的结果可以从两方面来核实:一个是物料计划的执行情况,如采购件是否按时到货,加工件是否按时完成。另一个是能力计划的执行情况,工作中心的预计可用能力是否实现,是预计不准还是出现故障。如果计划的执行情况未能满足或不符合计划要求,必须把实际执行的信息反馈给计划部门,进行调整、修订以后,再下达执行。这就是说,闭环 MRP 验证了供应是否满足需求;如果有问题,及时反馈修正,使需求计划正常执行。这样,既有自上而下的计划信息,又有自下而上的执行信息,形成一个闭环的信息流和业务流。

3. 闭环 MRP 的不足

闭环 MRP 虽然是一个完整的计划与控制系统,但还没有确认执行计划后给企业带来的效益规模,以及这个效益对实现企业总体目标的影响。关键的问题是,闭环 MRP 没有从财务的角度对企业的计划进行核算,没有对物料赋予货币属性。财务管理系统无法从企业生产系统获得即时的资金信息,来控制和指导生产经营活动,使之符合企业的整体战略目标。

(三) MRP Ⅱ

1. MRP Ⅱ 的概念

1977 年 9 月,美国著名生产管理专家奥列弗·怀特(Oliver W. Wight)在闭环 MRP 的基础上增加了经营计划、销售、成本核算、技

术管理等内容,构成了完整的企业管理系统制造资源计划(MRP
Ⅱ)。MRP Ⅱ利用计算机网络把生产计划、库存控制、物料需求、车
间控制、能力需求、工艺路线、成本核算、采购、销售、财务等功能综合
起来,实现企业生产的计算机集成管理,全方位地提高了企业管理效
率。MRP Ⅱ系统是现代化的管理方法与手段相结合,对企业生产
中的人、财、物等制造资源进行全面控制,以达到最大的客户服务、最
小的库存投资和高效率的工厂作业为目的的集成信息系统。

2. MRP Ⅱ系统的工作原理

MRP Ⅱ是将企业的生产、财务、销售、采购、技术管理等子系统
综合起来的一体化系统,各部分相互联系,相互提供数据。成本核算
要利用库存记录和生产活动记录;供应计划是建立在生产计划上的
按需供应;生产计划的制订要依赖于销售计划与生产计划大纲;能力
平衡过程是各工作中心的可用能力与生产计划中的能力需求的平衡
过程;设计部门不再是孤立的,而是与各项生产活动相联系;产品结
构构成控制计划的重要方面,财务成本核算可及时进行。MRP Ⅱ
系统实现了对企业经营活动的全面控制和管理。

MRP Ⅱ的核心在于各级计划系统。计划是为实现一定的目标
而制订的行动方案;控制是为保证计划的完成而采取的措施。在
MRP Ⅱ中,计划从粗到细、从长期到短期、从一般到具体分为五个
层次,计划人员也从最高决策层到普通工人分为不同的层次。

(1)企业的经营计划是计划的最高层次,是企业总目标的具体
体现,企业的最高决策层根据市场调查和需求分析、国家政策、企业
资源能力和历史状况、竞争对手情况等有关信息,制订企业的中长期
发展规划。

(2)生产计划大纲的任务是根据经营计划,确定未来1—3年,
每年、每月生产多少,需要哪些资源。

(3)主生产计划以生产计划大纲为依据,把最终产品的数量和
交货期分布在每一时间段上,并在生产计划与可用能力之间作出
平衡。

以上三层统称为主计划。

(4) 物料需求计划是根据最终产品的数量和交货期,计算零部件及材料的需求数量及时间,直至自制件的制造订单下达日期和采购订单发放日期,并作出可用资源与资源需求间的进一步平衡。

(5) 车间作业计划则根据 MRP Ⅱ 生成的零部件生产计划编制工序排序计划。

以上五个层次,都是从不同的角度解决生产管理中三个共同的问题:确定制造的目标、确定制造的资源和协调能力需求与可用能力的差距。

3. MRP Ⅱ 在制造业中的应用

MRP Ⅱ 通过对企业所有资源的有计划管理,在离散制造企业的管理中获得了成功的应用。实际上,MRP Ⅱ 作为一种先进的管理思想,也同样适用于流程工业。离散制造业和流程工业的主要区别在于:

(1) 生产模型。流程行业中,产品是用固定的生产线生产出来的,生产线按工艺过程可以分为若干个工序,每个工序都涉及生产配方和承担生产任务的部门。生产配方与离散制造业的 BOM 含义不同,不但代表着成分比率,还代表着企业的生产水平,因为配方的另一个含义是单位生产产品成本组成表。在流程工业中,生产成本中占比例最大的是原材料。通常,原材料占产品成本的 70%—80%,人工费用约占 2%—5%。此外,生产模型还记录着生产的时间信息,企业通过生产模型,对产品的生产过程进行严格的计划。

(2) 生产计划。流程企业根据市场的需求进行生产的观念,目前已逐步被人们接受,但有时,对市场需求量大的产品,也能够"以产促销",通过大批量生产,降低成本,给销售提供支持。因此,作为流程企业生产计划的依据,主要是全年度的订单以及预测。指导企业生产的计划主要是主生产计划和作业计划。在主生产计划与作业计划之间只有指令计划下达。与离散 EBP 不同的是,流程企业随着生产计划的下达,同时也将下达质量检测计划和设备维修计划。

（3）车间管理。车间管理的主要任务是确认和接收上级的生产计划、统计生产完成情况和主要经济技术指标以及车间内部的人员管理、设备管理和物料管理等。流程企业的车间相对简单,主要根据计划进行领料、投料和控制生产过程,保证产品的高效产出。由于流程工业的自动化程度高,产量、主要经济技术指标、设备状况以及人员的出勤状况都可以通过计算机进行自动记录。离散的车间管理则包含了生产计划的接收、确认,生产调度,按订单的数量、工时、设备工时以及其他费用的记录。这些数据无法自动填入。

（4）成本核算。由于流程工业企业是大批量面向库存生产,因此,成本核算通常是采用分步结转法,费用的分摊范围随着企业自动化程度的提高,将越来越小,变为直接计入,与生产管理结合起来。

在离散制造业的 MBPH 应用中,生产过程主要受物料约束,其计划以物料需求计划为主,能力需求计划为辅,利用物料清单实现生产计划、库存控制、物料需求、车间控制、能力需求、成本核算及采购、销售、财务等功能的综合。而在流程工业中,企业生产过程更主要的是受能力束缚,因此,流程 MRP Ⅱ 的应用以生产计划与控制为主,而以物料需求计划为辅,把离散制造 MRP Ⅱ 中的物料清单转化为对生产方案和制作方法的管理,从而使 MRP Ⅱ 集成流程工业中的物流体系(见图 7.4 所示)。

在流程工业 MRP Ⅱ 中,过程制法和配方虽然定义了产品的物料内容,但在实际生产过程中,与物料清单有本质区别。在离散制造中,物料的装配与加工只改变物料的物理特性,而流程工业的生产过程将改变物料的物理、化学特性,从而影响到整个物流管理过程和 MRP Ⅱ 管理的各个方面。

4. MRP Ⅱ 的局限性

从 MRP 到 MRP Ⅱ 的发展过程中可以看出,MRP Ⅱ 系统在企业中的应用有以下趋势:资源概念的内涵不断扩大,企业计划的闭环逐渐形成,应用由离散制造业逐步转向流程工业。MRP Ⅱ 系统已比较完善,应用也已相当普及,但其资源的概念始终局限于企业内

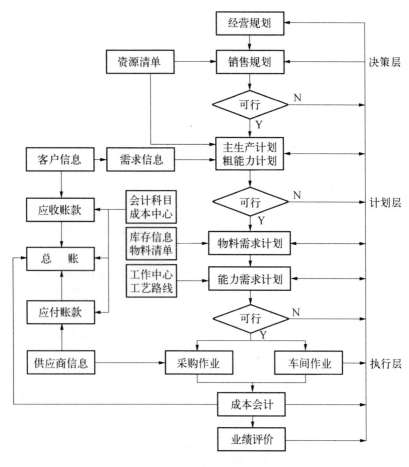

图 7.4 MRP Ⅱ 逻辑流程图

部,在决策支持上主要集中在结构化决策问题。随着计算机网络技术的迅猛发展,20 世纪 90 年代以来,统一的国际市场逐渐形成,面对国际化的市场环境,包括供应商在内的供应链管理已经成为企业生产经营管理的重要部分,MRP Ⅱ 系统已无法满足企业对资源全面管理的要求。

第三节　企业资源规划

随着经济全球化和一体化经营的发展以及精益生产、敏捷制造、约束理论、供应链管理等先进管理思想的诞生,主要侧重于对企业内部的人、财、物等内部资源管理的 MRP Ⅱ系统已经不能满足一些大型企业的管理需求。为了迅速响应需求并组织供应以满足全球市场竞争的要求,这些企业迫切需要扩大管理系统的功能,把"前端办公室"(市场与客户)和"后端办公室"(供应商与外包商)的信息都纳入到信息化管理系统中来,扩大信息集成的范围,以面对经济全球化的挑战。在这一背景下,MRP Ⅱ进一步发展为面向怎样有效管理和利用整个供应链整体资源的新一代信息化管理系统——企业资源计划(ERP)。

一、ERP 的基本原理

(一) ERP 概述

1. ERP 的概念

企业资源规划(Enterprise Resource Planning；ERP)是由 Gartner Group 在 20 世纪 90 年代初提出的,是建立在信息技术基础上,利用现代企业的先进管理思想,全面地集成了企业所有资源信息,为企业提供决策、计划、控制与经营业绩评估的全方位和系统化的管理平台,是一个面向供应链管理(Supply Chain Management；SCM)的管理信息集成。

ERP 在 MRP Ⅱ原有功能的基础上,向内、外两个方向延伸。向内主张以精益生产方式改造企业生产管理系统,向外则增加战略决策功能和供应链管理功能。同时,ERP 在技术上运用图形界面(GUI),关系数据库(RDBMS)等先进辅助工具,对传统 MRP Ⅱ系统有了很大的改进。

2. ERP 的基本思想

(1)体现了对整个供应链资源进行管理的思想。现代企业的竞争已经不是单一企业间的竞争,而是不同的企业供应链间的企业之间的竞争。企业不但要依靠自己的资源,还必须把经营过程中的有关各方如供应商、制造工厂、分销网络、客户等纳入一个紧密的供应链中,才能在市场上获得竞争优势。ERP 系统正是适应了这一市场竞争的需要,实现了对整个企业供应链的管理。

(2) 体现精益生产、同步工程和敏捷制造的思想。ERP 系统支持混合型生产方式的管理,其管理思想体现了精益生产(Lean Production;LP)的思想,即企业把客户、销售代理商、供应商、协作单位纳入生产体系,同他们建立起利益共享的合作伙伴关系,进而组成一个企业的供应链。其二是敏捷制造(Agile Manufacturing;AM)的思想。当市场上出现新的机会,而企业的基本合作伙伴不能满足新产品开发生产的要求时,企业组织一个由特定的供应商和销售渠道组成的短期或一次性供应链,形成"虚拟工厂",把供应和协作单位看成是企业的一个组成部分,运用同步工程(SE)组织生产,用最短的时间将新产品打入市场,时刻保持产品的高质量、多样化和灵活性。

(3) 体现事先计划与事中控制的思想。ERP 系统中的计划体系主要包括主生产计划、物流需求计划、能力计划、采购计划、销售执行计划、利润计划、财务预算和人力资源计划等,而且这些计划功能与价值控制功能已完全集成到整个供应链系统中。另一方面,ERP 系统通过定义事务处理(Transaction)相关的会计核算科目与核算方式,在事务处理发生的同时自动生成会计核算分录,保证了资金流与物流的同步记录和数据的一致性,从而实现了根据财务资金现状可以追溯资金的来龙去脉,并进一步追溯所发生的相关业务活动,便于实现事中控制和实时做出决策。

(二) ERP 与 MRP Ⅱ 的区别

1. 在资源管理范围方面的差别

MRP Ⅱ 主要侧重对企业内部人、财、物等资源的管理,ERP 系统在 MRP Ⅱ 的基础上扩展了管理范围,它把客户需求和企业内部的制造活动以及供应商的制造资源整合在一起,形成一个完整的供应链并对供应链上所有环节如订单、采购、库存、计划、生产制造、质量控制、运输、分销、服务与维护、财务管理、人事管理、实验室管理、项目管理、配方管理等进行有效管理。

2. 在生产方式管理方面的差别

MRP Ⅱ系统把企业归类为几种典型的生产方式进行管理,如重复制造、批量生产、按订单生产、按订单装配、按库存生产等,对每一种类型都有一套管理标准。而在 80 年代末、90 年代初期,为了紧跟市场的变化,多品种、小批量生产以及看板式生产等则是企业主要采用的生产方式,由单一的生产方式向混合型生产发展,ERP 则能很好地支持和管理混合型制造环境,满足了企业的这种多角化经营需求。

3. 在管理功能方面的差别

ERP 除了 MRP Ⅱ系统的制造、分销、财务管理功能外,还增加了支持整个供应链上物料流通体系中供、产、需各个环节之间的运输管理和仓库管理;支持生产保障体系的质量管理、实验室管理、设备维修和备品备件管理;支持对工作流(业务处理流程)的管理。

4. 在事务处理控制方面的差别

MRP Ⅱ是通过计划的及时滚动来控制整个生产过程,它的实时性较差,一般只能实现事中控制。而 ERP 系统支持在线分析处理(Online Analytical Processing;OLAP)、售后服务即质量反馈,强调企业的事前控制能力,它可以将设计、制造、销售、运输等通过集成来并行地进行各种相关的作业,为企业提供了对质量、适应变化、客户满意、绩效等关键问题的实时分析能力。此外,在 MRP Ⅱ中,财务系统只是一个信息的归结者,它的功能是将供、产、销中的数量信息转变为价值信息,是物流的价值反映。而 ERP 系统则将财务计划和价值控制功能集成到了整个供应链上。

5. 在跨国(或地区)经营事务处理方面的差别

现代企业的发展使企业内部各个组织单元之间、企业与外部的业务单元之间的协调变得越来越多和越来越重要,ERP 系统应用完整的组织架构,从而可以支持跨国经营的多国家地区、多工厂、多语种、多币制应用需求。

6. 在计算机信息处理技术方面的差别

随着 IT 技术的飞速发展,网络通信技术的应用,使得 ERP 系统得以实现对整个供应链信息进行集成管理。ERP 系统采用客户/服务器(C/S)体系结构和分布式数据处理技术,支持 Internet/Intranet/Extranet、电子商务、电子数据交换。此外,还能实现在不同平台上的互通操作(见图 7.5 所示)。

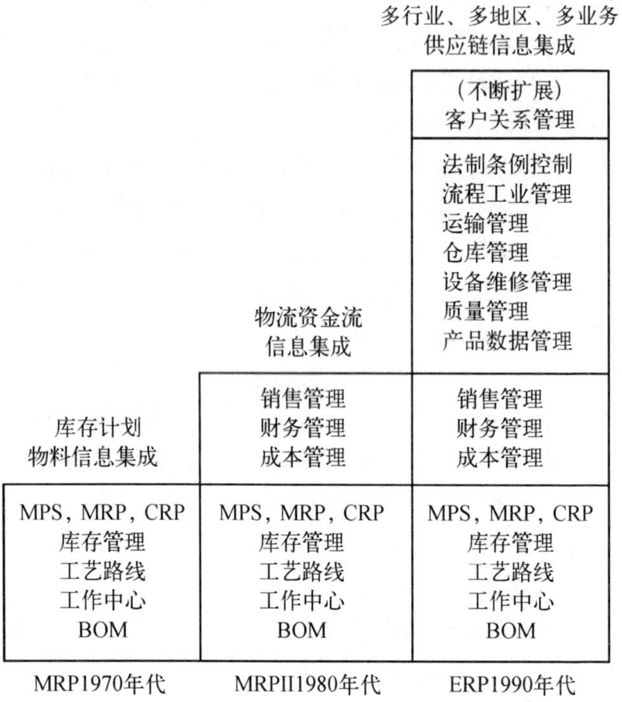

多行业、多地区、多业务
供应链信息集成

		(不断扩展) 客户关系管理
		法制条例控制 流程工业管理 运输管理 仓库管理 设备维修管理 质量管理 产品数据管理
	物流资金流 信息集成	
	销售管理 财务管理 成本管理	销售管理 财务管理 成本管理
库存计划 物料信息集成		
MPS, MRP, CRP 库存管理 工艺路线 工作中心 BOM	MPS, MRP, CRP 库存管理 工艺路线 工作中心 BOM	MPS, MRP, CRP 库存管理 工艺路线 工作中心 BOM
MRP1970年代	MRPII1980年代	ERP1990年代

图 7.5 MRP‐MRP II‐ERP 功能扩展

(三) ERP 对企业经营效率的提高

根据美国生产与库存控制学会(APICS)统计,使用一个 MRP

Ⅱ/ERP系统,平均可以为企业带来如下经济效益:

(1)库存下降30%—50%。这是人们说得最多的效益。因为它可使一般用户的库存投资减少1.4—1.5倍,库存周转率提高50%。

(2)延期交货减少80%。当库存减少并稳定的时候,用户服务的水平提高了,使用ERP/MRPⅡ企业的准时交货率平均提高55%,误期率平均降低35%,这就使销售部门的信誉大大提高。

(3)采购提前期缩短50%。采购人员有了及时准确的生产计划信息,就能集中精力进行价值分析,货源选择,研究谈判策略,了解生产问题,缩短了采购时间和节省了采购费用。

(4)停工待料减少60%。由于零件需求的透明度提高,计划也作了改进,能够做到及时与准确,零件也能以更合理的速度准时到达,因此,生产线上的停工待料现象将会大大减少。

(5)制造成本降低12%。由于库存费用下降、劳力的节约、采购费用节省等一系列人、财、物的效应,必然会引起生产成本的降低。

(6)管理水平提高,管理人员减少10%,生产能力提高10%—15%。

二、ERP的功能模块

ERP是将企业所有资源进行整合集成管理,也就是将物流、资金流、信息流进行全面一体化管理的管理信息系统。ERP的功能模块不仅可用于生产企业的管理,其他形式的组织和机构也可导入ERP系统进行资源计划和管理。企业中一般的管理主要包括生产控制(计划、制造)、物流管理(分销、采购、库存管理)和财务管理(会计核算、财务管理)等功能系统。系统之间有相应的接口,能够很好地整合在一起来对企业进行管理。

(一)生产控制管理模块

生产控制管理模块是ERP系统的核心所在,它将企业的整个生产过程有机地结合在一起,使得企业能够有效地降低库存,提高效率。同时各个原本分散的生产流程的自动连接,也使得生产流程能够前后连贯地进行,而不会出现生产脱节,耽误生产交货时间。

生产控制管理是一个以计划为导向的先进的生产、管理方法。企业首先确定一个总生产计划,再经过系统层层细分后,下达到各部门去执行。生产部门以此生产,采购部门按此采购等等。

1. 主生产计划(MPS)

根据生产计划、预测和客户订单的输入来安排将来的各周期中提供的产品种类和数量,将生产计划转为产品计划,在平衡了物料和能力的需要后,精确到时间、数量的详细的进度计划。主生产计划是企业在一段时期内的总活动的安排,是一个稳定的计划,是以生产计划、实际订单和对历史销售分析得来的预测产生的。

2. 物料需求计划(MRP)

在主生产计划决定生产多少最终产品后,再根据物料清单(BOM),把整个企业要生产的产品的数量转变为所需生产的零部件的数量,并对照现有的库存量,可得到还需加工多少、采购多少的最终数量。这才是整个部门真正依照的计划。

3. 能力需求计划(CRP)

它是在得出初步的物料需求计划之后,将所有工作中心的总工作负荷,在与工作中心的能力平衡后产生的详细工作计划,用以确定生成的物料需求计划是否是企业生产能力上可行的需求计划。能力需求计划是一种短期的、当前实际应用的计划。

4. 车间控制

这是随时间变化的动态作业计划,是将作业分配到具体各个车间,再进行作业排序、作业管理、作业监控。

5. 制造标准

在编制计划中需要许多生产基本信息,这些基本信息就是制造标准,包括零件、产品结构、工序和工作中心,都用唯一的代码在计算机中识别。

(1) 零件代码。对物料资源的管理,对每种物料给予唯一的代码识别；

（2）物料清单（BOM）。定义产品结构的技术文件，用来编制各种计划；

（3）工序。描述加工步骤及制造和装配产品的操作顺序。它包含加工工序顺序，指明各道工序的加工设备及所需要的额定工时和工资等级等；

（4）工作中心。使用相同或相似工序的设备和劳动力组成的，从事生产进度安排、核算能力、计算成本的基本单位。

（二）物流管理模块

1. 分销管理

销售的管理是从产品的销售计划开始，对其销售产品、销售地区、销售客户各种信息的管理和统计，并可对销售数量、金额、利润、绩效、客户服务作出全面的分析，这样在分销管理模块中大致有三方面的功能。

（1）对于客户信息的管理和服务。它能建立一个客户信息档案，对其进行分类管理，进而对其进行针对性的客户服务，以达到最高效率地保留老客户、争取新客户。在这里，要特别提到的就是最近新出现的 CRM 软件，即客户关系管理，ERP 与它的结合必将大大增加企业的效益。

（2）对于销售订单的管理。销售订单是 ERP 的入口，所有的生产计划都是根据它下达并进行排产的。而销售订单的管理是贯穿了产品生产的整个流程。它包括：

① 客户信用审核及查询（客户信用分级，来审核订单交易）；

② 产品库存查询（决定是否要延期交货、分批发货或用代用品发货等）；

③ 产品报价（为客户作不同产品的报价）；

④ 订单输入、变更及跟踪（订单输入后，变更的修正，及订单的跟踪分析）；

⑤ 交货期的确认及交货处理（决定交货期和发货时间安排）。

（3）对于销售的统计与分析。系统根据销售订单的完成情况，依据各种指标做出统计，比如客户分类统计、销售代理分类统计等等，再就这些统计结果来对企业实际销售效果进行评价：

① 销售统计（根据销售形式、产品、代理商、地区、销售人员、金额、数量来分别进行统计）；

② 销售分析（包括对比目标、同期比较和订货发货分析，来从数量、金额、利润及绩效等方面作相应的分析）；

③ 客户服务（客户投诉记录，原因分析）。

2. 库存控制

用来控制存储物料的数量，以保证稳定的物流支持正常的生产，但又最小限度地占用资本。它是一种相关的、动态的、真实的库存控制系统。它能够结合、满足相关部门的需求，随时间变化动态地调整库存，精确地反映库存现状。这一系统的功能又涉及：

（1）为所有的物料建立库存，决定何时订货采购，同时作为交与采购部门采购、生产部门作生产计划的依据；

（2）收到订购物料，经过质量检验入库，生产的产品也同样要经过检验入库；

（3）收发料的日常业务处理工作。

3. 采购管理

确定合理的订货量、优秀的供应商和保持最佳的安全储备。能够随时提供定购、验收的信息，跟踪和催促对外购或委托加工的物料，保证货物及时到达。建立供应商的档案，用最新的成本信息来调整库存的成本。

（1）供应商信息查询（查询供应商的能力、信誉等）；

（2）催货（对外购或委托加工的物料进行跟催）；

（3）采购与委托加工统计（统计、建立档案，计算成本）；

（4）价格分析（对原料价格分析，调整库存成本）。

（三）财务管理模块

企业中，清晰分明的财务管理是极其重要的。所以，在 ERP 整个方案中它是不可或缺的一部分。ERP 中的财务模块与一般的财务软件不同,作为 ERP 系统中的一部分,它和系统的其他模块有相应的接口,能够相互集成,比如:它可将由生产活动、采购活动输入的信息自动计入财务模块生成总账、会计报表,取消了输入凭证繁琐的过程,几乎完全替代以往传统的手工操作。一般的 ERP 软件的财务部分分为会计核算与财务管理两大块。

1. 会计核算

会计核算主要是记录、核算、反映和分析资金在企业经济活动中的变动过程及其结果。它由总账、应收账、应付账、现金、固定资产、多币制等部分构成。

（1）总账模块。功能是处理记账凭证输入、登记,输出日记账、一般明细账及总分类账,编制主要会计报表。它是整个会计核算的核心,应收账、应付账、固定资产核算、现金管理、工资核算、多币制等各模块都以其为中心来互相信息传递;

（2）应收账模块。指企业应收的由于商品赊欠而产生的正常客户欠款账。它包括发票管理、客户管理、付款管理、账龄分析等功能。它和客户订单、发票处理业务相联系,同时将各项事件自动生成记账凭证,导入总账;

（3）应付账模块。会计里的应付账是企业应付购货款等账,它包括发票管理、供应商管理、支票管理、账龄分析等。它能够和采购模块、库存模块完全集成以替代过去繁琐的手工操作;

（4）现金管理模块。主要是对现金流入流出的控制以及零用现金及银行存款的核算。它包括对硬币、纸币、支票、汇票和银行存款的管理。在 ERP 中提供了票据维护、票据打印、付款维护、银行清单打印、付款查询、银行查询和支票查询等和现金有关的功能。此外,它还和应收账、应付账、总账等模块集成,自动产生凭证,过入总账;

（5）固定资产核算模块。即完成对固定资产的增减变动以及折旧有关基金计提和分配的核算工作。它能够帮助管理者对目前固定资产的现状有所了解,并能通过该模块提供的各种方法来管理资产,以及进行相应的会计处理。具体功能有登录固定资产卡片和明细账,计算折旧,编制报表,以及自动编制转账凭证,并转入总账。它和应付账、成本、总账模块集成;

(6)多币制模块。这是为了适应当今企业的国际化经营,对外币结算业务的要求增多而产生的。多币制将企业整个财务系统的各项功能以各种币制来表示和结算,且客户订单、库存管理及采购管理等也能使用多币制进行交易管理。多币制和应收账、应付账、总账、客户订单、采购等各模块都有接口,可自动生成所需数据;

(7)工资核算模块。自动进行企业员工的工资结算、分配、核算以及各项相关经费的计提。它能够登录工资、打印工资清单及各类汇总报表,计算计提各项与工资有关的费用,自动做出凭证,导入总账。这一模块是和总账、成本模块集成的;

(8)成本模块。将依据产品结构、工作中心、工序、采购等信息进行产品的各种成本的计算,以便进行成本分析和规划。还能用标准成本或平均成本法按地点维护成本。

2. 财务管理

财务管理的功能主要是基于会计核算的数据,再加以分析,从而进行相应的预测、管理和控制活动。它侧重于财务计划、控制、分析和预测:

(1)财务计划。根据前期财务分析作出下期的财务计划、预算等;

(2)财务分析。提供查询功能和通过用户定义的差异数据的图形显示进行财务绩效评估、账户分析等;

(3)财务决策。财务管理的核心部分,中心内容是作出有关资金的决策,包括资金筹集、投放及资金管理。

3. 人力资源管理

(1)人力资源规划的辅助决策:

① 对于企业人员、组织结构编制的多种方案,进行模拟比较和运行分析,并辅之以图形的直观评估,辅助管理者做出最终决策;

② 制定职务模型。包括职位要求、升迁路径和培训计划,根据担任该职位员工的资格和条件,系统会提出针对本员工的一系列培训建议,一旦机构改组或职位变动,系统会提出一系列的职位变动或升迁建议;

③ 进行人员成本分析。可以对过去、现在、将来的人员成本作出分析及预测,并通过 ERP 集成环境,为企业成本分析提供依据。

(2) 招聘管理:

① 进行招聘过程的管理,优化招聘过程,减少业务工作量;

② 对招聘的成本进行科学管理,从而降低招聘成本;

③ 为选择聘用人员的岗位提供辅助信息,并有效地帮助企业进行人才资源的挖掘。

(3) 工资核算:

① 根据公司跨地区、跨部门、跨工种的不同薪资结构及处理流程制定与之相适应的薪资核算方法;

② 与时间管理直接集成,能够及时更新,对员工的薪资核算动态化;

③ 回算功能。通过和其他模块的集成,自动根据要求调整薪资结构及数据。

(4) 工时管理。

(5) 差旅核算:

① 根据本国或当地的日历,安排企业的运作时间以及劳动力的作息时间表;

② 运用远端考勤系统,可以将员工的实际出勤状况记录到主系统中,并把与员工薪资、奖金有关的时间数据导入薪资系统和成本核算中。

ERP 的运作流程见图 7.6 所示。

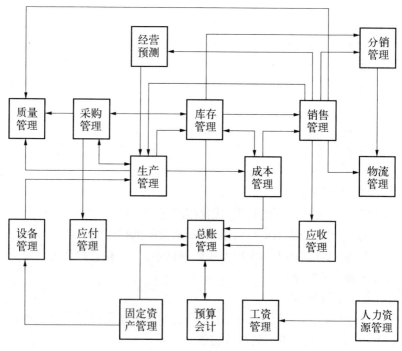

图 7.6　ERP 的运作流程

三、电子政务层面的 ERP 应用

电子政务的应用实际上是建立政府层面的资源管理系统,也就是开发一套电子政务应用软件系统。

(一) 电子政务应用系统的结构

电子政务应用软件系统的体系结构可分为四个层次(见图 7.7 所示)。

1. 系统支撑平台层

有系统主机、网络系统、安全设施,它们提供操作系统环境、主机网络的管理和监控、网络入侵检测保护、病毒防护、CA 认证等功能。

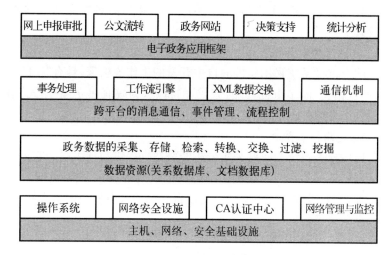

图 7.7 电子政务应用系统构成

2. 数据资源层

含关系数据库数据、文档数据库数据,提供数据的采集、存储、检索、转换、交换、过滤、挖掘等功能服务。

3. 应用逻辑处理层

提供各类政务逻辑事务处理、标准的工作流引擎、基于 XML 的政务数据交换,以及其他各类基于标准 TCP/IP 协议基础之上的通信处理,如 SSL 安全套接口处理等。

4. 应用表现层

提供在一个统一的政务应用软件框架之上的各类应用,包括公文流转、网上申报审批、基于信息发布管理的政务网站系统、政务决策支持、各类行业统计报表等。

(二)电子政务应用系统设计内容

1. 综合办公平台

综合办公平台把所有办公相关资料,如公文、内部通告通知等文件、影像、图片、业务数据、报表、内部网站、审批事项都认为是办公资源的一部分,对这些资源,系统提供平台级管理,对公文流转、行政事务、个人事务、内部交流、公共信息发布等实现统一管理。

2. 网上审批系统

网上审批系统采用先进的自主开发的工作流引擎,具有"一门受理,抄告相关,同步审批,即时完成"的特点,为政府建立"一站式"审批提供优良服务。

3. 通用报表系统

通用报表系统为政府采集分析经济数据提供最佳手段。它采用完全三层架构,企业、下级机构都可以通过网上直接填报,并可以逐级统计,为各级领导决策服务。通用报表系统具有界面调整方便、异构数据采集方便的特点。

4. 网站内容管理系统

网站发布的信息通过归类整理,审核后进行网站发布,提供信息的抓取、录入、编辑、查询、归类等功能,提供修改、撤稿等功能,并提供各类操作的审计记录、权限设定、统计分析等辅助功能。

【阅读链接】

1. 中国制造业信息门户网　http://www.e-works.net.cn
2. 中国国家企业网　http://www.chinabbc.com.cn
3. 金蝶软件公司网站　http://www.kingdee.com
4. 用友软件公司网站　http://www.ufida.com.cn
5. 畅享网　http://www.amteam.org
6. IT 经理人　CIO-eNet：http://www.enet.com.cn/cio
7. ERP 世界网　http://www.erpworld.net
8. 中国信息化——赛迪网　http://industry.ccidnet.com
9. 百问 ERP 网　http://www.askerp.com.cn
10. 中国电子政务网　http://www.e-gov.org.cn

【思　考　题】

1. 企业信息化的概念是什么？其构成内容是什么？
2. 企业信息化发展有哪些阶段？各阶段的特征是什么？
3. 什么是办公自动化？有什么特点？能够分成哪些层次？
4. 电子政务是如何实现办公自动化的？
5. 企业内联网和外联网怎样实现信息共享？
6. 什么是物料需求计划？经历了哪些发展历程？
7. 基本 MRP 的管理思想是怎样的？在运用时的主要缺陷是什么？
8. 什么是闭环 MRP？与基本 MRP 有什么不同？
9. MRP Ⅱ 的工作原理是什么？有什么特点？局限性表现在哪里？
10. 什么是企业资源规划？基本思想是什么？与 MRP Ⅱ 的差别表现在哪里？
11. ERP 的功能模块有哪些？分别有什么作用？

【案例分析题】

1. 南京乐超纤维制品有限公司具有纺织企业的典型特点，使得通用的 ERP 软件很难满足它的需要。例如：物料管理复杂，需要定义、记录和跟踪物料的数量、重量、颜色等多种属性；较高的质量管理要求，由于受设备、工艺、温度等的影响，在生产过程中产品质量一直在变化，不同的质量决定了最终产品的价格不同。因此需要对每一个生产环节的产品质量状况进行全面记录、分析、汇报，才能有效监控全过程的质量。这和离散制造型企业有很大不同。具有行业特色的生产管理流程，要求在生产管理的每个节点上的工序汇报，不仅要跟踪到数量,还要跟踪到质量、颜色、长度等各种数据。这就需要适合其管理要求和生产流程的、具有行业特点的 ERP 产品。2004 年 5 月南京乐超生产制造软件重新经过慎重选型,最终选择了金蝶的 ERP 软件。

请浏览乐超案例(http://www. kingdee. com/news/subject/05_bos/gl3_3. jsp),对乐超公司导入 ERP 后企业产生的变化进行分析,写一份报告。

2. 深圳漫步者是一家优质多媒体音箱及家用音响多媒体产品制造商。音箱行业产品更新快,技术发展日新月异。产品生命周期越来越短,产品更新速度加快。这就要求企业以更快的速度将科研成果转化为生产力,以更快的速度组织生产,实现销售,在产品生命周期里创造更多的利润。漫步者音箱成品型号有上千种,涉及物料 20 000 多个,研发部对物料及产品结构的管理压力日益沉重。研发和生产等方面都要求 ERP 系统能够解决产品结构变更管理,快速地将变更信息传递到生产、采购等环节。企业通过引进合适的 ERP 系统,较好地解决了管理难题。请详细阅读漫步者公司导入 ERP 的案例(http://www. amteam. org/k/ERP/2007 - 11/603583. html),针对企业管理难题的解决,写一份 500 字的报告。

3. 青岛市委、市政府以实现办公自动化、管理信息化、决策科学化为目标,采用先进的计算机技术和通信技术,按照因特网技术规范,建成以市委、市政府计算机中心为核心节点,覆盖青岛市及所属各市、区、乡镇、街道办事处各级机关,分布式应用和集中式管理的宏观决策和办公信息服务网络系统,并实现与因特网的连接,成为全市重要的对外开放窗口和信息服务平台。为了给市委、市政府领导提供高层次的办公、信息服务和决策支持,市委、市政府计算机中心对领导的桌面应用软件进行了高度集成,形成了"金宏多媒体办公决策服务系统"。该系统有办公服务、信息查询、视频点播、电视接收、公共数据库查询、因特网和多媒体服务等系统。该系统包括电子邮件、公文处理、信息处理和查询、会议安排和管理、活动安排和管理、领导批示管理、个人事务管理、信访管理、议案管理、档案管理、公共服务接口等11个子系统,各子系统之间紧密联系、处理灵活,集完整性、通用性、可靠性、实用性于一体,是一套完整的无纸化办公支持系统。目前在青岛市的市、县、乡(镇)三级已形成了20多台服务器互联,1 200多个工作站入网的大型网络办公应用系统。目前,政府工作人员通过"待办"一个入口,即可完成公文、信息、会议、活动等所有事项的阅、批、审操作,极大地提高了政府工作效率。

请分析:(1)青岛市政府的电子政务系统的设计出发点是什么?

(2)青岛市政府电子政务系统的业务流程改造效率体现在哪里?

(3)你认为在电子政务最需要解决的问题是什么?

4. 在企业信息化的大潮中,四川瑞松纸业有限公司为了改变以往企业中大量使用手工资料、信息不对称、市场反应不及时等现状,同时提升企业在市场上的竞争力,缩短产品生产时间,整合企业各部门的资源,共享企业内部信息,细化成本核算,精确库存管理,统一财务管理而导入了ERP。瑞松纸业有限公司的ERP系统是对全厂的物流、资金流、信息流进行统一管理,以权限管理为基础,以生产管理系统、财务管理系统、物料管理系统、销售管理系统、工作流信息系统为核心的,并提供辅助的广义供应链管理、客户关系管理、人力资源管理、企业资产管理、企业文档管理的信息通畅、数据准确、查询方便、分析智能、模块清晰、可扩充、功能强大的ERP系统。

根据ERP系统的要求和现状,瑞松ERP系统建议的主要开发目标为:

(1)统一物流管理。对原料进厂、存储、成品入库、成品出厂、销售做到分散使用,集中管理,各个部门可以根据自己部门的权责使用物流管理中的某个部分,而利用ERP系统对企业的全部物流做管理,保证数据的准确性和实时性。

(2)信息流管理。包括各种审批流程、部门间分厂间的信息传递、自动从各种信息中提取相关数据并存储、员工间的信息流动、自动公文流转等,使企业中的信息有条不紊地流动。

(3) 资金流管理。包括收入、支出、生成凭证、工资、成本核算、应收应付等。资金流管理还与物流、信息流结合起来,减少手工输入,减轻员工的工作量并降低出错概率。

(4) 其他管理。如主生产计划管理、HRM(人力资源管理)、CRM(客户关系管理)、仪器仪表管理、固定资产管理、文档管理等。这些模块根据四川瑞松的现状定制,并存在增加模块的可能性。

(5) 建立中央数据库。设计出满足数据库约束条件的数据库表结构,建立双机热备份机制,消除数据冗余和数据不一致现象并满足数据安全性要求。

(6) 根据权限将数据对相关部门和员工开放。

(7) 提供简易的输入、查询、统计、分析、打印界面,操作方便。

(8) 智能的相关提示操作和数据分析。帮助用户完成日常工作,避免工作失误或遗忘。

(9) 对各种文件的集中管理和保存。用户在自己的办公室就可以查阅到相关文献,资料室的管理工作将更加方便快捷。

(10) 与瑞松 OA 系统做到无缝集成。

针对松瑞 ERP 的 10 个开发目标,分析该企业导入 ERP 在信息流、资金流、物流和工作流方面取得改进的情况,写 500 字的报告。

第八章 电子商务应用——
企业间电子商务

因特网极大地推动了企业基于 Web 的网上业务发展,但其中增长最为迅猛的则是企业间电子商务领域。因特网从根本上改变了 B2B 供应链模式,其规模远远超过供应商主导的 B2C 电子商务领域。B2B 电子商务在未来将会继续保持快速的增长,并给商业社会带来巨大冲击。政府在电子商务领域里前所未有地占据着重要的地位,企业与政府间的电子商务活动走出了单纯的服务模式,呈现出积极的态势,电子政务同时也将促使政府角色的转型。

第一节 企业间电子商务模式

一、企业间电子商务原理
(一) 企业间电子商务概述

企业间电子商务也就是企业对企业的电子商务(Business to Business, B to B、B2B),反映的是企业与企业之间通过专用网络或因特网进行数据信息传递、开展商务活动的运行模式。它包括企业与其供应商之间的采购,物料管理人员与仓储、物流公司的业务协调,销售部门与其产品批发商、零售商之间的协调等。这一类电子商务已经存在多年,特别是企业通过增值网(Value Added Network; VAN)和采用电子数据交换(EDI)方式所进行的商务活动是这类模式的早期应用。

B2B 的利润来源于相对低廉的信息成本所带来的各种费用下

降,以及供应链和价值链整合的益处。企业与企业之间的交易和商务合作是商业活动的主要方面,企业目前面临的激烈竞争,也需要电子商务来改善竞争条件,建立竞争优势。企业在寻求自身发展的同时,不得不逐渐改善电子商务的运用环境。

(二) 企业间电子商务的作用

企业间电子商务将会为企业带来更低的价格、更高的生产率和更低的劳动成本和更多的商业机会。

1. 改善供应链管理

供应链是企业赖以生存的商业循环系统,是企业电子商务管理最重要的课题。统计数据表明,企业供应链可以耗费整个公司高达25％的运营成本。由此可见,降低供应链耗费,对企业提高利润率有重要影响。依靠电子商务技术,可以保证通过因特网,动态维系企业的供货、制造、分销、运输和其他贸易合作伙伴之间的关系,真正建立高效的全球供应链系统。

2. 增加商业机会和开拓新的市场

越来越多的企业将接受网络化的业务,电子商务将是未来商业活动的标准模式。因特网的无国界和无时限的特点为企业提供了理想和低成本的信息发布渠道,商业机会因此大大增加。

3. 改善过程质量

更好的记录跟踪、更少的错误发生,减少的处理时间,降低对人力资源的占用,以及减少非生产用的时间。

4. 缩短订货周期

更快、更准确的订单处理,降低安全库存量,提高库存补充自动化程度和增加客户满意度。

5. 降低交易的成本

企业间电子商务可以减少交易中的通信、邮政和纸介质文档的制作与维护工作量,减少业务代表成本,减少传统广告投入。电子采购是企业实现电子商务的一个重要环节,据美国全国采购管理协会(www.ism.ws)称,使用电子采购系统可以节省大量成本。采用传统方式生成一份订单所需要的平均费用为 150 美元,使用基于 Web 的电子采购解决方案则可以将这一费用减少到 30 美元。

6. 改善信息管理和决策水平

准确的信息和交易审计跟踪造成更好的决策支持环境,协助发现潜在的大市场,发现不断改进和降低成本的规律。

二、企业网络销售

(一) 企业网络销售概述

因特网的迅速普及,改变了企业之间传统的沟通方式,当今企业越来越多地把电子商务作为自身业务和市场拓展的重要平台。业内人士认为,电子商务由于销售成本低,产品价格具有很大优势,同时,电子商务的交易没有地域的界限,这种方式不但可以使采购主体节省大量成本,还可以有效地避免繁杂的流程,使得组织采购行为更加规范、透明、高效。在电子商务中,无论从交易额来看,还是从交易范围看,B2B 都有着举足轻重的地位。全球 B2B 电子商务每年以 15 000 亿美元左右的速度递增(见表 1.6 资料)。据专家预测,在中国未来 B2B 电子商务将以高达 120% 的速度增长。

(二) 企业网络销售的特点

电子商务市场作为企业间协同商务整体解决方案中的关键组成部分,可在全球范围内构筑起众多企业及合作伙伴参与的综合性的、地区性的、行业性的商务大社区,为企业间商务信息的沟通和一步化交易的进行构筑起高效的信息枢纽。

1. 个性化

电子商务市场提供的个性化,能够使用户从所提供的众多内容和服务(新闻、市场研究、股票组合等)中,挑选出自己所需的信息和服务。通过定制用户在网上商务市场中主页的内容和界面,可以最大限度地提高信息及时性,使用户对商务市场体验拥有更大的控制。

2. 强大的内容管理工具

在后台为门户的管理者提供了针对内容和服务的管理工具。管理者可利用该工具定制各种分类和子类,并为这些分类设定各种主题。

3. 安全机制

电子商务市场是一个实时的枢纽,企业和专业人士能够以因特网为通讯平台,建立起紧密的商业协作关系,而高水平的安全信任机制对完成协作至关重要。

三、企业网络采购

(一) 企业网络采购概述

1. 网络采购

企业网络采购是电子商务模式下的新型采购模式,包括寻找卖主、评估卖主、选择特定产品、签订电子合同、发货及物流安排、验收等一系列过程,充分发挥计算机网络快速、简便、信息通畅的优势,成为目前企业采购的重要手段。企业在实施后台管理系统的基础上,可利用电子商务采购系统,通过因特网与各级供货商建立紧密的协作关系,实现网上的采购目录管理、供应商管理和自我服务、竞标/投标、采购订单的下达及其状态跟踪、货物接收、发票处理等业务流程,实现物流部门业务的电子商务化。电子商务系统将着重于降低成本和缩短循环时整个商业社区的供应链管理、商务智能分析技术以及作为商务活动交换中枢的商业市场系统。

2. 网络采购流程

具体地说,网络采购的流程大致如下(见图 8.1 所示):

(1) 寻找卖主。买方可以通过搜索工具、链接以及浏览网页等办法寻找合适的卖主。通过在线的电子目录,可以方便地在网络上进行合适的供应伙伴的找寻,利用搜索引擎可以建立全球供应商的名单列表。通过链接相关网页也可以实现全球范围的搜寻,建立联系。采购方员工同时进一步通过内部工作流经相关业务领导对采购申请予以审批。

(2) 评估卖主。找到卖主后应该进行必要的评估,包括卖主的

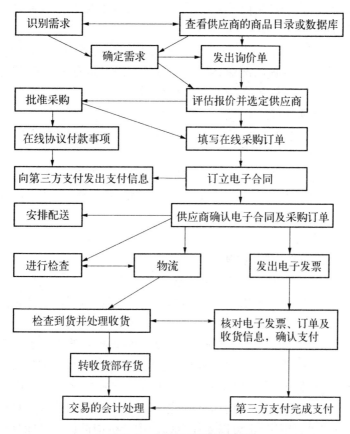

图 8.1 企业网络采购流程

资质、规模、信用等基本要素,也要评估有关物流、通关、时间、费用等条件。

(3)选择特定商品。这是整个采购交易的核心,买家可以通过网络与卖主进行谈判,明确交易的所有条款,讨论合同的细节及服务承诺。

(4)签订电子合同。标准的电子商务交易应该是签订数字化的合同的,并通过电子签名来保证合同的有效性、可靠性、不可诋毁性。

合同生效后自动产生电子订单,并立即将交易数据补充到买卖双方的数据库。

(5) 货物发送。卖方的信息系统按照流程完成发货,并由物流部门配合完成货物的配送、储运,买方可以通过信息系统查询其状态。EDI 系统将相关数据信息传递给对方。

(6) 货款支付。采购方接收货物后进行查验、接受发票、通过后台予以付款,完成整个交易。当然,按商业惯例预先付款的可以设置先付款程序。

(7) 售后服务、评价。有关网络采购的后续服务,很多仍然可以通过网络来解决。采购企业也可以通过网络对采购行为进行评价,用户的评价结果将成为销售企业的信誉记录,并提供给其他网络采购商进行参考。

(二) 在线招投标采购

传统环境下对于大额订单通常采取招投标方式。招投标必须同时对多个供应商发出招标通告,并接受多个供应商的标书,使企业进行货比三家,选择最佳方案。电子商务环境下企业同样可以进行在线招投标。与传统做法不同的是,电子商务招投标的成本远远低于传统模式。企业可以在线向多家商务伙伴发出招标单,这些商务伙伴可以是已知的,也可以在公共电子媒体上向所有有意者发布消息。投标人在线向发标企业投标申请,提出标书。发标企业可以对投标人的资格进行审定,也可以委托专门的中介机构进行。发标企业审查投标人的标书后作出选择,并将选择结果告知投标人,完成招投标过程(见图 8.2 所示)。

(三) 电子订货系统

1. **电子订货系统的概念**

电子订货系统(Electronic Ordering System;EOS)是指将批发商、零售商所发生的订货数据输入计算机,通过计算机通讯网络连接的方式将资料传送至总公司、批发商、商品供货商或制造商处,获得详细的订购需求数量,以安排合理的采购量。EOS 能处理从新商品

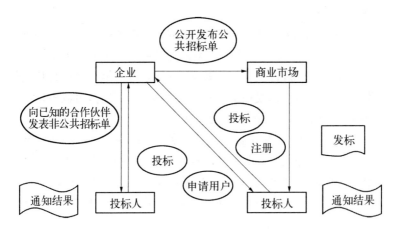

图 8.2　在线投标系统

资料的说明直到会计结算等所有商品交易过程中的作业,涵盖了整个物流过程。在零售业界,EOS 可以满足供货商及时补足售出商品的数量、保证无缺货,最大限度地降低商业企业的库存。

　　早期的 EOS 通过电话/传真在零售商和供应商之间传递订货信息。基于点对点(Point to Point)方式的 EOS 零售商和供应商的计算机通过专线或电话线直接相连,相互传递订货信息,适合个别订货商和供应商的交流。后来零售商和供应商之间通过增值网(VAN)来传递订货信息。在商品流通中,常常是按商品的性质进行分类,如食品、医药品、农副产品、生鲜食品、服装等,因此形成了各个不同的专业。各专业为了达到流通现代化的目标,分别建立了自己的网络体系,形成专业 VAN。因此这时的 EOS 主要通过 EDI 方式传递订货信息。随着因特网在全球范围内的普及,利用 Web 技术,通过因特网传递订货信息,加速信息传递和共享促进了 EOS 的发展。

　　2. 电子订货系统的流程

　　(1) 批发、零售商场,采购人员根据 MIS 系统提供的功能,收集并汇总各机构的要货的商品名称、要货数量,根据供货商的可供商品货源、供货价格、交货期限、供货商的信誉等资料,向指定的供货商下达采购指令。

（2）网络服务中心提供用户连接界面，接收到用户发来的 EDI 单证时，自动进行 EOS 交易伙伴关系的核查，只有互有伙伴关系的双方才能进行交易，否则视为无效交易；并对每一笔交易进行长期保存，供用户今后的查询或在交易双方发生贸易纠纷时，可以根据网络服务中心所储存的单证内容作为司法证据。

（3）供货商根据网络服务中心转来的 EDI 单证，经网络服务中心提供的通讯界面和 EDI 格式转换系统而变成一张标准的商品订单，根据订单内容和供货商的 MIS 系统提供的相关信息，供货商可及时安排出货，并将出货信息通过 EDI 传递给相应的批发、零售商场。从而完成一次基本的订货作业。

交易双方交换的信息不仅仅是订单和交货通知，还包括订单更改、订单回复、变价通知、提单、对账通知、发票、退换货等许多信息。

（四）企业网络交易平台

1. 企业网络集中交易原理

企业网络集中交易，就是利用数据库技术和计算机网络技术等建立一个适用于会员企业的虚拟交易平台。通过这个平台，企业可以搜索或发布产品或交易信息、寻找贸易合作伙伴、进行价格或交易方式的磋商，平台则对商品配送进行追踪和监控、提供第三方支付的便利直至完成整个交易的过程。

企业网络交易平台是电子商务的交易服务商在网上开设的集中交易市场，为参与网上交易的企业提供交易平台，本身不参与交易，但为交易提供所有的服务，包括规则的制订、信息的发布、交易谈判和交易的监督或者第三方支付服务，并收取会员的会费为盈利模式。为保证交易平台的良好信誉，网站需要完善的线下配套服务，收集、整理与客户有关的第一手资讯，并且监控客户的资质状况，使交易的对方更为放心。

2. 企业网络集中交易模式应用——阿里巴巴的案例

网上最大的企业交易平台阿里巴巴曾经被全球 150 多个国家的

400 多家著名新闻传媒竞相追踪报道,并被美国权威财经杂志《福布斯》四次评选为全球最佳 B2B 站点之一,并两度入选哈佛 MBA 教程,被公认为全球 B2B 模式的代表。在非典时期,阿里巴巴的会员中有 42％通过阿里巴巴网站达成交易,有 86％的会员认为电子商务对企业未来发展越来越重要,有超过一半的会员认为非典对企业的影响很小,业务持平或上升。与这种趋势相呼应的是,阿里巴巴网站各方面的业务指标在非典时期有了快速增长。

(1) 登记为注册会员。注册后,就获得了会员账号,就相当于拥有了在阿里巴巴开始网上贸易的"通行证",然后可以在阿里巴巴大市场寻找商机。

阿里巴巴的交流流程见图 8.3 所示。

(2) 发布供应信息。发布供应信息是大部分企业在网络集中交

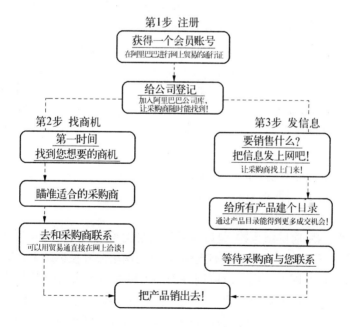

图 8.3　阿里巴巴的交易流程

易平台利用的服务功能,企业采购方可以利用这一功能寻找合适的对象进一步磋商。

(3)发布采购信息。如果没有合适的供应信息,采购企业可以主动发布需求信息,利于交易的迅速达成。

(4)使用贸易通。贸易通是阿里巴巴为商人度身定做的免费网上商务沟通软件,类似于一个在线聊天软件,能帮用户轻松找客户、发布、管理商业信息,及时把握商机,随时洽谈做生意。贸易通具有随时联系客户、海量商机搜索、巧发商机、丰富的系统功能(语音、视频、超大容量文件传输、文本聊天)、多方商务洽谈(最多同时在线 30人的商务洽谈室)、免费商务服务等六大特色功能。通过贸易通谈生意的成功率达 67.8%。

(5)使用诚信通。诚信通是一种通过第三方权威机构审核身份的机制,让买卖双方更放心地洽谈生意。调查显示 85%的买家和92%的卖家,优先选择与诚信通会员做生意。阿里巴巴拥有 381 万高质量买家,采购信息每 2 小时更新一次。海量鲜活的买家信息仅对诚信通会员开放,在阿里巴巴大市场的黄金地段,诚信通会员将获得一个专属于自己的网上商铺,365 天全面展示公司产品和企业形象,拥有 200 张产品图片的超大空间,操作简易、更新方便。目前,诚信通年费为人民币 2 300 元。

四、政府对企业的电子商务

(一) 政府网络采购

1. 政府网络采购概念

所谓政府网络采购,是政府通过网络发布招标公告,供应商在线浏览招标书并在线发送标书投标,政府在网络公开投标结果,整个采购过程均在网上完成。政府网络采购可以通过政府的政务网站,也可以建立独立的政府采购网站,集中发布采购信息、处理招投标业务。2001 年厦门市首先建立了政府采购网,目前全国各级政府大部分都建立了政府采购网。

早在 1996 年,我国政府已经推行政府采购制度,根据 2002 年 6 月 29 日第九届全国人民代表大会常务委员会第二十八次会议通过的《中华人民共和国政府采购法》,规定了各级国家机关、事业单位和团体组织,使用财政性资金采购依法制订的集中采购目录以内的或者采购限额标准以上的货物、工程和服务的行为都属于政府采购范围,政府采购采用以下方式:公开招标、邀请招标、竞争性谈判、单一来源采购、询价、国务院政府采购监督管理部门认定的其他采购方式等,公开招标应作为政府采购的主要采购方式。

2. 政府网络采购的特征

政府采购的主要目的是为了规范政府采购行为、提高政府采购资金的使用效率、维护国家利益和社会公共利益、保护政府采购当事人的合法权益、促进廉政建设。

网络采购驱使供应商产品价格下降或获得增值服务的机会,例如更快的配送速度;使采购工作量最小化;有效利用采购机构的工作流程,包括减少多余的程序;减少出错率;由于交易过程无需纸张,降低了交易成本。因此,网络采购符合政府采购的目标,世界各国均广泛开展了政府网络采购。

(1)降低政府采购成本。网络采购简化了政府采购的程序,扩大了采购的选择范围,可以最大限度地利用市场信息获得低价,提高了政府采购资金的使用效率。无纸化的方式更是节约了办公成本,有利于建设高效政府。

(2)促进政府的廉政建设。网络采购使政府采购公开化、阳光化,减少操作黑箱,消除腐败,规范政府行为。

(3)提高政府工作效率。政府网络采购可以接受全社会的监督,有利于提高政府的办事效率,提升政府形象。

通过网络公布政府采购与招标信息,为企业特别是中小企业参与政府采购提供必要的帮助,向他们提供政府采购的有关政策和程序,使政府采购成为阳光作业,减少徇私舞弊和暗箱操作,降低企业的交易成本,节约政府采购支出。

(二) 电子税务

1. 电子税务的概念

税务机关应用现代网络通讯和信息技术,将税务管理和服务通过网络与信息技术进行集成,在因特网上实现税务部门组织机构、工作流程的优化重组和再造,超越时间、空间与部门分隔的限制,全方位地为纳税人提供优质、规范、透明的管理与服务。

电子税务不是简单地将传统的税务管理事务原封不动的复制到网上,而是对传统的税务机构进行组织机构的重组和业务流程的再造,彻底改变了税务机构的作业形态,使企业通过政府税务网络系统,在家里或企业办公室就能完成税务登记、税务申报、税款划拨、查询税收公报、了解税收政策等业务,既方便了纳税人,也减少了政府的开支。

2. 电子税务的业务构成

(1) 网上纳税申报业务。网上税务登记,企业可以通过网络在税务部门的网站上进行登记,获得网上申报用户名,并设置密码。

① 纳税申报。企业登录税务部门的网上申报站点后,可以进行税务申报,也可以将税务申报资料通过 E-mail 方式报送;

② 申报查询。纳税企业可以通过网络平台对已经申报的情况进行查询;

③ 入库核对。纳税企业可以通过网络平台查询税款的入库情况。

(2) 网上税务服务。税务部门可以在网上向纳税人提供相关的服务,以方便纳税企业。

① 发票查询;

② 稽查举报;

③ 廉政举报;

④ 网上调查。

(3) 网上税务信息发布。税务部门还应该通过网络发布相关的税务信息,满足纳税人的知情权。

① 税务政策、法规、相关知识;

② 税收政务公开;

③ 税收相关数据公布。

(三) 网上行政审批

企业在日常业务中,有很多项目需要向政府机构进行申报、审批。传统的做法是企业必须亲自到各部门办理,费时费力,甚为不便。行政中心模式虽然解决了一些困难,但是办事单位仍需多次往返。采取网上大厅的申报、审批使企业可以远程办理,省事省时。目前城市企业在计划、工商、劳动保障、交通、农林、外贸、质监、城管等40 个部门的 240 多项方面需要进行申报审批,实行网上审批将大大提高效率。

目前,网上行政审批的服务大致包括以下内容:

(1) 申报办件。申报人须先登记成为用户,然后登录有关部门的网上申报页面,将申报审批项目按要求进行登记。目前还不能实现所有项目的网上申报。

(2) 办件查询。用户可以在网上查询已申报的办件处理进度。

(3) 表格下载。办件企业所需的登记文件都可以在网上自行下载,以供登记之用。

(4) 审批公告。经处理的办件可在网上进行公告,向申报人告知处理结果,未获通过的列明原因。

(5) 投诉咨询。办件单位对办件处理有意见可以通过投诉通道进行投诉,有不清楚、不理解的问题也可进行咨询,由相应的部门处理后进行反馈。

(6) 信息发布和咨询。行政审批部门通过信息发布窗口向办事企业发布最新信息、办事流程等。政府将拥有的各种数据库信息对企业开放,方便企业利用。如法律法规规章政策数据库、政府经济白皮书、国际贸易统计资料等信息。

第二节　电子数据交换(EDI)

早期的 EDI 是电子商务的雏形,本质上是电子数据交换处理,它的问世对原有的商品交易和信息交流模式是一种冲击。在电子商务发展的今天,EDI 仍然发挥着积极的作用,基于因特网的 EDI 已经成为企业间交易传递信息的重要模式。

一、EDI 的概念与发展

(一) EDI 概述

1. EDI 的概念

电子数据交换(Electronic Data Interchange;EDI)是以统一的报文标准和最少的人工介入,将结构化的数据用电子的手段,从一个计算机用户传输到另一个计算机用户。EDI 用户根据国际通用的标准格式编制报文,按照计算机系统可以识别的方式将结构化的信息(例如订单、发票、提货单、海关申报单、进出口许可证等日常往来的经济信息)通过网络传送;而报文接收方则按照国际统一规定的语法规则,对报文进行处理,并通过信息管理系统和决策支持系统,完成综合的自动交换和处理。因此,EDI 是两个以上计算机应用过程间的通信,它遵循一定的语法规则和国际标准,一方面自动进行数据投递、传输和处理,另一方面则应用程序自动进行响应,不需要人工介入,从而实现事务处理和商务贸易的自动化。

2. EDI 的层次

可以将 EDI 从三个层次来理解:

(1) 结构化的数据。它是用于交换的数据或信息,在内容、意义和格式上是可以认识的,并可以用计算机有效和准确地处理。

(2) 统一的报文标准。EDI 使用为了扩大其使用、方便企业接受,已经形成了标准化的报文格式,通过兼容的 EDI 翻译软件,在企业间进行信息交换。

(3) 电子化手段。指计算机用户之间直接的电子数据交换。EDI 的关键是交换,它的主要目标是以最少的人工介入,实现贸易循环,尤其是重复交换中文件的自动处理,从而降低公司内部缓慢、繁杂和昂贵的管理费用。

（二）EDI 的工作程序

（1）用户应用系统从数据库取出用户格式数据，通过映像程序将用户格式的数据展开成平面文件，以便翻译器进行识别，翻译器按照 EDI 标准将平面文件翻译成 EDI 报文。

（2）通信软件将已经转换成标准格式的 EDI 报文，通过网络和通信线路传送到网络中心。

（3）贸易对方通过通信线路从网络中心读取数据，也可通过通信网络自动通知贸易对方。

（4）贸易对方将取回的具有 EDI 标准格式的数据，经过 EDI 翻译器转换成平面文件。平面文件经映像程序转换成用户格式数据，存入相应的用户数据库中，并到达接收用户的应用系统。

EDI 的工作流程见图 8.4 所示。

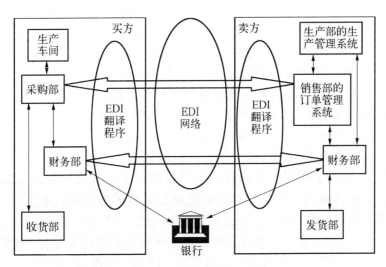

图 8.4 EDI 的交易信息流

（三）EDI 的效益

EDI 作为电子商务应用的典范，无论是在技术上还是在管理上，都为目前电子商务的发展奠定了基础。应用 EDI 可以获得两种类型的收益。第一种是直接收益，这是通过应用 EDI 直接带来的。第二种则是间接的、潜在的收益，给企业带来更多改变，包括企业流程重组（BPR）和一体化管理等，较前一种收益大得多，其实现也需要较长的时间。

（1）降低与贸易事务处理相关的费用；

（2）提高信息交换和处理的效率；

（3）缩短业务循环周期；

（4）增进贸易伙伴间的联系；

（5）改善企业内部的信息流程。

二、EDI 标准及国际化

（一）EDI 的标准及发展

从 EDI 发展的历程来看，EDI 的关键是标准化，即数据格式的结构规范化和 EDI 报文的标准化。1960 年代末—1970 年代，美国一些大型跨国公司之间，已开始以专有的数据格式传输数据、完成工作调度等管理工作。随着各个公司对外贸易伙伴以指数速度增长，专有格式的转换费用变得十分昂贵，于是一些公司开始发起制订 EDI 数据格式标准和报文标准。1975 年，美国运输数据协调委员会（TDCC）制订了 EDI 运输标准，涵盖了发货人在发货单、提货单、报关单和其他单证中涉及的所有数据元。1977 年到 1982 年，美国食品杂货业制订了 EDI 统一通信标准（UCS），银行业、保险业和汽车工业也制订了各自的行业标准。多个行业标准的共存，限制了 EDI 的发展。1979 年美国标准协会（ANSI）指定一个新成立的委员会制订了美国国家标准 ANSI x.12。该委员会每年进行三次集会讨论 EDI 标准，其分会由 800 多家企业和组织的信息系统人员组成。这种广泛性使目前的 ANSI x.12 已经具有数百个报文集，这是特殊业务数据交换格式的名称。

(二) EDI 标准的国际化

在欧洲,EDI 报文标准化工作开始于 1970 年代初。1972 年瑞典制定了 DAKOM 标准;1974 年法国制定了 GENCOD 语言;1977 年德国制定了 SEDAS 发货通知标准;1979 年英国制定了 TRADECOMS 标准。1983 年,当 ANSI x. 12 通用标准即将颁布实施时,英国国家贸易促进团体(SITPRO)和英国标准化协会努力促进制定欧洲甚至国际性标准,将贸易数据交换标准(TDT)递交给联合国欧洲经济委员会。联合国欧洲经济委员会对欧洲标准和美国标准进行了合并研究,建立了 UN/EDIFACT 标准体系。

EDI 国际标准就是国际社会共同制定的一种用于电子数据中书写商务报文的规范和国际标准。制定这个标准的主要目的是消除各国语言、商务规定以及表达和理解上的歧异性,为国际贸易业务操作中的各类单证数据交换架构一座电子通信的桥梁。通常所说的 EDI 标准实际上就是报文在国际网络和各个系统之间传递的标准协议,是联合国有关组织颁布的联合国贸易数据交换目录(United Nations Trade Data Interchange Drectory;UNTDID)、以电子传递方式进行贸易数据交换的统一遵循规则(Uniform Rules of Conduct for Interchange of Trade Data by Teletransmission;UNCID)、适用于商业、行政、运输等电子数据交换的联合国规则(United Nations)(Rules for EIectronic Data Interchange for Administration, Commerce and Transport;UN/EDIFACT)等文件的统称,有时也直接将其称为 UN/EDIFACT。根据联合国及 WP4 组织在 1990 年对 UN/EDIFACT 所给出的定义,EDIFACT 是"适用于行政、商业、运输等行业部门的电子数据交换的联合国规则,它包括一套国际协议标准、手册和结构化数据的电子交换指南,特别是那些在独立的、计算机化的信息系统之间所进行的交易和服务等有关的其他规定"。EDIFACT 标准由国际标准化组织(ISO)制订语法规则和数据字典,联合国欧洲经济委员会定期发布报文标准,这是一种适合各行业所有应用需求的数据格式标准,这种格式一旦生成,交易圈中的任何一方都可直接和准确地从中提取数据。

三、基于因特网的 EDI 应用

传统的 EDI 主要通过增值网络(VAN)进行,存在着技术复杂、费用高的缺陷,使得 EDI 在企业中尤其是在中小企业中的普及和发展受到严重制约。基于因特网的 EDI 系统容易实现,技术上不复杂,使商业用户可以使用其他一些电子商务工具,如多媒体能力和交互式 EDI 通信等,还可帮助与那些没有 EDI 的小交易伙伴进行 EDI 活动。

(一) 基于 E-mail 的 EDI

1. 基于 E-mail 的 EDI 特征

传统 EDI 的专用报文处理系统是一个基于广域网的系统,在使用时对用户所在地域的网络环境和用户的网络知识有一定的要求。通过使用 E-mail 功能来实现报文数据交换的最大好处就是不需要与广域网直接挂钩,用户只需要通过电话拨号就可以在网上收发电子邮件。这方便了广大中小企业应用 EDI。

2. 基于 E-mail 的 EDI 的工作流程

在使用 E-mail 进行 EDI 时,用户通过应用程序接口从其电子数据处理系统(EDP)或管理信息系统(MIS)中获取所要的数据,并经 EDI 用户前端程序处理后形成标准 EDI 格式的报文后,再通过加密处理后交由 E-mail 客户端程序发往提供 E-mail EDI 服务的 EDI 服务商,服务提供商接收到用户发送的报文后,将它转发给接收方的 E-mail 信箱。接收报文时,用户从自己的 E-mail 信箱中收取报文,经解密后还原成标准 EDI 报文,再通过翻译程序将标准 EDI 报文翻译成用户平面文件,并根据用户需求与用户数据库相连接。

3. 基于 E-mail 的 EDI 的局限

使用 E-mail 是因特网上最早的 EDI 应用,用 ISP 代替了传统 EDI 依赖的 VAN,解决了信道的廉价问题,并且具有使用简单的特点,但不太适应交互式实时报文传输的需求。同时也应注意到其局限性：

（1）保密性问题。E-mail 通过明文传送，保密性差，很不安全。

（2）不可抵赖性问题。从技术上讲，E-mail 很容易伪造，并且发送者可以否认自己是 E-mail 的作者，这对网络交易的正常秩序将带来影响。

（3）确认交付问题。E-mail 的发送服务器无法保证邮件一定发送成功，以及正确交付，E-mail 传递所花的时间、是否丢失都无法确知，将会影响正常的商业流程。

（二）基于 Web 的 EDI

1. 基于 Web 的 EDI 特征

Web EDI 方式被认为是目前因特网 EDI 中最好的方式。Web EDI 的目标是允许中小企业只需通过浏览器和因特网连接去执行 EDI 交换。Web 是 EDI 消息的接口，典型情况下，其中一个参与者一般是较大的公司，针对每个 EDI 信息开发或购买相应的 Web 表单，改造成适合自己的数据格式要求，然后把它们放在 Web 站点上。此时，表单就成为 EDI 系统的接口。另一个参与者一般为较小的公司，登录到 Web 站点上，选择他们所感兴趣的表单，然后填写它，将结果提交给 Web 服务器后，通过服务器端程序进行合法性检查，把它变成通常的 EDI 消息，此后消息处理就与传统的 EDI 消息处理一样了。很明显，这种解决方案对中小企业来说是负担得起的，只需一个浏览器和因特网连接就可完成，EDI 软件和映射的费用则花在服务器端。Web EDI 方式对现有企业应用只需做很小改动，就可以方便快速地将其扩展成为 EDI 系统应用。

2. 基于 Web 的 EDI 流程

当用户希望发送报文时，利用浏览器直接浏览 Web EDI 服务提供商的 Web 页面，根据 Web 页面的指示选择需要的电子表格，并填写表格后提交。Web 提供商的服务器收到提交的内容后，对提交的内容进行检查，看是否符合 EDI 报文的各项规定，若符合则将提交内容转换为标准 EDI 格式的文本，作为电子邮件发送给指定的接受方,同时给提交方反馈正常提交信息;若不符合规定,则将不符合规定的地方指出,并反馈给提交方修改。

接收时,用户使用浏览器进入 Web EDI 提供商的页面,并提供用户标志和密码,Web EDI 提供商的服务器接收到用户信息后,对用户身份进行检查,看其是否为授权的用户,检查通过后,Web 服务器检查该用户的电子信箱,若有内容,则经翻译后,以 Web 页面的形式返回给用户浏览,并记录用户的使用情况。

3. 基于 Web 的 EDI 的不足

Web 方式的 EDI 适用于中小型缺乏专业人员的企业,是拓展 EDI 应用的一种有效手段,使中小型企业能参加到 EDI 应用之中,并且具有价格低廉的特点,但很难与企业内部系统整合,且不能提供交互式 EDI 的功能。

(三) 基于 FTP 的 EDI

1. 基于 FTP 的 EDI 原理

使用 FTP 进行 EDI 与使用 E-mail 进行 EDI 的过程相似,只是报文传输采用 FTP 方式进行。发送报文时采用 FTP 上传文件;接收时利用 FTP 下载报文。报文的生成、翻译和解释在客户端进行。如果要通过 FTP 来交换 EDI 信息,贸易伙伴之间的协议必须包括一些设定的标准。通常每一个贸易伙伴要登入 FTP,必须先建立一个账号,并包括密码的设定。将来每一个 EDIFACT 信息会存储在一个文档中,而贸易伙伴协议则必须定义信息文档与目录的命名规则。

2. 基于 FTP 的 EDI 贸易伙伴之间的协议

(1) FTP 登录名称与密码,以及可接受登录的主机;

(2) 目录与文档的命名规则;

(3) 文档加密协议与密钥;

(4) EDI 资料的包装方式;

(5) 信息格式的协议,即 x. 12 或 EDIFACT。

此种方式能实现与企业内部系统的结合,与基于 E-mail 的 EDI

相同,它也较适合批式报文交换,但不适于实现交互式报文交换。

第三节 电子商务物流

现代物流是电子商务系统中一个关键因素。现代物流作为一种先进的组织方式和管理技术,是企业降低生产经营成本,提高产品竞争力的重要手段,对于整个社会来说,可避免许多重复建设、盲目投资,并通过资源优化配置,节约社会成本。没有一个高效、合理、畅通的物流系统,电子商务所具有的优势就难以得到有效的发挥,电子商务就难以得到有效的发展。

一、电子商务与现代物流

(一) 现代物流的概念

美国物流管理协会(Council of Logistics Management)对物流的定义是"为满足消费者需求而进行的对货物、服务及相关信息从起始地到消费地的有效率与效益的流动与存储的计划、实施与控制的过程"。2001 年美国物流管理协会对物流的定义又进行了完善:"物流是供应链运作中,以满足客户要求为目的的,对货物、服务和相关信息在产出地和销售地之间实现高效率和低成本的正向和反向的流动和储存所进行的计划、执行和控制过程。"

我国 2001 年 7 月开始实行的《物流术语国家标准》中,对物流作了如下定义:物流是指物品从供应地向接收地的实物流动过程。根据实际需要,将运输、储存、装卸、搬运、包装、流通加工、配送、信息处理等基本功能实施有机结合。

(二) 物流管理

1. 物流管理的概念

所谓物流管理是指在社会再生产过程中,根据物质资料实体流动的规律,应用管理的基本原理和科学方法,对物流活动进行计划、组织、指挥、协调、控制和监督,使各项物流活动实现最佳的协调与配合,以降低物流成本,提高物流效率和经济效益。

2. 物流管理的对象

(1)对物流活动诸要素的管理。包括对运输、储运等环节的管理。

(2)对物流系统诸要素的管理。即对其中的人、财、物、设备、方法和信息等六大要素的管理。

(3)对物流活动中具体职能的管理。主要包括对物流的计划、质量、技术、经济等职能管理。

(三) 物流的服务功能

1. 物流的基本功能

(1)运输功能。运输是物流的主要功能之一,是利用设备和工具,将物品从一地点向另一地点运送的物流活动。其中包括集货、分配、搬运、中转、装入、卸下、分散等一系列操作。运输的形式主要有铁路运输、公路运输、水上运输、航空运输和管道运输等。

(2)储存功能。储存是指保护、管理、储藏物品,具有时间调整和价格调整的功能。储存的重要设施是仓库,在商品入库信息的基础上进行在库管理。

(3)装卸功能。装卸功能是指在指定地点以人力或机械将货物装入运输设备或从运输设备卸下,是一种以垂直方向移动为主的物流作业。

(4)搬运功能。搬运功能是指在同一场所内,对物品进行的水平方向移动为主的物流作业。

(5)包装功能。包装功能是指在流通过程中,为保护产品、方便储运、促进销售,按一定技术方法采用的容器、材料及辅助物等的总体名称,也指为了达到上述目的而采用容器、材料及辅助物的过程中施加一定技术方法等的操作活动。

(6)加工功能。加工功能是指物品在从生产地到使用地的过程中,根据需要施加包装、分割、计量、分拣、组装、价格贴付、商品检验等简单作业的总称。

（7）配送功能。配送功能是指在经济合理区域范围内，根据用户要求，对物品进行挑选、加工、包装、分割、组配等作业，并按时送达到指定地点的物流活动。

（8）信息处理功能。物流信息处理针对反映物流各种活动内容的知识、资料、图像、数据、文件等信息进行有效处理的活动。

2. 物流的增值服务功能

电子商务环境下，物流服务除了传统的功能外，还需要增值性的物流服务（Value Added Logistics Services）。

（1）增加便利性的服务。一切能够简化手续、简化操作的服务都是增值性服务。在提供电子商务的物流服务时，推行一条龙门到门服务、提供完备的操作或作业提示、免培训、免维护、省力化设计或安装、代办业务、24 小时营业、自动订货、传递信息和转账（利用EOS、EDI、EFT）、物流全过程追踪等都是对电子商务销售有用的增值性服务。

（2）加快反应速度的服务。快速反应（Quick Response；QR）已经成为物流发展的动力之一。优化电子商务系统的配送中心、物流中心网络，重新设计适合电子商务的流通渠道，以此来减少物流环节、简化物流过程，提高物流系统的快速反应性能是现代物流适应电子商务发展的必需。

（3）降低成本的服务。发展电子商务，应该寻找能够降低物流成本的物流方案，如采用第三方物流、多方物流合作、物流共同化计划、条形码技术和信息技术等，提高物流的效率和效益，降低物流成本。

（4）延伸服务。延伸服务向上可以延伸到市场调查与预测、采购及订单处理；向下可以延伸到配送、物流咨询、物流方案的选择与规划、库存控制决策建议、货款回收与结算、教育与培训、物流系统设计与规划方案的制作等等。

（5）供应链服务。现代物流可以整合从供应商到消费者的供应链运作，使物流服务最优化，提升整个供应链效率，实现增值。

二、物流的分类

(一) 按照物流活动覆盖的范围分类

1. 国际物流

国际物流随着国际经济一体化进程的加快,国际分工日益深化,国际贸易水平迅速发展,需要强有力的跨国界、跨地区的物流服务的支持。国际物流已经在欧洲地区得到飞速发展,成为现代物流发展的焦点。

2. 区域物流

这是相对于国际物流而言的在一个国家范围内的物流,或者是一个城市、一个经济区域内的物流活动。由于处在统一的法规、文化、社会环境和科技发展水平下,比国际物流具有更加明显的地域特征。

(二) 按照物流服务的目标分类

1. 社会物流

社会物流是指超越一家一户的以一个社会为范畴、面向社会为目的的物流。这种社会性很强的物流往往是由专门的物流承担人承担的,如第三方物流等。

2. 企业物流

从企业角度研究与之有关的物流活动,这是具体的、微观的物流活动的典型领域。企业物流又可以区分为以下具体的物流活动:

(1) 企业供应物流。企业供应物流指企业为保证本身生产的节奏,不断组织原材料、零部件、燃料、辅助材料供应的物流活动,这种物流活动对企业生产的正常、高效进行起着重大作用。企业竞争的关键在于降低供应物流过程的成本,企业供应物流就必须解决有效的供应网络问题、供应方式问题、零库存问题等等。

(2) 企业生产物流。企业生产物流指企业在生产工艺中的物流活动。这种物流活动是与整个生产工艺过程伴生的,实际上已构成了生产工艺过程的一部分。企业生产过程的原料、零部件、燃料等辅助材料从企业仓库或企业的"门口"开始,进入到生产线端,再进一步随生产加工过程一个一个环节地流,在流的过程中,本身被加工,同时产生一些废料、余料,直到生产加工终结,再流至产成品仓库,便终结了企业生产物流过程。

(3)企业销售物流。企业销售物流是企业为保证本身的经营效益,不断伴随销售活动,将产品所有权转给用户的物流活动。在现代社会中,市场是一个完全的买方市场,因此,销售物流活动便带有极强的服务性,以满足买方的需求,最终实现销售。在这种市场前提下,销售往往以送达用户并经过售后服务才算终止。企业销售物流的特点是通过包装、送货、配送等一系列物流实现销售。

(4)企业回收物流。企业回收物流是指企业在生产、供应、销售的活动中产生的边角余料和废料等的回收活动。在一个企业中,回收物品处理不当,往往会影响整个生产环境,甚至影响产品质量,也会占用很大的资金与空间,造成浪费。

(5)企业废弃物物流。企业废弃物物流是指对企业排放的无用物进行运输、装卸、处理等的物流活动。废弃物的回流不当,会对社会生活环境产生污染,严重影响环境质量,也影响企业的生产环境。

(三) 按照物流活动的主体分类

1. 企业自营物流

自营物流是企业自备运输、仓储、人员进行的自给自足的传统物流模式,适合计划经济时代的企业物流需求。在此模式下,企业的运作规模、生产批量、生产时间都是在计划指导之下的,容易满足自备物流的需要,但是在市场经济环境下,这种物流模式无法满足小批量、多品种的生产需要。

2. 专业子公司物流

即将企业的传统物流运作功能中剥离出来,成为一个独立运作的专业化实体,并且与母公司的关系演变为服务与被服务关系。专业子公司以专业化的设备、人员、管理流程和服务手段为母公司提供专业化物流服务,比传统的企业自营物流更加专注于物流过程的一体化、物流资源配置的专业化,提高物流效率。

3. 第三方物流

所谓第三方物流(Third Party Logistics；TPL/3PL)是指生产经营企业为集中精力搞好主业,把原来属于自己处理的物流活动,以合同方式委托给专业物流服务企业,同时通过信息系统与物流服务企业保持密切联系,以达到对物流全程的管理和控制的一种物流运作与管理方式。目前第三方物流的概念已广泛地被西方流通行业所接受,欧洲使用第三方物流服务的比例为 76%,美国约为 58%,并在不断增长中。

4. 第四方物流

第四方物流(Fourth Party Logistics；FPL/4PL)是一个供应链的集成商,是供需双方及第三方物流之外的参与者,不代表物流的利益方,而是通过拥有的信息技术、整合能力以及其他资源提供一套完整的供应链解决方案,以此获取一定的利润。

三、电子商务物流的运作
(一) 电子商务物流特点
1. 信息化

信息化是电子商务时代的物流的必然要求。物流信息化表现为物流信息收集的数据库化和代码化、物流信息处理的电子化和计算机化、物流信息传递的标准化和实时化、物流信息存储的数字化等。

2. 自动化

自动化的基础是信息化,自动化的核心是机电一体化,自动化的外在表现是无人化管理,自动化的效果是省力化,另外还可以扩大物流作业能力、提高劳动生产率、减少物流作业的差错等。

3. 网络化

物流配送系统的计算机通信网络,包括物流配送中心与供应商或制造商的联系、与下游顾客之间的联系要通过计算机网络通信。物流配送中心通过计算机网络收集下游客户的订货的过程也可以自动完成。

4. 智能化

这是物流自动化、信息化的一种高层次应用,物流作业过程大量的运筹和决策,如库存水平的确定、运输(搬运)路径的选择、自动导向车的运行轨迹和作业控制、自动分拣机的运行、物流配送中心经营管理的决策支持等问题都需要借助于大量的知识才能解决。

5. 柔性化

柔性化本来是为实现"以顾客为中心"理念而在生产领域提出的,根据消费者需求的变化来灵活调节生产工艺,并通过配套的柔性化的物流系统达到目的。柔性化的物流正是适应生产、流通与消费的需求而发展起来的一种新型物流模式。

(二)电子商务物流技术

1. 条码技术及应用

条码技术是在计算机的应用实践中产生和发展起来的一种自动识别技术。它是为实现对信息的自动扫描而设计的。它是实现快速、准确而可靠地采集数据的有效手段。条码技术提供了一种对物流中的物品进行标志和描述的方法,借助自动识别技术、POS 系统、EDI 等现代技术手段,企业可以随时了解有关产品在供应链上的位置,并即时作出反应。

2. EDI 技术及应用

EDI 是实现信息交换的有效手段,其目的在于利用现有的计算机及通信网络资源,提高贸易伙伴之间的通信效率,降低成本。电子商务物流过程的大量信息交换必须借助 EDI 这样成熟的技术来进行传播,才能发挥最佳效益。

3. 射频技术及应用

射频技术 RF(Radio Frequency;RF)的基本原理是电磁理论,优点是不局限于视线,识别距离比光学系统远,射频识别卡可具有读写能力,可携带大量数据,难以伪造,且有智能特征。RF 适用于物料跟踪、运载工具和货架识别等要求非接触数据采集和交换的场合,由于 RF 标签具有可读写能力,对于需要频繁改变数据内容的场合尤为适用。物流数据可随时通过 RF 技术传送到主服务器。

4. GIS 技术及应用

地理信息系统(Geographical Information System；GIS)是多种学科交叉的产物,它以地理空间数据为基础,采用地理模型分析方法,适时地提供多种空间的和动态的地理信息,是一种为地理研究和地理决策服务的计算机技术系统。其基本功能是将表格型数据(无论它来自数据库、电子表格文件或直接在程序中输入)转换为地理图形显示,然后对显示结果浏览、操作和分析,显示范围可以从洲际地图到非常详细的街区地图,显示对象包括人口、销售情况、运输线路以及其他内容,是现代物流的必备技术。

5. GPS 技术及应用

全球定位系统(Global Positioning System；GPS)具有在海、陆、空进行全方位实时三维导航与定位能力。GPS 在物流领域可以应用于汽车自定位、跟踪调度,用于铁路运输管理,已经广泛推广。

(三) 电子商务物流模式

1. 物流一体化

所谓物流一体化,就是以物流系统为核心的由生产企业、经由物流企业、销售企业,直至消费者的供应链的整体化和系统化。它是物流业发展的高级和成熟的阶段。物流业高度发达,物流系统完善,物流业成为社会生产链条的领导者和协调者,能够为社会提供全方位的物流服务。1980 年代,西方发达国家,如美国、法国和德国等就提出了物流一体化的现代理论,应用和指导其物流发展并取得了明显的效果,使它们的生产商、供应商和销售商均获得了显著的经济效益。

2. 第三方物流

第三方物流是社会化分工和现代物流发展的方向。在国外第三方物流已经是现代物流产业的主体。欧洲的大型企业,使用第三方物流的比重高达 76%,而且 70% 的企业不止使用一家。在欧洲,第三方物流所占市场份额,德国为 23%,法国为 27%,英国为 34%。

美国、日本等国家使用第三方物流的比例都在30％以上。这种在现代经济中为货主提供集成化、专业化、个性化全方位服务的物流方式,市场的需求量正呈迅速上升之势。大多数第三方物流服务公司是以传统的、"类物流"业为起点而发展起来的,如仓储业、运输业、空运、海运和企业内的物流部等。他们根据顾客的不同需要,通过提供各有特色的服务取得成功。

第三方物流给用户带来了众多益处,主要表现在:

(1) 集中主业;

(2) 节省费用,减少资本积压;

(3) 减少库存。

第四节 供应链管理

电子商务下的供应链管理以网络技术为基础,将商品需求、商品流通和商品生产有机地联系在一起,只有有效地整合企业的所有生产要素,才可能增加生产力和利润。20 世纪 90 年代,企业了解到,只是产品精良并无法保证成功,消费者更关注的是如何享受快速满意的服务,期望产品能够快速而准时地送到特定的地点,享受完美的产品品质。完成产品的配送甚至需要若干个企业之间的协作,任何一个环节的脱节都会造成整个流程的中断。为了完成这些新的需求,企业必须协调组织之间和组织之内的信息流程,以保证整个流程的畅通。在这种新的商业模式下,竞争不再是企业与企业间的竞争,而是供应链的竞争。

一、供应链管理的基本原理

(一) 供应链的概念

供应链(Supply Chain)是围绕核心企业,通过对信息流、物流、资金流的控制,从采购原材料开始,制成中间产品以及最终产品,最后由销售网络把产品送到消费者手中的将供应商、制造商、分销商、零售商、直到最终用户连成一个整体的功能网链结构模式。它是一个范围更广的企业结构模式,它包含所有加盟的节点企业,从原材料的供应开始,经过链中不同企业的制造加工、组装、分销等过程直到最终用户。它不仅是一条联系供应商到用户的物料链、信息链、资金链,而且是一条增值链,物料在供应链上因加工、包装、运输等过程而增加其价值,给相关企业都带来收益。供应链是指商品在到达消费者手中之前行业与行业之间的联系(见图 8.5 所示)。

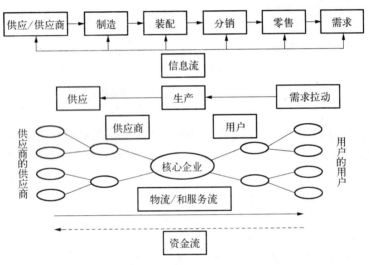

图 8.5　供应链的结构

(二) 供应链管理

1. 供应链管理概念

供应链管理(Supply Chain Management;SCM)就是对供应链上各个相关企业、组织和部门之间的业务联系进行规划、控制、协调和平衡,以提高其效率和效益,概括了产生订单、接收订单、完成订单/分送产品、服务或信息等合作关系的全过程,集合大家的技术及资源链接成垂直整合的团队以发展及配销产品,其目的就是有效率地把产品从生产线送到顾客手中,在多个合作组织间提供早期的需求变动,使各方及早得知需求变动的信息,并协调各组织间的企业流程而获得好处。

供应链管理是为了给顾客提供满意的产品或服务,供应链中的供应商、制造商、分销商及顾客协同合作,从而对产品生产和流通过程中各个环节所涉及的物流、信息流、资金流等进行合理、优化配置,从而为供应链中所有成员带来价值增值的集成管理模式。

2. 供应链管理的基本思想

供应链管理的基本思想就是"横向一体化"(Horizontal Integration),即把原来由企业自己生产的零部件外包出去,充分利用外部资源,跟这些合作企业建立一种水平关系。任何一个企业都不可能在所有业务上成为世界上最杰出的企业,只有优势互补,才能共同增强实力。国际上的一些企业已经开始摒弃原来的那种从设计到销售都由自己承担的大而全的模式,转向在全球范围内与供应商和销售商建立最佳合作伙伴关系,建立长期的战略联盟,形成利益共同体。供应链管理不是组织内部的权力关系,而是具有独立法人地位企业的合作链,企业无论大小都是平等的。因此供应链管理主要体现为如何加强合作、加强对资源的协调运作和管理水平。

典型的供应链上有一个起核心作用的企业,是供应链上信息流和物流的协调中心,下游端是从销售商一直到用户,上游端是供应商和供应商的供应商。它获得下游的需求信息,经过组合处理后再传向上游企业(供应商),形成了一个中心。第二个是物流协调中心,零部件供应商将各种零部件传递过来,经过核心企业的装配或者其他形式的处理,再经由下游企业传递到用户。信息流和物流必须有机地协调运作,才能使供应链真正获得竞争力。实施供应链管理之后,加强了信息和物流的协调,信息可以及时、准确地传递到合作企业,降低了处理库存的损失。

3. 供应链管理的特征

(1)供应链管理的目标是为顾客提供满意的产品或服务。要使顾客满意,就要可靠、便捷地满足客户的个性化、多样化的需求。供应链管理是以客户为导向的,在供应链中,顾客是源头,是指挥者,而不是供应链产品或服务的被动接受者。

(2)供应链管理是一种集成管理模式。供应链管理跨越了企业界限,从建立战略伙伴关系的新思维出发,从全局和整体的角度考虑整个供应链价值网络所提供的产品或服务的竞争力,供应链管理不再孤立地看待各个企业及其部门,而是将整个供应链看作一个有机联系的整体,进行广泛地交流,实现信息共享,营造一种共同行动的氛围,以形成对客户的快速反应。

(3)供应链管理强调提高整个供应链的竞争能力。供应链中企业的合作是建立在各个企业不同的核心竞争力的基础之上。各个节点企业通过非核心业务外包,集中于核心业务,充分发挥专业优势和核心能力,实现优势互补和资源共享,共生出更强的整体核心竞争能力与竞争优势。

(4)供应链管理最终为供应链中所有成员带来价值增值。供应链本身是一个价值网络,它不仅关注如何为顾客创造价值,还为供应链中各成员创造价值。这是供应链管理能够得以有效实施的基础。

(5)供应链管理的目标是通过对价值流的优化配置实现的。供应链这个价值网络是由若干价值流组成的,而价值流又是由信息流、物流、资金流、知识流等组成的。通过对信息流、物流、资金流、知识流等流程的优化配置,从而创造出满足顾客价值的产品或服务。

(三) 供应链管理的目标

供应链管理的本质目标是"7R"原则,即按照合适的状态和包装(Right Status),以合适的数量(Right Quantity)和质量(Right Quality),将合适的产品(Right Product)在合适的时间(Right Time)、合适的地点(Right Place)送到合适的顾客(Right Customer)手中,并使总成本最小和收益最大。

(1)合适的状态和包装;

(2)合适的产品;

(3)合适的数量;

（4）合适的质量；

（5）合适的地点；

（6）合适的时间；

（7）合适的顾客；

（8）最小的成本费用和最大的收益。

二、电子商务供应链管理

（一）电子商务供应链管理概述

现代信息技术的发展使产业结构发生了巨大的变化，IT 在供应链管理中的应用日益增加，一方面是供应链采用了大量的 IT 技术和手段，如因特网、EDI、CAD/CAM 等，另一方面是在管理中 IT 技术本身发挥了巨大的作用，如 CD‐ROM、ATM 和光纤的使用。电子商务环境下的供应链管理把原本各自独立的功能——营销、物料管理、采购、制造和配送整合在一起运作。电子商务环境下的供应链管理通过现代信息技术对供应链成员进行有效地整合，将供应链的优势发挥到极限。

电子商务模式弥补了传统供应链的不足，它不仅局限于企业内部，而是延伸到供应商和客户，甚至供应商的供应商和客户的客户，建立的是一种跨企业的协作，覆盖了从产品设计、需求预测、外协和外购、制造、分销、储运和客户服务等全过程。居于同一供应链的厂商之间不再是零和，而是双赢。B2B 的电子商务模式带来了供应链管理的变革。它运用供应链管理思想，整合企业的上下游的产业，以中心制造企业为核心，将产业上游供应商、产业下游经销商（客户）、物流运输商及服务商、零售商以及往来银行进行垂直一体化地整合，构成一个电子商务供应链网络，消除了整个供应链网络上不必要的运作和消耗，促进了供应链向动态的、虚拟的、全球网络化的方向发展。

（二）电子商务供应链管理的内容

（1）客户资产管理（Customer Asset Management；CAM）。是指管理需求信息以便更深入了解市场和顾客需求，借助使用顾客服务,销售支持和其他功能系统上的资料,收集顾客有关的营运资料而加以有效管理。

(2) 整合后勤(Integrated Logistics；IL)。是指管理来自供应商的实际产品流向,包括产品规划、取得和库存管理。

(3) 金融和会计管理(Financial and Accounting Management；FAM)。指通过金融中介管理供应商和顾客的金融流程。

(4) 供应链工作流程管理(Workflow Management；WM)。也被称为供应链的协调性,活动的协调性和供应链关系的管理可以视为竞争优势的来源,也可以带给顾客额外的价值。供应链的工作流程主要由物流、商流、信息流和资金流四方面的内容组成。

(三) 传统供应链管理与电子商务供应链管理的比较

电子商务环境下,企业拥有由供应商、销售商和分销商组成的网络,需要迅速而高效地发布信息并建立双向联系。而这些工作都可以通过使用下列工具在网络上完成,自定义外围网址、网络服务器、集群软件(电子邮件集成的共用软件)(见表8.1所示)。

表 8.1　传统供应链与电子商务供应链的对比

	传 统 供 应 链	电 子 商 务 供 应 链
网　　络	有针对	可以共享资源的全球化的网络
资　　源	在公司内部可以共享资源,但费用高昂。企业以外的情况则非常复杂,不易控制。个性化的网络。	有需要的话,只要经过授权,就可以随时随地获取信息。
管　　理	只适用于公司内部的员工,外部员工加入时有很大困难而且需要传统模式的管理。	全球范围内的公司之间的员工可以加入,并安全而迅速离开,易于实行统一管理。

通过使用以电子商务为基础的 SCM 解决方案，企业可以做到：

（1）减少库存需求并降低成本，使得包括流通货物库存在内的所有库存得到控制。

（2）保持足够的存货来提高客户的满意度，确保品种齐全，提供新的、符合市场走向和变化的产品，捕捉每一个商业机会。

（3）通过优化数据集成、减少订单条目错误、减少重复工作和提高无线通讯效率，可以提高生产率，提高产品竞争力。

（4）通过信息共享，将市场需求变化的风险降到最低。

（5）缩短全过程所需的时间。

（6）改善现金收支情况。

（7）提高企业的研发能力，不断地创造新的市场价值。

三、供应链管理的规划

供应链管理的流程应该包括规划、执行和效能测量三个过程，其目的就是满足流程最佳化的需求。

（一）规划系统

规划系统的重点摆在适时、适地和正确地采购产品。这些系统从顾客那里订单和收集资料后，在整个供应链中下订单、取得原材料并完成最终的流程。这当中要了解顾客需要什么、何时需要、要把货品送往何处，而这些都是成功管理供应链的基本要素。如果在零售终端机收集了销售点（POS）的资料，真正的需求就可明显地在整个供应链的过程里传达出来，零售商可以明白告知分销商、制造商、原料供货商和交通运输提供商关于顾客的需求。

这些年来，具备预知需求和补货能力的规划系统，已经慢慢远离"推"产品的模式而变成"拉"产品的市场。消费需求可以将订购的活动往供应链的上游移动而到达原料供货商，然后再促使产品的活动往下游的零售商移动。

为了完成"拉"为主的模式，规划系统必须做到以下三个目标：

（1）有效收集消费者需求的资料；

（2）能够处理需求的波动；

（3）使用顾客需求资料完成库存投资规划，这包括了安全库存、库存变化和补货的频率。

（二）执行系统

通过供应链，执行系统可以帮助处理产品和服务的真正行动。以往在这方面的看法包括应用程序为主的系统，比如（顾客）订单完成，库存管理和制造以及后勤。执行系统注重作业效率，需要找到新的方法将每天企业的作业合理化和自动化，借此来降低成本与增加生产力。改善营运效率首先就是提升商业应用程序，使其成为整个企业都可以使用的单一、整合系统。企业在供应链的过程中就可以有效调度产品。跨功能部门整合的需求已经成为计算机系统的主要目标，企业发现整合功能的最佳化比局部功能的最佳化更能发挥效果。比如，极大化生产能力的目标通常和极小化库存相背离，企业不得不在顾客服务、库存和制造成本上作妥协，才能得到最理想的员工、设备和原料供应。因此，利用系统将完成订单、获得原料、制造和配销管理整合在一起时，就能提高供应链的协调一致性。

（三）效能测量系统

效能测量流程可以追踪供应链的健全与否。为了作出明智的决定和快速响应市场瞬息万变的情况，这种测量是必须的。会计和财务管理系统是讨论的重点，应用程序使用类似电子商务的数据仓库工具软件来进行有效的资料审查和分析。效能测量的另一特色就是改用 Web 为主的代理人程序的互动分析。企业每位成员对于优先处理的顺序有不同的看法，代理程序可以让用户自行决定标准。比如，会计人员可能想知道不合乎流程的交易，业务员可能想知道卖得最好的产品，物料规划员则需要早期的库存警告，而采购员则需要知道符合采购订单的发票是否办好和是否可以进行采购的通知。代理程序可以更为主动地帮助管理者监控他们的商业运作，并立即响应主要的商业事件。

第五节 客户关系管理

1990年代后期因特网应用的迅猛发展激励了CRM的进一步发展,日趋成熟的电子商务应用平台为CRM解决方案提供了进一步的服务能力,基于因特网的CRM为企业提供了更加成功的信息管理模式。

一、客户关系管理原理
(一) 客户关系管理的概念
1. 客户关系管理

客户关系管理(Customer Relationship Management;CRM)是企业与客户或消费者建立并保持关系的过程,是确定、吸引、区分和留住客户的系列过程,不仅限于听取客户呼声或提供更好的产品和服务,还意味着整合公司整个供应链,以增加收益或者降低成本。

计算机技术的发展加快了CRM进程,各种信息的汇总更加容易和规范,Cookie、网络日志文件、条形码扫描仪及其他工具能帮助收集客户行为和特点的信息。数据库和数据仓库存储并发送这些数据,使员工可以开发营销组合,更好地适应个性化需求。

客户关系管理在国外的发展至少已有十几年的历史。自动销售系统(Sales Force Automation;SFA)和电话计算机集成(Computer Telephony Integration;CTI)最早开始为国际上的企业广泛采用。最初的CRM应用在20世纪90年代初投入使用,它们是独立的解决方案,如销售队伍自动化(SFA)和客户服务与支持(CSS)。这些基于部门的解决方案增强了特定的商务过程,但却未能为企业提供其与个体客户间关系的完整视图。因此CRM软件制造商在1990年代中期把独立的应用组合到整合交叉功能的CRM解决方案中。该方案把内部数据和处理(如引导生成)、销售跟踪、国外市场和客户服务请求融合到一个单一的运作系统中。

2. 客户关系管理价值链

客户关系管理是对一系列对客户关系管理的过程以及辅导过程的集合,其核心是客户价值。客户关系的价值链将客户关系管理系统分解为与战略性相关的各种活动如分析客户、了解客户、发展关系网络、创造和传递客户价值、管理客户关系以及对其有支持作用的各种活动。

(二) 客户关系管理的程序

CRM首先要进行调查研究以获取帮助确定当前和潜在客户的意见。第二步是运用信息区分个体客户,特别要注意区分价值含量高和含量低的客户。最后,将符合单个客户需求的营销组合客户化。

1. 确定客户

企业经营的各个环节会产生各种信息,汇总信息是客户关系管理的基础。信息的来源可以通过各种个人和自动的渠道,比如销售人员、客户服务人员、零售商的条形码扫描仪以及网站活动收集。企业还可以通过个人公开或自动跟踪系统获得潜在客户、企业客户以及最终消费者的信息。信息技术使企业能直接获取细节性个人信息,条形码扫描可以确定顾客的购买行为信息,Cookie则可以跟踪用户访问网站的细节并加以分析。

2. 识别客户的价值

不同的客户在消费方面表现出不同的倾向,在消费价值方面的反应也是不同的,并非所有的客户对企业都有同等价值。对客户的价值分析关键是定义客户的终生价值(LTV),也即新客户给企业未来带来的期望净现值。

3. 客户化营销组合

一旦企业根据特点、行为、需求或价值确定了潜在客户并区分出不同客户,就可以考虑为各种群体或个体客户量身打造一套营销组合了。客户化(Customization)贯穿于营销组合的各个部分,而并不仅限于产品供应上。

4. 互动交流

与客户的互动交流使公司收集到确定和区分客户必要的数据，并能持续不断地评价最终客户化结果的有效性，也就是所谓的"学习关系"。客户与企业的这种"学习关系"通过一次次的互动交流会变得越来越默契，并可以领悟到细致入微的个人需求和品味，为企业带来增加的人心份额，为客户带来平和的心态。

二、客户关系管理系统

（一）客户关系管理系统概念

客户关系管理系统是一套基于大型数据仓库的客户资料分析系统，通过先进的数据仓库技术和数据挖掘技术，分析现有客户和潜在客户相关的需求、模式、机会、风险和成本，从而最大限度地赢得企业整体经济效益；通过建立大型的数据仓库，对积聚的大量企业数据进行综合分析，识别在市场竞争中最有利可图的客户群，确定目标市场，将客户通过多种指标进行分类，利用现代信息技术手段，针对不同的客户，实施不同的策略，在企业与客户之间建立一种数字的、实时的、互动的交流管理系统，为目标客户群提供一对一式的、符合客户心理的服务。传统商务活动模式下，客户关系管理直接向企业管理、技术和销售人员提供有关市场、产品、技术的信息和新知识，再由企业管理人员、技术人员和销售人员利用这些信息和知识进行相应的商务活动或技术研究活动。

（二）客户关系管理系统的构成

客户关系管理系统主要涉及四个方面内容：一是面向客户实现与客户互动的客户合作管理模块；其次是营销管理、销售事务、客户服务三部分业务操作管理模块；三是对 ERP、供应链和网络技术进行信息集成的信息技术模块；四是利用信息技术工具对上述内容积累下来的信息进行加工处理的客户分析管理模块，是 CRM 系统的主要功能模块（见图 8.6 所示）。

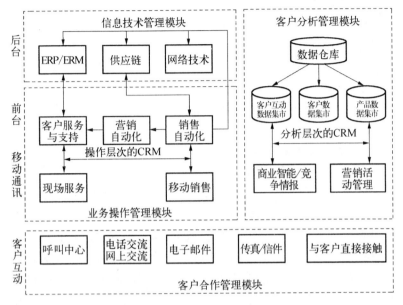

图 8.6 客户关系管理系统架构

1. 客户合作管理模块

客户关系管理系统的重要功能之一在于建立企业和客户的及时沟通与交流的联系渠道,是企业进行客户管理的基础。作为商用服务软件,基于多渠道结合、统一消息的 CRM 产品已成为国际的主流。

(1) Web 方式。通过网站,向客户传递声音、图片等多媒体信息,三维效果有助于客户与企业的全面沟通。另外,通过网络可以进行文本信息交流、利用网络电话进行口头交流。这种基于 Web 的各种联系方式的最独特之处就是交流的全球性,交流可以无时不在、无处不在和低廉的交流费用。

(2) E-mail 方式。电子邮件也可以认为是一种 Web 方式,由于其高效率、低成本以及使用的普遍性。但很多企业会在几天甚至更长的时间后回复用户的电子邮件,有些甚至根本不回复,而且不回复客户邮件的现象还有上升的趋势,这影响了 E-mail 作为一种与客户沟通的方式。

(3) 传统方式。传统的联系方式目前还是占主要地位,像电话、传真、信件、商店里的 POS 机(Point of Sale,销售点终端)。POS 系统(由终端设备、网络设备、主机及辅助设备等部分组成)甚至面对面的接触,都是企业获取客户信息的重要渠道。

(4) 呼叫中心。呼叫中心是集电话、传真机、计算机等通信、办公设备于一体的交互式增值业务系统。它既包括普通的人工坐席,也包括一些自动语音设备,语音信箱等成员。这些成员通过网络实现相互间的通信,并共享网络上的资源。用户可以通过电话接入、传真接入、Modem 拨号接入和访问因特网等多种方式接入系统,在系统自动语音导航或人工坐席帮助下访问系统的数据库,获取各种咨询服务信息或完成相应的事务处理。

2. 客户关系管理的业务操作模块

客户关系管理的业务操作模块是企业经营的主要业务系统,属于业务操作层次,具体包括:

(1) 营销自动化。传统的数据库营销是静态的,经常需要好几个月时间才能对一次市场营销战役的结果作出一个分析统计表格,许多重要的商业机遇经常在此期间失去。新一代的营销管理软件是建立在多个营销数据库交叉的基础上,能够对客户的活动及时作出反应,因而能够更好地抓住各种商业机遇。

营销自动化系统一般都是可分析的,它需要同企业数据仓库结构和决策支持工具的集成。它的数据仓库特性和 MA 系统两层或 N 层结构的特点,使得它一般限制在供少量用户使用的企业或校园中使用。销售系统采用在线交易处理(OLTP),并且经常使用 N 层结构,因为它们要服务更具有分布式特性并且具有更强的同步化/复制需求的大规模用户群体。

(2) 销售过程自动化。这是客户关系管理中增长最快的一个领域,它的关键功能包括领导/账户管理、合同管理、定额管理、销售预测、赢利/损失分析以及销售管理等。销售过程自动化是客户关系管理中最困难的一个过程。这不仅是因为它的动态性(不断变化的销售模型、地理位置、产品配置等),而且也因为销售部门的观念阻碍了销售过程的自动化。销售部门一般习惯于自己的一套运行方式,往往会抵制外部强制性的变化。实现销售过程自动化要特别注意以下四个方面:

① 目标客户的产生和跟踪;

② 订单管理;

③ 订单完成;

④ 营销和客户服务功能的集成。

(3) 客户服务。主要集中在售后活动上,有时也提供一些售前信息,如产品广告等。售后活动主要发生在面向企业总部办公室的呼叫中心,但是面向市场的服务(一般由驻外的客户服务人员完成)也是售后服务的一部分。产品技术支持一般是客户服务最重要的功能,提供技术支持的客户服务代表需要与驻外的服务人员(必须共享/复制客户交互操作数据)和销售力量合作。总部客户服务与驻外服务机构的合作以及客户交互操作数据的统一使用是现代客户关系管理的一个重要特点。

3. 信息技术管理模块

这个模块中的技术性组成系统都是后台操作的,包括 ERP、供应链及网络系统等,分别在其他章节中进行介绍。

4. 客户分析管理模块

客户分析是企业依赖客户信息进行客户管理的基本内容,比如在客户关系管理系统中,客户分析是其中一个重要的组成部分,是完成客户信息收集、处理与分析利用的重要基础。客户分析模型见图 8.7 所示。

(1) 客户行为分析。客户的行为可以分为整体行为分析和群体行为分析。整体行为分析用来发现企业所有客户的行为规律。行为分组是按照客户不同种类的行为,将客户划分成不同的群体。通过

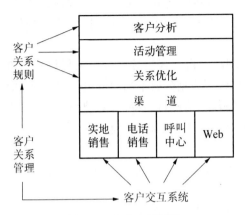

图 8.7 客户分析模型

行为分组,企业可以更好地理解客户,发现群体客户的行为规律。通过对客户的理解和客户行为规律的发现,企业可以制订相应的市场策略。同时,通过对不同客户的群组之间的交叉分析,可以使企业发现客户群体间的变化规律。

客户在接受服务时通常会进行基本情况的登记,登记内容主要是客户姓名、职业、文化程度、爱好和收入一类的问题。这些问题看起来平常,却是了解客户情况的原始资料。分析人员可以对数据库中大量的客户基本资料进行分析。

① 对客户的层次、风险、爱好、习惯等进行分析;

② 客户忠诚度分析(Persistency)包括客户对某个产品或商业机构的忠实程度、持久性、变动情况等;

③ 客户利润分析(Profitability)包括不同客户所消费的产品的边缘利润、总利润额、净利润等;

④ 客户性能分析(Performance)包括不同客户所消费的产品按种类、渠道、销售地点等指标划分的销售额;

⑤ 客户未来分析(Prospecting)包括客户数量、类别等情况的未来发展趋势、争取客户的手段等;

⑥ 客户产品分析(Product)包括产品设计、关联性、供应链等;

⑦ 客户促销分析(Promotion)包括广告、宣传等促销活动的管理;

(2)客户理解分析。客户理解分析又可以称为群体特征分析。通过行为分组,将客户划分成不同的群组,这些群体客户在行为上有着许多共同的特征。这些行为特征,必须和已知的资料结合在一起,才能被企业所利用。因此,需要对这些不同的行为分组的特征进行分析。

(3)行为规律分析。这里主要是指发现群体客户的行为规律,它可以让我们了解:

① 客户拥有企业产品的种类;

② 客户购买的高峰时间;

③ 客户日常购买行为发生地点;

④ 通过对客户行为的分析,确定企业在市场活动的时间、地点与合作商等方面的信息。

(4)组间交叉分析。客户的组间交叉分析有着非常重要的作用。例如,有一些客户被分在了两个不同的行为分组中,且这两个分组对企业的价值相差较大,然而,这些客户在基本资料等其他方面数据却非常相似,这时,就要充分分析客户发生这种现象的原因,这就是组间交叉分析的重要内容。

(5)客户差异分析。客户差异分析主要是通过系统对客户的业务记录进行全面的分析,以确定哪些客户对企业的经验活动是有价值的,在今后的客户服务中应该将其放在重要的位置,进行客户分级,以便提供相应的服务。客户价值的认定可以根据与本企业的业务额、业务连续时间、在行业中的地位、销售发展水平等。客户分级可以根据企业的需要进行,划分的等级属于企业的业务机密,需要加以保密。

① 确定潜在客户。这些客户是近年来业务发展迅速、可能在行业中定位快速提供的,企业在未来的时间里将会与他们扩大业务规

模。这些客户应该建立专门的档案进行管理,必要时及时提升其客户服务等级。

② 确定发展客户。有些企业是行业中有一定定位的,但是目前还没有和本企业建立业务关系,应该确定一份名单,排出重要顺序,以便及时与他们发展关系。

③ 确定问题客户。有些客户在年度中反复要求提供客户服务,直接导致了企业成本的提高,如果是本企业产品和服务的原因,那么很可能会引起抱怨,假如得不到满意的对待,很可能造成客户的流失。某些客户将业务分散在不同业务伙伴处,随时准备更换业务对象,应该列为加强沟通的对象。

三、呼叫中心

呼叫中心是客户关系管理系统中的一个重要组成部分,是企业与外部客户进行互动的一个平台。

(一) 呼叫中心的出现

呼叫中心(Call Center)的雏形实际上在 1960 年代以前就已经出现,当时一些对人性化服务有较多需求的行业如跨国公司的全球客户服务中心、机票预订中心、客房预订中心等已经具有一定规模,可以在全球范围内及时地为客户提供即时服务。泛美航空公司(Pan American Airlines)是世界上最早建立并使用呼叫中心的公司之一,早在 1956 年即推出当时处于领先地位的 7×24 小时服务的呼叫中心,客户可以通过该呼叫中心进行机票预订。随后,AT&T 大幅降低对长途电话的收费并推出了第一个用于电话营销的呼出型呼叫中心,1967 年更推出了免费的 800 号码服务。IBM 紧接着推出了客户服务界面和非智能工作站,进一步促进了呼入型客户服务中心集中发展。此后,利用电话进行客户服务、市场营销、技术支持及其他一系列特定商业活动的概念逐渐被接受和采用。在电子商务时代,利用因特网整合的呼叫中心成为企业进行客户关系管理的重要工具。

(二) 呼叫中心的构成

1. 呼叫中心的结构

一个完整的呼叫中心解决方案通常由以下部分组成：智能网络(IN)、自动呼叫分配(ACD)、交互式语音应答(IVR)、计算机电话综合应用(CTI)、来话呼叫管理(ICM)、去话呼叫管理(OCM)、集成工作站、呼叫管理(CMS)、呼叫计费等。其中，智能网络(IN)、自动呼叫分配(ACD)、交互式语音应答(IVR)、计算机电话综合应用(CTI)这几个部分是呼叫中心的核心。

2. 智能网络

智能网络是呼叫中心依托的通信基础设施，它可以根据企业的需要制订不同的路由策略、提供 800 免费呼叫服务、支持虚拟专用网等。智能网络还可提供自动号码识别（ANI）和被叫号码识别（DNIS）功能。ANI 允许呼叫中心的业务代表在收到语音呼叫的同时，在屏幕上看到有关呼叫者的信息，加快呼叫处理过程；DNIS 则允许企业通过一组共用线路处理不同的免费呼叫号码(见图 8.8 所示)。

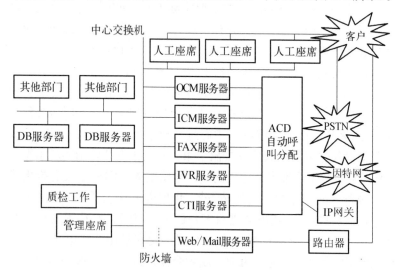

图 8.8 呼叫中心系统结构图

3. 自动呼叫分配

自动呼叫分配(ACD)系统性能的优劣直接影响到呼叫中心的效率和顾客的满意度。ACD成批地处理来话呼叫,并将这些来话按规定路由传送给具有类似职责或技能的各组业务代表。交互式语音应答(IVR)系统实际上是一个"自动的业务代表"。通过IVR系统,顾客可以利用音频按键电话或语音输入信息,从该系统中获得预先录制的数字或合成语音信息,当客户来电仅仅是查询或提出惯例问题的时候,IVR可以自动回复。先进的IVR系统甚至已具备了语音信箱、因特网和语音识别的能力。

计算机电话综合应用(CTI)技术可使电话与计算机系统实现信息共享,并允许根据呼叫者、呼叫原因、呼叫所处的时间段和呼叫中心的通话状况等来选择呼叫路由、启动功能和更新主机数据库。CTI技术在呼叫中心中的典型应用包括:屏幕弹出功能、协调的语音和数据传送功能、个性化的呼叫路由功能,如将呼叫者接通上一次为其服务的业务代表、预览功能、预拨功能。

4. 多媒体呼叫中心

随着电子商务的发展,传统的呼叫中心正在逐步演变为"下一代多媒体客户服务中心",以使得自身成为适应众多不同类型用户交流的中心。具备网络功能的多媒体呼叫中心,其性价比与其他销售渠道相比,都极具竞争力。多媒体客服中心有助于推动互助式销售服务的普及,其特点反映为:

① 多媒体客服中心能够充分利用人们的购买冲动;

② 多媒体客服中心能够进一步吸引更多的网民;

③ 多媒体客服中心迫使网络公司提高服务质量,否则将被淘汰;

④ 计算机无法取代销售人员的位置,多媒体客服中心恰恰弥补了这一不足;

⑤ 多媒体客服中心有助于提高客户服务的涵盖性和扩展能力;

⑥ 多媒体客服中心能够有效减少长途电话费用;

⑦ 多媒体客服中心能够有效提高话务效率；

⑧ 优质的客户服务有利于负载平衡。

另外，与传统的呼叫中心相比，多媒体客服中心在实际应用中同时增加了以下几项功能：

① E-mail 管理；

② 文字交谈/声音交谈；

③ 回叫键/Call－Me 键；

④ VoIP；

⑤ 网络自助服务解决方案；

⑥ 屏幕同步显示技术；

⑦ 网上呼叫接通；

⑧ 资料提示/浏览内容分析。

全方位客服中心在技术方面的复杂要求为新一类软件公司提供了无限商机。"Point"解决方案供应商，为全方位客服中心提供单个解决方案，如 VoIP、E-mail 和文本/声音交流。而对于很多企业而言，自身并不具备搭建、管理呼叫中心的资源和精力，将呼叫中心外包给专业公司，把精力放到自己的核心业务，这才是明智之举。同时，虚拟呼叫中心（VCC）也将成为另一种新的发展趋势。

【阅 读 链 接】

1. HC360 慧聪网交易市场 http://bjmmt.edu.hc360.com/sitemap/club/sitemap_1.htm

2. 全球最大的网上交易市场——阿里巴巴 http://china.alibaba.com

3. 中华人民共和国中央人民政府网 http://www.gov.cn

4. 环球供应链网 http://www.gscnet.com

5. 锦程物流网 http://www.jctrans.com

6. 中国政府采购网 http://www.ccgp.gov.cn

7. 中国供应链管理网　http://www.bestscm.com
8. 中国客户关系管理网　http://www.crmchina.com

【思　考　题】

1. 企业间电子商务主要指什么？具体包含哪些内容？有哪些作用？

2. 政府与企业间的电子商务主要包括哪些方面？

3. 企业的网络销售怎样实现？有什么特点？

4. 企业网络采购对企业有什么作用？企业网络采购的流程是怎样的？怎样进行企业在线招投标？

5. 企业的电子订货系统是什么？怎样运作？

6. 为什么要采用企业网络集中交易平台？又是怎样运作的？

7. 政府的网络采购是怎样进行的？有什么好处？

8. EDI 的工作程序是怎样的？为什么要采用 EDI 标准？

9. 基于因特网的 EDI 应用有哪些形式？都有什么特征？

10. 什么是物流？有哪些功能？电子商务为什么必须依靠物流的支持？

11. 什么是第三方物流？采用第三方物流的意义是什么？

12. 电子商务环境下的物流有什么特点？采用哪些技术？

13. 如何区分供应链和供应链管理？供应链管理的目标是什么？

14. 电子商务供应链有什么特征？具体内容是什么？与传统供应链有什么区别？

15. 如何进行供应链规划？

16. 什么是客户关系管理？工作程序是怎样的？

17. 客户关系管理系统包括哪些模块？各模块是怎样运作的？

18. 什么是呼叫中心？工作原理是怎样的？下一代呼叫中心有什么特点？

【案 例 分 析 题】

1. 烟草生产与销售是个特殊的行业,由于我国实行的是烟草专卖制度,整个管理体制自上而下设置,从国家烟草专卖局到省局、再到(地)市局、再到县局,最后到农村一级的销售网点,烟草销售体现的是"垂直管理、专营专卖"特点。多年的计划经济和专卖体制,以及信息化程度不高的管理手段,使得烟草的生产和销售面临着如下问题:

(1) 卷烟销售信息反馈慢、信息失真现象严重。

(2) 超产时有发生,限产压库难度大,造成商业环节卷烟库存增加,销售难度加大,企业在市场竞争中难以实现优胜劣汰和资源的优化配置。

(3) 烟草专卖局对烟草销售的调控能力需要加强,同时需要更准确地把握市场变化的规律。

为了迅速提高数据分析能力,为经营决策提供更有力的支持是众多企业管理者的呼声。为此有必要在原有的生产业务系统基础上,构建一个"烟草业数据仓库系统",以及构筑在其上的商务智能,来管理和合理利用信息。

试从客户、生产、销售、库存、决策等几个功能模块着手,设计各功能的具体分析体系。

2. 成立于 1998 年的中国出口商品网(www. chinaproducts. com. cn)是一个专业的 B to B 的外贸门户网站,拥有世界最大的中国出口商品数据库,包括超过 25 万家中国企业和超过 100 万种不同的出口商品,并在国内首家提出"外贸电子商务一站式"概念,提供进出口交易、电子单据、电子报关和网上结算的一条龙整合服务。

访问中国出口商品网,分析网站的主要功能,以及网站为提高用户的成交率采取的措施,然后写 300 字的报告。

3. PPG 是一家位于上海的网络及目录服装销售公司,被称为

"轻公司"的典型代表——除产品设计、仓储和市场推广由 PPG 负责外,一切可以外包的环节 PPG 都选择了外包。除了将上游环节外包出去,PPG 只是开发出一套企业信息管理系统,将上游的采购、生产与下游的仓储、物流、发送都用 IT 系统互联互通,使信息在这个闭环的供应链里得以快速流转。为了让供应链上的所有信息快速有效地连接,PPG 在建立之初,便致力于建立一个强大的 IT 网络平台——将前端的呼叫中心和后台的采购、设计、仓库管理等系统连接在一起。如此一来,从采购到发货的所有流程,都可以通过系统看得一清二楚。将 PPG 变成一个"数据库",使得供应链能够快速运转。同时,市场部门也能够看到从订货量到采购、发货等的一切信息,对订单进行动态调整。在今天看来,PPG 采用近乎冒险的营销模式为它提供了迅速切入市场的机会。PPG 不开设任何一家线下的门店,只通过邮购目录和网络直销衬衫。PPG 的"轻",除了体现在生产链条,还体现在渠道上。和传统服装企业的渠道相比,PPG 的轻型渠道可以省去大量的库存成本。以网络和呼叫中心直销的模式却无需在线下的门店铺货,势必减少了 PPG 的库存风险,而库存的减少也被 PPG 精明地用来构建自己的特殊优势。为了实现全数字化管理,PPG 拥有一个庞大的信息数据后台,对所有原始数据进行了保存,并且,它的数据拥有一套模板,除了客户的姓名、年龄,还有联络方式以及历史购买记录等。通过这些客户记录,PPG 可以相对准确地分析哪些产品会在未来成为销售热点,如何投放更多的营销资源。请针对 PPG 的供应链管理案例分析其快速运营机制,写 500 字的报告。

第九章　网　络　营　销

电子商务环境下的营销活动并不等于把传统的营销模式搬到因特网上,而是要在生产商、分销商和顾客之间建立一种互动关系。网络营销是传统营销发展到信息时代的升华,改变了营销关系、营销基础、营销手段和营销模式,从理论到实践均发生了根本性的改变。网络为企业带来了新的机会,为用户创造了新的价值,同时也对商业组织带来了新的威胁。要在网络时代取得营销主动,建立市场地位,意味着必须构造企业的营销框架。

第一节　网络营销概述

市场营销是在动态的全球环境中进行的,几乎是每隔 10 年,市场营销经理就需要重新考虑其市场营销目标和实践。因特网时代的营销规则无疑将被改写,传统营销理论将产生一场革命。

一、网络营销理论
(一) 网络营销的概念
1. 网络营销的概念

有关电子商务环境下的营销,国外有人称之为 Digital Marketing、Cyber Marketing、Web Marketing、Net Marketing、Online Marketing、E-Marketing 或者 Internet Marketing,国内现在比较常见的是"网络营销"、"电子营销"和"互联网营销"。不管名称如何,其内涵应该是一致的。

美国的拉菲·穆罕默德、罗伯特·费雪、伯纳德·贾瓦斯基和艾琳·卡希尔在他们的《网络营销》(*Internet Marketing*)中引用《营销术语词典》(*Dictionary of Marketing Terms*)的定义是这样的：Internet Marketing 是一种建立和维持通过在线行为促进创意、产品和服务的交易并获得交易双方满意的顾客关系的过程。

美国的朱迪·斯特劳斯、阿德尔·埃尔-安萨特和雷蒙德·弗罗斯特等在《网络营销》(*E-Marketing*)一书中认为："所谓网络营销，是指利用信息技术去创造、宣传、传递客户价值，并且对客户关系进行管理，目的是为企业和各种相关利益者创造收益。"

电子商务活动目前已经认可是通过因特网发生的一切商业活动的总和，集中在通过网络(在线)行为发生的营销活动都应该符合这个范畴。网络营销提高了传统营销工作的效率，也改变了企业的营销战略。正是由于这些变化，企业开发出了全新的经营模式，也提高了企业的盈利能力。

2. 网络营销关系

电子商务环境下的营销对传统的大众营销而言，实现了"一对一"营销。佩普尔和罗杰斯在他们的著作《一对一的未来》(*The One-to-One Future*，1993)和《一对一的企业》(*The One-to-One Enterprise*，1996)中，对大众市场营销向一对一的网络营销的演变进行了对比(见表 9.1 所示)。

表 9.1 大众市场营销与一对一网络营销的对比

大众化市场营销	一对一市场营销
一般消费者	个体消费者
情况不具体的顾客群	个人情况可知的顾客
标准化市场开发方式	针对性的市场开发方式
大量生产	针对性的生产

续　表

大众化市场营销	一对一市场营销
大众化分销	个人化分销
大众化宣传	个人化信息
大众化促销手段	个人化的促销活动
单向交流	双向交流
规模经济效益	范围经济效益
市场占有份额	顾客占有份额
所有顾客	有价值的顾客
吸引顾客	保留顾客

3. 网络营销的参与者

因特网上的商务活动参与者有网站经营者、生产商、政府和个人。与传统营销活动不同的是,网上商务活动的参与者几乎都具备两种身份:商品与服务的提供者和接受者。

（1）网站经营者。网站经营者有多种形式,有的是纯粹的因特网接入提供者(ISP),即为网络使用者提供上网服务。有的专门为上网者提供服务平台,即充当"门户"角色,Yahoo!、搜狐、新浪、网易以及许许多多网站都充当这种角色,他们可以为上网者提供信息、搜索、电子邮件、邮件列表等服务,也可以充当电子商务的服务平台。还有的就是专业网站经营者了,他们直接从事在线交易服务,如Amazon.com、Dell、eBay等,他们经营着网上的"虚拟商店",成为因特网上最主要的商务活动提供者。

（2）生产商。这里泛指所有传统的商品生产厂商和专业服务提供者。前者在网上开辟经营窗口,以方便进行网上的直接销售业务,或者通过网络广泛的信息渠道向业务下游用户提供产品,也可以通过网络信息进行生产原材料的订购,以节省成本。这一类生产商将成为 B to B 业务的主角,是今后电子商务发展的方向。

(3)政府。政府在电子商务活动中站到了第一线。通过网络,政府可以方便地向公众快速地发布政府公告,可以接受社会的咨询,甚至可以在网上行使政府的一些职能,如进行签证等。政府可以通过网络快速地获知公众的信息,利用数据库或者组织网上调查活动。政府也可以在网上进行政府采购活动,可以大幅度降低财政开支。

(4)个人。个人从来没有像网络时代这样成为交易活动的主角,在网络虚拟社会中,任何参与者都是平等的,个人完全可以充当交易的主角。个人通过网络可以充分掌握信息,使交易活动的成本降至最低程度。个人不但接受网络服务,还可以提供网络服务。eBay 就是一个典型,个人可以在网上发布产品或服务信息,成为网络交易的提供者。这在传统营销中是绝对不可能的。

4. 网络营销的特点

网络经济最根本的一点就是实现了以顾客需求为中心。在一对一的网络营销中,营销者完全可以针对顾客的实际情况实行订制的营销方案,从而建立起完全的以客户为中心的营销体系。

(1)直接营销。传统的无店铺销售奠定了直接营销(Direct Marketing)的基础,网络营销显然也是一种直接营销,利用虚拟市场进行网上商务活动,而传统的中间商可能会失去市场,整个营销过程趋向扁平化,传统的中间渠道意义极大地被削弱,营销者和顾客在网上进行直接的沟通来促进交易的成功。

(2)虚拟营销。顾客不用知道公司在什么地方,无论在哪里,接收信息都是同样方便。虚拟化的"商场"不受规模的影响,"逛商场"根本不用离家一步。

(3)互动营销。即把顾客整合进营销过程来,顾客可以参与广泛的交流活动,定制自己需要的产品和服务,营销者则收集顾客信息来满足独特的需求,提供个性化服务。

(4)个性化营销。网络营销针对的是"小众市场",可以按个别顾客的需求来定制服务内容,这和传统营销的大众化有明显区别。

(5) 注意力营销。在因特网上,信息量是不断扩大的,而浏览者的注意力才是在网络经济中稀缺的一部分。本质上来说,对注意力的争夺也就成了网上营销的一个关键。吸引对网站的注意力是开展网上营销的前提之一。

二、网络市场细分与目标市场
(一) 网络市场细分

市场细分的基本要素是与产品有关的人口统计、地理位置、心理因素和行为因素。由于市场覆盖的问题,细分市场会呈现出一定的特征,网络市场是一个微观营销范畴,个性化营销手段普遍应用,其细分市场应该反映此特点。

1. 按照人口指标细分

网络人口规模是网络营销发展的基础,是推动网络经济发展的动力。当网络人口发展到足够多的时候,研究者们开始探讨网络群体的经济利益,网络社区开始为人们关注,这促使了因特网的私有化,促进了网络经济的诞生。网络市场细分可以根据网络人口规模、网络人口年龄构成、网络用户的性别构成、网络用户的种族构成等指标进行。

2. 按照地理的细分

尽管地理位置在网络营销中的重视不如传统营销,但对网络组织而言却尤其重要。另外,网络用户的分布有典型的地域特征,对网络商业的结构建设具有重要的影响。重视区域市场的营销组织会在地区市场建立营销机构,以针对性地服务细分市场。如雅虎在中国设立了中国总部,接着 Google.com 也来了。在搜狐、新浪、网易等门户网站上可以找到所谓的地区频道。网络营销中地理细分因素仍然是重要的。

3. 按照心理因素的细分

消费者的心理因素包括个性、价值观、生活方式、活动、兴趣与观点(AIO)等。个性特征反映为以自我为中心以及以他人为中心的生活习惯;价值观是一些坚定的信仰,如宗教、崇拜等。心理方面的生活方式和活动是与产品无关的行为,但是态度和行为两者存在差异。网络环境下,人口统计的资料往往无助于解决考察用户的购买行为,这在很大程度上取决于消费者对技术的态度。具体可以从网络消费者的群体特征、文化程度、收入水平、职业形态细分等角度进行。

4. 按照网络消费形态的细分

这是网络消费者在消费时所体现出来的态度,可以从网络用户接收信息类型、网络用户上网目的等方面来分析。

(二) 网络营销的目标市场策略

并非所有的企业都适应电子商务,也并非所有的企业都会以同样的方式介入电子商务,进行网上营销活动。不同的企业,由于企业目标的差异,涉及电子商务的形式会不同。企业目前在电子商务领域的模式创新日新月异,很难为企业的电子商务规定一种固定的模式。不同的电子商务交易模式对于网络营销的要求不同,有不同的网络营销模式(见表9.2所示)。

表9.2 WWW 的商业性利用一览表

内　　容	百分比(%)	内　　容	百分比(%)
收集信息	77	提供客户服务	38
同其他伙伴协作	54	发布信息	33
提供卖方支持	50	购买产品/服务	23
调研竞争对手	46	出售产品/服务	13
进行内部信息交流	44		

资料来源:CommerceNet/A. C.

由于我国的经济环境还不理想,因特网的应用还处在较低水平,采用网络营销必须事先进行严密的调研、论证,然后作出决策。

1. 企业进行网络营销的条件

企业的经营者是否已经从传统商业的观念上转变过来? 网络营销将完全不同于传统营销,所有过去的法则将会失去用处,一般人需要逐渐改变行为和思维方式:

(1) 是否对电子商务的前景有正确的了解。电子商务将会在未来成为商业的主流,但是目前这种前景仍然属于展望,现实中电子商务的获利机会显然还没有超过传统商业,像部分中、小零售商业目前就不适宜进入电子商务。

(2) 企业的客户是否已经或准备进入电子商务,否则会影响电子商务的运用效率。

(3) 企业是否能够承担电子商务初级阶段的成本。在开始阶段,电子商务是非常花钱的,购置设备、运行维护、安全保障等等都需要很大的开销。而在电子商务没有达到一定规模时,"收入"是微乎其微的,"亏损"可能会在报表上出现。

(4) 企业是否已经解决网上支付问题。

(5) 企业能否应付电子商务要求的大批量、高时效的商品配送。

(6) 电子商务的安全问题是否得到了妥善的解决。

2. 企业进行网络营销的定位

企业进入电子商务领域不可能从事所有希望的业务,必须有选择地进入合适的细分市场。企业应该从自身的条件出发,来确定自己的目标位置,进行网络营销。

(1) 网上宣传企业形象。与传统经营相比,因特网提供了一个高效率的媒体,突破了传统媒体的受众限制,可以自由地传播到世界各地。网络传播信息可以随企业的发展不断实时进行更新,应用虚拟现实等多媒体手段吸引受众并与访问者实行双向交流,及时有效地进行传递。

(2) 网上市场调查。进行市场营销必须拥有第一手的信息,从中发现消费者的需求动向,从而为企业细分市场提供依据,是企业开展市场营销的必要条件。因特网是一个信息网,网上的信息交流为企业开展网上市场调研提供了条件。网上市场调研是高效而低成本的,同时还能起到扩大网站和企业知名度的作用。

（3）网络销售。部分有条件的企业可以直接在网上从事销售活动,最大限度地免除中间商的盘剥,降低销售成本。网上进行的零售活动主要针对个人消费者,企业间的网络销售活动主要表现为采购。网络销售为企业参与市场竞争创造了机遇,也是企业保持在激烈市场竞争中领先的保证。

（4）网络服务。对于生产型企业,围绕着产品销售前、销售中和销售后的大量服务牵制了企业的大量时间、精力和财力,相当多的企业疲于应付产品服务。采取网络导航式是节省企业与用户双方时间和精力的好方法,可以使企业的营销目标得以达成,获得竞争主动。

（5）网络传播和沟通。广告、公共关系、促销等传播活动是网络营销的重点。网络广告已经成为第五媒体,其作用毋庸置疑。网络促销自有传统促销意想不到的功能,而网络公共关系在沟通方面具有独特的功效。

第二节　网络产品和价格策略

一、网络产品策略
（一）网络产品的性质

产品是能够提供给市场以满足需求与欲望的任何东西。传统营销理论中的产品概念包含核心产品、基础产品、期望产品、附加产品和潜在产品五种形式,但是总体上说,产品以有形产品和无形产品两种形态存在。网络市场的功能无疑是为了满足现实生活中的人们的需求的,网络用户需要各种形态的有形产品来满足生活需求,同时也需要各种无形产品来满足其他的需求。

网络时代扩展的产品概念是指满足组织和消费者需求并且他们愿意以货币或其他具有价值的物品与之交换的众多利益,具体可以包括有形产品和无形产品。其中无形产品指服务、构思和创意、人、场所等。无形产品中有些并不是直接提供给消费者,消费者也并不真正需要,但是可以通过此无形产品实现产品增值。如因特网、浏览器、搜索引擎等网络工具并非是消费者实际所拥有的,但是消费者实际需要的产品可以借助其技术得以实现,网络购物节约了用户的时间、金钱和精力,网络服务则必须借助网络渠道来实现等。根据顾客让渡价值理论,顾客所获得的利益总和与支付的成本差额应该极大化。

(二) 网络产品的组合

网络产品很多属于传统产品的附加或补充,网络营销在很大程度上为了更好地销售企业已有的产品。网络营销的创新性可以促使企业开发纯网络型产品,但是合理组合网络与非网络产品的策略更值得企业推广。

1. 创新产品

这是过去从没有出现过的全新产品,网站开发软件、Modem、浏览器、搜索引擎,甚至网络交易的模式创新,都应该属于此范畴。网络世界适宜创新的机会是不间断的,在网络开发新的商业机会成为企业在因特网领域生存的法则。

2. 新产品系列

在企业现有产品的基础上开发出的新产品,由于社会上已经有同类产品,不能算作创新。如微软开发出 Internet Explorer 对于微软是新产品系列,但是 Natscape 的 Navigator 已经问世在先。同样 Yahoo! 是创新,sohu 则不能算创新。

3. 现有产品系列的扩展

通常是指企业在原有的产品上进行的衍生开发。很多企业在传统领域已经发展了成功的产品系列,增加网上服务功能就相当于对现有产品系列进行了扩展。如银行进军网络业务、旅游公司涉足网络旅游业务等。

4. 对现有产品进行修正和改进

在原有的产品和服务基础上不断进行改进和修正,增加功能,甚至替代老产品。网络产品往往在不断升级,性能得到改进,更加吸引用户。如网络游戏的版本不断提高,功能增强,对用户的吸引力不断提高。杀毒软件的升级是最快的了,几乎一个星期就必须升级成新的版本。

5. 再定位产品

根据市场需求对原有产品进行调整,这在网络产品领域特别普遍,毕竟网络市场是个不成熟的市场,消费需求定位尚未完全定型,需要与时俱进。Yahoo! 一开始是纯粹的搜索引擎,现在已经是完全的门户网站。携程网开始时希望做网络旅游业务平台,但是现在票务和酒店预订业务成为利润主体。

6. 低成本跟进产品

因特网上的很多产品都是依靠低价位、低成本策略加入竞争的,它们不是创新者,没有承担创新的高成本。为了获取竞争主动,免费策略是网络产品竞争常用的,而传统市场根本不适应免费策略。数字产品最适合使用免费策略,微软的 Internet Explorer 是采取免费策略跟进的典型,并且后来居上。

二、网络品牌策略

商业过程和品牌管理已经转移到了因特网上,因特网已经成为一个新的竞争热点、一种更直接与顾客建立联系的渠道。为在网络媒体上建立一个有效的、有保证的品牌是十分迫切的。对传统零售业,成功的条件是地段、地段、地段;而对网络零售业而言则是品牌、品牌、品牌。为了树立第一品牌的地位,Amazon. com 早在 1998 年即已斥资 5 000 万美元进行品牌营销。Amazon. com 每赚一美元,便有 0. 36 美元用于广告,而传统企业仅用 0. 04 美元。

(一) 网络品牌构成

品牌特征是词语、形象、思想和相关事物组成的框架,这个框架的具体表现,就构成了品牌的整体。在电子商务领域,品牌同样可以由品牌名称、品牌图案和品牌附属内容构成。这里的品牌名称就是域名或者是域名的主要部分,如 yahoo. com、ibm. com、att. com、 msn. com 等。网络品牌名称可以和传统品牌名称一致,但是很多企业的传统品牌比较复杂而不利于在网上表现,因此网络品牌就使用了新的形式,如 AT&T 在网上就变成了 att. com。还有的纯粹是网上企业或者是企业开设的独立的网上公司,他们的网络品牌就比较独特了,如 Compaq 开设的 AltaVista,还有 eBay、CDNow 等。为了在电子商务环境里建立企业的竞争优势,网上公司无不费尽心机,力图创立强有力的品牌。

作为网络品牌的附属构成部分,还有网站的设计、风格、内容等要素。成功的网站往往已经形成固定的、成功的设计,并且风格独特。用户发现 Amazon. com 和其他购物网站的区别,而 eBay. com 和 eachnet. com 的风格原来有较大的差异,但是两家合作后现在已经是统一的 eBay. com 风格了,这让本来风格不突出的 taobao. com 获得了好处。内容是非常难以模仿的,这可能是很多网络品牌吸引用户的关键,虽然没有显著的标志,但确实对网络品牌有着影响。

(二) 网络品牌的创建

1. 品牌差异化

品牌差异是成功品牌的关键,决定了品牌所具有的独特个性。网络世界是信息的海洋,拥有独特网络品牌是竞争制胜的关键。

(1) 网络品牌命名。在传统领域声名显赫的企业往往可以直接借用原有的品牌,原有品牌由于各种原因不便直接使用的话,可以考虑使用简捷的缩写,如 Merrill Lynch[美林证券公司(www. ml. com)]、惠普公司(www. hp. com)等。大量以因特网业务为主业的公司命名了全新的品牌,它们带有因特网时代的高科技前卫特色。如 Yahoo. com、Bay. com 等。

(2) 网络品牌的视觉形象。一个品牌不仅仅要有一个响亮的品牌名称,还要有亮丽的视觉形象。网络品牌的视觉形象包括了传统品牌的标志设计和专用造型,还有独特的主页设计风格。网络品牌的标志设计不仅使用了强烈的色彩对比,还广泛应用了多媒体技术,如三维技术、动画技术,在表现空间上更加广阔,品牌形象传播手段更为有力。主页的设计风格也是网络品牌的一种体现,有些网站的标志设计比较简单,但是其网页设计有独特风格,访问者印象十分深刻,也起到了品牌的效果。另外,在设计技巧上,网络品牌带有强烈的数字时代特征。体现数字时代精神的快节奏使网络品牌标志的风格简练、视觉冲击强烈,使信息传递效率成倍提高。

2. 品牌关联性

品牌关联性是指网络产品或服务对网络用户的适合性。Yahoo!是因特网上最富传奇色彩的品牌,名称取自一句短语:Yet Another Hierarchical Officious Oracle(又一个颇有影响的、乐于助人的圣贤)。"美国在线(America Online)"的网上品牌 AOL 直观而响亮,目前在网上的知名度居前;"网景"Netscape 的命名则相当 e 化了;Infoseek 和 CompuServe 也充满着信息时代的气息。Amazon. com 被看作是电子商务的代表,其品牌以世界上最大河流之一的亚马逊命名,以其流域宽广来寓意网上公司的业务前景,气势宏大。现在因特网的服务商越来越认识到创立一个品牌是获得利益的关键,而一个知名品牌的价值无疑是巨大的。

3. 品牌的认知价值

这是网络用户对网络品牌的价值认同。一个成功的网络品牌,应该让用户体会其价值,从而自觉地接受其产品或服务。Amazon. com 是网上购物的第一品牌,网络用户往往因为出于对此品牌的信任而访问,排名较后的网站则门可罗雀。这是因为 Amazon. com 的价值已经为人们所认同。网络世界中,每个行业似乎仅有前三个品牌才是有效的,可以获得理想的顾客忠诚度,这就是为什么网络品牌集中精力进行打造品牌的活动。网络世界里,品牌的成功决定了网站业务的成功。

三、网络产品的价格策略

(一) 网络产品定价的理论基础

在网络时代,消费者的"权力转移"实际上来自消费者对营销信息的广泛了解和掌握。搜索引擎可以让其从全世界的网站海洋中寻找产品和服务,或者从一个丰富的网站上找到要解决的问题方面的信息,或者通过加入虚拟社区,获得世界不同地方志趣相投的人的观点和体验,这种经历被用来减少购买者的搜索成本。网络消费者似乎变得更加明智,通过比较价格以及寻求更大价值来体验这种选择。

在传统的消费品市场上,供应者定价而消费者接受价格。而在网络世界,这种规则被打破,消费者定价成为一种现实。拍卖和拍买模式就是用户在价格方面主动的例子。在个人和工业品市场,个人、制造商和采购商在网上互相竞价,直至双方都能接受。在大规模营销以前,买卖双方亲自谈判许多商品的销售问题。由于买卖双方在一个电子化的世界里竞争,市场有可能回归。竞争会形成最能反映真实市场价值的价格,买卖双方之间会有更多的一对一的谈判。由于谈判成本大幅度下降,通过由代表买卖双方的网上竞价,对大量的采购进行投标是可行的。

(二) 网络产品价格形成机制

在传统市场上,所谓的有效市场只是一种假设,但是在网络环境下,有效市场的特征得到明显的体现。由于信息的流通,信息对称状况比传统市场显著。

1. 低价

电子商务优化了企业运营的流程,网络营销又简化和缩短了分销渠道,产品和服务的价格普遍低于传统市场。在价格敏感度较高的网络消费者面前,低价甚至免费成为网络经营的法宝。

2. 充足的价格弹性

高价格弹性创造出巨大的市场需求,这在网络市场尤其明显。对价格敏感的消费者利用信息优势可以迅速地通过价格降低的机会形成强大的需求,从而对市场价格产生作用。

3. 频繁的价格变动

网络价格的变动成本远远低于传统市场,这使得网络企业可以频繁变动价格,观察需求的变化,完全取决于竞争因素的影响。

4. 细微的价格变动

网络价格的变化单位有时候非常细微,这足以使企业在网络竞价中获得领先优势,从而对价格敏感的消费者的购买决策产生影响。

(三) 网络产品的价格影响因素

1. 竞争程度

激烈的网络竞争使网络产品和服务必须保持低价,对称信息下对价格敏感的网络消费者会利用各种工具搜寻低价,细微价格变动将对购买决策起作用。

2. 税收政策

毫无疑问,如果电子商务没有税收优惠,网络产品和服务的价格将至少提高5%—8%。目前各国倾向于免税的做法保证了网络价格继续占有优势。

3. 品牌与规模

网络经济是眼球经济,用户的点击率是网站生存的关键。知名度决定了网站的用户规模,品牌充分显示了其作用,这使得网络企业的营销成本降低。

4. 购物代理

专业的购物可以替消费者搜寻低价,其信息的掌握更加全面,这使消费者的付出大大降低,网络企业不得不进一步降低价格来维持竞争活力。

5. 物流因素

网上销售通常需要由消费者承担运输费用,较高的物流成本实际上提高了价格。经营者的物流配套对价格有实质性的影响,物流较长的产品自然成本会高一些。

6. 价格表示

不同的网站对价格的表示是有差别的,拍卖型网站的价格取决于需求,正向拍卖的需求与价格成正比,逆向拍卖则反之。

7. 交易流程

电子商务最大的特点是改变了传统经济的流程,从而提高效率。在电子商务交易中,却流行着各种各样的模式,在交易流程的设置上有所不同,产生的效果也会不同,当然对成本的影响也会不同。

8. 产品形式

有形产品和无形产品在成本上的差别是巨大的,传统的产品成本是由固定和变动成本构成的,而无形产品的变动成本是那么不明显,在投资回收的情况下,降价的幅度是匪夷所思的,甚至可以免费。

9. 竞争策略

为了应付竞争对手的进攻,网络经营者不得不以低价争夺用户,严重的亏损则迫使其退出市场。网络时代的策略是以周边业务的利润进行弥补,就像 Yahoo! 一样,靠广告收入来弥补,现在很多网站通过增值服务获得利润,而主营产品或服务的低价号召是其增值服务市场扩大的保证。

10. 风险投资商态度

很多网络业务是依靠风险投资发展的,只要投资有长期眼光,不在乎短期亏损,网络定价将无视成本的存在。因此,网络定价可能出现不可思议的低价和受欢迎的免费产品与服务。

(四) 网络产品定价策略

1. 渗透定价策略

渗透定价是传统市场产品竞争最流行的策略,以低价来获得稳定的市场份额。网络经营者更多地采取了这种方法,为了获得更多的市场用户,网络企业常常采用低价扩张的渗透策略。

2. 撇脂定价策略

高促销、高定价是撇脂定价的特征,在产品生命周期的后期,通过大幅度降价来打击追随者,实现市场退出。英特尔在传统市场上炉火纯青地运用这一策略,网络市场上只要产品和服务存在生命周期,同样适用。ISP 的服务就是一个典型,许多网络企业也常常在实战中采用。

3. 价格领先策略

在只讲究第一的网络世界,少数领导者对价格有领先的示范作用,不过网络价格领先者不像传统市场那样讲究血统,无名小卒与巨无霸在价格竞争中的地位可能没有区别。但在网络,价格领先优势往往如白驹过隙,保持并不容易。

4. 促销定价策略

网络经销商较多使用促销定价来鼓励初次购买,激励回头客。针对性的促销手段更容易到达指定对象,提高促销效果。人性化的促销沟通手段有利于建立顾客忠诚,体现顾客关怀,巩固销售。

5. 细分定价策略

网络企业可以根据网络细分市场来确定不同的定价,对不同类型的顾客给予不同的价格在网络环境下更容易识别,价格歧视更容易见效。但是,明显的价格歧视可能会导致顾客的流失,如 eBay 易趣网曾经给予新用户以奖励优惠,虽然使注册用户明显增加,但是老用户匿名重新登记注册的占了不少比例,并且严重伤害了老用户的感情。

6. 动态定价策略

网络技术使价格更新随时成为可能,产品数据库的更新实现了动态化,而用户也可以从产品数据库中随时得到最新的价格信息。在价格弹性起决定作用的领域,价格将随需求的变化而变化,动态定价的作用得到了发挥。

7. 免费定价策略

免费在因特网的定价领域具有传统性,当初 Yahoo! 就是以免费开创了网络商务的一个时代。免费策略主要包括对产品和服务的完全免费、对产品和服务的限制免费、对产品和服务的部分免费等几种方式。免费策略适用于数字产品和服务,或者是低制造或无制造成本的产品,其目的通常是期望挖掘后续商业价值,先占领市场再获取收益,也可能通过免费为本企业其他产品或服务进行促销,扩大用户群。

第三节　网络营销渠道

营销渠道是促使产品和服务顺利地被使用或消费的一整套相互依存的组织,网络营销渠道则应该是促使网络产品或服务传递的体系及组合。网络时代的渠道将演变成一种中介模式,即如何将最新的商品信息传递给网络用户,同时用户将通过网络得知商品销售的情况,价格、规格和其他,而不是在商店。

一、网络营销渠道职能

(一) 交易职能

这是指与买方接触并使其意识到产品,最终实现交易。因特网为买方与卖方提供了接触的新渠道,在接触的过程中增加了价值。原因在于通过接触可以加深双方的沟通,使买方能够方便地搜寻合适的卖主,而卖主也通过接触更好地满足买方的需求。网络渠道如购物代理还可以协助消费者进行价格协商,在在线拍卖竞标中,价格代理可以起到更大的作用。网络渠道大幅度降低交易的处理成本,使网络渠道具有交易处理的优先性。

(二) 物流职能

在网络营销中,通路渠道的性质发生了变化,物流职能不仅仅是帮助生产商把产品转移到最终用户手中。

实体产品在网上销售仍然要依靠传统的渠道进行分销,而数字产品则不需要依靠实体分销。由于产品形体和距离的区别,实体分销的成本存在差别。电子商务的物流采用专业化经营的模式,并且由于虚拟经营,销售商不需要事先获得实体产品所有权,另外不存在多层次的中间商,实体产品的物流渠道得到科学的规划和设计,使成本最低化。如 Amazon. com 本身没有巨大的书库,大部分的书由出版商直接发送给读者,省略了从出版商到零售商的重复运输成本。另外,Amazon. com 在美国设立了多个配送中心,可以选择最近的中心来发送商品,成本自然就降下来了。第三方物流已经大量出现,提供专业化的服务,外包使得成本进一步降低。

(三) 融资职能

在网络渠道中,由于支付和发货往往有一个时间差,卖方可以利用买方支付的款项支付供应商的货款,也可以在买方确定订购后进行产品赊购,利用买方支付延期结算。这样,网络渠道成员获得了不等的融资可能,这是虚拟经营的一个特点。

(四) 信息职能

网络渠道能够保证营销的畅通,使营销信息在渠道领域传递到每一个成员。网络渠道的成员可以协助生产商进行信息的发布和传递,而用户则利用因特网的特性自主地获得有效信息,帮助其进行购买决策。

(五) 促销职能

网络可以有效地传播富有说服力的信息以帮助用户进行购买决策。网络的多种传播手段比传统渠道能够更加有利地向目标顾客进行传递,而电子邮件、网络广告等手段可以针对性地进行促销,取得好的效果。

二、网络营销渠道模式

网络渠道与传统渠道最大的区别就是渠道的主要成员并不是由中间商组成的,中间商在网络环境中日渐式微,或者面临着转型的威胁。

(一) 网上直销

直接销售是电子商务交易的一个号召,革除中间商盘剥、降低价格符合消费者的期待。企业、个人通过在网上开设虚拟商店实现了直接销售,最大限度地免除了中间商。传统市场利用中间商的一个出发点就是通过多层次中间商帮助产品占领市场,把产品向远距离市场进行扩展。网络社会不需要通过中间商来达到目的,直接销售是最可靠、便捷的方法。

在 B to B、B to C 和 C to C 市场,网上直销都获得了巨大的成功。Dell 是通过直销进行计算机销售最有名的企业,此前计算机都是通过各级代理销售的,成本也居高不下,Dell 做到了用兼容机的价格购买品牌机,把节省下的中间商的费用反馈用户,最重要的是满足了个性化需求。通用汽车(GM)现在通过网络进行在线采购,昂贵的商务旅行费用被节省下来,直接从生产商取得配件还可以保证品质。现在,网络采购已经成为一流企业的标志,越来越普及。网络拍卖所倡导的交易模式使电子商务更加平民化,个人可以直接参与交易,而不需要通过任何中间商。

(二) 信息中介

信息中介是一个集中并发布信息的网络机构。传统的市场顾问公司现在纷纷向网络转移业务,他们从网上收集有用的商业信息,进行加工、整理并分析,向网络用户进行有偿服务。网络用户通过信息中介的服务,可以成功地降低购买成本。如用户可以减少搜索成本、获得有利的价格比较。销售方利用信息中介的服务则可以获得市场细分资料、购买行为分析和竞争情报,从而确定合适的目标市场,实现营销目标。

(三) 交易中介模式

交易中介是中介在买卖双方之间进行的以收取交易费用为目的的促成交易达成的活动。在网络领域,交易中介的出现,提高了交易双方成交的可能,提高了交易效率。

1. 网上经纪人中介

网络世界里,设立在线经纪人网站,为交易双方提供交易机会,从而获取交易提成是一种高效的模式。经纪人中介网站本身不参与交易活动,仅仅是为交易双方提供交易"场所"和交易机会,收取一方或多方的交易费提成。网上出现的大量交易市场就是这种类型,如 ebay.com、e-steel.com、alibaba.com 等都是其中的成功者。网上证券交易也应该归纳在此,网上经纪人中介已经涵盖了从 B to B、B to C 和 C to C 的各个领域。

2. 交易代理

交易代理是代理买卖双方中的一方,行使交易的权利,成交后获得相应的报酬。交易代理是专业的经纪人,熟悉行业内情和市场价格,反应敏捷,可以帮助雇主节省费用、提高效率。交易代理不是固定的,可以代表买方也可以代表卖方,但是不可以代表一次交易中的双方,也不能在涉及交易利益的不同交易中代表有利害关系的不同方。

(1) 卖方代理。卖方代理通常代表企业,以帮助其在网络市场上销售产品、物流配送等,并获取一定比例的佣金。代表制造商的称为制造商代理,一般是建立一家代表相同行业的多家企业销售产品的交易网站,被称为"卖方集中"。Ctrip.com(携程网)是国内知名的旅游网,实际上网站是一个旅游商品的集中交易市场,而且网站代表的全部是卖方,从航空公司、酒店、铁路和公路运输公司、航运公司,还有旅行社。携程从这些卖家的成交额中获取佣金提成。

(2) 元媒介。是在网上为满足消费者的某一消费目标的不同消费要求提供的代理服务。元媒介服务于消费者的系列、复杂的需求,提供一条龙式的服务。这些不同类型的服务可能需要在不同的市场才能获得,而元媒介的代理可以减少消费者的搜索时间、讨价还价的精力,获得满意的质量保证、简化交易流程。如购车服务网站提供车辆价格行情、购车融资、汽车美容、零配件服务、汽车保养、汽车保险等不同类型的服务代理,消费者完全可以享受一站式服务。

(3) 虚拟购物中心。又称为网上商城,本身不参与经营,而是接纳其他商家加入,开设"店中店",网站则以收取登记费、交易费等为盈利模式。大型的门户网站也会利用其品牌优势开设这类购物中心,如 Yahoo!、sohu 商城等。

(4) 购物代理商。为消费者提供产品搜索服务,并搜集合适的零售商列表和商品价格,并且提供送货时间、送货服务、交货时间可供客户选择。

(5) 反向拍卖。一般是作为个人消费者的代购人,由买方指定价格而卖方投标争取与买方成交。

(6) 买方合作社。由众多买家联合压低所选商品的价格,价格的下降趋势呈反向函数状,社会上称之为"团购"。买方合作社可以是一个专业的网站,也可以是个人通过虚拟社区进行发起,把具有相同意愿者进行集中,形成规模购买力。

第四节　网　络　广　告

当前,营销信息的传播对营销结果具有十分关键的作用,以网络广告、网上公共关系等手段来提高营销效果非常普遍。

一、网络广告的特点

1994 年,美国的 Wired 杂志网络版主页出现了 14 幅广告,广告史上的一个里程碑开始了。1996 年 6 月丰田汽车公司美国分公司开始在互联网上发布广告后的 12 个月里,有 151 000 名美国人浏览并留言索要汽车资料,根据这些名单,公司成功地推销出 7 329 辆汽车,这个成绩相当具有震撼力。

与一般的大众媒体不同,网络广告有自己独特之处,有人把网络广告称为继电视、广播、报纸杂志和户外广告之后的第五媒体。网络广告的特点可以分为这样几个方面:

1. 信息量大

网络广告具有信息量大的优点,在广告画面或关键词上可以链接多个页面,根本不会受到版面规模的影响。

2. 针对性强

网络广告可以向特定的对象发送广告,这是其他媒体很难做到的。交互式网络技术使访问者可以根据自己的意愿逐步深入地了解广告,使广告信息充分发挥作用。Cookie 技术也使网站便利地确定访问者的身份,提高宣传效果。

3. 选择性高

上网者可根据自己的爱好决定广告内容,当访问者点中某个广告主页时,可供选择的信息内容不是固定的,访问者可以任意地链接到中意的内容上去,有利于进入多个细分市场,实现营销目标。

4. 广告效果好

网络广告一改过去单纯宣传企业或者产品的做法,而是让消费者以平行、对话的方式去接触、了解企业与产品,充分发挥了沟通人性的特长,使公众加深对广告的理解,有利于作出明智的购买决策,最大程度地利用了广告资源,提高了效率。

5. 传播广泛

网络广告不受地区、国界的影响,可以同时向全球所有用户发送,突破了传统广告媒体的局限性。网络广告不分时间,没有时段限制,只要有人访问网站,广告就能进行发送,优势无与伦比。

6. 费用相对低廉

衡量广告费用并不是以绝对支出为标准的,而是以千人广告费用(CPM)这一指标来反映的。网络广告收费标准根据网站的访问人数而定,级别众多,从1—50美元都有,传播百万人次的费用约在1 000—50 000美元。表面看似乎网络广告的CPM并不便宜,但是考虑传统广告高昂的制作费,网络广告的低费用优势显露无遗。

7. 时效性强

广告非常讲究时效,有些媒体广告制作太过复杂,耗时颇巨,无法进行时间要求高的信息传递。网络广告的简易性使广告信息可以随时传送,随时更换内容。网络广告可以反复、任意重播。

8. 发展前景远大

目前网络用户以发达国家居多,广大发展中国家如中国,潜力很大。发展中国家在计算机普及方面还刚刚起步,网络技术与条件还很落后,但从趋势来看,后劲是很足的。

9. 播放统计便捷

做广告最困难的是效果统计了,通过市场调查进行的话规模庞大,花费不菲。网络广告的服务器可以进行跟踪,记录下访问者访问网站的时间、地区、年龄、爱好等个人资料,不但可以轻松获取常规的综合统计资料,并且可以进行复杂的广告效果分析,使广告主充分信任。

二、网络广告的类型

大部分网络广告都在页面上发布,只要在网络服务器上将信息载入主页,发布即告完成。当访问者浏览网站信息主页时,广告就实现了传送。根据网络广告的制作和发布特征,可以有不同的类型。

(一) 旗标广告(旗帜广告、网幅广告、Banner ads)

Banner 广告是在网页上面的一小幅广告画面,通常图文并茂,有的还有动画。Banner 广告的面积有各种各样,根据广告用户的需要可以选择,目前以 468×60 像素为网络广告的标准格式,常用的还有 120×60、88×31 像素的规格。如果访问者用鼠标点击 Banner 的话,就可以链接到相关的站点页面。Banner 广告充分利用网页制作中超文本链接功能,是以 GIF、JPG、Flash 等格式建立的图像文件,定位在网页中,大多用来表现广告内容,同时还可使用 Java 等语言使其产生交互性,用 Shockwave 等插件工具增强表现力(见图 9.1所示)。

图 9.1　Banner ads

(二) 关键词广告(Keyword Ads)

这是以某个关键词作为访问途径的广告形式,访问者只要点中关键词,即可与广告主页链接。一般可以链接的关键词带有下划线或在鼠标移到时会改变颜色。在网页上,链接技术广泛运用,人们常常在当前网页的某些字符或图形上点击,就可进入相关的主页进行浏览。因此,将商品广告巧妙地与有关字符和图形链接起来,效果是很好的。这种广告具有隐蔽性,访问者一般很难识别,成功率较高。

(三)弹出型广告(Interstial Ads)

在链接到一些网页时,往往会弹出一个页面广告窗口,广告内容一般与访问者有关系,如果访问者感兴趣的话,可以放大窗口详细阅读广告内容,否则可以关闭窗口而不会影响正常的浏览。在进入某些经常性访问的网站时,网站会根据访问者以往的访问记录提供个性化服务,有的就以这种弹出式的窗口形式显示。窗口弹出型广告现在越来越不得人心,干扰正常的浏览,目前一些嵌入式网络助手软件都有阻止弹出广告功能,大大影响了其效率(见图 9.2 所示)。

图 9.2　弹出型广告

(四)按钮式广告(Buttons Ads)

一般定位在页面中,尺寸比较小,表现单一,文字内容较多,就如网页上的按钮一般,上面往往有"Click me!"这样的诱惑性语言吸引用户关注。

(五) 活动广告(Mobile Ads)

活动广告又称游动广告,在网页上不固定,随着网页的滚动会随着活动,甚至会浮在页面上。在页面两端滚动的称为悬停广告,另外可以设置关闭功能的媒体广告。由于活动广告经常干扰用户正常浏览页面,用户对此也是很反感的(见图 9.3 所示)。

图 9.3 Banner ads、关键词广告、按钮广告、活动广告

(六) 主页广告(Home Page Ads)

企业可以在自己的网页上直接发布广告,上网者访问企业网站一般都是有目的性的,即了解企业的产品、业务及其他资料,这是最好的广告时机。但是从访问频率来讲,企业网站是无论如何比不上专业引擎网站的。在非 WWW 上做广告效果可能没有网页那么好,但运用得当照样可以。

(七) 电子邮件广告(E-mail Ads)

利用 E-mail 传播企业广告也是因特网上常见的方式。利用

E-mail 发送广告有几种方法，一种是根据收集的用户 E-mail 地址直接发送广告信息，这种方式没有事先得到用户的许可，未经许可的邮件已经被称为"垃圾邮件"，不受欢迎，效果不佳，应该慎重使用；邮件列表（Mailing List）是网络经营商向加入列表的每个成员发送特定内容的邮件的行为，内容可以由订阅者自行设定，进行个性化定制，容易做到针对性发送广告。

（八）下载软件广告（Download Software Ads）

在下载软件中设置广告的做法已经在实践中出现。如美国的一个屏幕保护程序 PointCast 是免费发送给用户的，每个屏幕保护主题结束后，都会有赞助厂商的一段简短广告或企业 LOGO 的静止画面，作者根据广告收入赢利。现在一些免费下载的网络工具软件的界面上也有 Banner 广告，并鼓励用户进行点击予以支持。

（九）浏览显示付费广告

目前有一些广告商推出了利用用户浏览器进行滚动广告显示，用户只要点击率达到一定要求，就可以获得一定的报酬，也有的是按照广告显示的时间来计费。这种被称为"赚钱机会"的广告形式现在非常流行，上网冲浪者为了弥补上网费用的不足往往乐意接受这种形式，所以又称之为"冲浪赚钱"。

（十）BBS 广告

在网络社区的聊天室（BBS）里，也可以进行广告信息的发布。在 BBS 里，社区成员可以通过发"帖子"的方式进行交流，在各种各样的 BBS 里，不乏信息型的帖子。由于 BBS 里出入的人员很多，浏览帖子的机会也比较大，广告效果有时候是不错的。但是 BBS 是公共社区，在此发布商业性的广告帖子并不是非常合适，很容易引起其他社区成员的抗议（抗议的形式是大家不看你的帖子），BBS 的网页主管"版主"经常会进行干预而删除你的帖子。除非是专门供社区成员发布信息的 BBS，一般不适宜在 BBS 上随便做广告。

（十一）互动广告（Interactive Ads）

有不少广告的页面上带有互动设置，用户可以在指定栏目中输入资料,形成互动(见图 9.4 所示)。

图 9.4 互动广告

(十二) 赞助式广告(Sponsorship Ads)

广告主根据自己所感兴趣的网站内容或网站节目进行赞助,一般有内容赞助、节目赞助、节日赞助等。网站节目赞助特指时效性网站,如世界杯网站、奥运会网站、重要活动网站等(见图 9.5所示)。

(十三) 视频广告

在网页中利用多媒体技术,播放动态广告是目前非常流行的形式。视频广告可以利用多种视频形式,自动或点播均可,效果非常理想。视频广告可以单独开设窗口播放,比较流行的是在页面上设置多媒体视窗,并且广告文件还可以下载播放(见图 9.6 所示)。

(十四) 巨幅广告

巨幅广告指面积远远超过普通网络广告的形式。

(1) 全屏广告。全屏广告只能在频道首页投放,在用户打开主页时会显示,在数秒后会自动消失,不影响正常的浏览。

(2) 背投广告。背投广告的幅面也很大,如果配合多媒体有较

图 9.5　可口可乐公司与网络游戏
魔兽世界的合作赞助广告

图 9.6　网络视频广告

强的震撼力,但不像弹出广告那样直接弹出在当前页面的前面,而是在当前页面的后面,如果切换,活动页就会到前面来,也可以关闭。在投放时间段内,对于同一 IP,背投广告出现频率为每 2 小时一次,相对比较友好。

(十五) 搜索引擎广告

搜索引擎广告就是以一定的价格购买关键词,当用户在使用搜索引擎时,与关键词匹配的广告就会出现在页面,且按照付费最高者排名靠前的原则排列。美国著名搜索引擎 Overture 于 2000 年开始首次采用,目前被多个著名搜索引擎采用。

三、网络广告的计价和效果测定

(一) 广告计价模式

目前,网上广告的计价模式大致有三种:

1. 曝光计价(Pricing Per Exposure)

以广告页面暴露来进行计价,只要带有广告的页面被浏览者访问,广告也就暴露在访问者面前,对于提高品牌知名度很有效果。页面暴露时间越长,广告被接受的机会也就越大,因此现在这种模式也按照曝光时间来进行计价。

2. 回应计价(Pricing Per Response)

即根据网络访问者的实际回应行为作为计价的依据。访问者的实际回应行为指主动点击广告进行链接,这比其他的广告计价法更有利于广告主。不过现在的访问者不会随便去点击广告,链接到广告页面会使自己的上网费单子变长,除非这个广告确实吸引了访问者。

3. 行为计价(Pricing Per Action)

以网络用户根据广告内容采取的行为进行计价,这样可以更为确切地知晓广告对用户产生的影响。用户采取的行为分别指用户下载某些软件或资料,而这种下载活动是通过广告导向的,其效果要超过简单的 Banner 点击。

4. 竞价排名(Competitive Price Ranking)

竞价排名是搜索引擎关键词广告的一种形式,按照付费最高者排名靠前的原则,对购买了同一关键词的网站进行排名的一种方式。竞价排名的基本特点是按点击付费,广告费用相对较低;与用户检索内容高度相关,增加了广告的定位程度;广告主可以自己控制广告价格和广告费用,还便于对用户点击广告情况进行统计分析,提高了广告性价比,获得最大的回报。

(二) 直接反馈的网络广告测度方法

直接反馈是按照网络页面所显示的广告回应标志来统计网络广告的效果。

1. **点击数**(Hits)

一个页面上的文件被访问一次称为一次点击,常常用点击数来反映广告被访问的频率,但是点击数其实并不能真正反映广告被访问的次数。当一位访问者进入网站页面时,首先是进入主页,然后根据导航指示进入其他页面,在访问者需要更换至其他页面时,往往会返回主页重新选择。在一次访问中,主页会多次曝光,存放于主页的广告点击数会因此被累计,这就使点击数统计充满了水分。

2. **页面印象**(Page Impression)**或页面浏览**(Page Views)

即一位访问者对某个网站的一次访问,可能在主页和其他页面间反复切换,但是在统计访问量的时候始终记次为一次。这种方式可以比较忠实地反映网站的访问总量,是目前较受欢迎的统计方式。但是,一位访问者在退出网站访问后再次进入就会被重新记次。

3. **回应单击**(Click)

指访问者用鼠标单击网页上的广告画面或按钮以链接至广告主页进一步地了解深层信息的行为。一旦访问者单击广告链接,即说明广告内容已经引起了访问者的注意,产生了一定的宣传效果。回应单击是网络广告取得理想效果的体现,广告主和广告商都在追求这种效果,其广告收费要明显高于其他形式。统计表明,回应率(回应单击/印象数)一般介于1%—4%,也有的网站宣称可以达到6%。

(三) 间接反馈的测度方法

间接反馈是根据由于广告的播放而导致经济效益的变化来衡量网络广告作用。

1. 资本收益率(ROI)

资本收益率是最常用的效益反映指标,这里是以广告主的营运收益与营运资本进行对比。营运收益是指企业的营业收入扣除全部成本后的净值,广告支出包含在企业成本中,这部分的绝对额对资本收益率有较大的影响。广告效果在此无法直接反映,只能通过营业收入的增长来印证,营业收入的快速增长可以说明广告的良好效果,其资本收益率水平也将得到提高。

2. 单位客户线索成本(Cost Per Lead; CPL)

即广告主根据广告推出后公司的广告费用与新增加的客户数进行对比的比值,可以推算出平均每争取一位客户的广告成本,直接与广告播出后的经济效益联系在一起。广告主把网络广告作为一项投资,测量投资回报率是投资者的本能,广告主只愿意为他们觉得值得的行为付款,如果 CPL 不理想的话,他们会拒绝支付不值得的部分。

3. 广告印象(Ads Impression)——网站活动综合测评法

AdKnowledge 咨询公司的方法是对"广告印象数据"和"网站活动事件"进行比较,利用 cookie 对照特定事件,确定是不是新的客户。即使上网者不点击广告也可以评测广告效果。通过 URL 跟踪有关的信息,这些服务可按照客户的要求而改变,电子商务服务商可在其网站上对任何事件跟踪资本收益率。

第五节 网络营销沟通

网络营销以双向沟通的方式与消费者建立互通,使信息能够充分地得到传达。网络时代的语言是沟通,企业通过与消费者的沟通可以更好地了解其需求,满足其需求;消费者通过沟通可以迅速掌握企业的动向,也可以参与企业的产品开发与设计,使企业与市场缩短距离。

一、网络沟通

网络时代,营销沟通的环境发生了变化。网络营销的特征之一就是利用信息建立全新的客户关系模式,以交互式营销推进营销活动的深入。

(一)从推式营销到拉式营销的转化

传统的营销模式利用电视、广播和报纸杂志传播信息,信息的流通是单向通道模式,信息从企业向消费者一般没有包含直接回复的要素,因此是一种推式营销。网络营销下的沟通是双向通道,在消费者通过访问企业网站接收信息的同时,访问者本身的信息也同时被网站所了解。而且,消费者通过搜索引擎、链接等通道访问网页,是一种主动行为。消费者访问网站往往受到某种激励,或者是因某种因素的吸引而行动。这时,信息不是被推向特定用户的,而是用户主动采取行动进行的访问。网络营销是一种拉式营销,实现了营销者与消费者之间的双向沟通。

(二)从独白到对话的转变

通过交互活动创造对话是网络新媒体的又一个重要特征。网络利用了数字化控制程序软件,提供了一种和消费者双向沟通的机会。网络的沟通是一种长期的、探讨产品和供应的整个消费生命周期的对话,加深了双方的关系及相互信任。通过对话,双方更加趋向建立一种互动的、发展的关系,对双方提供了互惠。

(三)从一对多到多对一和一对一的转变

传统的沟通模式是一对多的,同样的信息被传递给了不同细分市场的用户,缺乏针对性。传统营销的沟通并没有解决企业无法了解消费者真正需求的目的。网络的交互沟通功能有助于建立与消费者个体之间的对话,使企业可以掌握个体消费者的真正需求,从而制定针对性的营销策略。

(四)从一对多到多对多的转变

网络新媒体的另一个功能是可以成功建立多对多沟通渠道。在网络社区,成员们可以通过网络平台实现在线的同步沟通,多成员可以即时交流,互相传递信息。由于实现了彻底的多对多沟通,网络成员共享了信息,从而拥有了定价主动权,也使价格决定更加充分。

(五)从向后倾斜到向前倾斜的转变

网站通常拥有访客的全部注意力,意味着消费者愿意被控制并愿意被经历流程,对其需求作出响应。网站为了吸引用户,必须持久地更新信息以保持新鲜,否则即有流失用户的危险。

二、网络促销

(一)网络促销概述

1. 网络促销的应用

网络促销是通过网络技术传递产品和服务的存在、性能、功效及特征等信息,以促进网络消费者迅速或大量购买。与传统促销不同的是,网络促销不是一种现场促销,而是远程促销。网络促销使用最广泛的促销工具是奖券、试用装、有奖竞赛和抽奖活动。据统计,网络促销的回应率比 DM 促销高 3—5 倍。传统促销利用的渠道包括广告、人员推销、销售促进(狭义的促销,专指利用刺激性工具的活动)和公共关系。显然,网络促销的渠道与传统促销有较大的差别。根据网络的特征,网络促销可以通过网络广告、网络销售促进(利用促销工具)、网络公共关系和电子邮件进行。人员促销这一传统促销大量采用的现场方式无法在网络环境发挥作用,而利用网络数据库进行电子邮件的定向促销的优势无与伦比。

2. 网络促销的特点

(1)通过网络技术传递信息。网络促销必须通过网络渠道进行,这和传统的促销有根本性的区别,因此在促销方法和促销工具方面应该考虑网络的特殊性,才能取得好的效果。

(2)在虚拟市场进行促销活动。网络促销面对的是一个虚拟市场,所采用的促销工具也带有虚拟性质。

（3）在全球性市场进行促销活动。传统促销往往局限于地区市场,网络促销则突破地域限制,影响范围更大,要考虑受众的特点。

3. 网络促销的功能

（1）告知功能。把企业的产品和服务信息传递给目标公众,引起关注。

（2）说服功能。促销的目的在于通过有效方式解除目标公众对产品或服务的疑虑,坚定其购买决心。

（3）反馈功能。网络促销可以比传统促销更加方便地得到目标公众的反馈信息,并迅速传达给企业管理层,可靠性较强。

（4）稳定销售。企业的销售具有反复的波动,通过促销活动可以树立和巩固企业或产品的形象,加深公众对企业的了解,形成顾客忠诚,稳定销售。

（5）创造需求。良好的网络促销活动可以诱导需求,而且可以创造需求,发展潜在顾客,扩大销售。

（二）网络促销的方式

1. 网络广告促销

网络广告的诉求五花八门,在网络广告中明确提供促销信息、具有刺激购买意图的都属于网络广告促销范畴,可以说大部分网络广告都具有促销倾向。利用电子邮件发送的促销信息现在越来越多,很多促销邮件被列入垃圾邮件概念,这可能与促销的原意相背离了。

2. 网络销售促进

狭义的促销是利用各种短期刺激性工具进行促销,电子优惠券、试用装、网上有奖竞赛和网上抽奖活动是成本低、见效快的好方法。

（1）电子优惠券(Electronic Coupon)。电子优惠券的发放成本大大低于传统促销,因为可以省却庞大的印刷费用、散发人员的人工,更重要的是,以往的散发优惠券浪费极大,真正被消费者接受产生效果的仅一小部分。目前有专门提供电子优惠券的网站,更多的是在自己的网站上提供电子优惠券的下载。而在网上直接使用优惠券只需要输入优惠券的序列号即可，无需纸面形式，更为节约便利。

（2）试用装（Sampling）。试用装在促销中是在现场大量发送的，但是却很难获得准确的回馈。网上发送试用品可以先进行要求者的个人情况调查，以后还可以进行追踪访问，发送深度促销信息，效果明显。数字产品的试用则几乎是零成本。

（3）竞赛和抽奖。这都是吸引眼球使顾客不断光顾网站的好办法，激发消费者对产品和服务的浓厚兴趣，吸引他们驻足浏览，从而增加其接触产品和服务信息的机会，加深所谓"黏着度"。参加活动的消费者为了获知中奖信息，必然再次浏览网站，巩固了促销效果。

3. 网站推广

网站推广就是利用网络营销策略扩大网站的知名度，吸引用户的访问，起到宣传和推广企业产品或服务的效果。

（1）注册搜索引擎。在网上，网络用户主要通过搜索引擎来寻找合适的站点进行访问的。大部分搜索引擎的登记都是免费的，搜索结果按照用户搜索的显示记录进行排列。目前流行的"竞价排名"方式，按付费额度决定在搜索引擎结果上的排名顺序。

（2）发布网络广告。在浏览量大的网站发布广告是推广的简单方法。

（3）交换链接。就是两个不同的站点为相互扩大站点的知名度，协商同意互相交换旗帜广告位，放置对方旗帜广告，以达到零费用的双方互惠互利。一般可通过广告联盟组织作为中介进行交换，也可以双方直接进行交换。

（4）使用 E-mail 推广。使用 E-mail 进行营销信息的传播被广泛地运用，但是这一行为被大量地滥用，正日益受到抵制。

三、E-mail 营销

（一）E-mail 营销的兴起

1. E-mail 营销的内涵

E-mail 营销，就是在用户事先许可的情况下，通过 E-mail 传递有用的商品或服务的信息，以促使销售达成的营销手段。E-mail 是因特网上使用最普及的功能，被认为是 20 世纪发明的最重要的沟通工具。E-mail 可以使分布在世界不同地方的网络用户实现即时沟通，同电话、电报等沟通工具昂贵的费用相比，费用几乎是忽略不计的，因为基本上所有的 E-mail 都是免费发送和接收的，如果考虑网络通讯费用的话，E-mail 的成本也极为低廉。E-mail 的这种特征使其在网络营销刚刚萌芽的 1994 年就被用作了推销工具。随着现代生活步伐的加快，时间成为有价值的商品，人们已经不愿意花费太多的时间在不感兴趣的广告促销上面，E-mail 营销的出现符合这种潮流的发展。

2. E-mail 营销的起源

1994 年 4 月 12 日，美国两位从事移民签证咨询业务的律师劳伦斯·坎特和玛莎·西格尔夫妇把一封"绿卡抽奖"的广告信发到他们可以发现的所有新闻组，并导致了许多服务器的瘫痪。这种"邮件炸弹"与现在的某些邮件服务器攻击病毒具有同样的功效，在当时引起了轩然大波。夫妇俩把这次花费 20 美元吸引 25 000 个客户并获得 10 万美元回报的经历写成了一本书《网络赚钱术》(*How to Make a Fortune on the Internet Superhighway*)。早期的 E-mail 营销从一开始就背上了营销道德重负，因为 E-mail 的发送者没有经过许可而将邮件发给别人，完全不考虑用户的意愿和为此付出的费用(上网费用和处理邮件的费用)，被称为是一种"用户付费广告"。

(二) E-mail 营销的规则——许可营销

向陌生的对象发送 E-mail 进行推销，这种不速之客式的敲门实际上被绝大多数用户所拒绝。因此，不受欢迎的 E-mail 可能根本不会被用户所关注，因此也不可能产生理想的效果，还可能因滥发垃圾邮件而遭指控。YoYoDyne 公司的创始人塞斯·戈丁(Seth Godin)与唐·佩珀斯(Don Peppers)合著的《许可营销》(*Permission Marketing*)一书中提出了许可营销的理念。许可营销其实非常简单，就是以 E-mail 发送进行营销必须事先获得用户的许可。因此，任意收集用户邮件地址或使用群发服务器方式进行 E-mail 营销都是不道德的。正确的做法应该是在收集用户 E-mail 地址或提供服务全球用户提供身份资料时必须明确地向用户提出"是否希望收到……的电子邮件"的选项,或者是提供列表清单供用户选择其希望接收的邮件信息。只向明确表示许可意愿的用户发送特定的促销信息 E-mail,比通过大众媒体传播促销信息要显得高效而经济。

(三) 影响 E-mail 营销的因素

(1) 没有目标定位、滥发邮件。垃圾邮件——Spam 是不受欢迎的,利用群发服务器没有目标地滥发邮件不会得到理想的回应,可能会触犯法律。

(2) 邮件没有主题或不明确。邮件主题对于 E-mail 邮件成功与否有密切关系,但是故弄玄虚的主题会引起反感,甚至作为 Spam 处理。

(3) 邮件内容不规范。格式混乱、内容冗杂,违反邮件礼仪。

(4) 采用附件。这是不受欢迎的方式,因为附件很可能包含危险的病毒,一般对于不熟悉对象的带有附件邮件的处理是直接删除。

(5) 发送过于频繁。一般的邮件每月发送 2—3 次已经足够,频繁地发送,甚至连续发送相同内容的邮件是极不礼貌的,会有 Spam 的嫌疑。

(6) 不及时回复邮件。对用户的反应是衡量网站质量的一个指标,应该认真对待每一封来信,并作出答复是最基本的素养。

(7) 大量使用免费邮件。专业促销服务应该使用独立注册的邮箱发送邮件,一个使用免费邮箱的促销邮件是很难得到信任的,可能会被垃圾邮件过滤装置过滤掉。

(8) 将内部邮件列表资源任意转让。将内部资源进行商业性的出让是不道德的行为,应该有个人信息的保护机制并严格贯彻。

(9) 隐藏发件人信息。由于缺乏可信度而不会得到有力的回应。

(10) 没有退订说明或退订复杂。如果用户不喜欢,应该有权力拒绝邮件,要允许退订,退订应该像订阅邮件那样方便,否则与 Spam 没有区别。

四、网络公共关系策略

公共关系是利用各种手段唤起人们的好感、兴趣、信心和信赖,目的是争取理解,树立形象。公共关系既要收集信息、传递信息,还要反馈信息,是一种双向的交流,其作为营销沟通的手段,在提升企业形象、赢得顾客信任,为企业发展创造良好的外部环境方面发挥着越来越重要的作用。网络给公共关系活动提供了一片新天地,网络公共关系有其优势和不同于传统公共关系的运作方式。

(一) 网络公共关系的特点

1. 主体主动性增强

传统公共关系往往通过报纸、杂志、电视、广播等媒介把信息传播给大众,企业无法完全掌握公关信息的传递,具有很大程度的被动性。网络公共关系的主体可以是网络上的多种社会组织,由于网络互动的特点使企业(主体)能掌握公共关系的主动权,可直接面向消费者(客体)发布新闻而不需要媒体的中介,避免消息被媒体干预。

2. 客体参与性增强

网络公共关系的客体是指与网上企业有实际或潜在的利害关系或相互影响的个人或群体,即网上公众。他们与传统公众不同,不是消极的、被影响、被作用的对象,他们的主动参与性大大增强,对网上企业的影响会更直接、更迅速。他们的意见、态度、观点和行为会迅速在网上扩散,对企业产生重大影响,甚至会决定企业的成败。

3. 一对一的公关活动

网络公共关系可针对个别消费者进行一对一的公关活动,受众在阅读信息的同时,可发表意见,并就其关心的问题展开讨论;企业可根据受众的不同需要作出不同反应,提供个人化的信息服务,甚至利用电子邮件,进行个别公关。

4. 效能提高

传统公共关系是"一对多"的双向沟通模式,由于媒介的限制,传播的效能大大降低。网络公共关系可以利用网络的及时互动性,进行"一对一"的个体沟通,其传播目标更具体,传播内容更深入,而且由于网络的出现改变了时空观念,克服了传统公关的时间和空间限制,效果明显提高。

(二)网络公共关系的传播渠道与形式

1.网络公共关系的传播渠道

(1)传统媒体电子版

(2)新型媒体电子版

(3)网络广播电视节目

(4)新闻论坛

2.网络公共关系的形式

(1)站点宣传。网络公共关系的主要任务是宣传企业,提高企业的知名度。企业网站是企业在网上的形象概括,建立企业网站不仅可以起到广告宣传的作用,更是树立企业形象的最佳工具。

(2)网上新闻发布。网上新闻发布完全摒弃了传统新闻发布会需花费大量人力、物力和财力进行筹划和安排的方式,可以以较少的费用、最快的速度将新闻传播出去。

(3)栏目赞助与合作。由企业对网站的某些栏目提供赞助与合作,访问者可以通过赞助或合作页面链接到企业的页面,从而扩大企业页面的知名度。企业赞助与合作对象一般是一些会议、公众信息、政府或非赢利性活动的页面。

(4)参加或主持网上会议。各网络服务商的网络论坛经常举办一些专题讨论会,有的网络会议吸引了许多消费者参加,网络会议的参加者可以看到其他人提交给会议的发言,同时自己的发言也处于许多人的关注之下,是提高企业的形象和知名度的有效途径。

(5)发送电子推介邮件。网络公共关系的一种最常用的形式就是给新闻记者或编辑发送电子推介邮件,简述企业新闻的内容及对他人的请求(请求他写文章、参观等)。这就要求企业公共关系人员要与新闻记者或编辑建立起稳固的关系,通过多种途径搜集新闻记者和编辑的 E-mail 地址。企业一有新闻题材即给记者或编辑发送电子推销信,请求他们采取行动。但是要注意不能任意向别人发送不友好的推销邮件、垃圾邮件，否则将承担法律后果。

（6）在网络论坛或新闻组发送信息传单。企业可积极加入相关讨论组，吸引更多的用户访问自己的站点。企业为了鼓励公众就本企业公众关心的专题进行更广泛深入的讨论，还可以在本企业网站上设立论坛，引导公众展开讨论。

五、网络社区

（一）网络社区概述

1. 网络社区的概念

网络社区是个人和集体因某个目的而按一定的组织规则形成的一定的社会群体。网络社区没有具体的地域限制，成员具有较大的流动性、匿名性和互惠性，网络社区具有一定的社区礼仪与规则。

2. 网络社区的创建

霍华德·莱因古德（Howard Rheingold）1993 年在其权威之作《虚拟社区》（*The Virtual Community*）的书中描述了它的特点。今天的网上有各种各样的虚拟社区，包括新闻组、聊天室和网站。除了满足个人的社交需求，虚拟社区还可带助公司、公司的客户以及供应商以一种对彼此有利的方式来计划、合作、处理业务和互动。网络社区的创建可以通过在线聊天室、讨论组等建立，现在也有很多专业的网络社区网站，以提供免费网页空间，依照主题进行分类，提供网上社区互动、游戏、聊天、联谊，主题讨论群组，整合媒体信息及链接。最早的一个网上社区是 WEEL，这是 Whole Earth "Lectronic Link"（全球电子互联）各单词首字母的缩写，始于 1985 年，是《全球评论》（*Whole Earth Review*）的作者和读者之间的一系列对话，比 WWW 出现得还早。WELL 大多数的会员最初都来自旧金山湾地区，此地区反文化的传统构成了 WELL 的主要格调。WELL 的会员每月要付费来参加讨论和会议。WELL 一直是许多重要的研究人员和会员讨论网络及其增长的场所，其成员中有知名的作家和艺术家。1999 年，电子杂志出版公司 Salon.com 收购了 WELL，并承诺保持它长达 14 年之久的社区感觉。现在访问 WELL 每月需要缴纳订阅费 10 美元,如果想得到@well. com 电子邮件地址并且能够召集会议,每月还要缴纳 15 美元。这类网站比较知名的有 GeoCity. com、theGlobal. com 等,国内目前热门的博客类网站也非常突出。

(二) 虚拟社区的经济价值

社区形成后,随着社区的聚集,产生了最宝贵的社区资产,一是社区成员间的相互信任以及社区忠诚度;二是社区所积累的丰富成员信息数据库。社区的这种宝贵资产形成了社区的经济价值。

在 20 世纪 90 年代中期因特网出现时,它的虚拟社区潜力也被迅速开发出来了。1995 年,网上比佛利山庄(Beverly Hills Internet)开办了一个虚拟社区网站,它用两个摄像机拍摄好莱坞大街,还有到娱乐信息网站的链接。这个社区的主题是用网络摄像机构建数字化城市。第一个数字城市是由拍摄洛杉矶的网络摄像机组成的,因此叫做洛杉矶社区。后来更多的地方加入后,将名字改成了GeoCities。GeoCities 网站是靠出售广告来盈利的,一类广告放在会员的网页上,另一类广告是访问会员网页时弹出的广告。GeoCities 网站发展很快,1999 年被 Yahoo! 以 50 亿美元收购。

1. 创造合作经济

在早期的社区里,社区即代表其成员向厂商争取利益,而不是代表厂商向消费者推销商品。合作经济的形式包括合作消费、合作金融、合作生产。

(1) 合作消费。虚拟社区的成员聚集的理由是互惠,发展合作组织是一个方向,并且社区意识是合作经济的基础,一旦得到全体成员的认同,容易形成一致行动,并授权社区经营者或社区领袖采取行动。Mercata 公司的网站就首创了一种 PowerBuys 群体议价机制,让网友在一定时间里寻找有相同需求的人进行集体采购,加入者越多,获得的最终价格就越低。台湾的 CitiFamily 和大陆的雅宝网也尝试过这种方式。

(2) 合作金融。人际关系透过信任可以转化为信用,在网络虚拟社区,这种社区信任关系可以转化为合作金融的基础。在虚拟社区中,相互信任的成员之间可以发展出一种"储蓄互助组"的合作金融模式,形成一个封闭式的私人金融体系。在我国由于政策的不允许,目前还不可能出现合作金融。

（3）合作生产。这是网络社区中最有经济利益的活动,中小企业和广大 SOHO 是其社群基础。这些成员在网络社区中可以形成联合营销,甚至是集中交易平台,并且可以互相传递知识、共组 e-Learning 课程,甚至共同接受外包工程。合作生产普遍存在于一些专业型社区网站中。

2. 推动关系营销

虚拟社区通过长期的网上互助积累了丰富的社区成员资料,可以主动地向成员推荐合适的产品和服务,协助进行个性化营销。社区可以和企业进行关系合作,为社区成员谋取利益。

口碑营销是一种建立在相互关系基础上的营销传播模式,在网络虚拟社区中,成员间利用相互的信任关系,可以进行有效的口碑传递,其效果远远超过一般的传播方式。网络社区的成员可以互相不认识,没有见过面,但是由于平时的沟通而建立了信任,不像传统的口碑传播对象只是周围的人群,范围有限。网络口碑营销传播的速度之快、范围之广、效果之大,超乎人们的想象。根据马克·管诺维特的"弱连带优势"理论,弱连带具有更好的信息传播效果。网络社区就是弱连带的关系,成员之间并不像传统的那样必须认识或是朋友。网络社区成员可能会利用列表把信息传递给各处的网友。商品的口碑营销不需要很强的信任度就可以得到传播,一个有弱连带优势的网络成员,其传播效果远远高于封闭的、排他性的有强连带的社区成员。

利用 E-mail 进行的口碑营销的传播范围出乎意料,因此得到了"病毒营销"的称号。因为这种传播方式可以像病毒一样蔓延。当一个用户接受了社区成员的来信后,可能会转发给自己邮件列表上的每一个人,接收方如法炮制,则在短时间内其蔓延结果是无法控制的,与病毒的传播类似。因此,一个好的口碑传播题材可以得到意想不到的传播结果。

(三) 会员制营销

会员制营销是通过网站的合作伙伴在自己的网站上设置链接,从而吸引其用户通过链接访问目标网站并进行购买,合作网站可以从中获得一定比例的佣金收入。会员制营销是利用了网站的关系资源,利用了虚拟社区所具有的关系资源,来为营销活动创造价值。当会员社区的资源巨大化的时候,利用这种关系传播营销信息的成功率非常高。这种方式最早在 Amazon. com 得到应用,并在美国得到了推广。Amazon. com 与合作的网站签订合作协议,当合作网站的会员通过其网站链接到 Amazon. com 并实现了在线购买,则合作网站因此可以获得相应的佣金回报。

(四) 博客营销

就是利用博客这种网络应用形式开展网络营销。博客具有知识性、自主性、共享性等基本特征,正是博客这种性质决定了博客营销是一种基于个人知识资源(包括思想、体验等表现形式)的网络信息传递形式。开展博客营销的基础问题是对某个领域知识的掌握、学习和有效利用,并通过对知识的传播达到营销信息传递的目的。

有影响的博客汇聚了巨大的人气,博主往往对浏览者具有巨大的号召力,博客所传递的信息可以被博客观众接受并很快得到传播,在观众中引起反响。现在企业也倾向于利用博客进行营销活动,企业博客打造顾客推广大使、获得顾客的信赖、成为领袖。除了与用户进行广泛的沟通,企业博客还具有促进企业的内部沟通、处理企业负面信息等功能。

【阅 读 链 接】

1. 网络调研网站　http://www.sric-bi.com/VALS
2. 中国网络用户在线调研　http://survey.iusersurvey.com
3. 网上营销新观察　http://www.marketingman.net

4. 中国网络营销传播网　http://www. emkt. com. cn

5. 中华广告网　http://www. a. com. cn

6. 中国互联网络发展中心　http://www. cnnic. net. cn

7. 博客网　http://www. bokee. com

8. 天涯网　http://www. skyard. com/web/flash

9. 猫扑网　http://www. mop. com

10. 全球第一家虚拟电子社区　http://www. well. com/aboutwell. html

11. 全球人气最旺的虚拟社区　http://www. geocity. com

12. 全球最大的播客社区　http://www. youtube. com

【思　考　题】

1. 网络营销的理论发展经历哪些主要过程？理论基础是什么？有什么特点？

2. 试比较网络营销与传统营销的关系。

3. 网络市场营销细分可以怎样进行？与传统的市场细分有什么不同？

4. 怎样确定网络营销的目标市场？网络营销定位要注意哪些问题？

5. 网络市场调研有什么作用？怎样策划一次网络市场调研？

6. 网络产品有什么特性？网络产品的组合可以怎样设计？

7. 网络产品的定价有什么不同？可以采取什么策略？

8. 网络渠道有什么功能？网络渠道有哪些模式？

9. 什么是网络广告？有哪些表现形式？怎样评估其效用？

10. 网络促销有什么特点？可以采取什么手段？

11. 进行 E-mail 营销要注意什么？如何看待其在网络营销中的作用？

12. 什么是网络公共关系？怎样开展网络公共关系活动？

13. 什么是会员制营销？对企业的销售具有什么促进作用？

14. 什么是博客营销？企业应该如何开展博客营销？

【实务练习题】

1. 请登录 e 龙网(http://www.elong.com),注册一个免费用户账户,选择机票预订,分别在用国内单程、国内往返和国内联程预订不同时间从北京到三亚的机票,完成下列表格的内容:

机票类型	起飞时间	航　班　时　段		
		上　午	下　午	晚　上
国内单程 (北京—三亚)	3 天后	元	元	元
	1 周后	元	元	元
	1 个月后	元	元	元
	3 个月后	元	元	元
国内往返 (北京—三亚 三亚—北京)	3 天后	元	元	元
	1 周后	元	元	元
	1 个月后	元	元	元
	3 个月后	元	元	元
国内联程 (北京—广州— 三亚)	3 天后	元	元	元
	1 周后	元	元	元
	1 个月后	元	元	元
	3 个月后	元	元	元

请分析航班预订中价格弹性的规律。

2. 请在国内的网站上寻找尼康（Nikon）数码相机 D 系列（可以自己选择一个最新型号）的价格信息，比较其购买条件，说明如果购买的话你的选择结果，并陈述理由。

网站名称	价格及表示方法	配套情况	送货费用及渠道

注意：价格表示是指直接标价还是拍卖，拍卖的话是什么方向的、是否一口价。

3. 在搜狐网上下载广告报价，假如你现在要在网上推广一款手机新产品，请编写一份推广计划，说明选择广告模式的理由和效果。

4. 访问国内三个著名的网络社区（如 msn、天涯、mop. com 等），然后就以下几个问题进行研究，写 300 字的文章。

（1）各社区的方针的差异性体现在哪里？

（2）各社区的成员有什么异同？

（3）不同的社区在吸引成员方面有什么策略？

（4）社区的商业价值体现在哪里？

5. 选择一家企业，搜寻与其相关的博客，访问后就该企业在博客营销方面的操作进行分析，探讨其功能与效果，并写一份报告（500 字）。

【案例分析题】

1. 中信银行借助 2005 年 11 月更名之势，掀起了 2006 年整合营销传播的浪潮。一时间,CCTV 黄金时段、TVC、户外、平面媒体、网络、营业厅都在传递着同样的声音和视觉信息。不同的媒体平台担负着不同的传播任务,或者说针对不同的目标群体区隔达成各自的传播目标,最终实现中信银行的品牌形象树立及其相关产品、服务的推介,网络营销承担了重要的职能。中信银行的网络营销活动主要集中在下列几个方面:

（1）中信银行品牌推广。中信银行网络营销在做品牌推广时,除了诉求"承诺于中,至认于信"和"支持的力量"等品牌核心价值之外,主要是利用中信银行在世界银行的排名、亚洲银行大奖、最佳外汇交易银行等殊荣,作为品牌价值的支撑。

（2）中信银行产品推广。结合具体的产品或服务,再加上出色的广告创意,才能得到满意的效果。在做银行产品推广时,点击率是追求的指标,希望用户能够进入网站或者是专题页面进行详细的了解,并进行互动。

（3）在线事件营销。中信理财宝卡赞助搜狐世界杯比分竞猜的活动,目的是利用网民对世界杯这一事件的重视与关注,借力进行推广,取得了良好的效果。

（4）在线品牌形象调查。在经历了 6 个月的网络推广之后,利用网络媒体进行中信银行品牌知名度的在线调查,短时间内,充分利用网络媒体的特性,针对性地取得网民对中信银行的品牌认知的关键属性。

试分析:

（1）中信银行通过网络营销在哪些方面可能取得满意的效果?

（2）中信银行在网络营销中做到了有所为、有所不为,其为与不为分别体现在哪里?

2. 几年前,石原农场酸奶公司开始加入博客的行列（www.stonyfield.com/weblog）。石原农场总共经营着五个博客,每个博客各自锁定不同的市场区域。有的是针对农民及怀念传统牧场模式的人所设计;有的是针对育儿及健康生活主题所打造,因为健康的形象可以吸引忙碌的父母。健康生活、环境与家庭价值是石原农场锁定的几项主要特色,也是该公司即使面临急速成长依旧引以为豪的特点。石原农场知道,顾客是在超市的生鲜食品区作出购买酸奶的决定的,而购物者在购买酸奶这类生活饮食物品时通常习惯挑选最便宜的。但是石原农场相信,只要结合公司的价值观和顾客的价值观就能塑造持久的印象,让顾客觉得多花点钱是完全值得的。通过分析该案例后回答:

(1) 石原农场使用博客主要完成了什么样的使命?

(2) 石原农场采用不同的博客有什么特色? 效果如何?

参 考 文 献

1. 尼葛洛庞帝：《数字化生存》，海南出版社，1997
2. 迈克尔·波特：《竞争战略》，华夏出版社，1997
3. 陈启申：《MRP II 制造资源技术基础》，企业管理出版社，1997
4. 约翰·哈格尔 III，阿瑟·阿姆斯特朗：《网络利益》，新华出版社，1998
5. 萧琛：《全球网络经济》，华夏出版社，1998
6. 王方华、吴盛刚、朱彤：《网络营销》，山西经济出版社，1998
7. T·G·勒维斯：《非摩擦经济——网络时代的经济模式》，江苏人民出版社，1999
8. 比尔·盖茨：《未来时速》，北京大学出版社，1999
9. 约瑟夫·普蒂等：《管理学精要》，机械工业出版社，1999
10. 屈云波、靳丽敏：《网络营销》，企业管理出版社，1999
11. 屈云波、郑宏：《数据库营销》，企业管理出版社，1999
12. 王德禄等：《知识管理——竞争力之源》，江苏人民出版社，1999
13. 美国商务部报告：《浮现中的数字经济 II》，南京大学出版社，1999
14. 李鼎：《电子商务基础》，首都经贸大学出版社，1999
15. Louis E. Boone, David L. Kurtz：《*Contemporary Marketing wired（9th Edition）*》，机械工业出版社，1999
16. 查克·马丁：《数字化经济》，中国建材工业出版社，1999
17. 屈云波：《电子商务》，企业管理出版社，1999
18. 唐纳德·鲍尔索克斯、戴维·克劳斯：《物流管理——供应链管

理一体化》,机械工业出版社,1999

19. 彼得·杜拉克:《杜拉克论管理》,海南出版社,2000

20. 戴建兵等:《网络金融》,河北人民出版社,2000

21. 比尔·必晓普:《数字时代的战略营销》,机械工业出版社,2000

22. 黄亚钧、谢联胜:《投资银行理论与实务》,高等教育出版社,2000

23. 曾强:《电子商务的理论与实践》,中国经济出版社,2000

24. 安德鲁·埃贝尔、凯瑟琳·萨姆斯:《战略协同》,机械工业出版社,2000

25. Ravi Kalakota, Andrew B. Whinston:《电子商务管理指南》,清华大学出版社,2000

26. 北尾孝吉:《电子金融的挑战》,商务印书馆,2000

27. 埃文·I·施瓦茨:《数位达尔文主义》,企业管理出版社,2000

28. 卢泰宏、杨小燕:《互联网营销教程》,广东经济出版社,2000

29. 梁幸平:《知识营销》,经济管理出版社,2000

30. 埃德加·K·搁弗罗伊:《以客户关系网络替代营销》,经济管理出版社,2000

31. 阿莫·哈特曼、约翰·西弗尼斯、约翰·卡多:《网络就绪》,机械工业出版社,2000

32. Soon-Yong Choi, Dale O. Stahl, Andrew B. Whinston:《电子商务经济学》,电子工业出版社,2000

33. 芮明杰:《管理学》,高等教育出版社/上海社科院出版社,2000

34. 派翠西亚·席柏:《e网打尽》,清华大学出版社,2000

35. 田文英、宋亚明、王晓燕:《电子商务法概论》,西安交通大学出版社,2000

36. 张福德:《电子商务与网络银行》,中国城市出版社,2001

37. 阿尔文·C·伯恩斯、罗纳德·F·布什:《营销调研》,中国人民大学出版社,2001

38. 韩宝明等:《电子商务安全与支付》,人民邮电出版社,2001

39. 雷蒙德·P·菲斯克等:《互动服务营销》,机械工业出版社,2001

40. 詹姆斯·科塔达等:《网络时代的管理——IBM 和其他公司是如何成功的》,三联书店,2001

41. 玛丽莲·格林斯坦等:《电子商务的安全与风险管理》,华夏出版社,2001

42. 杨琨:《商业银行客户经理制》,中国金融出版社,2001

43. 杨高林:《网络银行营销概论》,中国金融出版社,2001

44. 王广宁:《客户关系管理(CRM)——网络经济下的企业管理理论和应用解决方案》,经济管理出版社,2001

45. 郭斌:《网络企业管理》,浙江大学出版社,2001

46. Alex Berson 等:《构建面向 CRM 的数据挖掘应用》,人民邮电出版社,2001

47. 凯瑟琳·辛德尔:《忠诚营销》,中国三峡出版社,2001

48. 李红等:《电子商务技术》,人民邮电出版社,2001

49. 张成虎:《金融电子化》,经济管理出版社,2001

50. 姚国章:《电子商务与企业管理》,北京大学出版社,2001

51. 王曰芬、丁晟春:《电子商务网站设计与管理》,北京大学出版社,2001

52. 王全胜等:《电子商务原理》,北京大学出版社,2001

53. 甘利人:《企业信息化建设与管理》,北京大学出版社,2001

54. 邵燕华等:《管理信息系统与企业管理信息化》,苏州大学出版社,2001

55. 罗家德:《网际网路关系行销》,联经出版事业公司,2001

56. 陈兵:《网络安全与电子商务》,北京大学出版社,2001

57. 瞿彭志:《网络营销》,高等教育出版社,2001

58. 傅铅生:《计算机与网络技术》,北京大学出版社,2001

59. 杨天翔、蔡剑萍:《电子商务管理》,苏州大学出版社,2001

60. 莎侬·金纳德:《E-MAIL 营销》,中国三峡出版社,2001

61. 拜瑞·斯瓦斯丁:《B to B 营销》,中国三峡出版社,2001

62. 张福德:《电子商务与网络银行》,中国城市出版社,2001

63. 孔伟成:《网络营销》,高等教育出版社,2001

64. 钱旭潮、汪群:《网络营销与管理》,北京大学出版社,2001

65. 潘郁:《电子商务数据库技术》,北京大学出版社,2001

66. 黄敏学:《电子商务》,高等教育出版社,2001

67. 日本综合研究所供应链研究部:《供应链管理》,中信出版社,2001

68. 兰宜生:《新编电子商务概论》,中国财经出版社,2001

69. 兰宜生:《电子商务物流管理》,中国财经出版社,2001

70. 景奉杰:《市场营销调研》,高等教育出版社,2001

71. 高富平、张楚:《电子商务法》,北京大学出版社,2001

72. 陈德人、李小东、冯雁:《电子商务概论》,浙江大学出版社,2002

73. 张铎、周建勤:《电子商务物流管理》,高等教育出版社,2002

74. 张卓其:《电子银行》,高等教育出版社,2002

75. 张卓其等:《网上支付与网络金融服务》,东北财经大学出版社,2002

76. 邵兵家:《电子商务模拟实验教程(第二版)》,重庆大学出版社,2002

77. 孙宝国等:《电子商务系统建设与管理》,高等教育出版社,2002

78. 杨德宏、李玲:《客户关系管理成功案例》,机械工业出版社,2002

79. 陈国龙等:《电子商务学概论》,厦门大学出版社,2002

80. 张进、姚志国:《网络金融学》,北京大学出版社,2002

81. 汤兵勇:《客户关系管理》,高等教育出版社,2002

82. 鲍勃·哈特利、迈克尔·W·斯塔基:《销售管理与客户关系》,机械工业出版社,2002

83. 杨坚争、周昭雄:《网络营销教程》,中国人民大学出版社,2002

84. 周玉清等:《ERP 原理与应用》,机械工业出版社,2002

85. 张卓其、史明坤:《网上支付与网上金融服务》,东北财经大学出版社,2002

86. 德博拉·L·贝尔斯:《电子商务物流与实施》,机械工业出版社,2002

87. 张文杰:《电子商务下的物流管理》,清华大学出版社/北方交通大学出版社,2003

88. 马士华、林勇:《供应链管理》,高等教育出版社,2003

89. 吴明:《物流信息化管理实务》,中国物资出版社,2003

90. 卢舜年、邹坤霖:《SCM BOOK 供应链管理的第一本书》,广东经济出版社,2003

91. 邰振廷等:《海尔物流创新模式——一流三网》,中国时代经济出版社,2003

92. 牛鱼龙:《世界物流经典案例》,海天出版社,2003

93. 菲利普·科特勒:《营销管理(第11版)》,上海人民出版社,2003

94. 朱迪·斯特劳斯、雷蒙德·弗罗斯特:《电子营销》,社会科学文献出版社,2003

95. 大卫·范胡斯:《电子商务经济学》,机械工业出版社,2003

96. 刘家真:《电子文件管理理论与实践》,科学出版社,2003

97. A·J·斯雷沃斯基:《B-to-B 电子商务》,中国人民大学出版社,2003

98. 罗斯·道森:《网络中生存》,清华大学出版社,2003

99. 罗宾·米勒:《成功企业的网络法则》,清华大学出版社,2003

100. Bryyan Foss, Merlin Stone:《IBM 方法》,华夏出版社,2003

101. 乔恩·休斯、马克·拉尔夫、比尔·米切尔斯:《供应链再造》,东北财经大学出版社,2003

102. 苏雄义:《企业物流总论——新竞争力源泉》,高等教育出版社,2003

103. 杨清:《电子金融学》,复旦大学出版社,2004

104. 孔伟成、陈水芬:《网络营销》,高等教育出版社,2004

105. 戴维·阿克、库马、乔治·戴：《营销调研》，中国财政经济出版社，2004

106. 杨天翔、邵燕华、薛誉华：《网络金融》，复旦大学出版社，2004

107. 唐纳德·鲍尔索克斯、戴维·克劳斯、比克斯比·库珀：《供应链管理》，机械工业出版社，2004

108. 戴夫·查非等：《网络营销战略、实施与实践》，机械工业出版社，2004

109. 杨坚争：《电子商务基础与应用》，西安电子科技大学出版社，2004

110. 王耀球、万晓：《网络营销》，清华大学出版社/北方交通大学出版社，2004

111. 梅绍祖、James T. C. Teng：《流程再造——理论、方法和技术》，清华大学出版社，2004

112. 加里·P·施耐德：《电子商务》，机械工业出版社，2005

113. 张润彤：《电子商务概论》，电子工业出版社，2005

114. 徐华飞、周晓军：《电子商务管理与应用》，机械工业出版社，2005

115. 邱祥荣：《电子商务课征营业税之法律探析》，北京大学出版社，2005

116. 上海市电子商务促进中心(筹)：《世界电子商务发展经验对上海的启示》，上海三联书店，2006

117. 杨路明、薛君、胡艳英：《电子商务概论》，科学出版社，2006

118. 郝戊、王刊良：《网络营销》，机械工业出版社，2006

119. 张忠林：《电子商务概论》，机械工业出版社，2006

120. 编委会：《上海市电子商务发展报告(2005年)》，中国海关出版社，2007

121. 埃弗雷姆·特班、戴维·金，丹尼斯·维兰、杰·李：《电子商务：管理视角(原书第四版)》，机械工业出版社，2007

122. 杰里米·莱特：《博客营销》，中国财政经济出版社，2007

123. 杨路明等:《电子商务法》,机械工业出版社,2007

124. 劳帼龄:《基于电子商务的企业信息化资源整合建模》,上海财经大学出版社,2007

125. 闫强、胡桃、吕廷杰:《电子商务安全管理》,机械工业出版社,2007

126. 黄超、龚惠群:《网络支付》,机械工业出版社,2007

127. Don Peppers, Martha Roqers. *The One to One Future* (*One to One*). Currency Doubleday, New York: 1996

128. Don Peppers, Martha Roqers. *Enterprise One to One* Currency Doubleday, New York: 1997

129. J. Christopher Westland, Theodore H. K. Clark. *Global Electronic Commerce: Theory and Case Studies*. The MIT Press, Cambridge: 1999

后　　记

　　因特网的兴起,从根本上改变了人类社会的进程,不仅仅是通讯技术,商业社会也发生了前所未有的变化,人们传统的商业活动程序、空间和交易方式被改变了,整个市场规则被改写,人类社会在进入 21 世纪之际,面临着一场空前的变革。电子商务作为一个全新的学科,在中国的高校出现仅仅只有数年的时间。《电子商务概论》作为高校电子商务专业的主干课程,本身就是不断的探索和学习的过程。近年来国内出版的同类教材已经数以百计,其中不乏精品佳作。但是不少教材在内容安排和体裁上并不适合教学需要,有的内容过多导致教时不足,有的章节设置过频,更是打乱了教时安排的规律,这就是作者们编写本书的初衷。

　　本书的结构安排包括:第一章,电子商务概述;第二章,电子商务技术基础;第三章,电子商务结算;第四章,电子商务安全;第五章,电子商务法律环境;第六章,电子商务应用——面向个人的电子商务模式;第七章,电子商务应用——企业内部电子商务;第八章,电子商务应用——面向企业的电子商务;第九章,网络营销。本书配备多种类型的习题,并可结合模拟上机的实验安排,与目前国内高校一学期18 周的教学安排可以很好地结合。本书也配备了电子教案光盘,并有相关的案例分析,可供教师按需选用。

　　本书由杨天翔提出结构框架,具体编写分工是:杨天翔编写第一、第五、第六、第八、第九章;洪璧编写第二、第四、第七章;凌亦青编写第三章,全书由杨天翔总纂定稿。另外王丹萍老师为本书的部分章节提供了资料;苏州大学商学院万解秋教授、贝政新教授、乔桂明教授对本书的编写一直非常关心;薛誉华博士也为本书的结构提出了宝贵意见;复旦大学出版社的责任编辑徐惠平、黄乐老师更为本书付出了辛勤的劳动,在此表示深切的谢意。本书的编写参考了国内外众多著作、论文和网页,正是他们的前期研究为本书的编写提供了宝贵的经验,限于篇幅未能一一致谢,在此表示我们的诚挚谢意和歉意。限于水平,本书的谬误难免,完全应由作者承担,也希望读者能不吝指教,以便再版补正。

作　者

2005 年 10 月

第 二 版 后 记

《电子商务概论》作为通用财经类系列教材出版至今已经两年多,发行了2万多册,被国内十几所高等院校相关专业采用。在这两年中,编者一直是诚惶诚恐,因为第一版中有很多错误,还有许多地方不合理,众多采用本书的老师也非常负责地向作者提出了很多看法和批评,我们对此表示诚挚的谢意,正是他们的无私关怀和帮助,我们才能取得不断的进步。

回顾电子商务发展的这几年里,商务模式已经越来越成熟,电子商务的社会应用也更加深入,国内高等院校开设电子商务专业的已经超过了300所。尤其值得高兴的是,电子商务理论的研究已经取得了更加辉煌的成就,新的观点、新的思维不断涌现。在国际上,Web2.0时代已经向纵深发展,并逐渐形成成熟的运作模式。这一切对我们都起了积极的促进作用,激励我们动手对原书进行全面的修订。这次修订,主体框架大致保持原样,但章节内容调整较大,部分章节甚至全部重写。除了改正原来的错误,更多的地方是根据大家的意见进行的。另外,根据国内外理论研究的最新动态,吸收了新的知识点,来充实本书的结构和内容,以期能够跟上时代的节奏,与时俱进。根据广大老师的意见,这次修订对原来的课件也进行了较大的改进,并重新开发了习题集,补充了大量的参考阅读材料和实验方案。

本次再版在编写人员上略有变动,具体分工情况如下:杨天翔编写第一、第五、第六、第八、第九章;洪璧编写第二、第四、第七章;黄钟颖编写第三章,全书由杨天翔总纂定稿。责任编辑徐惠平、黄乐老师为本次改版再次付出了辛勤的劳动,还有关心本书的许多朋友、同行我们没有办法一一道谢,在此一并致谢。希望广大老师、同学能够一如既往地关心我们,继续不吝赐教,提出批评,督促我们改进。

作　者

2008 年 5 月

图书在版编目(CIP)数据

电子商务概论/杨天翔主编. —2 版. —上海：复旦大学出版社,2008.8(2017.1 重印)
ISBN 978-7-309-04872-8

Ⅰ. 电… Ⅱ. 杨… Ⅲ. 电子商务-概论 Ⅳ. F713.36

中国版本图书馆 CIP 数据核字(2005)第 159926 号

电子商务概论(第二版)
杨天翔 主编
责任编辑/徐惠平 黄 乐

复旦大学出版社有限公司出版发行
上海市国权路 579 号 邮编：200433
网址：fupnet@ fudanpress.com http://www.fudanpress.com
门市零售：86-21-65642857 团体订购：86-21-65118853
外埠邮购：86-21-65109143
浙江省临安市曙光印务有限公司

开本 890×1240 1/32 印张 13.75 字数 370 千
2017 年 1 月第 2 版第 9 次印刷
印数 38 901—42 000

ISBN 978-7-309-04872-8/F·1099
定价：31.00 元

教学配套支持说明

    本社出版的《电子商务概论(第二版)》(杨天翔主编)配备电子教案及教学参考光盘(第二版重新修订,内容更新充实),请采用本教材的老师填写下列登记表,加盖所在学校相关专业、系所公章后寄回,出版社将向任课老师免费提供教学光盘。

地址:复旦大学出版社经管分社

上海市国权路 579 号

邮政编码:200433

电话:021 - 65109717 罗翔

教学辅助资料申请登记表

学校＿＿＿＿＿＿＿＿＿＿＿＿＿＿＿＿＿＿＿＿＿＿＿

地址＿＿＿＿＿＿＿＿＿＿＿＿＿＿＿＿＿＿＿＿＿＿＿

邮政编码＿＿＿＿＿＿＿ 联系人＿＿＿＿＿＿＿ 电话＿＿＿＿＿＿＿

电子邮件＿＿＿＿＿＿＿＿＿＿＿＿＿＿＿＿＿＿＿＿＿

学院＿＿＿＿＿＿＿＿＿＿＿＿＿ 系所＿＿＿＿＿＿＿＿＿＿＿

专业 1.＿＿＿＿＿＿＿ 2.＿＿＿＿＿＿＿ 3.＿＿＿＿＿＿＿

班级 1.＿＿＿＿＿＿＿＿＿ 学生数量＿＿＿＿＿＿＿＿

班级 2.＿＿＿＿＿＿＿＿＿ 学生数量＿＿＿＿＿＿＿＿

班级 3.＿＿＿＿＿＿＿＿＿ 学生数量＿＿＿＿＿＿＿＿

对本课程的建议:＿＿＿＿＿＿＿＿＿＿＿＿＿＿＿＿＿＿

＿＿＿＿＿＿＿＿＿＿＿＿＿＿＿＿＿＿＿＿＿＿＿＿＿＿

＿＿＿＿＿＿＿＿＿＿＿＿＿＿＿＿＿＿＿＿＿＿＿＿＿＿

＿＿＿＿＿＿＿＿＿＿＿＿＿＿＿＿＿＿＿＿＿＿＿＿＿＿

单位盖章:

200 年 月 日